Inhaltsverzeichnis

Vorwort 5

I. Zeitalter der Globalisierung – Ende des Nationalstaats?

Seite 6/7

1. Verlieren Staaten an Bedeutung? 8
1.1 ✚ Was kann der Nationalstaat noch leisten? 8
1.2 ✚ Möglichkeiten und Grenzen der Zusammenarbeit von Nationalstaaten 10
1.3 Transnationale Unternehmen – die neuen Zentren der Macht? ... 12
1.4 ✚ Unternehmen prägen unser Leben – das Beispiel Google 14
1.5 Global Player: Problemverursacher oder Lösungspartner? 16
1.6 ✚ Ist der Nationalstaat doch noch nicht am Ende? 18
METHODE Szenarien entwickeln 19

2. Der Prozess der Globalisierung 20
2.1 Ein Begriff – viele Dimensionen 20
2.2 Ein Prozess des ständigen Wachstums? 22
METHODE Richtig recherchieren 25
2.3 Ein Prozess des technischen Fortschritts? 26
2.4 ✚ Ein Prozess der kulturellen Angleichung? 28
2.5 Ist die Globalisierung schon wieder zu Ende? 30
GRUNDWISSEN 33
KOMPETENZEN PRÜFEN 34

II. Die Globalisierung der Weltwirtschaft

Seite 36/37

1. Gewinner und Verlierer der Globalisierung 38
1.1 Der Standort Deutschland in Zahlen 38
1.2 Profitiert Deutschland von der Globalisierung 40
1.3 Globalisierung: wer gewinnt, wer verliert? 42
1.4 Entwicklungsländer – Fortschritt durch Globalisierung? 45
1.5 Globalisierungskritik 48
GRUNDWISSEN 49

2. Die Ordnung des Welthandels zwischen Liberalisierung und Abschottung 50
2.1 Freihandel versus Protektionismus 50
2.2 Steht der Welthandel vor einer Abschottungsspirale? 52
2.3 DIE WTO: Regeln für den weltweiten Handel 56
2.4 Recht statt Macht – Handelskonflikte in der WTO 58
2.5 Freier Handel – gerechter Handel? 60
2.6 WTO – Sozialstandards: kein Thema? 62
2.7 Die Welthandelsordnung der Zukunft – global oder fragmentiert? 64
METHODE Expertenbefragung 66
GRUNDWISSEN 67

3. ✚ Global verflochtene Finanzmärkte 68
3.1 ✚ Wie funktionieren Finanzmärkte? 68
3.2 ✚ Strukturwandel auf den internationalen Finanzmärkten 72
3.3 ✚ Was ist bei der Finanzkrise geschehen? 74
3.4 ✚ Warum wurde aus der Finanzkrise eine Krise der Euro-Zone? 76
3.5 ✚ Die Finanzkrise ab 2008 und ihre Folgen 78
3.6 ✚ Lehren aus der Finanzkrise 80
✚ GRUNDWISSEN 83
KOMPETENZEN PRÜFEN 84

III. Die Ordnung der Welt im 21. Jahrhundert

Seite 86/87

1. **Die internationale Ordnung im Wandel** 88
1.1 Konturen einer neuen Weltordnung 88
1.2 ✚ Sicherheit in einer sich wandelnden Welt 91
1.3 Ist globaler Frieden machbar? 93
1.4 Neue Konflikte und Kriege im 21. Jahrhundert 96
1.5 Der Syrien-Konflikt: Entwicklung, Akteure und Szenarien 100
  METHODE Nachrichtenanalyse 105
  METHODE Konfliktanalyse 106
  GRUNDWISSEN 107
2. **Globale Herausforderungen für Frieden und Sicherheit** 108
2.1 ✚ Klimaschutz: ein Ziel, viele Strategien 108
2.2 ✚ Rohstoffe – Fluch oder Segen? 112
2.3 ✚ Flucht und Migration als globales Problem 116
2.4 Die Welt im Nuklearzeitalter 3.0 120
2.5 Neue Formen des Terrorismus 124
2.6 ✚ Der unsichtbare Krieg: Cyberwar 128
  GRUNDWISSEN 133
  KOMPETENZEN PRÜFEN 134

IV. Wie den Frieden sichern?

Seite 136/137

1. **Die UNO im 21. Jahrhundert: Fossil der Nachkriegsordnung oder Instrument zur Friedenssicherung?** 138
2. **Die NATO im 21. Jahrhundert: Relikt des Kalten Krieges oder Speerspitze der Demokratie?** 145
3. ✚ **Deutsche Außen- und Sicherheitspolitik: zwischen „Selbstbehauptung" und „Selbstbeschränkung"** 150
3.1 ✚ Grundlagen und Ziele deutscher Außenpolitik 150
3.2 ✚ Die Bundeswehr und ihre Auslandseinsätze als „Parlamentsarmee" 154
4. ✚ **Europa als globaler Sicherheitsakteur?** 156
4.1 ✚ Die neue Gemeinsame Sicherheits- und Verteidigungspolitik (GSVP) 156
4.2 ✚ „Europa-Armee" und EU-Missionen: wie weiter? 158
  METHODE Eine Rede halten 160
  GRUNDWISSEN 161
  KOMPETENZEN PRÜFEN 162

V. Auf dem Weg zum Weltstaat?

Seite 164/165

1. **Globales Regieren – das Beispiel Klimawandel** 166
1.1 Der Klimawandel – ein globales Problem 166
1.2 Kann der Klimawandel gestoppt werden? – Die UN-Klimakonferenz 168
  METHODE Planspiel 169
1.3 Modelle globalen Regierens 172
2. **Ein Recht für alle?** 174
2.1 Die universellen Menschenrechte: überall gültig? 174
2.2 Der Internationale Strafgerichtshof und das Völkerrecht – ein stumpfes Schwert? 177
  GRUNDWISSEN 181
  KOMPETENZEN PRÜFEN 182

Die Präsentationsprüfung im Abitur 184
Glossar 186
Methodenkompendium 190
Stichwortverzeichnis 206
Bildquellenverzeichnis 208

Operatoren und ihre Anforderungsbereiche .... Nachsatz

Liebe Schülerinnen und Schüler,

dieser Band von „Mensch & Politik" wird Sie in der Sekundarstufe II im Fach Gemeinschaftskunde durch das Themengebiet „Wirtschaftswelt und Staatenwelt" begleiten. Er bietet zuverlässige Informationen, verschafft Grundwissen und hilft, Zusammenhänge zu verstehen.
Damit möchten wir Sie zum einen sicher auf das Abitur vorbereiten. Zum anderen hoffen wir, Sie für die Inhalte des Faches zu begeistern und Sie anzuregen, Antworten auf die relevanten Herausforderungen für die Gestaltung unserer Zukunft zu finden.
Um Ihnen die Arbeit mit dem Band zu erleichtern, möchten wir Sie noch auf einige Besonderheiten hinweisen:

- Der Band gliedert sich in **fünf große Hauptkapitel**, die sich jeweils einem zentralen Aspekt des Themengebietes „Wirtschaftswelt und Staatenwelt" widmen: I. der Rolle des Nationalstaates angesichts der Globalisierung, II. der Globalisierung der Weltwirtschaft, III. der gegenwärtigen internationalen Ordnung, IV. der Friedenssicherung und V. einer zukünfigen Weltordnung.
- Jedes Hauptkapitel beginnt mit einer **Auftaktdoppelseite**. Auf ihr wird durch anschauliche Materialien und Aufgabenstellungen ein unkomplizierter Einstieg in das jeweilige Thema ermöglicht. Auf der jeweils rechten Seite finden Sie zudem einen strukturierten Überblick über die verschiedenen Themen und Probleme, mit denen Sie sich in den folgenden Kapiteln befassen werden.
- Die einzelnen Kapitel sind ebenfalls nach dem **Doppelseitenprinzip** aufgebaut. Die Doppelseiten dienen zur Orientierung innerhalb eines Themas und können als unterrichtspraktische Abschnitte genutzt werden.
- Umfassende **Materialseiten** mit fundierten Grundlagentexten, ausgewählten Fallbeispielen und vielfältigen statistischen und bildlichen Materialien sollen Sie zusammen mit den **Aufgabenstellungen** zu kontroversen Auseinandersetzungen anregen und Sie beim eigenständigen Arbeiten unterstützen.
- In den Aufgabenstellungen wird zudem der Umgang mit den klausur- bzw. abiturrelevanten **Operatoren** (siehe Nachsatz des Bandes) gefestigt.
- Aufgabenstellungen, die dunkelblau unterlegt sind, enthalten Zusatzaufgaben zur Vertiefung und dienen der **Binnendifferenzierung**. Der Unterricht kann so den unterschiedlichen Kenntnissen, Fertigkeiten und Interessen angepasst werden.
- In den beige hinterlegten **Infokästen** erhalten Sie grundlegende Informationen, die zum Verständnis des jeweiligen Themas besonders relevant sind.
- Am Rand finden Sie wichtige **Informationen** zu Personen und Begriffen.
  Verweise auf das Glossar zeigen Ihnen, welche Begriffe dort nachgeschlagen werden können.
  Querverweise verdeutlichen thematische Zusammenhänge.
- Des Weiteren erwerben Sie praktischen Einblick in zahlreiche fachspezifische und übergreifende **Methoden**, die jeweils im konkreten thematischen Kontext eines Kapitels vorgestellt und eingeübt werden.
- Die jedes Hauptkapitel abschließenden Seiten **Grundwissen** fassen das Wichtigste zusammen und helfen Ihnen beim Wiederholen für Leistungskontrollen; sie können und sollen dabei allerdings nicht die Arbeit mit den vorangegangenen Materialseiten ersetzen.
- Die Seiten **Kompetenzen prüfen** am Ende jedes Hauptkapitels geben Ihnen schließlich die Möglichkeit, sich selbst über die vorangegangenen Inhalte und Kompetenzen zu prüfen.
- Der Anhang enthält **Tipps für die mündliche Abiturprüfung,** ein ausführliches **Glossar** mit Begriffserklärungen, ein **Methodenkompendium** mit weiteren wichtigen Methoden zur Vorbereitung auf das Abitur sowie ein detailliertes **Stichwort- und Bildquellenverzeichnis**

Wir hoffen, dass dieser Band Ihr Interesse an Gemeinschaftskunde bestärken und Sie gut bei der Arbeit in diesem Fach unterstützen wird. Für Rückmeldungen und Kritik sind wir sehr dankbar. Richten Sie diese bitte an: info@schroedel.de.

Das Autorenteam und die Redaktion

I. Zeitalter der Globalisierung – Ende des Nationalstaats?

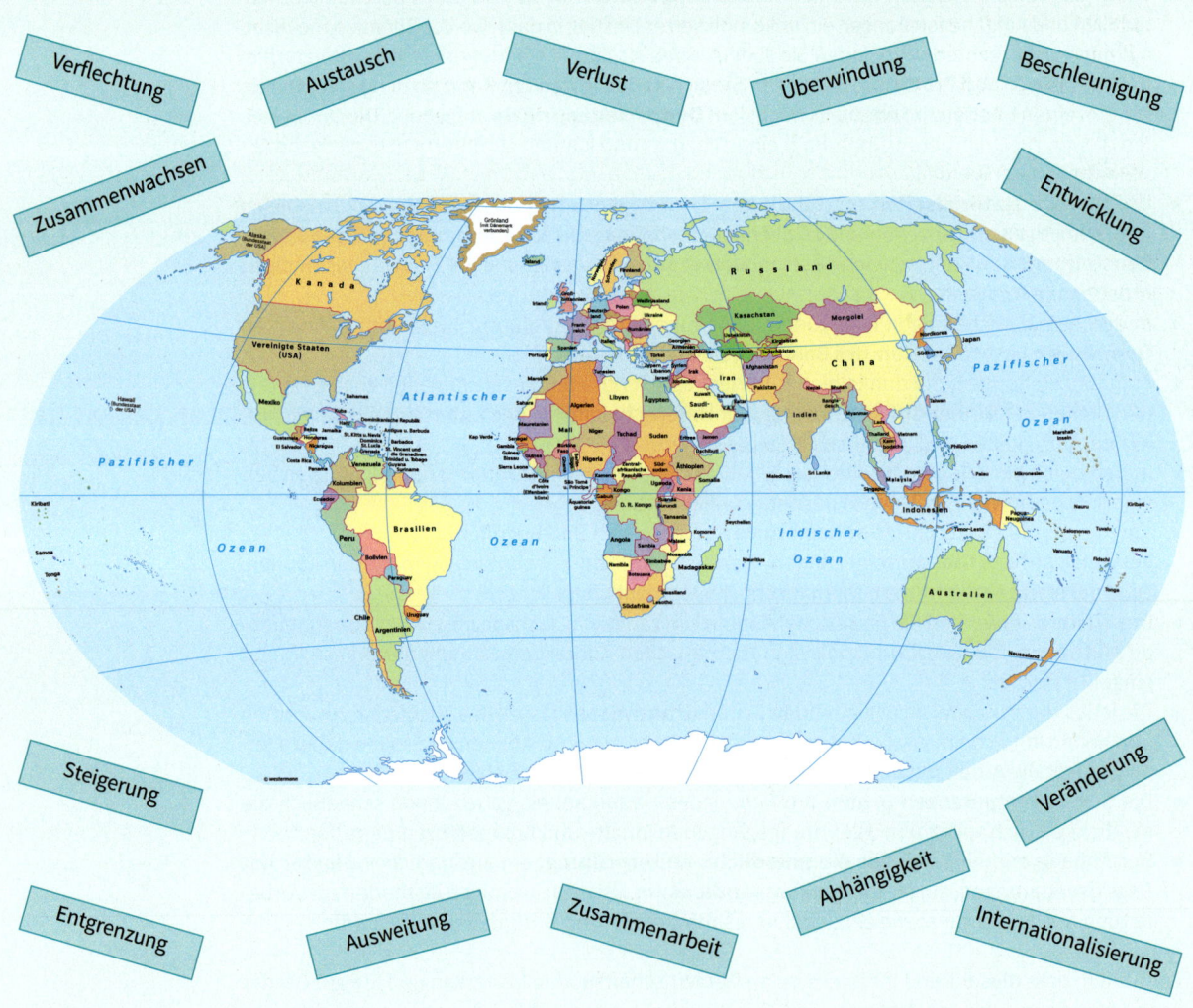

Verflechtung · Austausch · Verlust · Überwindung · Beschleunigung · Zusammenwachsen · Entwicklung · Steigerung · Veränderung · Entgrenzung · Ausweitung · Zusammenarbeit · Abhängigkeit · Internationalisierung

In diesem inhaltlichen Schwerpunkt befassen Sie sich mit folgenden Themen und Problemen

Der Begriff „Globalisierung" hat sich seit seiner Prägung in den 1960er-Jahren zu einem Begriff entwickelt, der einerseits Hoffnung weckt und andererseits Ängste schürt. So sehen manche in der Globalisierung die Chance auf Fortschritt und Entwicklung: Mit ihrer Hilfe würden Wohlstand und zivilisatorische Errungenschaften wie etwa Demokratie, Gesundheitsvorsorge oder digitale Kommunikation in allen Winkeln der Erde möglich. Für die anderen, die so genannten Globalisierungskritiker, ist sie zum Synonym für Umweltzerstörung und Ausbeutung geworden.
Aber wer oder was ist hier zu loben oder zu kritisieren? Auch die Frage, ob die Globalisierung ein von Akteuren geprägter oder sogar gesteuerter Prozess ist, wird nämlich unterschiedlich beantwortet. Sind wir hilflos ausgeliefert oder kann jemand Entwicklungstempo und Entwicklungsrichtung der Globalisierung aktiv beeinflussen? Und wer sind dann diese Akteure? Staaten? Internationale Organisationen? Unternehmen? Bürger und Konsumenten?
Die Vielzahl der Antworten auf diese Fragen spiegelt sich in den vielen Beschreibungsversuchen des Phänomens Globalisierung wider, mitunter auch Wertungen. Wie wir Globalisierung für uns definieren, prägt die Erwartungen, die Hoffnungen und Befürchtungen, die wir mit ihr verbinden und wie wir unserer Rolle in einer globalisierten Welt sehen.

Im **Kapitel 1** wird zunächst die Frage nach der Rolle des Nationalstaats im 21. Jahrhundert gestellt; daran schließt sich die Frage an, inwiefern transnationale Unternehmen die neuen Machtzentren sind.

Im Anschluss werden in **Kapitel 2** unterschiedliche Dimensionen des Globalisierungsprozesses und deren weitere Entwicklung analysiert.

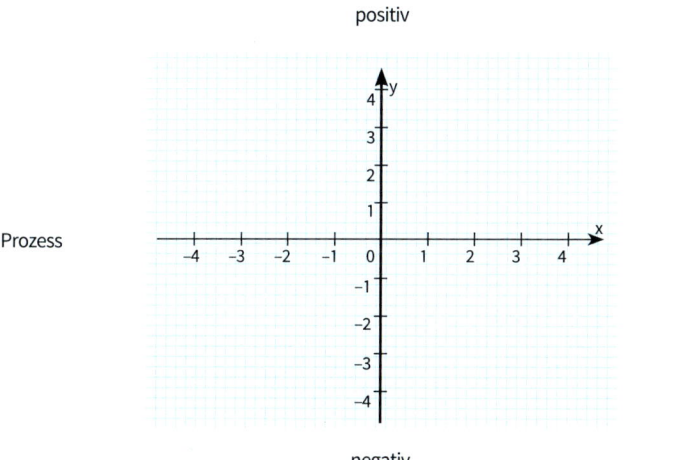

Die y-Achse zeigt an, ob eine Definition Globalisierung als positiv (oben), negativ (unten) oder neutral (mittig) beschreibt. Die x-Achse zeigt an, ob Globalisierung eher als Prozess verstanden wird, dem Akteure (Staaten, Unternehmen, Bürger, ...) ausgesetzt sind (links) oder ob diese Akteure selbst die Globalisierung gestalten können (rechts).

1 Erstellen Sie mithilfe ausgewählter Begriffe dieser Doppelseite, die Globalisierungsdefinitionen entnommen sind, eine eigene Globalisierungsdefinition.
2 Ordnen Sie Ihre Definitionen in das Koordinatensystem ein und vergleichen Sie Ihre Ergebnisse miteinander.

1. Verlieren Staaten an Bedeutung?

1.1 Was kann der Nationalstaat noch leisten?

MATERIAL 1

Globale Risiken 2016

INFO

Pandemie
weltweite Epidemie (z. B. Grippe)

Weltwirtschaftsforum
eine seit 1971 in der Schweiz ansässige Stiftung, die sich mit aktuellen globalen Fragen beschäftigt

Klimawandel	Überflutungen	Korruption	Verlust von Artenvielfalt
Stürme und Unwetter	Flucht und Migration	extreme Wetterverhältnisse
zwischenstaatliche Konflikte in Regionen	Naturkatastrophen	Pandemien
globale Finanzkrisen	Energieerzeugung	Verbreitung von Massenvernichtungswaffen
Wasserknappheit	Massenarbeitslosigkeit	Völkermord	Terrorismus

Quelle: Weltwirtschaftsforum, Global Risks Report 2016

MATERIAL 2

Politische Ebenen

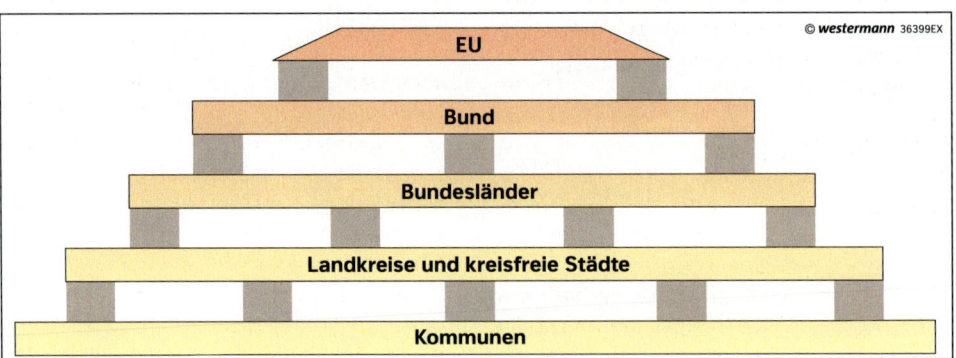

(EU – Bund – Bundesländer – Landkreise und kreisfreie Städte – Kommunen)

MATERIAL 3

Die Politik wandert aus

QUERVERWEIS

Weltbank S. 56

IWF, WTO S. 56

UNO S. 138ff.

Die Klagen häufen sich: Unsere modernen Gesellschaften entpolitisieren sich. Die Wahlbeteiligung sinkt, in die Parteien drängen junge Leute kaum noch. Das Vertrauen in die
5 Institutionen der parlamentarischen Demokratie scheint erschüttert. [...]
Die These der Entpolitisierung beruht aber auf einem nationalstaatlich verengten Blickwinkel. Eine wesentliche Entwicklung wird
10 daher übersehen: [...] Die Politisierung internationaler Angelegenheiten lässt sich empirisch nachweisen. Umfragen zeigen, dass die Bürger für das, was in der Welt passiert, internationale Organisationen wie die EU, die Weltbank, den Internationalen Währungs- 15
fonds [IWF], die Welthandelsorganisation [WTO] und die Vereinten Nationen [UNO] für deutlich einflussreicher halten als die Bundesregierung. Selbst auf die Entwicklungen in Deutschland weisen zwischen 46 und 20
53 Prozent der Befragten internationalen Organisationen einen erheblichen Einfluss zu. Internationale Institutionen gelten nicht nur als einflussreich, sie werden auch als

notwendig erachtet. 55 Prozent der deutschen Bevölkerung äußern die Ansicht, dass die problematischen Folgen der Globalisierung am besten durch internationale Institutionen bewältigt werden können – nur 11 Prozent sehen in erster Linie den Nationalstaat in der Pflicht.

Diese Zahlen bringen aber keine kritiklose Bejahung internationaler Institutionen zum Ausdruck. Denn mit dem unterstellten Einfluss wächst auch die Kritik an den Entscheidungsverfahren. Die internationalen Institutionen schneiden hier sogar deutlich schlechter ab als die ohnehin sehr kritisch beurteilten politischen Institutionen im Lande. Beides, die Anerkennung wie die kritische Beobachtung, zeigt, dass internationale Institutionen als relevante Adressaten der Politik und des Engagements betrachtet werden. [...]

Es bleibt aber nicht bei der organisierten Äußerung von Unmut. Nichtregierungsorganisationen (NGO), die sich mit Umwelt-, Menschenrechts- und entwicklungspolitischen Fragen befassen, richten sich auf etablierte internationale Institutionen, um ihren Zielen näherzukommen. Sie zielen auf einen Wandel internationalen Regierens mit einer Mischung aus Informationskampagnen, direkter Überzeugung und medienvermittelter Skandalisierung. [...]

Vor diesem Hintergrund spricht vieles dafür, dass die politische Auseinandersetzung in Zukunft entscheidend von der Konfliktlinie zwischen „Integration" und „Abgrenzung" geprägt wird. Die Konfliktlinie verläuft zwischen denen, die die Öffnung der nationalen Gesellschaft, Wirtschaft und Politik für globale Zusammenhänge befürworten, und jenen, die für eine nationale Abschottung kämpfen. [...] Die Auseinandersetzung ist eine, die sich quer durch die Gesellschaft zieht und sich inzwischen auch im Parteienspektrum niederschlägt. Beide Positionen – Integration und Abgrenzung – beruhen auf begründungsfähigen Grundhaltungen: hier kosmopolitischen Positionen, die für kulturelle, ökonomische und politische Offenheit stehen, und kommunitaristischen Positionen, die die Vorteile der Überschaubarkeit und die Solidarität im Lokalen und in nationalen Gesellschaften betonen. [...]

Die beiden Grundhaltungen stehen sich zwar gleichberechtigt gegenüber. Dennoch gibt es eine eigentümliche Asymmetrie. [...] Die kosmopolitische Offensive stürmt in der internationalen Arena, die kommunitaristische Abwehr gegen die Zumutungen der Globalisierung spielt in der nationalen. Dadurch werden am Ende beide Arenen geschwächt. Es bedarf daher eines Abbaus der selektiven Beteiligung in den Foren und Institutionen jenseits des Nationalstaates. Ob Weltbank, IWF oder UN – die Chancen, Einfluss zu nehmen, müssen gleichmäßiger verteilt werden. Zugleich müssen die nationalen Auseinandersetzungen zunehmend internationalisiert werden.

Die politische Klasse und die Medien neigen aber nach wie vor dazu, die Bürger nicht den Zumutungen der Komplexität internationaler Angelegenheiten auszusetzen. Stattdessen pflegen sie den Mythos der nationalstaatlichen Allmacht und der damit verbundenen symbolreichen, aber oft inhaltsleeren Auseinandersetzungen in den gewohnten Bahnen. Diese Neigung beruht auf falschen Annahmen. [...] Wenn diese Öffnung gelingt und die nationalen mit den internationalen Arenen besser gekoppelt werden, kann die Entpolitisierung verhindert und die Demokratie neu belebt werden.

Aus: Artikel von Michael Zürn in: www.zeit.de/2010/13/P-Op-ed-Demokratie/komplettansicht (Abruf: 26.04.2017)

GLOSSAR

NGO

1. Ordnen Sie die Begriffe aus M 1 den Bereichen Wirtschaft, Umwelt, Politik, Gesellschaft oder Technologie zu.
2. Erstellen Sie ein Schaubild nach dem Muster von Seite 7, in dem Sie die Risiken nach den Kriterien Wahrscheinlichkeit und Einfluss auf unser Leben einordnen.
3. Erörtern Sie, ob und wie diesen Risiken auf nationalstaatlicher Ebene begegnet werden kann (M 2).
4. Arbeiten Sie aus M 3 das Verhältnis von nationalstaatlicher und globaler Ebene heraus.
5. Erörtern Sie, welche Rolle NGOs bei der Kopplung von „nationalen mit den internationalen Arenen" spielen können.

1.2 Möglichkeiten und Grenzen der Zusammenarbeit von Nationalstaaten

MATERIAL 1

Nationaler Starrsinn lähmt Europas Terrorabwehr

Die Anschläge von Paris und Brüssel haben die Schwachstellen in der Sicherheitsarchitektur offengelegt. Islamisten sind längst europaweit vernetzt – doch der Sicherheitsapparat reagiert nur träge. [...] Zwar betonen Politiker immer wieder, dass die europaweite Zusammenarbeit der Behörden dringend verbessert werden muss. In der Praxis aber sieht es noch düster aus: Im Falle der Geheimdienste hat die EU-Ebene noch nicht einmal etwas zu sagen. Die Dienste der Länder denken zuerst einmal an sich, dann an die Partner. Und bei den Polizeibehörden hapert es auch noch immer beträchtlich [...]. Und selbst wenn Informationen ausgetauscht werden: Am Ende versickern sie allzu oft.

Nur einen Tag vor den Anschlägen von Brüssel hatte Bundesinnenminister Thomas de Maizière (CDU) in einem Brief an die EU-Kommission auf einen besseren Austausch im polizeilichen Bereich gedrungen: Bereits heute stünden zwar viele Informationen zur Verfügung – allerdings in verschiedenen Datenbanken. „Es ist aufgrund der gewachsenen und vielfach zersplitterten IT-Architektur nicht möglich, die vorhandenen Erkenntnisse systematisch zusammenzuführen", kritisierte der CDU-Politiker. Was auch bedeutet: Wenn etwas klappt, hat es wohl auch mit Glück zu tun. [...]

Die EU-Staaten sind bereits seit Anfang 2015 dabei, wenigstens den Versuch zu starten, ihren Informationsaustausch zu verbessern. Nach den Anschlägen auf die Redaktion der Pariser Satire-Zeitschrift „Charlie Hebdo" verständigten sich die Europäer darauf, ein polizeiliches Anti-Terror-Zentrum bei Europol einzurichten.

Das hört sich gut an, steckt aber noch in den Kinderschuhen: Seit Anfang dieses Jahres arbeiten in dem European Counter Terrorism Centre (ECTC) in Den Haag etwa 40 Spezialisten aus den Ländern zusammen und sammeln Erkenntnisse über Dschihad-Reisende, Terror-Finanzierung oder zu Extremisten-Propaganda im Internet. Doch alle Experten sind sich einig, dass man für eine umfassende europäische Terrorabwehr deutlich mehr Personal bräuchte – wie auch mehr Tatkraft der Mitgliedstaaten.

So stellt nur ein Bruchteil von ihnen überhaupt umfangreiche Informationen in die gemeinsamen Datenbanken ein. 90 Prozent der Hinweise in der EU-weiten Fahndungsdatei Schengener Informationssystem (SIS) beispielsweise basieren auf den Angaben einiger weniger Länder – darunter Deutschland. [...] Der „Logistiker" der Paris-Anschläge [...], der mittlerweile gefasste Salah Abdeslam, konnte andere Islamisten im Herbst ungestört quer durch Europa chauffieren. Dabei wurden die Terroristen zwar teils von Polizisten gestoppt. Im SIS-System war aber keiner von

---

INFO

Europol
eine 1999 gegründete europäische Polizeibehörde. Ihre Aufgabe ist es v.a. die Zusammenarbeit der nationalen Polizeibehörden Europas bei der Bekämpfung grenzüberschreitender organisierter Kriminalität zu fördern.

Schengen
in dem Ort in Luxemburg wurde das Abkommen zur Abschaffung der Grenzkontrollen an den Binnengrenzen der teilnehmenden europäischen Länder unterzeichnet. Das SIS dient der automatisierten Personen- und Sachfahndung innerhalb der Länder, die am Schengener Abkommen teilnehmen.

Anschläge in Europas Metropolen

Orte: Stockholm (1), Kopenhagen (9), Berlin (4), London (2, 12), Brüssel (6, 11), Paris (3, 8, 10), Nizza (5), Madrid (13), Istanbul (7)

Anschläge islamistischer Attentäter (Auswahl)

Nr.	Datum	Ereignis	Todesopfer
1	April 2017	Lkw rast in belebte Einkaufsstraße und anschließend in ein Kaufhaus	4
2	März 2017	Autofahrer rast auf der Brücke neben dem britischen Parlament in mehrere Fußgänger und greift Polizisten mit Messer an*	4
3	Februar/März 2017	Soldaten verhindern möglichen Terrorangriff auf Flughafen Orly; Anfang Feb.: Machetenangriff auf Militärpatrouille am Louvre	–
4	Dezember 2016	IS-Anhänger steuert einen gekaperten Lkw in Weihnachtsmarkt an der Gedächtniskirche	12
5	Juli 2016	Attentäter fährt mit Lkw auf dem Strandboulevard in eine Menschenmenge	86
6	März 2016	Islamistische Attentäter zünden Bomben am Flughafen und in Metrostation	32
7	Januar 2016	Selbstmordattentäter zündet Bombe mitten in deutscher Reisegruppe	12
8	November 2015	IS-Anhänger verüben Anschlagsserie u.a. auf Musikclub, Station, Restaurants und Cafés	130
9	Februar 2015	Attentäter schießt auf Menschen in Kulturcafé und Synagoge	2
10	Januar 2015	Al-Kaida-Anhänger verüben Attentat auf Satiremagazin und koscheren Supermarkt	17
11	Mai 2014	Islamist eröffnet Feuer im Jüdischen Museum	4
12	Juli 2005	Vier Attentäter zünden Sprengsätze in U-Bahn und Bus	56
13	März 2004	Islamistisch motivierte Bombenanschläge auf Pendlerzüge	191

*Polizei geht von islamistischem Hintergrund aus

dpa•25066

ihnen zur Festnahme oder verdeckten Beobachtung ausgeschrieben – obwohl es Hinweise auf eine terroristische Verbindung gab. Statt eines Miteinanders herrscht viel zu oft das Prinzip des Nebeneinanders. [...]
Während die Kooperation der Polizeibehörden sich zumindest entwickelt, gilt für den nachrichtendienstlichen Bereich eine gemeinsame europäische Lösung als nahezu ausgeschlossen. Die EU ist hierfür nicht zuständig – es liegt in der Hand der Staaten, und diese beäugen sich kritisch. Verschiedene Innenexperten wie der innenpolitische Sprecher der SPD-Bundestagsfraktion, Burkhard Lischka, fordern daher ein europäisches Terrorabwehrzentrum nach deutschem Vorbild, bei dem Dienste und Polizei an einem Tisch sitzen. In dem Gemeinsamen Terrorabwehrzentrum (GTAZ) in Berlin-Treptow arbeiten de facto Entsandte von 38 deutschen Sicherheitsbehörden zusammen. Doch auch Deutschland benennt klar Grenzen der internationalen Zusammenarbeit: Für die Belange der Nachrichtendienste sieht die Bundesregierung unter dem Dach der EU „keine Zuständigkeit", wie sie auf Nachfrage der Linksfraktion bereits 2015 deutlich machte. [...] Die Vorsicht erklärt sich laut dem Grünen Fraktions-Vize Konstantin von Notz unter anderem wie folgt: „Dienste hocken auf ihren Informationen. Sobald eigene Quellen im In- oder Ausland gefährdet werden, ist das Teilen von Informationen für Geheimdienste oft ein Dilemma." [...]
Dafür werden andere Formen der Zusammenarbeit gesucht. Bereits seit den Anschlägen von 2001 in Amerika zeichnet dafür zum Beispiel die Counter Terrorism Group (CTG) verantwortlich, in der Vertreter von Nachrichtendiensten aus 28 EU-Ländern sowie aus der Schweiz und Norwegen versammelt sind. Aus Deutschland ist das Bundesamt für Verfassungsschutz (BfV) vertreten.

Aus: Manuel Bewarder am 3.4.2016 in: www.welt.de/politik/deutschland/article153941632/Nationaler-Starrsinn-laehmt-Europas-Terrorabwehr.html (Abruf: 26.4.2017)

Nation, Staat, Nationalstaat
Der *Staat* fasst die durch das Gewaltmonopol miteinander verbundenen Organe eines bestimmten Territoriums zu einer mit letzter Entscheidungsbefugnis ausgestatteten *politischen Einheit* zusammen. In der allgemeinen Staatslehre und im Völkerrecht wird der Staat durch die *Einheit von Staatsgewalt, Staatsgebiet und Staatsvolk* definiert. Von einem Staat im modernen Sinn kann erst seit der frühen Neuzeit gesprochen werden, als sich einheitliche politische Strukturen herausbildeten, die nach innen und außen *souverän* waren, also im Gegensatz zum mittelalterlichen Staat keine Herrschaftskonkurrenz duldeten – besonders nicht durch die Ansprüche der Kirche. An die Stelle der persönlichen Beziehung zwischen Herrscher und Beherrschten trat die formale Rechtsunterworfenheit. Das Staatsvolk ist somit eine Rechtsgemeinschaft.
Nationen sind nach dem amerikanischen Politikwissenschaftler Benedict Anderson in erster Linie „*vorgestellte politische Gemeinschaften*", die sich auf elementare Zugehörigkeitsgefühle und *gemeinsame kulturelle Erfahrungen* stützen. Eine gemeinsame ethnische Herkunft, Religion oder Sprache werden politisch v. a. dann relevant, wenn andere Bindungen fehlen oder diese Elementaridentifikationen politisch instrumentalisiert werden. Die Konstituierung einer Gruppe als Nation kann eine emanzipatorische Funktion besitzen, also die Befreiung von Bevormundung, Unterdrückung und Ausbeutung zur Folge haben. Zugleich kann diese Selbstkonstituierung und -definition als Nation auch mit der Abwertung oder gar der Ausgrenzung anderer einhergehen.
Ein *Nationalstaat* ist demnach ein Staat, dessen Bürger sich als politische Gemeinschaft verstehen.

Nach: DTV-Atlas Politik, 4. Aufl., München 2015, S. 165ff.

---

1 Nennen Sie mögliche politische Reaktionen auf die in der Grafik dargestellten Ereignisse. Welche davon sollten auf der nationalstaatlichen Ebene erfolgen?

2 Charakterisieren Sie die Kooperation zwischen den europäischen Nationalstaaten im Bereich der Terrorabwehr anhand von M 1.

3 Erörtern Sie Möglichkeiten und Grenzen der Zusammenarbeit zwischen den europäischen Nationalstaaten in weiteren Politikbereichen: Bildungspolitik, Sozialpolitik, Verteidigungspolitik; …

4 „Der Nationalstaat ist heute für die Lösung der großen Probleme zu klein und für die Lösung der kleinen Probleme zu groß." Bewerten Sie diese Aussage (Infobox).

1.3 Transnationale Unternehmen – die neuen Zentren der Macht?

> „It was once said that the sun never set on the British Empire. Today the sun does set on the British Empire, but not on the scores of global corporate empires including those of IBM, Unilever, Volkswagen and Hitachi." *Lester Brown, President of Worldwatch Institute (1991)*
>
> From Adler/Gundersen. International Dimensions of Organizational Behavior, 5E. © 2008 South-Western, a part of Cengage, Inc. Reproduced by permission. www.cengage.com/permissions

MATERIAL 1

GLOSSAR
Schiedsgerichte

Wenn Unternehmen Staaten verklagen

Immer mehr Konzerne verklagen ganze Staaten vor geheimen Schiedsgerichten auf Schadensersatz in Milliardenhöhe. [...] Sie klagen gegen neue Gesetze, die ihr Geschäft
5 beeinträchtigen könnten; weil die Regierung ihnen Lizenzen entzieht oder Subventionen aberkennt oder wegen vermeintlicher Unregelmäßigkeiten in öffentlichen Ausschreibungen: Es gibt viele Gründe, aus denen In-
10 vestoren vor ein internationales Schiedsgericht ziehen und Staaten verklagen – und immer mehr Unternehmen nutzen das Instrument. [...] Die Verträge, die den Klagen zugrunde liegen, waren ursprünglich dazu
15 gedacht, Investitionen aus Industrieländern in Entwicklungsländern zu schützen, da dort vermeintlich weniger Rechtssicherheit herrscht. Investitionsschutzverträge zwischen Industrieländern gibt es noch nicht so
20 lange. [...] An häufigsten befasst sich das Internationale Zentrum zur Beilegung von Investitionsstreitigkeiten ICSID mit den Klagen, ein Schiedsgericht der Weltbank. [...]

a) Vattenfall gegen die Bundesrepublik
25 **Deutschland**
In dem Verfahren ICSID-Case ARB/12/12 geht es für die Bundesrepublik Deutschland um Milliarden: Der Energiekonzern Vattenfall verklagt den deutschen Staat auf Schadens-
30 ersatz in Höhe von mehr als vier Milliarden Euro. Dieses Geld, behauptet Vattenfall, habe man wegen der deutschen Energiewende verloren; der Konzern musste nach der Atomkatastrophe in Fukushima seine beiden
35 AKW Brunsbüttel und Krümmel abschalten. Vattenfall beruft sich auf die Energiecharta, einen internationalen Vertrag, der unter anderem die Investitionen im Energiesektor regelt. Deutschland hat diesen Vertrag im
40 Jahr 1994 unterzeichnet – und verpflichtet sich darin, ausländische Investoren für gewisse Gewinnausfälle zu entschädigen. Genau darauf pocht der Energiekonzern jetzt. [...]

Es ist nicht das erste Mal, dass Vattenfall den 45 deutschen Staat und seine Steuerzahler verklagt. In Hamburg betreibt das Unternehmen das Kohlekraftwerk Moorburg. Noch während des Baus allerdings verschärfte die Stadt die Umweltbestimmungen für das 50 Kraftwerk, um das Wasser in der Elbe sauber zu halten. Im April 2009 wehrte sich Vattenfall mit einer Klage vor dem ICSID dagegen. Durch die neuen Auflagen werfe das Kraftwerk weniger Gewinn ab, die Investition ha- 55 be dadurch an Wert verloren. Die geforderte Entschädigung damals: 1,4 Milliarden Euro. Und der Energiekonzern hatte, zumindest teilweise, Erfolg. Vor Gericht einigte man sich auf einen Vergleich: Vattenfall verzichte- 60 te auf seine finanziellen Forderungen, im Gegenzug weichte die Stadt Hamburg die Umweltbestimmungen wieder auf. [...]

b) Philip Morris vs. Uruguay
Uruguay ist ein Paradies für Nichtraucher: 65 Die dortigen Rauchergesetze sind unter den härtesten der Welt, das Qualmen in Restaurants und geschlossenen Räumen ist genauso verboten wie das Bewerben von Zigaretten mit den Attributen „mild" oder „light"; 70 stattdessen prangen Warnhinweise auf den Kippenschachteln. [...] Deshalb beschloss der Marlboro-Hersteller Philip Morris, das Land wegen seiner rigiden Gesetze zu verklagen. [...] Die Schadensersatzforderung summiert 75 sich auf zwei Milliarden Dollar.
Für Philip Morris ist das keine große Summe – der Jahresumsatz des Unternehmens ist rund vierzigmal so hoch. Doch für das südamerikanische Land wäre eine Ver- 80 urteilung eine finanzielle Katastrophe: Zwei Milliarden Dollar entsprechen vier Prozent

der jährlichen Wirtschaftsleistung oder rund einem Sechstel des Staatshaushaltes. [...]

Für den ehemaligen Präsidenten Uruguays, Tabaré Vázquez, geht es bei dem Verfahren nur vordergründig um Investitionsschutz. In Wahrheit, so Vázquez, wolle Philip Morris ein Exempel statuieren – um andere Länder von ähnlich strengen Anti-Raucher-Gesetzen abzuhalten. Unter Vázquez' Präsidentschaft hatte Uruguay die entsprechenden Regelungen 2005 extrem verschärft. Der Druck des Tabakkonzerns zeigte auch bereits erste Wirkung. Bei den Warnhinweisen auf Zigarettenschachteln ruderte die uruguayische Regierung etwas zurück: Statt wie früher 80 Prozent müssen nur noch 65 Prozent der Fläche mit abschreckenden Texten und Bildern bedeckt sein.

Da Philip Morris seinen internationalen Geschäftssitz in Lausanne hat, bezieht sich der Tabakriese bei seiner Klage auf ein Investitionsschutzabkommen zwischen Uruguay und der Schweiz aus dem Jahr 1991. Dort ist unter anderem festgehalten, dass eine „indirekte Enteignung" von Investoren nur dann zulässig ist, wenn sie im öffentlichen Interesse erfolgt und eine Entschädigung fällig wird. Weil der Konzern diese Voraussetzungen für nicht erfüllt hält, zerrt er den uruguayischen Staat nun vor Gericht. [...] die Weltgesundheitsorganisation WHO positioniert sich auf der Seite Uruguays, genauso wie große Teile der internationalen Öffentlichkeit: In der Staatskasse von Uruguay gehen regelmäßig Spenden ein, die helfen sollen, die Verfahrenskosten vor dem ICSID zu decken.

Aus: Alexandra Endres und Lukas Koschnitzke: Wie Konzerne Staaten vor sich hertreiben, in: Die Zeit vom 27.3.2014: www.zeit.de/wirtschaft/2014-03/investitionsschutz-klauseln-beispiele (Abruf: 26.4.2017)

Umsätze von TNU im Vergleich zum BIP ausgewählter Staaten — MATERIAL 2

Unternehmen			Staaten		
Platz		Umsatz in Mrd. Dollar	Platz		BIP in Mrd. Dollar
1	Walmart (USA)	482	22	Schweden	493
3	China National Petroleum Company (CHN)	299	35	Malaysia	296
5	Royal Dutch Shell (NL/GB)	272	41	Pakistan	270
7	Volkswagen (D)	237	43	Irland	238
9	Apple (USA)	234	44	Finnland	230

INFO
TNU
Transnationale Unternehmen

Aus: http://beta.fortune.com/global500/list/ und http://databank.worldbank.org/data/download/GDP.pdf (Abruf: 26.4.2017)

1. Analysieren Sie die Tabelle M 2 und erläutern Sie, inwiefern sich daraus Aussagen über das Machtverhältnis von Staaten und Unternehmen ableiten lassen.
2. Beurteilen Sie die Fälle aus M 1: Wem würden Sie recht geben? Begründen Sie ihre Entscheidung.

1.4 Unternehmen prägen unser Leben – das Beispiel Google

MATERIAL 1 Angst vor Google

Zeichnung: Kostas Koufogiorgos

Die meisten Menschen verbinden Google immer noch mit der Suchmaschine. Mit einem Marktanteil von mehr als neunzig Prozent dominiert Google den deutschen Suchma-
5 schinenmarkt. Ähnliche Marktanteile hat Google auch in anderen europäischen Ländern. Doch Google ist heute viel mehr als die Suchmaschine, nämlich unter anderem auch Eigentümer von Android, dem wichtigsten
10 Betriebssystem für Smartphones und Tablets [...]
Doch Android spielt nicht nur auf Smartphones und Tablets eine immer wichtigere Rolle. So soll es bald in Fernsehern, Spielekonsolen,
15 Kameras und Autos laufen. Man hat tatsächlich das Gefühl, dass Google an einer Art „Betriebssystem unseres Lebens" baut, [...] dazu gehört Google Youtube, die größte Videoplattform (und gleichzeitig die zweitgrößte
20 Suchmaschine) der Welt, der Browser „Chrome", der in nur fünf Jahren die stärkste Stellung im weltweiten Browser-Segment eingenommen hat, sowie der weltweit am meisten genutzte E-Mail-Dienst „Gmail".
25 Damit ist Google Marktführer bei Suchmaschinen, mobilen Betriebssystemen, Browsern, Online-Videos und E-Mail-Diensten. Dies führt zu einer unglaublichen Machtfülle, die von vielen Verbrauchern und Politi-
30 kern unterschätzt wird. [...]
Google stellt sich gern als die Inkarnation des Guten dar. Auf Googles Unternehmens-Website findet man zehn Firmengrundsätze, darunter: „Der Nutzer steht an erster Stelle, alles Weitere folgt von selbst" und „Geld verdie- 35 nen, ohne jemandem damit zu schaden". Doch tatsächlich stehen Googles Verhaltensweisen oft im krassen Gegensatz zu diesen Grundsätzen.
Google baut auf den Suchergebnisseiten im- 40 mer mehr und immer prominenter Werbung für eigene Produkte ein. [...] Die „organischen" Ergebnisse, also die Ergebnisse, die gemäß Googles eigenem Such-Algorithmus die besten Ergebnisse sind und für die Web- 45 site-Betreiber nicht bezahlen müssen, bekommen immer weniger Platz eingeräumt. Sie spielen im so wichtigen, unmittelbar sichtbaren Bereich des Bildschirms eine immer geringere Rolle. [...] 50
Warum liefert Google seinen Nutzern ein schlechteres Ergebnis? Google will mehr Geld verdienen; das ist erlaubt. Google weiß, dass [z. B.] die Websites, die Ferienwohnungen vermitteln, damit Geld verdienen. Und 55 dieses Geschäft möchte Google lieber selbst machen. Das ist legitim. Aber anstatt ein besseres Produkt zu bauen und sich dem Wettbewerb zu stellen, nimmt Google ein eigenes Produkt, das in diesem Zusammenhang 60 kaum Mehrwert bietet, und packt es nach ganz oben in die Suchergebnisse. [...]
Googles Stellung ist auch durch diese Praktiken schon so stark geworden, dass viele Akteure im E-Commerce mehr Angst vor den 65 Regeln Googles („Google Policy Guidelines") haben als vor dem Gesetz. Diese Guidelines betreffen vor allem das Online-Marketing bei Google. Der wichtige Unterschied zwischen den Gesetzen und Googles Guidelines: 70 Über Gesetze und deren Einhaltung urteilen unabhängige Gerichte, vor denen man sich verteidigen kann und die ihre Urteile begründen und offenlegen müssen. Über die Einhaltung der Google Guidelines scheint 75 hingegen Google ganz allein zu entscheiden, wie es aussieht, hinter verschlossenen Türen, ohne anderen Website-Betreibern die Chance zu geben, sich zu verteidigen. [...]

Was sagt Google selbst? Das eindrucksvollste Zitat stammt aus dem Buch „Die Vernetzung der Welt" des langjährigen CEOs und aktuellen Chairman von Google, Eric Schmidt: „Wir sind überzeugt, dass Portale wie Google, Facebook, Amazon und Apple weitaus mächtiger sind, als die meisten Menschen ahnen. Ihre Macht beruht auf der Fähigkeit, exponentiell zu wachsen. Mit Ausnahme von biologischen Viren gibt es nichts, was sich mit derartiger Geschwindigkeit, Effizienz und Aggressivität ausbreitet wie diese Technologieplattformen, und dies verleiht auch ihren Machern, Eigentümern und Nutzern neue Macht."

Zudem sagte Schmidt 2010: „Wir wissen, wo du bist. Wir wissen, wo du warst. Wir können mehr oder weniger wissen, was du gerade denkst." Und Larry Page, Gründer und heutiger CEO von Google, sagte schon 2004, dass die Google-Suche irgendwann in das Gehirn der Menschen integriert werde. Diese Aussagen sind erschreckend. Hier geht es nicht mehr nur um Wirtschaftspolitik, sondern um Gesellschaftspolitik. [...]

Googles Ausrede ist immer, dass es etwas nur mit Erlaubnis der Nutzer tue. Aber Nutzer haben in vielen Bereichen gar keine Möglichkeit mehr, zu entscheiden, welche Daten sie preisgeben und was damit geschieht. Selbst wenn ich mich dagegen entscheide, Gmail zu nutzen: Sobald ich an jemanden eine Mail schicke, der Gmail nutzt, hat Google zumindest die Möglichkeit mitzulesen. Wenn jemand meinen Telefonnummern, meinen Post- und E-Mail-Adressen in seine Google-Kontaktliste einträgt, kann Google wissen, wo ich wohne und wie ich zu erreichen bin. Und wenn sich jemand im Google-Kalender einen Termin mit mir einträgt, kann es wissen, wen ich wann wo treffe, ohne dass ich den Google-Kalender nutzen muss. Damit wird das Grundrecht auf informationelle Selbstbestimmung ausgehebelt.

Das Monopol von Google wird noch dadurch gestärkt, dass Google in Deutschland und Europa kaum Steuern zahlt und sehr viel mehr Geld als deutsche und europäische Wettbewerber zur Verfügung hat. Angeblich erzielt Google 54 Prozent seiner Gewinne im Ausland, zahlt darauf aber nur geschätzte drei Prozent Steuern. Normal sind in Deutschland für Unternehmen eher dreißig. Diese Steuerpraxis scheint nach heutigem Stand legal zu sein, ist aber aus Sicht deutscher und europäischer Unternehmen und Bürger verheerend.

Die Steuern, die Google gegenüber seinen deutschen und europäischen Wettbewerben spart, nutzt es, um in mehr Mitarbeiter, mehr Forschung und Entwicklung sowie mehr Unternehmenszukäufe zu investieren. Dies schwächt die europäischen Firmen, Staaten und letzten Endes Bürger. Obwohl all dies kein Geheimnis ist, schauen Politik und Wettbewerbsbehörden dem recht passiv zu.

Aus: Artikel von Robert M. Maier vom 3.4.2014 in: www.faz.net/aktuell/feuilleton/debatten/weltmacht-google-ist-gefahr-fuer-die-gesellschaft-12877120.html?printPagedArticle=true#pageIndex_2

INFO

CEO
Abk. von Chief Executive Officer = geschäftsführendes Vorstandsmitglied

Google U.S. Public Policy

MATERIAL 2

Like all Google employees, our Public Policy and Government Affairs team follows Google's Code of Conduct. At the core of this code is the mantra, „don't be evil." Googlers generally apply those words to how we serve our users. But it's also about doing the right thing more generally – following the law, acting honorably and treating each other with respect.

Aus: www.google.com/publicpolicy/transparency.html (Abruf: 26.4.2017)

1 Analysieren Sie die Karikatur (M 1).
2 Erstellen Sie unter Berücksichtigung von M 1 eine Übersicht über die Bereiche, in denen Google in Ihrem Leben eine Rolle spielt und in Zukunft eine Rolle spielen könnte.
3 Beurteilen Sie, inwiefern Google den Selbstverpflichtungen aus seinem Verhaltenskodex (M 2) nachkommt.

1.5 Global Player: Problemverursacher oder Lösungspartner?

MATERIAL 1 — Kofi Annan – Initiator des UN Global Compact

INFO — Global Compact
Globaler Pakt der Vereinten Nationen, der weltweit zwischen Unternehmen und der UNO geschlossen wird. Er fasst in zehn Punkten Regeln zusammen, mit denen die Globalisierung sozialer und ökologischer gestaltet werden soll.

> We are not asking corporations to do something different from their normal business; we are asking them to do their normal business differently.

Kofi Annan (UN-Generalsekretär von 1997 bis 2006) bei seiner Ansprache anlässlich der Eröffnung des UN-Gipfeltreffens zur nachhaltigen Entwicklung in Johannesburg (Südafrika) am 2. September 2002

MATERIAL 2 — Global Player: Welche Rolle spielen sie?

INFO — Direktinvestition
Investition in einem anderen Land

Primärgut
Gut, das im primären Wirtschaftssektor, der Landwirtschaft, erzeugt wird

Enklave
vom eigenen Staatsgebiet eingeschlossener Teil eines fremden Staates

Internationale Arbeiterorganisation (ILO)
eine Sonderorganisation der Vereinten Nationen

Problemverursacher...
Als Global Player werden transnationale Unternehmen zumeist wegen ihrer wirtschaftlichen und politischen Macht bezeichnet. [...] [D]ie weitaus größte Zahl transnationaler Unternehmen [kommt] nach wie vor aus hoch entwickelten Ländern, und auch der Grad der Verflechtung (durch Direktinvestitionen) ist zwischen diesen weiterhin am höchsten. [...] Eine der großen Konfliktlinien resultiert [...] aus der Frage, welchen Nutzen Direktinvestitionen für die jeweiligen Zielländer haben. Skeptiker gehen davon aus, dass dieser stark begrenzt ist, gerade weil der Zweck der Investition durch das Mutterunternehmen die Nutzung von Kostenvorteilen und der daraus resultierende Abzug von Profiten ist. Da Direktinvestitionen häufig dazu dienen, Zugang zu Primärgütern zu erlangen oder Lohnkosten zu verringern, scheint dieser Einwand höchst berechtigt. Insbesondere der Rohstoffsektor ist durch einen „Enklavencharakter" gekennzeichnet: Er operiert weitgehend autark, bezieht wenige Inputs aus der lokalen Wirtschaft und trägt demzufolge nur begrenzt zum Wachstum der Volkswirtschaft des Gastlandes insgesamt bei. Eine weit verbreitete politische Forderung zur Einhegung der negativen Folgen der Globalisierung ist daher die Schaffung verlängerter Wertschöpfungsketten in den Zielländern von Direktinvestitionen.

Die Globalisierung [...] führt auch dazu, dass Unternehmen mit neuen Problemlagen konfrontiert werden oder zu deren Verschärfung beitragen. [...] Problemfelder, die in diesem Zusammenhang diskutiert werden, sind etwa die Nichteinhaltung von Arbeits- und Sozialstandards, Menschenrechts-, Umwelt- und Anti-Korruptionsnormen, die Zunahme und Verschärfung von innerstaatlichen Gewaltkonflikten, aber auch die Vermeidung von Steueraufkommen. Die Probleme, mit denen Unternehmen konfrontiert sind, stellen sich von Branche zu Branche, je nach Position des Unternehmens in der Wertschöpfungskette und nach der Unternehmensstruktur, sehr unterschiedlich dar. [...]

So sind etwa Unternehmen der Textil- und Bekleidungsindustrie insbesondere mit der Nichteinhaltung von grundlegenden Arbeits- und Sozialstandards, die in Konventionen der Internationalen Arbeitsorganisation (ILO) verankert sind, in ihren Zulieferunternehmen konfrontiert. Einzelhandelsunternehmen tätigen keine ausländischen Direktinvestitionen, sie sind Käufer von Ware, die in sogenannten Sweatshops vor allem in asiatischen Ländern gefertigt wird. Zu den Problemen in diesen Firmen gehören etwa geringe Löhne, unbezahlte Überstunden, mangelnde Arbeitsschutzmaßnahmen oder auch Kinderarbeit. Auch als Käufer sind transnationale Unternehmen für diese Probleme mitverantwortlich. Sie haben einerseits ein Interesse an möglichst geringen Stückpreisen und kurzen Lieferfristen, andererseits können sie durch ihre Marktmacht die

Arbeitsbedingungen – zum Guten oder zum Schlechten – in ihren Zulieferbetrieben maßgeblich beeinflussen.

Mit völlig anderen Problemen sind Global Player der extraktiven Industrie (Öl, Gas, Bergbau) konfrontiert. Hier sind negative Folgen für die Umwelt ein wichtiger Problembereich, so sind zum Teil große Flächen in den betroffenen Regionen nicht mehr anderweitig, etwa für die Landwirtschaft, nutzbar. Menschenrechtliche Probleme entstehen beispielsweise im Umgang mit lokalen Bevölkerungsgruppen oder durch die Zusammenarbeit mit öffentlichen und privaten Sicherheitskräften. Da Global Player, wie Shell oder auch Rio Tinto, durch ihre Tochterunternehmen vor Ort in der Förderung der Rohstoffe tätig sind, sind ihre direkten Kontroll- und Einflussmöglichkeiten auf die lokale Situation ungleich größer.

... und Lösungspartner

[W]elche Beiträge [können] transnationale Unternehmen – aufgrund ihrer wirtschaftlichen und politischen Macht [...] leisten[?] [...] [S]eit den 1990er-Jahren [lässt sich] beobachten, dass Unternehmen zunehmend Verhaltenskodizes entwickeln, in denen sie Standards festlegen, die sie im Rahmen ihrer Geschäftstätigkeit einhalten möchten [...]

Die zunehmend an Unternehmen gerichteten Erwartungen resultieren auch daher, dass die staatlichen Strukturen in vielen Ländern des globalen Südens, in die Unternehmen investieren oder aus denen sie Rohstoffe oder Produkte beziehen, schwach sind. Der Staat ist also selbst häufig nicht in der Lage oder willens, geltende Gesetze und Regulierungen, zum Beispiel zum Schutz von Arbeitnehmern oder der Umwelt, einzuführen [...]. Unternehmen, so die These, könnten jedoch – auch aufgrund des Drucks von Konsumenten oder der Zivilgesellschaft – auch ohne staatliche Regulierung freiwillig höhere Umwelt- und Arbeitsstandards einhalten. Tatsächlich gibt es keine umfassende beziehungsweise rechtlich verbindliche Regulierung der Aktivitäten transnationaler Unternehmen. [...] Die wohl wichtigsten branchenübergreifenden Initiativen zur Förderung verantwortlichen Unternehmenshandelns sind der Global Compact der Vereinten Nationen (UNGC), die Global Reporting Initiative (GRI) und die OECD-Leitsätze für multinationale Unternehmen [...]. Der Global Compact wurde 1999 ins Leben gerufen und fordert von Unternehmen eine Orientierung an zehn Prinzipien aus den Bereichen Menschenrechte, Sozial- und Umweltstandards sowie Anti-Korruption. Der Global Compact ist eine Multi-Stakeholder-Initiative, an der neben Unternehmen auch zivilgesellschaftliche Organisationen, Verbände und akademische Institutionen teilnehmen können. Bisher haben sich mehr als 10000 Organisationen, darunter mehr als 7000 Unternehmen, der Initiative angeschlossen. Unternehmen müssen sich dann dazu bekennen, den Global Compact und seine Prinzipien in ihrer Geschäftstätigkeit umzusetzen. Der UNGC beruht auf dem Prinzip der Freiwilligkeit; das gemeinsame Lernen und der Dialog zwischen Unternehmen und anderen Stakeholder-Gruppen stehen im Mittelpunkt. Unternehmen müssen einmal im Jahr eine sogenannte Fortschrittsmitteilung (Communication on Progress) einreichen, in der sie über die Umsetzung der Prinzipien berichten. Wenn ein Unternehmen dieser Berichtspflicht nicht nachkommt, wird es zunächst auf der Homepage der Initiative als inaktiv gekennzeichnet und nach einem weiteren Jahr als Teilnehmer gelöscht. Eine Qualitätskontrolle der Unternehmensberichte findet aber nicht statt. Einen effektiven Sanktionsmechanismus gibt es selbst bei offensichtlichen Regelverstößen von Unternehmen nicht. [...]

Aus: Melanie Coni-Zimmer, Annegret Flohr, Transnationale Unternehmen: Problemverursacher und Lösungspartner?, in: www.bpb.de/apuz/175496/transnationale-unternehmen-problemverursacher-und-loesungspartner?p=all (Abruf: 26.4.2017)

> **INFO**
>
> **extraktiv**
> herausziehend
>
> **Stakeholder**
> eine Person oder Gruppe, die ein berechtigtes Interesse an der Entwicklung eines Unternehmens hat, z. B. ein Aktionär.
>
> **OECD**
> engl. Abkürzung von „Organisation für wirtschaftliche Zusammenarbeit und Entwicklung"

1 Erläutern Sie die Forderung des ehemaligen UN-Generalsekretärs in M 1. Stellen Sie Vermutungen darüber an, was er mit „different" bzw. „differently" meinen könnte.

2 Arbeiten Sie aus M 2 zunächst Kritikpunkte an transnationalen Unternehmen heraus und beschreiben Sie dann, inwiefern transnationale Unternehmen bei der Lösung von Problemen helfen können.

3 Beurteilen Sie die Rolle transnationaler Unternehmen in der Globalisierung anhand geeigneter Kriterien.

1.6 Ist der Nationalstaat doch noch nicht am Ende?

MATERIAL 1

Die zehn mächtigsten Menschen der Welt 2016

INFO
Definition des Begriffs „Macht" von Max Weber (dt. Soziologe)
„Macht bedeutet jede Chance, innerhalb einer sozialen Beziehung den eigenen Willen auch gegen Widerstreben durchzusetzen, gleichviel, worauf diese Chance beruht."

red/dpa, 15.12.2016, New York – Noch ist Donald Trump (70) nicht US-Präsident – für „Forbes" aber schon der zweitmächtigste Mensch der Welt. Vor dem designierten Nachfolger von Barack Obama landete in der diesjährigen Liste des US-Wirtschaftsmagazins nur der russische Präsident Wladimir Putin (64). [...] Trump verbesserte sich im Vergleich zum Vorjahr um 70 Plätze und verdrängte Bundeskanzlerin Angela Merkel (62, CDU) auf den dritten Rang. [...]
Hinter der deutschen Kanzlerin folgten in der Liste der weltweit einflussreichsten Persönlichkeiten der chinesische Präsident Xi Jinping (63), Papst Franziskus (79) und die US-Notenbankchefin Janet Yellen (70).
Microsoft-Gründer Bill Gates (61), Google-Mitgründer Larry Page (43), Indiens Premierminister Narendra Modi (66) und Facebook-Gründer Mark Zuckerberg komplettierten die Top Ten. Die neue britische Premierministerin Theresa May (60) landete auf dem 13. Platz. Der türkische Staatspräsident Recep Tayyip Erdogan (62) war erstmals seit fünf Jahren wieder in der Liste zu finden und belegte den 56. Rang.

Aus: www.stuttgarter-nachrichten.de/inhalt.forbes-liste-das-sind-die-zehn-maechtigsten-menschen-der-welt.8bf2296d-5273-4900-9517-9880f5b280c1.html (Abruf: 12.9.2017)

MATERIAL 2

Die veränderte Rolle der Nationalstaaten

INFO
autoritativ
auf Autorität beruhend

Die Krisen der zurückliegenden Jahre haben gezeigt, dass der in den 1980er-Jahren besonders schrill vorgetragene und seit Ende der 1990er-Jahre modulierte Abgesang auf den Staat ein Irrweg war. Gerade komplexe Krisensteuerung bedarf eines funktionsfähigen Staates, der als Kerneinheit den hohen Anforderungen globalisierter Politikgestaltung gerecht werden muss. [...] Auch wenn die Rolle nichtstaatlicher und privater Akteure bei der Bereitstellung nationaler und globaler Güter [...] in den letzten Jahren gestiegen ist, darf nicht verkannt werden, dass der Staat über seine Steuerhoheit immer noch der zentrale Akteur bei der Ressourcenmobilisierung für öffentliche Aufgaben ist.
Diese Rückkehr des Staates darf aber nicht verwechselt werden mit einer Rückkehr hergebrachter Staatsvorstellungen. [...] Staaten haben heute weitaus durchlässigere Außengrenzen – nicht nur hinsichtlich des Güteraustauschs oder grenzüberschreitender Umweltbelastungen, sondern gerade auch mit Bezug auf Menschen und Ideen. Staaten sind eingebunden in vielschichtige Formen geteilter Souveränität. [...] In zahlreichen Politikbereichen geht es nicht mehr um die eigene Regelsetzung, sondern um die Frage, wie diese global mitgestaltet und national umgesetzt werden kann. Dabei ist staatliches Handeln vermehrt auf Partnerschaften angewiesen. [...] Staaten beschreiten hier jedoch auch einen schmalen Grat. Denn das Sich-Einbringen in kollektive zwischenstaatliche Formen des Regierens, das bereits teilweise – insbesondere im Kontext der europäischen Integration – zu Souveränitätsabgaben geführt hat, kann zu innenpolitischer Delegitimation führen, weil Diskrepanzen zwischen (gefühlter) politischer Repräsentation und den Orten auftreten können, an denen kollektiv bindende Entscheidungen getroffen werden.

Aus: Tobias Debiel, Michele Roth und Cornelia Ulbert: Global Governance unter Druck: Trends und Perspektiven, in: Globale Trends 2013. Frieden. Entwicklung. Umwelt. Frankfurt 2013, S. 14f.

1 Erläutern Sie, worauf die Macht der in M 1 aufgeführten Personen beruht.
2 Erörtern Sie ausgehend von M 2, in welchen Bereichen der Staat weiterhin souverän handeln sollte und welche Risiken mit „geteilter Souveränität" einhergehen.
3 Gestalten Sie ein Szenario zur Rolle des Nationalstaates im Jahr 2050.

Szenarien entwickeln

METHODE

Bei der **Szenario-Methode** geht es um die Beschreibung von zukünftigen Situationen und Wegen, die aus der Gegenwart in die Zukunft führen. In der Regel sollten zwei sich deutlich unterscheidende und in sich stimmige Szenarien entwickelt werden. Aus der Fragestellung „Was könnte mit Blick auf die Entwicklung der EU bestenfalls passieren?" resultiert das „Best-Case-Szenario" und aus der Fragestellung „Was könnte mit Blick auf die Entwicklung der EU schlimmstenfalls passieren?" das „Worst-Case-Szenario". Spekulative Elemente sollen einbezogen, jedoch sollten die Szenarien nicht völlig unrealistisch werden.

Der **Szenario-Trichter** symbolisiert die Ungewissheit als Merkmal der Zukunft. Je weiter man von der heutigen Situation in die Zukunft geht, desto größer wird die Unsicherheit und desto vielfältiger werden die Möglichkeiten. Auf der Schnittfläche des Trichters an einem beliebigen Zeitpunkt liegen alle denkbaren, theoretisch möglichen Zukunftssituationen. Auf dem Weg von der gegenwärtigen Situation zu den Zukunftsszenarien muss Spielraum für die Fantasie gelassen werden. Zugleich muss man Möglichkeiten zur Zusammenfassung und zum Austausch der erzielten Ergebnisse schaffen. Ein Mittelweg zwischen diesen Polen wird mit der **„Sechs-Schritte-Struktur"** beschritten.

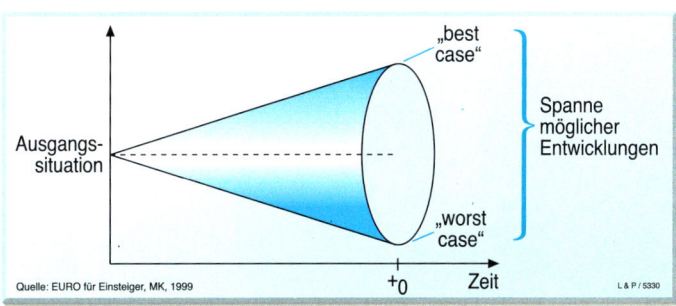

Der Szenario-Trichter

Schritt 1: In der ersten, gemeinsamen Phase – der *Problemanalyse* – muss die Ausgangssituation abgeklärt werden: Der Gegenstand in seiner gegenwärtigen Situation wird analysiert, und das Problem wird bestimmt und erläutert.

Schritt 2: In der *Einflussanalyse* werden die Einflussbereiche, die auf das Problem entscheidend einwirken, festgelegt und die Einflussfaktoren innerhalb dieser Bereiche ermittelt und zugeordnet. Ratsam ist es, die Lerngruppe anschließend in „Expertenteams" einzuteilen, die sich jeweils einem Einflussbereich widmen. Dabei ist Zeit für ausführliche Informationen (z. B. mithilfe des Internets) einzuplanen.

Schritt 3: In der dritten Phase – der *Entwicklungsprojektion* – werden die Einflussfaktoren nach der Beschreibung des Ist-Zustandes in ihren möglichen zukünftigen Zuständen skizziert. Festzuhalten ist, was im Rahmen der einzelnen Faktoren besten- bzw. schlimmstenfalls passieren könnte.

Schritt 4: Die sich aus dem vorangegangenen Schritt ergebenden Möglichkeiten werden in der vierten Phase – der *Alternativenbündelung* – der Klasse vorgestellt und erläutert, bevor sie anschließend (in der Lerngruppe gemeinsam) zu zwei stimmigen, aber kontrastierenden Szenario-Grundstrukturen gebündelt werden. Reflektiert werden sollte dabei auch, welche Entwicklungen zueinander passen, sich eventuell sogar gegenseitig verstärken oder füreinander Voraussetzung sind.

Schritt 5: In der fünften Phase – der *Szenarienausgestaltung* – werden die Grundstrukturen I und II in den beiden Arbeitsgruppen zu ausführlichen Szenarien ausgestaltet, indem neben der Beschreibung der Zielqualität und des Zieljahres auch die Wege in die Zukunftssituation auf der Basis der Einflussfaktoren aufgezeigt werden.

Schritt 6: Im Rahmen der sechsten Phase – der *Strategieentwicklung* – werden nach der Vorstellung der Szenarien I und II unter der Fragestellung, wie die Entwicklung der Einflussfaktoren in die gewünschte Richtung beeinflusst werden kann, Strategien zur Problemlösung gesucht und diskutiert.

2. Der Prozess der Globalisierung

2.1 Ein Begriff – viele Dimensionen

MATERIAL 1 Globalisierung in Bildern

Vorstandsvorsitzende Dieter Zetsche und Carlos Ghosn

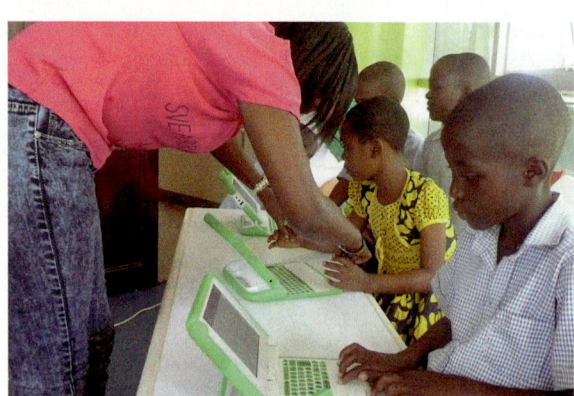
Kinder mit Laptops in einer Schule in Madagaskar

Besucher des IKEA-Shops in Peking

Containerschiff im Hamburger Hafen

Fußgängerzone in einer deutschen Großstadt

Flüchtlinge aus Afrika vor der Insel Lampedusa

Ein Begriff – viele Dimensionen | **21**

Eisbär vor der Küste von Alaska

Die Teilnehmer des G7-Gipfeltreffens in Shima, Japan im Mai 2016

Dimensionen der Globalisierung

MATERIAL **2**

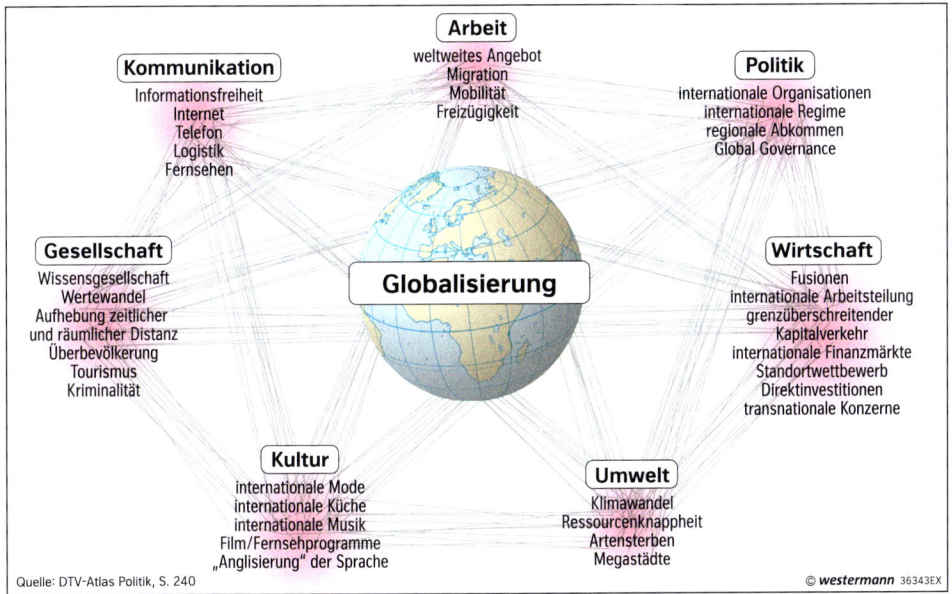

1 Wählen Sie eines der Bilder aus M 1 aus und erstellen Sie eine passende Zeitungsmeldung.

2 Erläutern Sie mögliche Zusammenhänge zwischen den Bildern in M 1.

3 Ordnen Sie die Bilder den Dimensionen der Globalisierung in M 2 zu.

4 Nennen Sie im Anschluss an eine Internetrecherche Antworten auf die Frage, wann und durch welche Ursachen der Globalisierungsprozess begonnen hat.

5 Auf den folgenden Seiten wird der Prozess der Globalisierung unter drei Fragestellungen betrachtet:
 – Ein Prozess des ständigen Wachstums?
 – Ein Prozess des technischen Fortschritts?
 – Ein Prozess der kulturellen Angleichung?
Erarbeiten Sie in Gruppen Antworten auf diese Fragen und entwickeln Sie Szenarien für eine Fortsetzung der beschriebenen Entwicklungen.

QUERVERWEIS
METHODE
Szenario
S. 19

2.2 Ein Prozess des ständigen Wachstums?

MATERIAL 1 — Handel weltweit

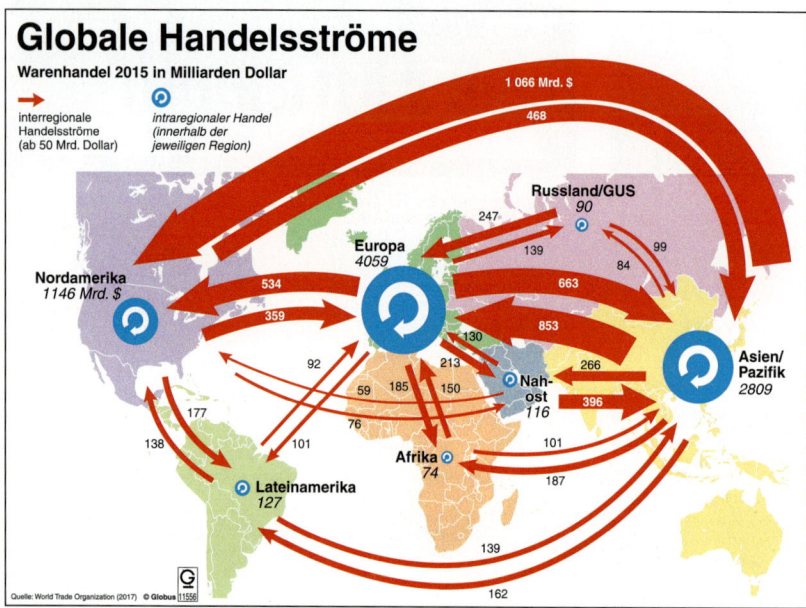

Welthandel in Zahlen Reale Entwicklung (1950 = 100)		
Jahr	Welthandel (Exporte)	Weltwirtschaftsleistung (BIP)
1950	100	100
1960	210	155
1970	476	266
1980	798	398
1990	1165	541
2000	2170	714
2010	3274	923
2006*	3904	1065

Aus: Globus-Grafik 11324

MATERIAL 2 — Direktinvestitionen

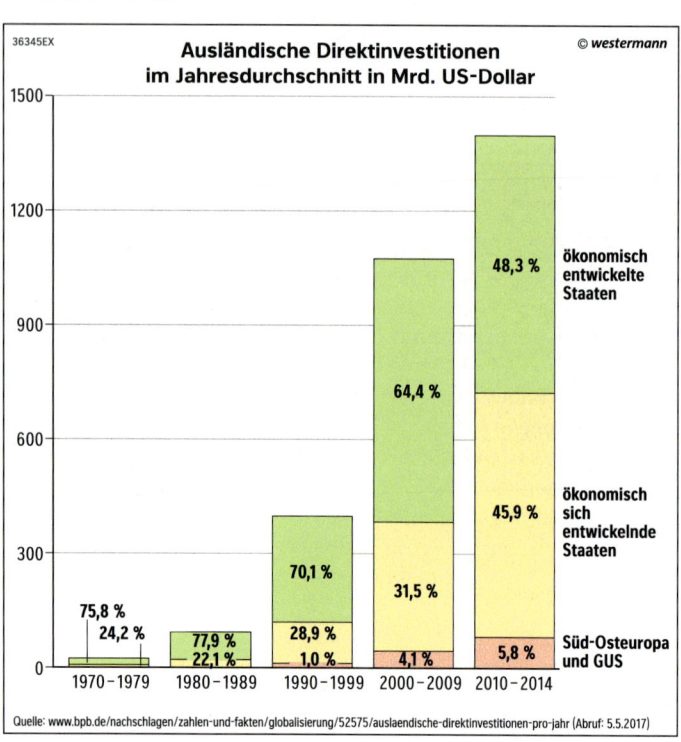

Ausländische Direktinvestitionen (ADI) sind im Wesentlichen Unternehmensfusionen, -käufe und -beteiligungen, reinvestierte Erträge von Tochtergesellschaften im Ausland, Kredite an ausländische Tochtergesellschaften innerhalb eines Unternehmens und Kapitaltransfers zur Gründung von Unternehmen im Ausland. [...] Vor allem Transnationale Unternehmen (TNU) haben die technischen, finanziellen und politischen Ressourcen, um eine Strategie des „global-sourcing" umzusetzen. Die ADI der TNU dienen in erster Linie der Markterschließung, Marktsicherung und Kostenersparnis.

Aus: www.bpb.de/nachschlagen/zahlen-und-fakten/globalisierung/52575/auslaendische-direktinvestitionen-pro-jahr (Abruf: 5.5.2017)

Handelsabkommen

MATERIAL 3

		Intra- und interregionale Handelsabkommen EU und weltweit					
		Zollunion	Freihandels-zone	Dienst-leistungs-abkommen	Intraregional	Interregional	Gesamt
Welt	1958-1989	5	9	2	14	2	16
	1990-2011	10	162	79	181	70	251
EU	1958-1989	1	5	1	6	1	7
	1990-2011	3	21	7	23	9	32

Aus: www.hwwi.org/publikationen/hwwi-update/hwwi-update-einzelansicht/die-europaeische-union-und-der-handelspolitische-bilateralismus.html?no_cache=1 (Abruf: 5.9.2017)

INFO
intraregional
interregional
Innerhalb einer Region, zwischen Regionen

Außenhandelsbilanzen

MATERIAL 4

Außenhandelsbilanz China
(Angaben in Mrd. US-Dollar)

Jahr	Import	Export
1965	2,02	2,23
1975	7,49	7,26
1985	42,25	27,35
1995	132,08	148,78
2005	660,00	762,00
2010	1390,00	1586,00
2011	1743,00	1899,00
2012	1818,00	2049,00
2013	1950,00	2209,00
2014	1958,00	2342,30
2015	1681,70	2281,90

Aus: /www.gtai.de/GTAI/Content/DE/Trade/Fachdaten/MKT/2016/11/mkt201611222022_159610_wirtschaftsdaten-kompakt---china.pdf?v=1

Außenhandelsbilanz Russland
(Angaben in Mrd. US-Dollar)

Jahr	Import	Export
2013	314,9	527,3
2014	286,6	497,8
2015	182,8	343,9

Aus: www.gtai.de/GTAI/Content/DE/Trade/Fachdaten/MKT/2016/11/mkt201611222008_159230_wirtschaftsdaten-kompakt---russland.pdf?v=1

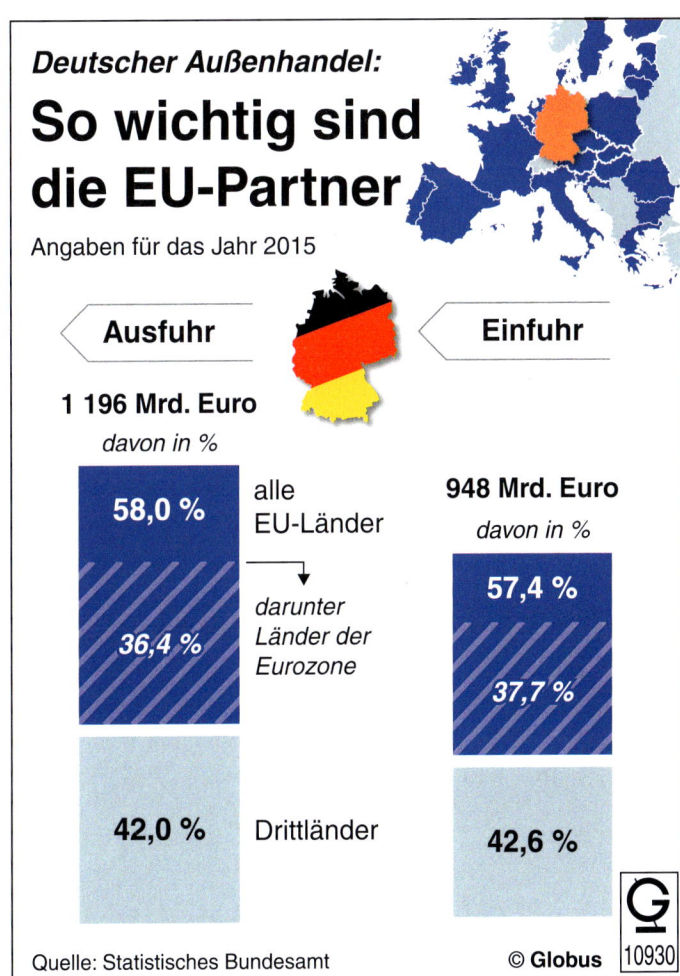

Deutscher Außenhandel: So wichtig sind die EU-Partner
Angaben für das Jahr 2015

Ausfuhr: 1 196 Mrd. Euro – davon in %: 58,0 % alle EU-Länder, darunter Länder der Eurozone 36,4 %, Drittländer 42,0 %

Einfuhr: 948 Mrd. Euro – davon in %: 57,4 %, darunter Eurozone 37,7 %, Drittländer 42,6 %

Quelle: Statistisches Bundesamt © Globus 10930

MATERIAL 5

Anteile an weltweiten Exporten (in Prozent)

	2001	2005	2009	2011	2014
Deutschland	9,2	9,3	9,0	8,1	7,9
Großbritannien	4,4	3,7	2,8	2,6	2,7
Frankreich	5,2	4,4	3,8	3,3	3,1
USA	11,8	8,6	8,5	8,1	8,5
Brasilien	0,9	1,1	1,2	1,4	1,2
Russland	1,6	2,3	2,4	2,9	2,6
Indien	0,7	0,9	1,2	1,6	1,7
China	4,3	7,3	9,6	10,4	12,3

Quelle: WTO

MATERIAL 6

Zeitleiste

1947-1989	Sogenannter „Kalter Krieg": Konflikt zwischen der marktwirtschaftlich geprägten „westlichen Welt" unter der Führung der USA und der kommunistischen Sowjetunion und deren Einflusssphäre, v. a. in Osteuropa.
1978	Beginn der schrittweisen Öffnung der bis dahin abgeschotteten chinesischen Volkswirtschaft
1991	Zerfall der Sowjetunion
1993	Schaffung des Europäischen Binnenmarktes
1994	Gründung des Nordamerikanischen Freihandelsabkommens (NAFTA) zwischen Kanada, Mexiko und den USA
1994	Gründung der Welthandelsorganisation (WTO) mit der Zielsetzung Handelshemmnisse weltweit abzubauen
2001	China wird Mitglied der WTO.
2002	Der Euro wird als gemeinsame Währung in zwölf EU-Staaten eingeführt.
2004	Beitritt von acht osteuropäischen Staaten zur EU
2007/2008	Globale Banken- und Finanzkrise
2009	China ist erstmals größte Exportnation der Welt.
2014	Die Annexion der ukrainischen Halbinsel Krim durch Russland führt zu einer Verschlechterung der diplomatischen Beziehungen und schließlich zu Handelssanktionen der EU und der USA gegen Russland.
2016	Eine knappe Mehrheit von 52% der britischen Wähler entscheidet sich am 23. Juni in einem Referendum für den Austritt Großbritanniens aus der EU.

Eigene Zusammenstellung des Autors

INFO
Referendum
Volksabstimmung über ein Gesetz

1. Beschreiben Sie Zustand und Entwicklungen des Welthandels anhand geeigneter Materialien der Seiten 22-24.
2. Arbeiten Sie Zusammenhänge zwischen den Ereignissen aus M 6 und den vorangegangenen Materialien heraus.
3. Recherchieren Sie im Internet Datenmaterial zur Entwicklung der globalen Handelsströme in den vergangenen 40 Jahren und bewerten Sie die Daten (M 1).

Richig recherchieren

METHODE

1. Welche Frage soll beantwortet werden? – Thema klären!
Eine erfolgreiche Recherche setzt voraus, dass die Frage richtig verstanden wurde. Lautet die Themenstellung etwa „Welche Bedeutung hat der europäische Binnenmarkt für den deutschen Außenhandel?", so muss man sich zunächst überlegen, wie sich diese Bedeutung messen lässt.

Man könnte sich die Entwicklung des deutschen Außenhandels seit der Gründung des Binnenmarktes anschauen (siehe S. 38). Allerdings geht es hier um den Außenhandel insgesamt, also auch mit Ländern außerhalb des Binnenmarktes. Zudem fehlen Informationen über die Entwicklung vor dem Eintritt in den Binnenmarkt oder die Außenhandelsentwicklung anderer Länder zum Vergleich. Diese Statistik wäre also ungeeignet.

Die Grafik in M 3 auf Seite 23 gibt Informationen zum Anteil der Importe aus der EU und Exporte in die EU an den gesamten Importen und Exporten Deutschlands. Die Beantwortung der Frage wie hoch der Anteil des Handels mit Ländern des Binnenmarktes im Vergleich zum Handel mit Ländern außerhalb des Binnenmarktes ist, trägt zur Beantwortung der Frage bei.

2. Sind die Informationen verlässlich? – Quellen prüfen!

Gibt es den Klimawandel und ist er vom Menschen verursacht?

Welche Auswirkungen haben die Flüchtlingsströme auf Europa?

Solche Fotos werden sehr gerne von gewissen Seiten verwendet um Hetze zu betreiben. Hier eine Recherche zu tätigen bzw. die Original-Bilder zu finden erweist sich nicht immer sehr einfach. Hier ein Beispiel so eines Hetzfotos inkl. Richtigstellung auf Facebook. Zu sehen war hier der angebliche Müll von Flüchtlinge im Jahre 2015.

Der Tweet von Donald Trump (oben) und das aus dem Post eines ungarischen Facebook-Mitglieds entnommene Bild (rechts oben) geben Antworten auf die gestellten Fragen – aber kann man diesen Informationen trauen?

Bei einer richtigen Recherche muss man sich immer auch fragen: Von wem stammen die Informationen? Werden Aussagen belegt oder wird eine Quelle genannt? Ist dieser Quelle zu vertrauen? Hat diese Quelle irgendwelche Interessen? Auch bei Wikipedia-Artikeln kann man nicht immer sicher sein, ob die Informationen vertrauenswürdig und aktuell sind. Deshalb sollte immer auch die Fußnote geprüft werden.

Jedoch stimmt das nicht, denn hierbei handelt es sich um eine illegale Mülldeponie in Debrecen (Ungarn) Jahre 2012

3. Recherchetipps
An aktuelle und objektiv nachvollziehbare Daten zu kommen ist gar nicht schwer. Es muss nicht immer das erste Angebot verwendet werden, das bei der Suche im Internet angezeigt wird:

Organisation	URL
Weltbank	http://databank.worldbank.org/data/home.aspx
Internationaler Währungsfond	www.imf.org/external/data.htm
Eurostat	http://ec.europa.eu/eurostat/de
Statistisches Bundesamt	www.destatis.de
Bundeszentrale für politische Bildung	www.bpb.de
CIA World Fact Book	https://www.cia.gov/library/publications/the-world-factbook/

2.3 Ein Prozess des technischen Fortschritts?

MATERIAL 1 Entwicklung der Transport- und Kommunikationskosten

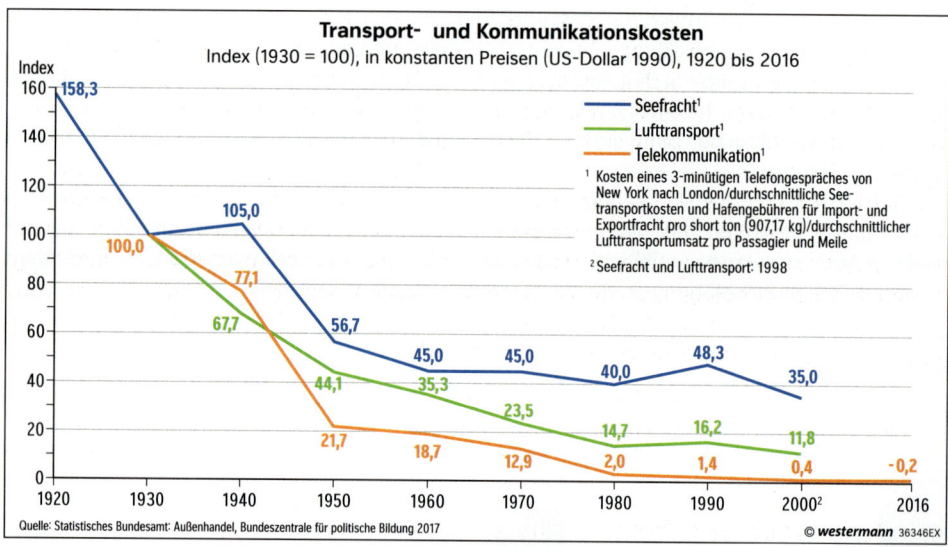

MATERIAL 2 Asien fürchtet den Siegeszug der Roboter

„Piff-paff", so macht ein Industrieschlitten, wenn Lutz Seidenfaden ihn beschreibt. Nicht ein Schlitten für den Rodelberg, natürlich. Ein Schlitten ist ein Maschinenbauteil, das auf einer Schiene hin- und herfährt. Und mehr können klassische Maschinenbauteile nicht: Hin und her, piff und paff.

Lutz Seidenfaden ist IT-Spezialist der Esslinger Firma Festo. Gerade ist er bei einer Vorführung für Geschäftspartner in Singapur, und den schlichten Schlitten beschreibt er nur, weil er zeigen will, was moderne Maschinenteile heute so draufhaben. Von „intelligenten Komponenten" spricht er da, und künstlicher Intelligenz: Bauteile etwa, die Alarm schlagen, bevor eine Maschine ausfällt. Zum Beispiel weil die Temperatur steigt […].

Seidenfaden illustriert so die neue Welt der „Industrie 4.0", in der intelligente Komponenten miteinander kommunizieren, ihre eigene Wartung, Nachschub und Bestellungen organisieren können und vieles mehr. Aber nicht nur um ihresgleichen kümmern sich intelligente Maschinen. Sie können auch ganz auf den Einzelkunden zugeschnittene Produkte in kleinen Mengen kostengünstig fertigen – weg vom Standardprodukt.

Das meint der Kunstbegriff „Industrie 4.0", mit dem die meisten Arbeitnehmer wohl nicht viel anfangen können. Umschreibt man ihn aber mit „Digitalisierung der Industrie" und spricht von intelligenten Robotern, dann dürfte die Entwicklung vor allem Existenzängste auslösen: Wenn die Maschinen immer schlauer werden – kostet das dann wieder Jobs?

Und während früher deutsche Arbeiter die Konkurrenz ihrer asiatischen Kollegen fürchteten, sitzen sie diesmal im selben Boot: Die fortschreitende Automatisierung […] weckt in Asien große Ängste. Was wird aus dem Standortvorteil mit niedrigen Löhnen, wenn immer mehr Maschinen Fertigung übernehmen?

Gerade die Industriezweige, die sehr einfache Arbeiten zu billigen Löhnen verrichten ließen, sind betroffen. „Billige Arbeitskräfte haben Asien einen Standortvorteil verschafft. Aber mit den fallenden Kosten durch Automatisierung muss die Region ihre Talentförderung ausbauen", analysierte das World Economic Forum (WEF) gerade bei einer Konferenz mit 500 regionalen [Teilnehmern] in Malaysia. […]

INFO

WEF
World Economic Forum, deutsch: Weltwirtschaftsforum. Die in der Schweiz ansässige Stiftung veranstaltet u.a. einmal jährlich ein Treffen von renommierten Wirtschaftsexperten, Politikern, Intellektuellen und Journalisten.

„Ich war erstaunt, wie stark das Thema Verlust von Arbeitsplätzen durch die 4. industrielle Revolution betont wird", sagte der Verwaltungsratschef der Unternehmensberatung Boston Consulting Group (BCG), Hans-Paul Bürkner, Jahrgang 1952, am Rande des Treffens. Dabei hält er Schreckgespenste von der menschenleeren Fabrik für völlig überzogen. Die vielen billigen Arbeitskräfte hinderten aber Firmen in Asien womöglich daran, auf den Automatisierungszug aufzuspringen.

„In jedem Fall ist Industrie 4.0 eine Chance, die Wettbewerbsfähigkeit am Standort Deutschland zu erhöhen", meint Hartmut Rauen, Mitglied der Hauptgeschäftsführung beim Maschinenbauverband VDMA. Technologie, Partner und Kunden seien da. „Deutschland gewinnt an Attraktivität, weil man hier am ehesten in der Lage ist, das umzusetzen." So könne man dadurch Investitionen und Arbeitsplätze in Deutschland gewinnen.

Dass allerdings Produktion durch Industrie 4.0 zurück nach Europa verlagert werden könnte, bezweifelt Rauen. Der Grund, etwa in China Fabriken zu bauen, sei eher die Nähe zum Kunden gewesen. [...]

Gerade in China sei ein großes Interesse an Industrie 4.0 zu sehen. „In China ist das Thema auch bei deutschen Firmen beliebt, weil dort Dinge ausprobiert werden können, die hier undenkbar wären, wie Bio- oder Bewegungsprofile von Mitarbeitern", sagt Constanze Kurz von der IG Metall.

Aus: Artikel von Christiane Oelrich und Annika Grah vom 18.6.2016 in: www.spiegel.de/karriere/industrie-4-0-asien-fuerchtet-die-roboter-a-1098302.html

INFO

VDMA
Verband Deutscher Maschinen- und Anlagenbau e.V.; Europas größter Industrieverband vertritt die Interessen der von mittelständischen Unternehmen dominierten Investitionsgüterindustrie in Deutschland.

Die Entwicklung der Industrie

MATERIAL 3

1 Erläutern Sie Folgen der in M 1 dargestellten Entwicklung für verschiedene Akteure (z. B. Konsumenten, Arbeitnehmer in Hoch- und Niedriglohnländern, Handelsunternehmen, Dienstleistungsunternehmen)

2 Überprüfen Sie anhand von M 2 und M 3, ob sich die Ergebnisse aus Aufgabe 1 in Zukunft bestätigen oder umkehren werden.

2.4 Ein Prozess der kulturellen Angleichung?

MATERIAL 1 — Die beliebtesten Fernsehserien der Deutschen

The Big Bang Theory

Two and a half Men

Game of Thrones

The Walking Dead

How I met your mother

MATERIAL 2 — Verkaufszahlen von Lokal- und Regionalzeitungen in Baden-Württemberg

		Abos und Einzelverkauf 2016/ 1. Quartal	Vergleich zu 2015	Veränderung in %
1	Stuttgarter Zeitung/Stuttgarter Nachrichten	300.108	-10.306	-3,3
2	Südwest Presse	290.950	-13.503	-4,4
3	Schwäbische Zeitung	156.595	-2.269	-1,4
4	Badische Zeitung	126.852	-3.039	-2,3
5	Badische Neueste Nachrichten	117.592	-2.377	-2
6	Mannheimer Morgen *	116.532	585	0,5
7	Südkurier	109.369	-1.922	-1,7
8	Schwarzwälder Bote	107.487	-2.491	-2,3
9	Rhein-Neckar-Zeitung	79.077	-2.569	-3,1
10	Heilbronner Stimme	78.246	-1.894	-2,4

* Das Plus des Mannheimer Morgens entstand durch Übernahme einer Publikation der Südwest-Presse, deren Minus dementsprechend größer ausfällt.

Quelle: http://meedia.de/2016/04/21/die-grosse-ivw-analyse-der-regionalzeitungen-die-auflagen-der-groessten-78-blaetter/ (Abruf: 5. Mai 2017)

Relevanz der Medien

MATERIAL 3

Tägliche durchschnittliche Nutzungszeit von Medien in Minuten von 5.00 bis 24.00 Uhr (in Deutschland, Auswahl)

	1980	1985	1990	1990	1995	2000	2005	2010
Tageszeitung	38	33	28	28	30	30	28	23
Zeitschriften	11	10	11	11	11	10	12	6
Bücher	22	17	18	18	15	18	25	22
Internet	0	0	0	0	0	13	44	83

Quelle: www.petrakellystiftung.de/fileadmin/user_upload/newsartikel/PDF_Dokus/Meier_Lokale_Medien.pdf

Mehr deutsche Lieder im Radio?

MATERIAL 4

Laufen bald auf allen Radiosendern Schlager? Nein, soweit geht der Wunsch führender CSU-Politiker wohl doch nicht. Wenn er in Erfüllung ginge, wäre das aber ein gutes Zeichen für viele – vor allem auch für junge – deutsche Musiker.

Die Politiker fordern, dass die öffentlich-rechtlichen Radiosender mehr deutsche Musik spielen. Medienexperte Michael Frieser (50, CSU) verlangt in der „Bild"-Zeitung eine „Selbstverpflichtung" der Sender, mehr deutsche Titel zu spielen. Frieser sagte: „Der öffentlich-rechtliche Rundfunk muss mehr deutsche und europäische Musiktitel spielen. Das sollte ihm eine Selbstverpflichtung sein." Der Vorstoß müsse jedoch von der deutschen Musikindustrie und deutschen Künstlern mitgetragen werden, sagte Frieser. Innenexperte Stephan Mayer (40, CSU) verspricht sich dadurch ein Konjunkturprogramm für die deutsche Musikindustrie. Mayer sagte der „Bild": „Mehr deutsche Musik im öffentlich-rechtlichen Rundfunk könnte für die deutsche Musikindustrie einen regelrechten Schub bedeuten."

Der Verein Deutscher Sprache (VDS) fordert sogar fordert eine Radioquote für die Musik deutscher Interpreten und Liedermacher nach französischem Vorbild. Holger Klatte (40), Geschäftsführer des VDS, sagte: „Wir erleben im Rundfunk in Deutschland seit Jahren eine knallharte Quote zugunsten englischsprachiger Musik. Sowohl private als auch öffentlich-rechtliche Rundfunksender haben bis zu 90 Prozent englische Lieder im Programm."

Frankreich hat vor genau zwanzig Jahren eine Radioquote eingeführt. Dort müssen die Sender seit 1994 rund 40 Prozent ihrer Spielzeit mit französischen Produktionen füllen. Das hat die französische Musikindustrie regelrecht beflügelt. Klatte fordert deswegen „eine Selbstverpflichtung der Rundfunkanstalten für deutschsprachige Musik oder, wenn es anders nicht geht, eine gesetzliche Deutschquote."

Aus: Artikel von Jan David Sutthof vom 15.4.2014 in: www.huffingtonpost.de/2014/04/15/deutsche-lieder-radio_n_5150373.html (Abruf: 5. Mai 2017)

1. Erstellen Sie eine Liste mit ihren drei Lieblingsfernsehserien.
2. Vergleichen Sie ihre Ergebnisse untereinander und mit M 1. Überprüfen Sie den Anteil an deutschen und US-amerikanischen Produktionen.
3. Erläutern Sie mögliche Ursachen und Folgen der in M 2 und M 3 aufgezeigten Entwicklungen.
4. Beurteilen Sie die Forderung nach einer Quote für deutsche Lieder im Radio (M 4).
5. Erörtern Sie die Frage, ob die Globalisierung im kulturellen Bereich eher als Bereicherung oder als Verdrängung anzusehen ist.

2.5 Ist die Globalisierung schon wieder zu Ende?

MATERIAL 1 Globalisierung messen? – Der Globalisierungsindex

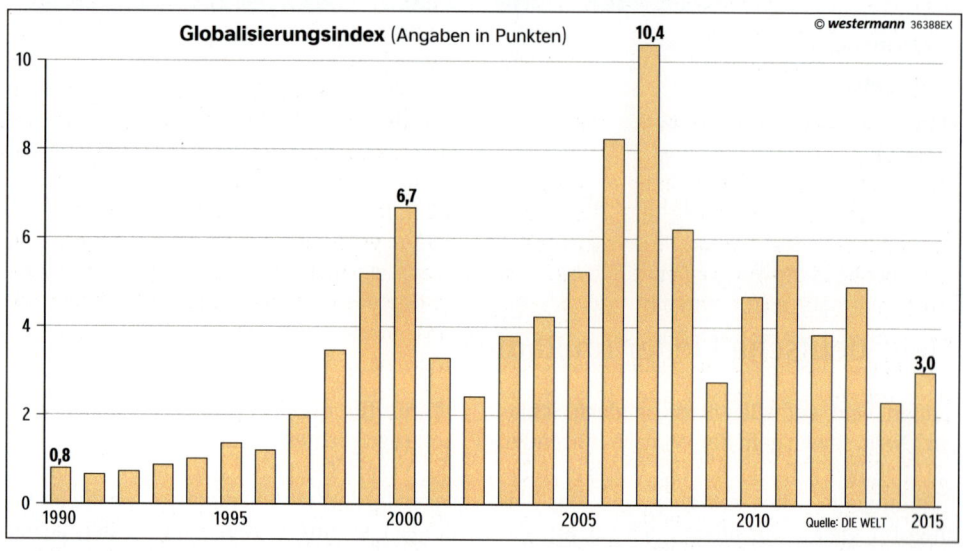

MATERIAL 2 Der große „Schub" ist vorbei

INFO

Emerging Markets (engl. aufstrebender Markt); der Fachbegriff wird im Finanz- und Börsenbereich verwendet und steht für aufstrebende Märkte in Entwicklungs- und Schwellenländer.

Stefan Bielmeier am 29.08.2016 im Gespräch mit Nana Brink vom Deutschlandradio

Die Globalisierung schreitet immer weiter voran. Wer würde daran zweifeln? Stefan
5 Bielmeier beispielsweise. Der Chefvolkswirt der DZ Bank erklärt im Interview mit dem Deutschlandradio, warum die Globalisierung kein zwangsläufiger Prozess ist – und auch kein aktueller Trend mehr.
10 **Deutschlandradio (DLR):** Sie behaupten, wenn ich das mal so grob zusammenfasse, die Globalisierung ist schon wieder vorbei. Wie kommen Sie denn darauf?
Bielmeier: [...] Ganz vorbei ist sie nicht, aber
15 es geht nicht mehr weiter voran. Wir haben dazu einen Globalisierungsindex berechnet. Was haben wir dafür gemacht. Wir haben einfach die Direktinvestitionen uns angeschaut, die von den einzelnen Industrielän-
20 dern in die Emerging Markets gegangen sind. Also es ist ein Index oder es sind Zahlen, die einfach angeben, ob man weiter in diese Länder investiert. Und da zeigt sich, dass das tatsächlich deutlich zurückgeht. Es sinkt noch
25 nicht, aber es nimmt auch nicht mehr zu.
Das heißt letztendlich, dass einfach der große Schub der Globalisierung vorbei zu sein scheint, und damit natürlich auch der große Wachstumsschub, der uns durch die Globali-
30 sierung erlangt hat, etwas geringer geworden ist. Das Ganze kann man auch natürlich nicht nur an den Direktinvestitionen sehen, das kann man auch an den Exportzahlen sehen. Da ist Deutschland zurzeit eher eine
35 Ausnahme. Bei uns wächst der Export noch recht kräftig, aber in vielen anderen Ländern geht auch hier die Dynamik deutlich zurück, sodass man insgesamt durchaus sagen kann, dass der Globalisierungstrend
40 oder der Trend hin zur Globalisierung deutlich nachgelassen hat, eventuell sogar etwas zurückgewickelt wird, sodass uns hier wichtige Wachstumsimpulse in den nächsten Jahren fehlen werden.
45 **DLR:** Welche Firmen oder welche Unternehmen haben Sie denn aufgenommen in Ihren Index? Das macht ja schon einen Unterschied. Können Sie da Beispiele nennen?
Bielmeier: Nein, das geht nicht über Firmen,
50 sondern diese Zahlen werden, ich sage mal, gesamtgesellschaftlich ermittelt, weil die einzelnen Unternehmen berichten das gar nicht so, was sie denn wie investieren. Aber das Statistische Bundesamt und die Bundesbank

ermitteln diese Zahlen aggregiert für Deutschland, und die kann man dann nehmen. Und das kann man sich eben nicht nur für Deutschland nehmen, sondern auch für alle anderen Länder. Und damit kann man das zusammenrechnen. Auf Unternehmensebene geht das leider nicht, weil das nicht berichtet werden muss und die Unternehmen aus verschiedenen Gründen das nicht berichten.

DLR: Seit wann beobachten Sie denn diese Entwicklung?

Bielmeier: Diese Entwicklung geht eigentlich schon vier, fünf Jahre lang. Eigentlich kann man das fast seit der Finanzkrise 2008, 2009 beobachten. Nur waren die Effekte am Anfang einfach nicht sichtbar. Und so langsam werden die Effekte natürlich langsam sichtbar und dadurch insgesamt auch wichtiger für die Entwicklung auch in Deutschland.

DLR: Welche Effekte werden denn sichtbar?

Bielmeier: Ja gut, einfach, dass wir zum Beispiel – der deutlichste Trend, der dadurch sichtbar ist, dass Investitionen der Unternehmen einfach nachlassen. Wir haben weltweit einen sehr, sehr schwachen Investitionstrend, also in Unternehmen investieren einfach sehr wenig. Und das ist bei uns der Fall in Deutschland, aber auch in vielen anderen Ländern, und das ist sozusagen der größte Faktor, den man zurzeit dadurch beobachten kann. [...]

DLR: Die entscheidende Frage wird ja sein, was bedeutet das zum Beispiel für Deutschland oder auch für Europas Volkswirtschaften?

Bielmeier: Ja, was bedeutet das? Das ist genau die Frage, weil die Globalisierung war ja schon ein wichtiger Wachstumsfaktor. Es hat dazu beigetragen, dass die Inflation sehr lange niedrig war, dass das Wachstum eigentlich sehr stark gewachsen ist weltweit. Und die Folgen dieser nachwachsenden Globalisierung jetzt langsam doch deutlich sichtbar. Das weltweite Wachstum liegt die letzten Jahre maximal bei drei Prozent, dieses Jahr sogar unter drei Prozent. Vor der Finanzmarktkrise lag es noch bei fünf Prozent, vielleicht sechs Prozent. Von daher: Wir haben einfach einen viel schwächeren Wachstumstrend weltweit, aber auch in Deutschland. Das deutsche Wachstum läuft sehr gut, aber insgesamt ist das Wachstum auch bei uns nicht so stark wie in der Vergangenheit.

DLR: Ich würde es noch mal ein bisschen genauer verstehen wollen. Was bedeutet das, wenn wir nicht mehr sozusagen in den Kategorien der Globalisierung denken? Bedeutet das, dass Unternehmen ihre Produktion nicht mehr ins Ausland verlagern, wo sie billiger angeblich war, sondern wieder zurückverlagern nach Deutschland?

Bielmeier: Ja, genau, das ist auch der Fall. Man verlagert weniger. Es bleibt mehr im Inland, das sieht man auch in den Zahlen. Also dieser ganze Trend hin zur Verlagerung, der ebbt etwas ab. Das ist natürlich auch nicht alles schlecht dann, aber natürlich fehlt uns dann auch das Wachstum in den Emerging Markets, in den Entwicklungsländern, die uns noch mal neu einen deutlichen Schub dann geben.

DLR: Aber es gibt ja einen Grund, warum die Unternehmen das machen. Warum verlagern sie zurück? Weil es sich anscheinend nicht mehr lohnt?

Bielmeier: Es lohnt sich nicht mehr. Das liegt, denke ich mal, auch daran, dass die Löhne in den Ländern, in den Entwicklungsländern, den Emerging Markets wie in China, kräftig gestiegen sind, sodass sich einfach dieser Aufwand vielleicht gar nicht mehr lohnt. [...]

Aus: www.deutschlandradiokultur.de/globalisierung-der-grosse-schub-ist-vorbei.1008.de.html?dram:article_id=364310 (Abruf: 8.5.2017)

Rechtspopulisten in Europas Parlamenten (Auswahl) MATERIAL 3

Dänische Volkspartei: 21,1 % bei den Parlamentswahlen 2015 (unterstützt Minderheitsregierung)
Freiheitliche Partei Österreichs: 27,4 % bei den Parlamentswahlen 2017 (Regierungskoalition mit der ÖVP)
Jobbik (Ungarn): 20,2 % bei den Parlamentswahlen 2014 (Opposition zur rechtskonservativen Fidesz-Partei)
Front National: Auf Marine Le Pen, die Kandidatin für das Amt des französischen Staatspräsidenten, entfielen am 7. Mai 2017 im zweiten Wahlgang 33,94 % der abgegebenen Stimmen.

MATERIAL 4 — Der Preis der Globalisierung

Totgeglaubte leben länger: Es ist noch gar nicht so lange her, da gehörte es zum politischen und wissenschaftlichen Allgemeingut, dass sich die Idee der Nation überlebt habe.
5 Und nicht nur das: Angesichts der Abermillionen von Toten, die im 19. und 20. Jahrhundert im Namen hysterischer Nationalismen weltweit zu verantworten waren, verwundert es nicht, dass das Konzept der Nation
10 nicht nur als historisch überholt, sondern vor allem als moralisch diskreditiert galt. Für die modernen Gesellschaften des Westens, so der über Jahrzehnte etablierte Glaube bei Intellektuellen, Wissenschaftlern und
15 Regierenden, gebe es nur eine historische Richtung: weg vom Nationalstaat und hin zur Schaffung transnationaler Organisationen.
So kann man sich irren. Denn der National-
20 staat ist alles andere als tot und die Idee der Nation erweist sich als überaus zählebig. Europaweit sind national gesonnene Parteien auf dem Vormarsch. Das ambitionierteste transnationale Projekt der Weltgeschichte,
25 die Europäische Union, droht zu scheitern. Schlimmer noch: Sogar traditionelle Nationalstaaten sind in der Krise. Katalanen oder Schotten pochen darauf, eigenständige Nationen zu sein und streben einen eigenen Staat
30 an. Manchmal hat man den Eindruck, man habe es mit einem historischen Rollback zu tun.
Viele Vertreter nicht nur der politischen Eliten hat diese Entwicklung kalt erwischt. Der
35 Grund: Ihr Weltbild basiert zumeist auf der Annahme, „Nationen" seien kulturelle oder soziale Konstruktionen und daher beliebig und austauschbar. Also könne man sie auch dekonstruieren und durch neue, politisch genehmere Konstrukte ersetzen. Moralisch le- 40 gitimiert erschien diese Sicht der Dinge angesichts der Katastrophen des 20. Jahrhunderts ohnehin – zumal aus deutscher Sicht.
Doch Konstruktionen, auch historisch zufällige Konstruktionen sind nicht vollkommen 45 beliebig. Auch sie folgen Parametern. Im Falle der Nation etwa Sprache, Brauchtum und Tradition. Und nur aus der Tatsache, dass Nationen nicht exakt definiert werden können, folgt nicht gleichzeitig ihre Beliebigkeit 50 oder Irrationalität. Geschichte ist keine Ingenieurswissenschaft.
[...] Das neue Interesse an der Nation ist das Produkt der Globalisierung. Ohne Nationen wird eine friedliche Globalisierung auf Dau- 55 er aber nicht zu haben sein.
Menschen brauchen ein Identitätsbewusstsein. Andernfalls haben sie das Gefühl in einem anonymen Meer globaler Austauschbarkeit zu versinken. Den dafür notwendigen 60 Identifikations- und Zugehörigkeitsraum bietet das Konzept der Nation, da es auf Sprache, Traditionen, Landschaften und Erinnerungsorten basiert. Hier fühlen sich Menschen geborgen, zugehörig und beheimatet. 65 Durch einen blutleeren Verfassungspatriotismus etwa ist das kaum zu ersetzen. [...]
[G]erade das Konzept der Nation scheint am ehesten geeignet, den Menschen jene emotionale Verortung zu bieten, ohne die das Zeit- 70 alter der Globalisierung gefährliche Zentrifugalkräfte entwickeln kann. Das Ergebnis wäre ein verhängnisvolles Erstarken von Chauvinismus und Separatismus. [...]

Artikel von Alexander Grau am 5. Februar 2016 in: www.cicero.de/weltbuehne/die-rueckkehr-des-nationendenkens-rettungsanker-nationalismus/60467 (Abruf: 8.5.2017)

1. Erstellen Sie Kriterien, nach denen Sie einen Globalisierungsindex aufstellen würden (M 1).
2. Vergleichen Sie Ihre Ergebnisse mit den im Interview genannten Indikatoren (M 2).
3. Arbeiten Sie aus M 2 und M 4 Ursachen für die Abschwächung der Globalisierung und das Wiedererstarken der Nation heraus.
4. Bewerten Sie mögliche ökonomische, soziale und politische Folgen dieser Entwicklungen.
5. Beurteilen Sie im Anschluss an eine Recherche die Haltung der in M 3 aufgeführten Parteien zu den folgenden Themen: Europäische Union, Globalisierung und Nation.

GRUNDWISSEN

Nationalstaat
Der Nationalstaat gerät im Zeitalter der Globalisierung unter Druck. Politische Probleme sind zunehmend nicht mehr auf ein Land beschränkt und somit auch nicht durch ein Land regelbar (Klimawandel, Terrorismus, …). Diese Aufgaben verlangen nach zwischenstaatlichen und internationalen Lösungen. Allerdings bringen auch überstaatliche Entscheidungsprozesse mitunter Effizienz- und Legitimationsprobleme mit sich.

Transnationale Unternehmen
Transnationale Unternehmen gewinnen hingegen an Einfluss auf Bürger und Macht gegenüber Staaten. So können Sie ihre Interessen u. a. auch vor Schiedsgerichten gegenüber Staaten vertreten. Diese Entwicklung wird unterschiedlich bewertet. Einerseits werden die zu große Marktmacht großer Unternehmen und das Absinken von Arbeits- und Umweltstandards durch die internationale Standortkonkurrenz befürchtet. Andererseits gibt es Ansätze wie den Global Compact, welche die transnationalen Unternehmen stärker in die Verantwortung nehmen.

Globalisierung
Unter Globalisierung versteht man u. a. die weltweite Verflechtung oder das weltweite Zusammenwachsen in unterschiedlichen Bereichen. Primär wird der Begriff in ökonomischen Zusammenhängen verwendet und bezeichnet die Entstehung eines weltweiten Marktes, flankiert von politischen Liberalisierungsprozessen wie dem Abbau von Handelshemmnissen und der Aushandlung intra- und internationaler Handelsabkommen.

Technologischer Fortschritt
Der technologische Fortschritt seit der Mitte des 20. Jahrhunderts und damit einhergehende sinkende Transport- und Kommunikationskosten vereinfachten und verbilligten den globalen Austausch von Waren, Dienstleistungen und Informationen in starkem Ausmaß. Transnationale Unternehmen können sich deshalb bei ihren Produktionsstandorten stets für die günstigsten Konditionen auf dem Weltmarkt entscheiden.

Gesellschaft in der Globalisierung
Auch im gesellschaftlichen Bereich zeigt sich eine immer stärker werdende weltweite kulturelle Verschmelzung. Dabei dominiert meist die US-amerikanische Kultur, zum Beispiel in der Konsum- und Unterhaltungsindustrie, was auch zur Zurückdrängung lokaler und regionaler Traditionen und Gebräuche führt.

Globalisierungskritik
In den vergangenen Jahren werden zunehmend Stimmen laut, die, etwa mit Blick auf sinkende globale Direktinvestitionen, ein Ende der Globalisierung sehen. Auch gewinnen Globalisierungskritiker von links und rechts sowie Anhänger einer stärkeren Rolle der Nationalstaaten in vielen Ländern an Einfluss.

KOMPETENZEN PRÜFEN
Global – regional

Karikatur: Burkhard Mohr

Zum Teil eine Stellvertreterdebatte

Der in Washington tätige Wirtschaftsforscher Jacob Funk Kirkegaard äußerte sich in einem Interview mit der Badischen Zeitung zu nationalistischen und isolationistischen Tendenzen:
5 Es gibt zwei Problemfelder. Eines ist Identität, das andere Einkommensungleichheit. […] Handel hat auch Verlierer, das wissen wir. Und wenn ein Land keinen Weg findet, sie zu entschädigen, werden sie wütend. Dabei ist das 10 zum Teil eine Stellvertreterdebatte. […]
Für alle westlichen Länder gilt, dass in den vergangenen Jahrzehnten Menschen mit schlechter Ausbildung auf der Strecke geblieben sind. Daran ist vor allem der technische 15 Wandel schuld. Und da man auf Erfindergeist nicht gut zornig werden kann, gibt es eine Tendenz, gegen den internationalen Handel zu wettern und das Übel in der Globalisierung zu sehen. […]

Die Globalisierung geht in den USA und Europa mit historisch gesehen sehr hohen Einwandererzahlen einher. Die kommen zunehmend aus nicht-westlichen Ländern – mit allen kulturellen, religiösen und sozialen Aspekten, die das mit sich bringt. Genauso wichtig ist, dass 25 diese Zuwanderung außerhalb der großen Metropolen stattfindet, die daran gewöhnt sind. Die Skepsis gegenüber Fremdem ist in ländlichen Regionen erfahrungsgemäß höher. […]
Mehr und mehr Menschen beziehen ihre Infor- 30 mationen gar nicht mehr aus den traditionellen, sondern aus sozialen Medien, also aus dem Internet. Und da findet sich einfach sehr viel Müll, der zu einer Untergangsstimmung beitragen kann. Zusätzlich schafft das Netz die 65 Möglichkeit, sich nur noch mit Meinungen zu umgeben, die ohnehin der eigenen entsprechen. Das ist sehr gefährlich.

Aus: Badische Zeitung vom 22. Juli 2016, S. 19

Die EU 2016 in Schlaglichtern

KOMPETENZEN PRÜFEN

Dänemark führt ab sofort Passkontrollen an der Grenze zu Deutschland ein, um die Einreise von Flüchtlingen ohne Papieren zu verhindern. Dazu sehe sich das Land gezwungen, nachdem die schwedische Regierung am Montag Kontrollen an der dänisch-schwedischen
5 Grenze begonnen hatte, teilte der dänische Ministerpräsident Lars Løkke Rasmussen bei einer Pressekonferenz in Kopenhagen mit. Denn die schwedischen Kontrollen könnten dazu führen, dass eine große Zahl von Migranten in und um Kopenhagen bliebe.

Aus: www.faz.net/aktuell/politik/fluechtlinge-daenemark-fuehrt-passkontrollen-an-deutscher-grenze-ein-13996460.html (Abruf: 8.5.2017)

4. Januar: Dänemark führt Passkontrollen an deutscher Grenze ein

23. Juni: 51,9 Prozent der Briten stimmen für den Austritt aus der Europäischen Union.

30. August: EU-Kommission fordert Steuernachzahlung von Apple

Die Europäische Kommission ist zu dem Ergebnis gelangt, dass Irland dem Unternehmen Apple unrechtmäßige Steuervergünstigungen von bis zu 13 Mrd. EUR gewährt hat. [...] Irland
5 muss die rechtswidrige Beihilfe nun zurückfordern.
Die für Wettbewerbspolitik zuständige EU-Kommissarin Margrethe Vestager erklärte dazu: „Die Mitgliedstaaten dürfen einzelnen
10 Unternehmen keine steuerlichen Vergünstigungen gewähren. Dies ist nach den EU-Beihilfevorschriften unzulässig. Die Kommission gelangte bei ihrer Prüfung zu dem Schluss, dass Irland Apple unzulässige Steuervergünstigungen gewährt hat, aufgrund derer Apple über 15 viele Jahre erheblich weniger Steuern zahlen musste als andere Unternehmen. Diese selektive steuerliche Behandlung ermöglichte es Apple im Jahr 2003 auf seine in Europa erzielten Gewinne einen effektiven Körperschaft- 20 steuersatz von nur 1 % zu zahlen. Bis 2014 ging dieser Steuersatz weiter auf 0,005 % zurück."

Quelle: https://europa.eu © Europäische Union, 1995 – 2017, Für die Wiedergabe und Anpassung ist allein die Westermann Gruppe verantwortlich.

1 Analysieren Sie die Karikatur „Global – regional".
2 Erörtern Sie, unter welchen Voraussetzungen die EU die Lösung für die von Kirkegaard angesprochenen Probleme sein kann. Beziehen Sie in Ihre Argumentation auch die oben aufgeführten Ereignisse aus dem Jahr 2016 ein.
3 Gestalten Sie ein Szenario zur Rolle der Europäischen Union im Jahr 2050.

QUERVERWEIS
METHODE
Szenarien entwickeln
S. 19

II. Die Globalisierung der Weltwirtschaft

Rückseite der britischen 20-Pfund-Banknote mit dem Porträt von Adam Smith

Titelblatt der deutschen Ausgabe des 1776 erschienenen Werkes von Adam Smith

Arbeitsteilung in der Stecknadelproduktion

Um ein Beispiel von einem wenig belangreichen Gewerbe zu geben, bei welchem man jedoch sehr oft von der Arbeitsteilung Notiz genommen hat, nämlich von der Stecknadelfabrikation, so könnte ein für dies Geschäft [...] nicht angelernter Arbeiter, der mit dem Gebrauch der dazu verwendeten Maschine [...] nicht vertraut wäre, vielleicht mit dem äußersten Fleiße täglich kaum eine, gewiss aber keine 20 Nadeln machen. In der Art aber, wie dies Geschäft jetzt betrieben wird, ist es nicht nur ein eigenes Gewerbe, sondern teilt sich in eine Zahl von Zweigen, von denen die meisten gewissermaßen wieder eigene Gewerbe sind. Einer zieht den Draht, ein anderer richtet ihn, ein dritter schrotet ihn ab, ein vierter spitzt ihn zu, ein fünfter schleift ihn am oberen Ende, damit der Kopf angesetzt werde; die Verfertigung des Kopfes erfordert zwei oder drei verschiedene Verrichtungen; das Ansetzen desselben ist ein eigenes Geschäft, das Weißglühen der Nadeln ein anderes; ja sogar das Einstecken der Nadeln in Papier bildet ein Gewerbe für sich. So ist das wichtige Geschäft der Stecknadelfabrikation in ungefähr 18 verschiedene Verrichtungen geteilt, die in manchen Fabriken alle von verschiedenen Händen vollbracht werden, während in anderen ein einziger Mensch zwei oder drei derselben auf sich nimmt. Ich habe eine kleine Fabrik dieser Art gesehen, wo nur zehn Menschen beschäftigt waren, und manche daher zwei oder drei verschiedene Verrichtungen zu erfüllen hatten. Obgleich nun diese Menschen sehr arm und darum nur leidlich mit den nötigen Maschinen versehen waren, so konnten sie doch, wenn sie sich tüchtig daran hielten, zusammen zwölf Pfund Stecknadeln täglich liefern. Ein Pfund enthält über 4000 Nadeln von mittlerer Größe. Es konnten demnach diese zehn Menschen täglich über 48 000 Nadeln machen. Da jeder den zehnten Teil von 48 000 Nadeln machte, so lässt sich's so ansehen, als machte er 4800 Nadeln an einem Tage.

Aus: Adam Smith: Eine Untersuchung über Natur und Wesen des Volkswohlstandes. 3. Aufl. Jena: G. Fischer 1923, Bd. 1, S. 6 f.

In diesem inhaltlichen Schwerpunkt befassen Sie sich mit folgenden Themen und Problemen

Arbeitsteilung ist die Grundlage für den „Wohlstand der Nationen", behauptet Adam Smith in seinem gleichnamigen Werk aus dem Jahr 1776 (siehe Text auf der gegenüberliegenden Seite). Sie ermöglicht die effizientere Herstellung von Gütern, die dann auf dem Markt getauscht bzw. verkauft werden können. Je größer der Markt, desto größer auch die Möglichkeiten für Arbeitsteilung und Tausch.

Wenn dabei jeder seinen Bedürfnissen folgt, profitiere auch die Allgemeinheit. Smith erläutert das am Beispiel eines Bäckers, der die Qualität seiner Waren hoch hält, weil er sonst seine Kunden an die Konkurrenz verlöre und keinen Erfolg mehr hätte.

Aber lässt sich Smiths Modell aus dem ausgehenden 18. Jahrhundert tatsächlich auf die globalisierte Welt des 21. Jahrhunderts übernehmen? Welche aktuellen Entwicklungen der Weltwirtschaft lassen sich beobachten und welche Auswirkungen haben diese?

In **Kapitel 1** werden Auswirkungen der Globalisierung auf verschiedene Länder – u. a. auf Deutschland – und gesellschaftliche Gruppen unter die Lupe genommen.

Kapitel 2 befasst sich einerseits damit, inwiefern die Welthandelsorganisation es schafft, den Welthandel zu fördern und Handelskonflikte zu schlichten. Anderseits werden die Aussichten für ein globales Regelungssystem für unterschiedliche Bereiche wie Eigentumsrechte oder Umwelt- und Sozialstandards betrachtet.

In **Kapitel 3** wird – ausgehend von der globalen Finanzkrise von 2008 – die Rolle der Finanzmärkte analysiert, welche Bedeutung ihnen zukommt, welche Probleme zur Krise geführt haben und welche Regelungsmöglichkeiten es hier gibt.

Produktion der S-Klasse im Mercedeswerk Sindelfingen   *Näherei in Bangladesch*

1 Erläutern Sie den Zusammenhang zwischen Arbeitsteilung, offenen Märkten und Wohlstand nach Adam Smith.

2 Überprüfen Sie, inwiefern das Smith'sche Modell auf einen global integrierten Markt übertragbar ist.

1. Gewinner und Verlierer der Globalisierung

1.1 Der Standort Deutschland in Zahlen

MATERIAL 1 — Der deutsche Außenhandel

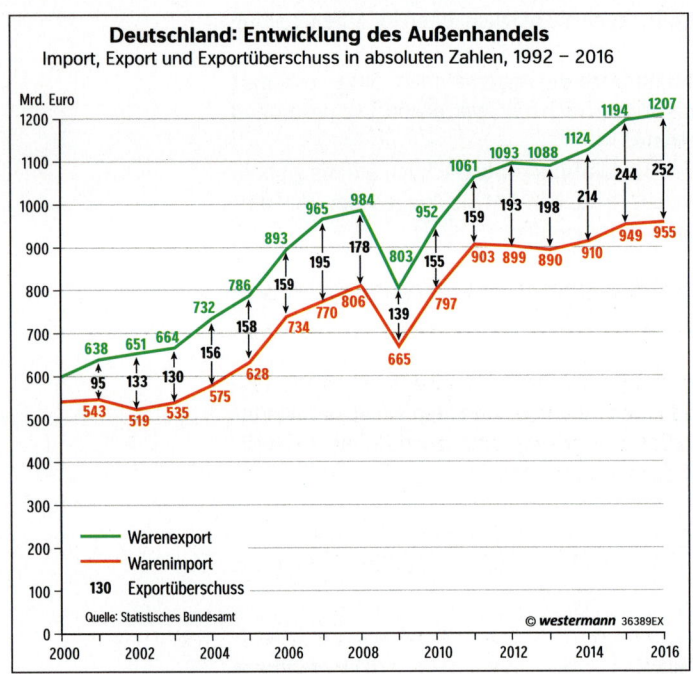

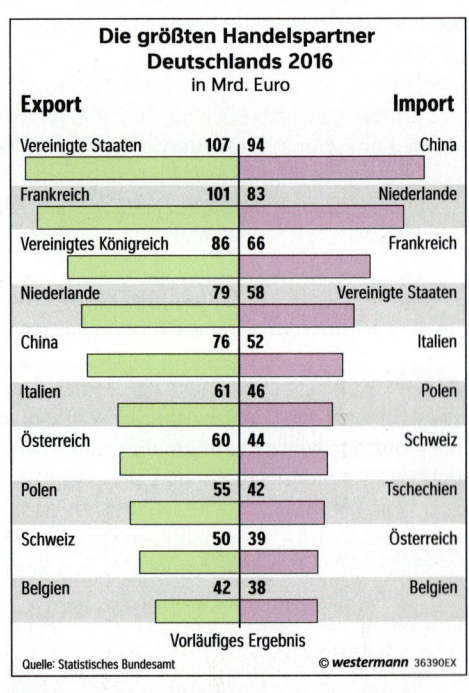

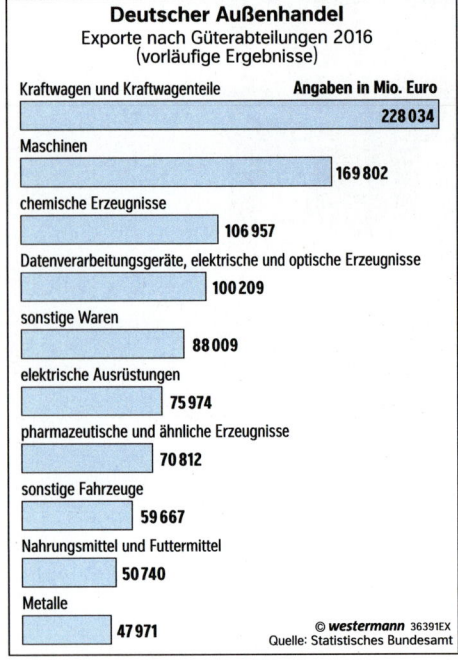

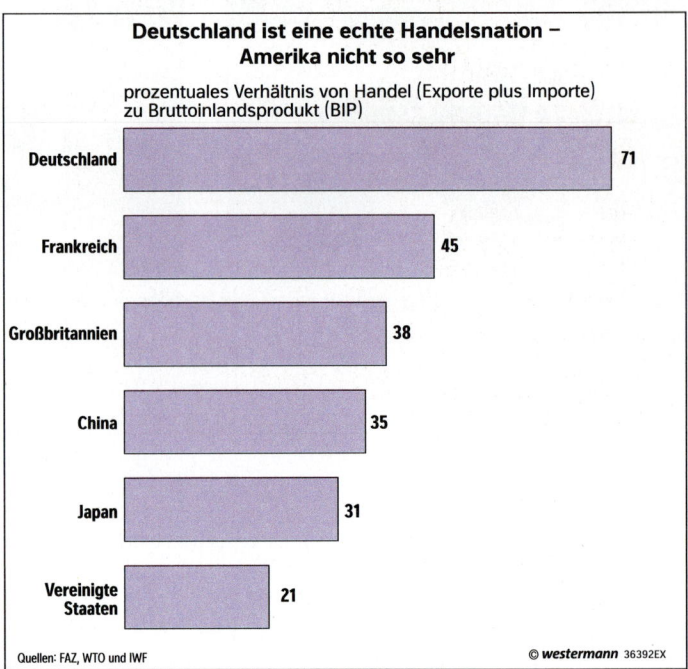

Wirtschaftsstandort Deutschland

MATERIAL 2

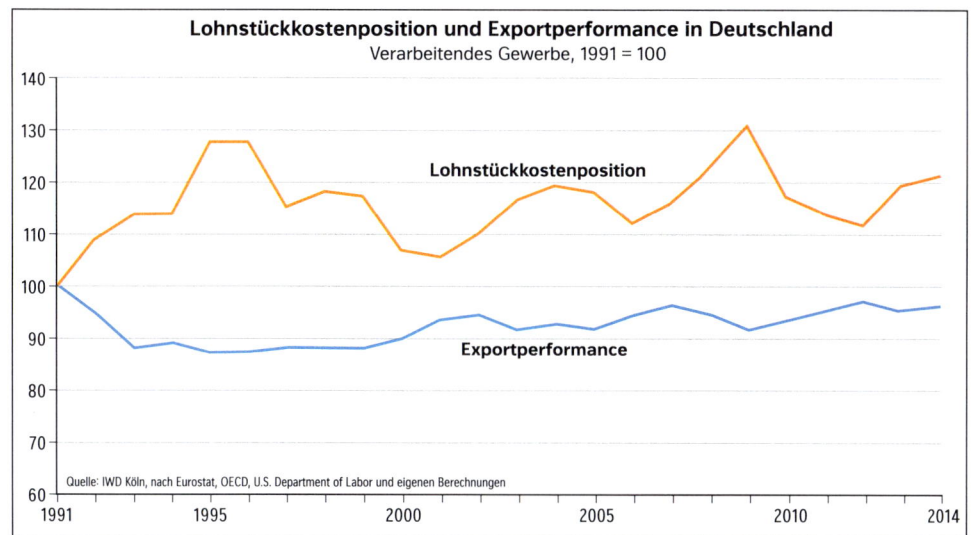

Exportperformance: Exporte im Verhältnis zum Absatzmarkt; Ein Anstieg signalisiert, dass Marktanteile gewonnen wurden.
Lohnstückkostenposition: Arbeitskosten je Wertschöpfungseinheit im Verarbeitenden Gewerbe im Vergleich zur Konkurrenz. Ein Anstieg bedeutet, dass die Lohnstückkosten stärker gestiegen sind als die der ausländischen Konkurrenz.

Aus: https://www.iwkoeln.de/__extendedmedia_resources/335111/index.html (Abruf: 8.5.2017)

1 Charakterisieren Sie Zustand und Entwicklung des deutschen Außenhandels anhand der Grafiken in M 1.
2 Bewerten Sie den Standort Deutschland anhand der Grafiken in M2.
3 Gestalten Sie einen Maßnahmenkatalog, um den Standort Deutschland in Zukunft wettbewerbsfähig zu halten.

1.2 Profitiert Deutschland von der Globalisierung?

MATERIAL 1 Der Sektor Ausland im erweiterten Wirtschaftskreislauf

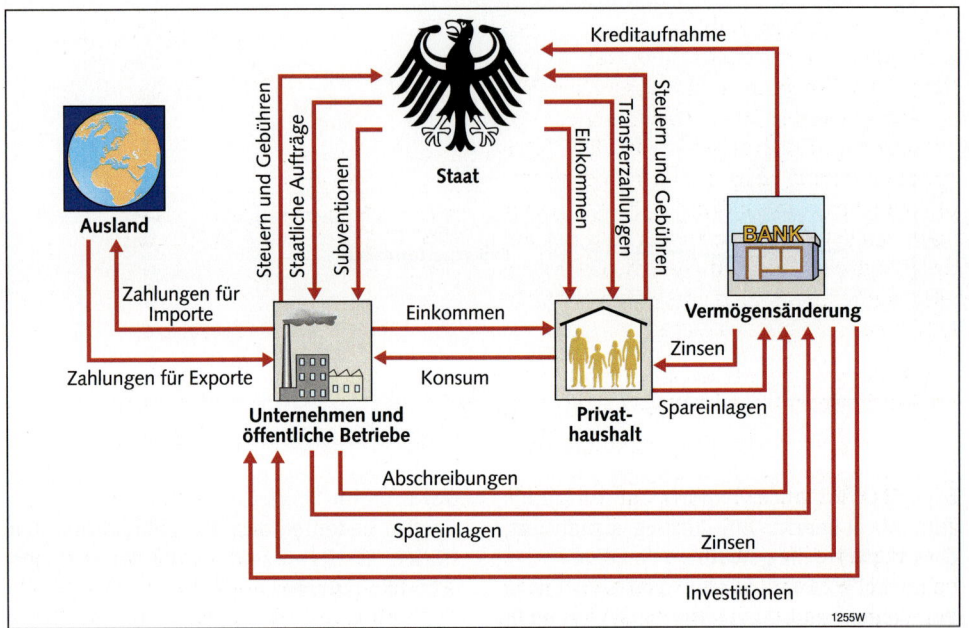

MATERIAL 2 Deutsche sind Gewinner der Globalisierung

[...] Weithin wird [...] angenommen, dass Schwellenländer wie China oder Indien die größten Profiteure der Globalisierung sind, während die etablierten Industrienationen in der Defensive sind und um ihren Rang und ihren Platz in der Weltwirtschaft des 21. Jahrhunderts kämpfen müssen.
Eine aktuelle Analyse korrigiert dieses Bild nun in einem wichtigen Punkt. Ökonomen der Bertelsmann-Stiftung haben in einer Studie ermittelt, wie viel Wohlstandszuwachs der ungehinderte Fluss von Waren und Dienstleistungen den Menschen in den einzelnen Ländern gebracht hat. Vor allem aus deutscher Sicht ist das Ergebnis erfreulich. Den Berechnungen zufolge hat kaum eine andere große Volkswirtschaft so stark von der Globalisierung profitiert wie die Bundesrepublik. „Deutschland verbucht je Einwohner große Einkommensgewinne und kann sich klar zu den Gewinnern des Globalisierungsprozesses zählen", urteilt Thieß Petersen, einer der Autoren der Studie. [...]
Globalisierungsgewinne ergeben sich durch den verstärkten Absatz eigener Produkte im Ausland, aber auch dadurch, dass die eigenen Bürger Weltmarktprodukte zu günstigeren Preisen erwerben können. Mit Ausnahme von Japan handelt es sich bei den großen Globalisierungsgewinnern allesamt um kleine Volkswirtschaften. Um zu prosperieren, haben diese Nationen schon früh auf internationalen Austausch gesetzt. „Die weltweite Verflechtung kleiner Industrienationen ist traditionell hoch", sagt Petersen, „diese Länder verfügen nur über einen kleinen Binnenmarkt und haben daher oft mehr Handelsaktivitäten mit dem Ausland als große Länder." Umgekehrt erklärt das auch, warum die USA im Vergleich zu Deutschland deutlich geringeren Nutzen aus der Globalisierung ziehen. [...] Gemessen am Ausgangsniveau ist die Verbesserung jedoch immens, vor allem wenn man bedenkt, dass in der früheren Dritten Welt einige Dutzend Euro Einkommenszuwachs den Unterschied zwischen Hunger und Nichthunger machen können. So teilt denn auch nicht jeder die Schlussfolgerung der Bertelsmann-Forscher, dass die Industriestaaten die Nutznießer Nummer

INFO
Bertelsmann-Stiftung
Gegründet 1977, hält sie seit 1993 die Mehrheit der Anteile des Bertelsmann-Konzerns. Die Stiftung betreibt – oft in Kooperation mit Partnern – eigene Projekte zu gesellschaftlich relevanten Themen. Sie ist sehr einflussreich, ihre Studien finden große Beachtung.

eins der Globalisierung sind. „Die höchsten realen und verteilungskorrigierten Einkommenszuwächse wurden in China und Indien erzielt", sagt der Entwicklungsökonom Helmut Reisen, bis 2012 Forschungsdirektor am Entwicklungszentrum der OECD in Paris.

Reisen weist noch auf ein anderes Manko hin: Der statistische Wohlstandszuwachs pro Kopf sagt nichts darüber aus, wie das zusätzliche Einkommen in den jeweiligen Ländern tatsächlich verteilt ist. So speist sich das Unbehagen vieler Bürger gegenüber der Globalisierung daraus, dass in den Industriestaaten manche (in spezialisierten Berufen) sehr stark von der Globalisierung profitieren, andere dagegen (in klassischen Arbeiter-, zuletzt auch in Mittelstandsberufen) keinen Lohnzuwachs spüren oder sogar unter zunehmender Arbeitsplatzunsicherheit leiden. Auch die Bertelsmann-Forscher räumen ein, dass „internationale Arbeitsteilung immer auch Verlierer kennt".

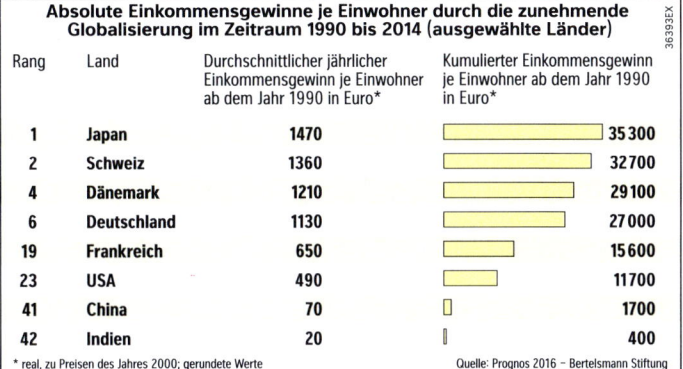

Aus: Artikel von Daniel Eckert am 09.09.2016 in: www.welt.de/wirtschaft/article158018823/Deutsche-sind-Gewinner-der-Globalisierung.html (Abruf: 8.5.2017)

Die große Angst, abgehängt zu sein

MATERIAL 3

Die jüngsten Erfolge rechtsgerichteter Parteien in vielen europäischen Ländern gehen vor allem darauf zurück, dass sich viele Menschen infolge der international zunehmenden wirtschaftlichen und politischen Verflechtung zurückgelassen oder benachteiligt fühlen. Das geht aus einer regelmäßigen repräsentativen Umfrage der Bertelsmann-Stiftung hervor, die beinahe 15.000 Menschen in der Europäischen Union befragt hat.

Nach dieser Erhebung fürchten beispielsweise in Deutschland 78 Prozent der AfD-Anhänger die Folgen der Globalisierung. In Frankreich äußerten sich 76 Prozent der Parteigänger des Front National, in Österreich 69 Prozent der FPÖ-Anhänger und in Italien 66 Prozent der Lega-Nord-Anhänger so. „Je niedriger das Bildungsniveau, je geringer das Einkommen und je älter die Menschen sind, desto wahrscheinlicher ist es, dass sie Globalisierung als Bedrohung wahrnehmen", heißt es in der Untersuchung.

Allerdings gehen die Sorgen darüber, wie sich die Globalisierung auswirkt, ausweislich der Befragung bis hinein in die politische Mitte. Insgesamt empfinden 55 Prozent, also etwas mehr als die Hälfte der Befragten, die Globalisierung eher als Chance und 45 Prozent eher als Bedrohung. Vergleichsweise groß ist der Globalisierungs-Optimismus unter in der Gruppe der 18 bis 25 Jahre alten Befragten mit 61 Prozent. [...]

Ein wichtiges weiteres Ergebnis der neuen Bertelsmann-Erhebung wiederum ist, dass der persönliche Werte-Kompass der Befragten offenbar keine große Rolle dafür spielt, ob sie eine rechtsgerichtete Partei wählen. Es geht demnach also nicht in erster Linie darum, ob sich die Menschen selbst eher als konservativ, liberal oder autoritär einschätzen - es ist zumindest nach dieser Untersuchung die Angst vor der Globalisierung.

Aus: Artikel von ala./Reuters in: www.faz.net/aktuell/wirtschaft/ttip-und-freihandel/anhaenger-von-afd-und-fpoe-haben-angst-vor-globalisierung-14551880.html (Abruf: 8.5.2017)

1. Erläutern Sie die Rolle des Sektors Ausland im erweiterten Wirtschaftskreislauf (M 1) und mögliche Folgen der Ausweitung des Handels mit dem Ausland auf folgende Wirtschaftsakteure: Staat, Haushalt (als Konsument), Haushalt (als Arbeitnehmer), Unternehmen (Automobilbranche), Unternehmen (Textilbranche).
2. Arbeiten Sie aus den in M 2 und M 3 vorgestellten Studien heraus, wie die Autoren die Folgen der Globalisierung auf Deutschland und Europa bewerten.
3. Erörtern Sie die Frage, ob Deutschland von der Globalisierung profitiert.

1.3 Globalisierung: wer gewinnt, wer verliert?

MATERIAL 1   Globalisierung und Ungleichheit

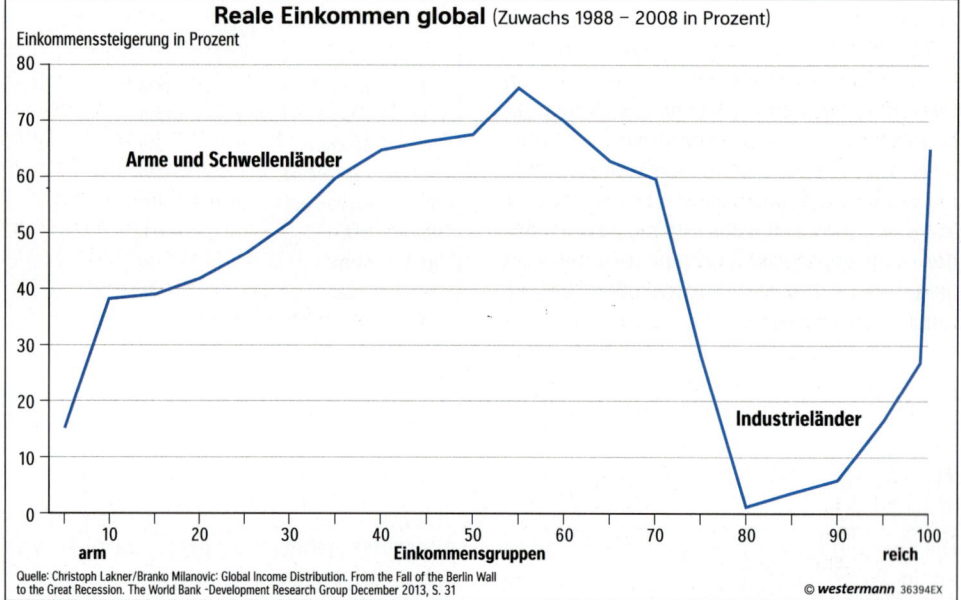

Einkommenswachstum 1988 bis 2008 (in Prozent) in Abhängigkeit von Einkommensgruppen, d.h. der Position in der Welteinkommensverteilung (Perzentile/Dezile)

INFO
weiterführende Literatur
Branko Milanovic: Die ungleiche Welt. Migration, das Eine Prozent und die Zukunft der Mittelschicht. Berlin: Suhrkamp 2016

Trump, Brexit, AfD – die Globalisierung steht unter Anklage. Die hat zwar weltweit die Ungleichheit verringert, aber eben nicht überall. Es genügt nicht, wenn der Kuchen größer wird. Dessen Verteilung spielt politisch eine immer wichtigere Rolle.
Wir leben im Zeitalter einer Globalisierung, von der manche sagen, sie gehe jetzt wieder zu Ende. Wenn es dazu kommt, dann könnte auch dafür eine Erklärung in dieser Kurve stecken [siehe oben]. Sie geht auf Berechnungen des bekannten Ökonomen Branko Milanovic von der City University of New York zurück, erschien erstmals 2012 und macht gerade international Karriere. Man nennt sie „elephant's graph", weil mit einigen Strichen mehr das Rüsseltier entsteht [...].
Die Grafik zeigt nichts anderes als die kumulierte Entwicklung der Realeinkommen der Weltbevölkerung von 1988 bis 2008, und zwar der Haushaltseinkommen, unterteilt in so genannte Perzentile, also Einkommensgruppen in Prozentschritten. Ganz links das unterste Perzentil, die Ärmsten der Armen, ganz rechts die Wohlhabenden dieser Welt, und mit großen Schwüngen nach oben und unten, die breite Mitte, die in den ärmeren Ländern weiter links, die in den reicheren weiter rechts. Das Gesamtbild hat Milanovic in einen weiten historischen Rahmen gesetzt: „Solch dramatische Veränderungen der relativen Einkommenspositionen, über eine eher kurze Zeit, haben sich seit der Industriellen Revolution vor zweihundert Jahren nicht mehr ergeben."
Die Globalisierung wird gern kritisiert, aber aus der Kurve geht unzweideutig hervor, dass sie Gewinner geschaffen hat. Es sind vor allem die in den Perzentilen von 20 bis 70, mit einem klaren Vorsprung ziemlich in der Mitte. Das sind die neuen Mittelschichten in Ländern wie China, Indien, Brasilien – aufstrebende Schwellenländer mit ihren massiven Wachstumsraten. Hier stiegen die Realeinkommen, also abzüglich der Inflation, um 60, 70, ja 80 Prozent. Selbst viele Arme, allerdings kaum die Ärmsten, haben steigende Realeinkommen gehabt, die Globalisierung hat insgesamt die Ungleichheit in der Welt

verringert, auch wenn die alte westliche Welt noch immer den reichen Teil alleine ausmacht.

Aber alles ist eben relativ. Denn ein hohes Einkommen im Weltmaßstab heißt keineswegs, dass man zu den Wohlhabenden gehört. Die Einkommen in den Industriestaaten beginnen etwa ab dem Perzentil 70 und liegen meist zwischen den Punkten 80 und 95. Dort finden sich die Verlierer der Globalisierung, oder jedenfalls die, die wenig gewonnen haben. Es sind vor allem die normalen Angestellten und Arbeiter in den klassischen Industriestaaten. Deren Realeinkommen sind seit 1988 wenig, kaum oder gar nicht gewachsen. Vor allem in den USA ist das so, aber auch in Europa – und hier vor allem in Großbritannien. Während die Ungleichheit global zurückging, stieg sie in diesen Ländern stark. Die gestiegene Privatverschuldung ist eine Folge dessen, denn Einkommensausfälle wurden über Kredite ausgeglichen. In Deutschland ist das weniger der Fall, Ungleichheit im angelsächsischen Ausmaß kennen wir nicht - aber im Trend liegt die Bundesrepublik doch.

Den bisweilen sinkenden, manchmal stagnierenden und hin und wieder auch leicht gestiegenen Realeinkommen der Gering- und Mittelverdiener in den Industriestaaten, die immer mehr zu Dienstleistungsökonomien werden, stehen massive Zuwächse der Realeinkommen der Reichen gegenüber, vor allem im obersten Prozent. Die Hälfte der Angehörigen dieser Gruppe lebt in den USA, aber es sind keineswegs nur Superreiche – zwölf Prozent der Amerikaner gehört laut Milanovic zum obersten Prozent der Weltbevölkerung. Die großen Profiteure gehören auch der obersten Mittelschicht an, es sind Manager, Ärzte, Architekten, Juristen, Leute, die häufig auch noch zusätzliche hohe Kapitaleinkommen haben. Auch in Deutschland ist das so.

Die wachsende Ungleichheit bei den Einkommen und folgend auch bei den Vermögen in Nordamerika und Europa ist die zweite bedeutende Entwicklung neben der insgesamt geringer werdenden Gleichheit in der Welt insgesamt. Klingt da eine Glocke? Die Grafik erklärt, warum Leute Donald Trump nachlaufen, warum sie auf die lügenhafte Brexit-Propaganda ansprangen, und auch warum sie bei uns der AfD die Stimme geben. Zwar gibt es laut Milanovic keine definitive Antwort auf die Frage, ob die Gewinne der Mittelschichten in Asien auf Kosten der relativen Absteiger in Nordamerika und Europa gehen – aber das zeitliche Zusammenfallen beider Entwicklungen „lässt diese Verknüpfung in den Köpfen vieler Menschen als real erscheinen".

Trotz des Erfolgs der Globalisierung bei der Angleichung von Einkommen ist es vor allem der Vergleich auf der nationalen Ebene, der letztlich zählt. Und hier zeigen sich sowohl in den Schwellenländern, vor allem aber in der entwickelten Welt wachsende Ungleichheiten, die von den wirtschaftlich weniger Glücklichen als Verlust gefühlt werden. Das erklärt die wachsenden Spannungen im einstmals führenden Teil der Welt, in sich und gegenüber anderen. Diese Entwicklung (und Milanovic sagt, neue Daten bis zum Jahr 2013 zeigten keine Veränderung der Trends) birgt Sprengstoff. Es ist diese Ungleichheit, die verringert werden muss. Nicht über staatliche Umverteilung – es muss Kaufkraft umgewälzt werden, über die Steuerpolitik und die Einkünfte. Denn einige in den obersten Perzentilen haben so viel Einkommen zu viel, dass man dem ein Ende setzen sollte, will man die soziale Balance erhalten. [...].

Aus: Artikel von Albert Funk am 6.9.2016 in: www.tagesspiegel.de/politik/gewinner-und-verlierer-der-globalisierung-die-kurve-die-alles-erklaert/14502008.html (Abruf: 20.01.2017)

1 Der in M 1 untersuchte Zeitraum reicht vom Fall der Berliner Mauer bis zur Finanzkrise 2008. Erläutern Sie, von welchen zwei konträren Trends die weltweite Einkommensverteilung in dieser Hochphase der Globalisierung getrieben wird.

2 Ordnen Sie auf dem Kurvenverlauf von M 1 jeweils die Gewinner und Verlierer des globalen Wachstums zu: (A) die absolut Armen, z. B. in Afrika; (B) die Mittelschichten der Länder stark aufholenden Wachstums, vor allem China; (C) Angehörige der Mittelschichten mit stagnierenden Einkommen in den „alten" Industrieländern in West und Ost; (D) das „Eine Prozent" der Spitzenverdiener und bewerten Sie das Ergebnis.

MATERIAL 2 — Verlierer der Globalisierung im Blickfeld der Ökonomen

In einer vielbeachteten Studie haben David Autor (u.a.) die Auswirkungen des „China-Schocks" auf dem amerikanischen Arbeitsmarkt untersucht. Ihre Bilanz [...] ist ernüchternd: Demnach hat der steigende Importdruck seit Beginn der neunziger Jahre etwa 1,5 Millionen Vollzeitarbeitsverhältnisse im verarbeitenden Gewerbe vernichtet. Dieser Druck entstand durch das starke Produktivitätswachstum in den chinesischen Sonderwirtschaftszonen und die enorm verbesserten Marktzugangsbedingungen nicht zuletzt durch den WTO-Beitritt des Landes 2001. In der Folgezeit stieg China zum Exportweltmeister auf, insbesondere in arbeitsintensiven Branchen wie der Textil-, Spielwaren- oder Elektroindustrie. Amerikanische Produzenten verloren Weltmarktanteile und reduzierten ihre Beschäftigungsnachfrage.

Nun lässt sich aus diesem Befund keineswegs schlussfolgern, das der Aufstieg Chinas deswegen insgesamt schädlich für die Vereinigten Staaten gewesen sei. Arbeitsmarkteffekte sind zwar eine sehr wichtige, aber nicht die einzige Seite der Medaille. So hat der Wettbewerbsdruck auch zu sinkenden Güterpreisen und mehr Produktvielfalt geführt, was amerikanischen Konsumenten zugutekommt. Zudem hat mehr Handel schon immer zu mehr Wandel geführt. Einige Wirtschaftszweige schrumpfen, Arbeitskräfte werden freigesetzt. Anderswo entstehen durch Handel aber neue, mitunter zukunftsträchtigere Jobs. Diese Zusammenhänge sind so etwas wie das kleine Einmaleins der Außenhandelstheorie. [...] (Diese hat aber stets nur) die langfristigen Vorteile der Globalisierung betont. Zu den kurzfristigen Anpassungskosten wurde hingegen wenig gesagt [...]. Erst die Forschungsarbeiten zum China-Schock konnten zeigen, wie hoch diese Kosten in der Realität sind und wie verdammt lang die „kurze Frist" dauern kann. [...]

Der deutsche Arbeitsmarkt (hat) anders auf die Globalisierung reagiert [...] als der amerikanische. Zum Aufstieg Chinas kommt für Deutschland noch die marktwirtschaftliche Transformation Osteuropas nach dem Fall des Eisernen Vorhangs hinzu, die sich in rasant gestiegenen deutschen Handelsvolumina widerspiegelt. (Zwar) hat der Importdruck aus „dem Osten" auch zu Entlassungen in Deutschland geführt. Im Gegensatz zu Amerika konnten diese Arbeitsplatzverluste aber mehr als kompensiert werden, und zwar durch die Beschäftigungsexpansion von exportorientierten Wirtschaftszweigen, etwa der Automobil- oder Maschinenbaubranche. Offenbar hat es Deutschland besser verstanden, von den neuen Absatzmärkten zu profitieren und die Exportchancen in Arbeitsplätze umzumünzen. [...]

Aber auch auf dem deutschen Arbeitsmarkt haben nicht alle profitiert. [...] In den stark importkonkurrierenden Wirtschaftszweigen gerieten die Löhne unter Druck. In einem (ideal gedachten) Arbeitsmarkt würde jemand, der gestern beispielsweise Spielwaren in Franken hergestellt hat, quasi über Nacht zum vollwertigen Automobilbauer in Oberbayern mutieren, es gäbe kein Problem. Die Realität schaut anders aus. Der Wechsel dauert eher lange. Auch nach zehn Jahren standen „industry mover" (also zum Beispiel frühere Spielwarenhersteller, die nun Supermarktkassierer geworden sind) im Durchschnitt mit geringeren Gesamtverdiensten da [...].

Aus: Jens Südekum: Die Gewinner und Verlierer der Globalisierung, in: Frankfurter Allgemeine Zeitung vom 18. April 2016, S. 18

1 Beschreiben Sie die Auswirkungen des „China-Schocks" auf den US-amerikanischen und den deutschen Arbeitsmarkt (M 2).

2 Erläutern Sie, weshalb die Verwerfungen am deutschen Arbeitsmarkt vergleichsweise weniger heftig waren.

3 Erörtern Sie: Welche politischen Maßnahmen sind denkbar, um Menschen und Regionen zu unterstützen, die als „abgehängt" tituliert werden?

1.4 Entwicklungsländer – Fortschritt durch Globalisierung?

Wirtschaftsleistung pro Kopf in ausgewählten Weltregionen
MATERIAL 1

Weltregion	1980	1990	2000	2005	2010	2015	2020*
Europäische Union	9,14	16,78	24,21	29.58	33.63	38,11	45,41
Asiatische Entwicklungs- und Schwellenländer	0,56	1,34	2,78	4,27	6,91	10,00	14,38
Naher Osten und Nordafrika	6,20	7,11	9,91	12,46	15,20	17,5	21,02
Afrika südlich der Sahara	0,12	1,68	1,92	2,50	3,22	3,83	4,37

Alle Angaben in US-Dollar; die Daten für 2020 sind Schätzungen.

Quelle: Internationaler Währungsfond: Outlook Database, Oktober 2016

Menschen, die von weniger als 1,90 Dollar leben müssen
MATERIAL 2

Weltregion	1990	2002	2013
Europa und Zentralasien (in Prozent der Bevölkerung)	4,0 %	6,3 %	2,3 %
Europa und Zentralasien (in Millionen)	19	29	11
Ostasien/Pazifik (in Prozent der Bevölkerung)	60,2 %	29,0 %	3,5 %
Ostasien/Pazifik (in Millionen)	966	535	71
Afrika südlich der Sahara (in Prozent der Bevölkerung)	54,3 %	55,6 %	41,0 %
Afrika südlich der Sahara (in Millionen)	276	391	389

Quelle: Weltbank: World Development Indicators, Dezember 2016

Entwicklungsländer und Globalisierung
MATERIAL 3

Zu den langfristigen Gewinnern der Globalisierung gehören vor allem die „Tiger-Staaten" Ostasiens [...], China, die „Jaguar-Staaten" Lateinamerikas (Chile, Mexiko) sowie in
5 den 2000er Jahren die Primärgüterexporteure wie Brasilien und Russland. Exporterfolge waren der wichtigste Motor für den wirtschaftlichen Aufschwung der BRIC-Schwellenländer (Brasilien, Russland, Indien und
10 China) in den 2000er Jahren. [...]
Insgesamt konnten gerade diejenigen Staaten die größten Entwicklungserfolge verbuchen, die sich am stärksten in die Weltwirtschaft integriert haben. Herausragend sind
15 dabei die „Newly Industrializing Countries" (NICs) in Asien. Während die Entwicklungsländer als Gruppe ihr reales Pro-Kopf-Einkommen zwischen 1965 und 1995 verdoppeln konnten, vervierfachte es sich
20 beispielsweise in Malaysia und verzehnfachte sich in Südkorea. Mit ihrer Strategie des „Export-LedGrowth", d.h. des Wachstums durch Produktion wettbewerbsfähiger Güter für den Weltmarkt, erzielten diese Staaten
25 (wie auch China, Taiwan und Thailand) erhebliche Vorteile aus der globalen Ausrichtung ihrer Wirtschaft. Vor allem in Taiwan und Südkorea profitierte auch die Mehrheit der Bevölkerung von diesem Prozess. [...]
30 Hohe Investitionen in Bildung sowie eine Landreform trugen ebenfalls dazu bei, dass die Globalisierungsgewinne nicht in der Hand einer kleinen Oberschicht verblieben. [...]
35 Damit wird auch deutlich, wer zu den Globalisierungs-Verlierern gehört: Meist sind es diejenigen Staaten, die keine marktwirtschaftliche Politik betreiben, nach außen abgeschottet bleiben und relativ wenig in welt-
40 wirtschaftliche Zusammenhänge eingebun-

INFO

Newly Industrializing Countries
Der englischsprachige Begriff entstand in den 1970er Jahren und wird auf Deutsch mit „Schwellenländer" übersetzt.

den sind. Dies betrifft vor allem Länder Afrikas und des Mittleren Ostens. Bis auf Erdöl exportierende Staaten und Ausnahmefälle sank der Anteil dieser Regionen am Welthandel und fielen Investitionen und Wachstum unterdurchschnittlich aus. [...] Diese Zahlen verdeutlichen somit, dass die oftmals von Inkompetenz, Korruption, staatlichem Interventionismus und autoritären Regimen geprägte Wirtschaftspolitik der Länder Afrikas und Südasiens entwicklungspolitisch katastrophale Folgen hatte. Selbst Privilegien etwa in Form eines bevorzugten Zugangs zum Europäischen Markt [...] und eine besondere finanzielle Förderung aus den Industrieländern (Entwicklungshilfe, Weltbankprojekte) konnte die entwicklungspolitisch negativen Folgen der Politik vieler afrikanischer Länder nicht ausgleichen. [...] Korruption, Vetternwirtschaft und Interventionismus existieren allerdings auch in anderen Weltregionen [...] Zeitweise Ausnahmen wie Uganda und Ghana bestätigen, dass potentiell jedes Land die Chancen des Weltmarktes nutzen kann – wenn es eine attraktive Politik aus der Sicht transnationaler Investoren und Produzenten betreibt. Diese potentielle Nutzung von Globalisierung geschieht natürlich vor dem Hintergrund unterschiedlicher materieller (Rohstoffe, Fruchtbarkeit des Bodens, Bevölkerungsentwicklung etc.) und politischer (effiziente Institutionen, Prägungen der Kolonialzeit, Stammesfehden etc.) Hintergründe und oftmals wenig hilfreicher Politik der Industrieländer (etwa: Agrarprotektionismus).

Aus: Stefan A. Schirm, Internationale Politische Ökonomie. Eine Einführung, 3. Auflage, Baden-Baden: Nomos 2013, S. 181 - 185

MATERIAL 4

Gemeinsame Initiative von BMZ und BMWi für wirtschaftliches Engagement in und mit Afrika

Anlässlich des zweiten Zukunftsforums „Globalisierung gerecht gestalten" im Bundesministerium für wirtschaftliche Zusammenarbeit und Entwicklung (BMZ) haben Bundesentwicklungsminister Müller und Bundeswirtschaftsminister Gabriel ihre neue Initiative für mehr Investitionen in und Handel mit Afrika vorgestellt. Das Bundesministerium für Wirtschaft und Energie (BMWi) und das BMZ tragen mit der Initiative dazu bei, dass mehr deutsche und afrikanische Unternehmen in afrikanischen Staaten nachhaltig wirtschaftlich aktiv sind. Das schafft Arbeitsplätze, Lebens- und Bleibeperspektiven vor Ort.
Bundesentwicklungsminister Müller: „Afrika ist ein Chancenkontinent. Die deutsche Wirtschaft ist noch zu zurückhaltend mit Investitionen, deshalb möchten wir sie motivieren, stärker in Afrika zu investieren. Dazu gehört auch, dass wir die Investitionsbedingungen verbessern helfen und Risiken absichern. Jobs schaffen Lebensperspektiven für die Menschen vor Ort und wer eine Perspektive hat, der bleibt in seiner Heimat." [...]
In Afrika sind nach Angabe deutscher Wirtschaftsverbände nur rund 1.000 deutsche Unternehmen mit Investitionen aktiv. Ungenügende Rahmenbedingungen für wirtschaftliches Handeln, schlechte Regierungsführung, mangelnde Sicherheit, Korruption und überbordende Bürokratie sind Gründe dafür, warum deutsche Unternehmen nicht investieren. Angesichts der Chancen, die viele der 54 afrikanischen Länder bieten, sollen deutsche Unternehmen in Afrika unterstützt werden. Die Hälfte der Menschen ist jünger als 25 Jahre. Bis zum Jahr 2050 wird eine Verdopplung der Bevölkerung auf rund 2,4 Milliarden Menschen erwartet.

Aus: Pressemitteilung vom 15.12.2016: www.bmz.de/20161215-3 (Abruf: 9.5.2017)

MATERIAL 5

Hoffnung auf ein besseres Leben

Die Arbeitsplätze in den Ausbeuterbetrieben sind die erste Sprosse auf der Leiter, die aus extremer Armut herausführt.

Aus: Jeffrey D. Sachs: Das Ende der Armut. Ein ökonomisches Programm für eine gerechtere Welt, München: Siedler 2005, S. 24

Bangladesch – die „Näherei der Welt"

MATERIAL 6

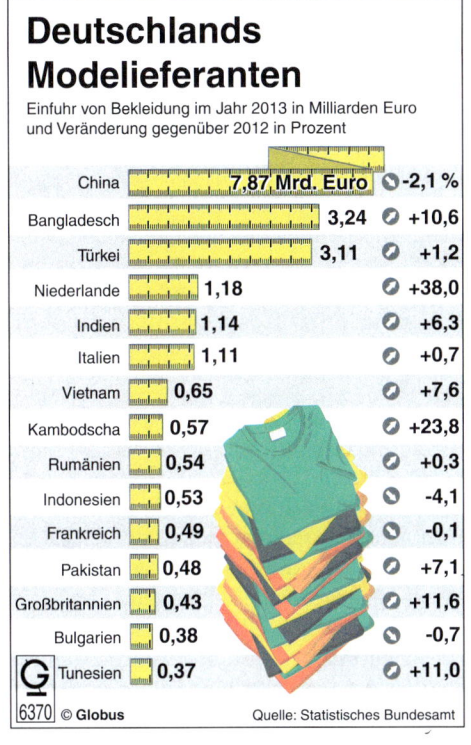

Der Einsturz des Rana Plaza-Gebäudes in der Nähe von Dhaka in Bangladesch 2013 kostete 1132 Menschen das Leben. In dem Gebäude waren mehrere Textilfirmen, Geschäfte sowie eine Bank untergebracht.

Die globale Textilindustrie zieht weiter

MATERIAL 7

Staaten wie Indien, Bangladesch und Sri Lanka waren lange die Superbillig-Standorte der Textilindustrie. Jetzt dienen sich der Branche neue Niedriglohnländer an: Äthiopien, Haiti, Kambodscha und Myanmar. Oft verdienen Firmen aus den „alten" Textilstandorten dort mit. Die Chinesen und die Türken sind schon in Äthiopien. Auch Textilfirmen aus Indien und Bangladesch [...] haben in dem ostafrikanischen Land schon die ersten Pflöcke eingeschlagen.

Aus: Anne-Beatrice Clasmann (dpa): Billiger als Bangladesch, in: Badische Zeitung vom 6. April 2017

---

1 Analysieren Sie M 1 und M 2.
2 Begründen Sie im Kurs, welches Material (M 1 oder M 2) aussagekräftiger ist, um die wirtschaftliche Entwicklung in Entwicklungsländern zu beschreiben.
3 Arbeiten Sie aus M 3 Ursachen heraus, warum manche Staaten von der Globalisierung profitiert haben und andere nicht.
4 Erläutern Sie, inwiefern die Chancen des afrikanischen Kontinents genützt werden können (M 4).
5 Erläutern Sie am Beispiel von Bangladesch mit etwa vier Millionen Arbeitskräften im Textilsektor die Problematik der Kategorien „Gewinner" und „Verlierer" der Globalisierung (M 5 – M 7).

1.5 Globalisierungskritik

MATERIAL 1

Globalisierung – die Sicht von Attac

INFO

Attac
association pour une taxation des transactions financières pour l'aide aux citoyens = Vereinigung zur Besteuerung von Finanztransaktionen im Interesse der Bürger/-innen; die globalisierungskritische Organisation setzt sich für eine andere Ausgestaltung der Globalisierung und für einen fairen Welthandel ein.

[...] Globalisierung bringe *Wohlstand für alle* – dieses neoliberale Versprechen hat sich nicht erfüllt. Im Gegenteil: Die Kluft zwischen Arm und Reich wird immer größer, sowohl innerhalb der Gesellschaften als auch zwischen Nord und Süd.

Der trügerische Glaube an „die Märkte"

Das ist kein Wunder, denn die gegenwärtige Globalisierung orientiert sich einseitig an mächtigen Wirtschaftsinteressen. Die Politik treibt die Liberalisierung der Märkte im Interesse der großen Konzerne voran – eine Globalisierung von Menschenrechten und von sozialen, ökologischen oder demokratischen Standards steht dagegen nicht auf der Agenda. [...]

Als Konsequenz dieser Politik konzentriert sich der gesellschaftliche Reichtum in den Händen von immer weniger Menschen – und zirkuliert in Form von Kapital auf der Jagd nach Rendite in immer schnellerem Tempo um die Welt. Längst übersteigen die Vermögensansprüche an den Finanzmärkten um ein Vielfaches das, was weltweit an Waren und Dienstleistungen erwirtschaftet werden kann. Immer hektischer suchen die Besitzenden auf den Finanzmärkten nach immer neuen Anlagemöglichkeiten. Regierungen, die mit Umwelt- oder Sozialstandards tatsächlich ernst machen wollen, wird offen mit massenhafter Kapitalflucht gedroht. Platzt die nächste Finanzblase, werden die Rettungskosten auf die Allgemeinheit abgewälzt – und das Spiel beginnt von vorne.

Eine weitere Konsequenz der neoliberalen Globalisierung ist die beschleunigte Jagd nach Rohstoffen, zu deren Sicherung reiche Industriestaaten zunehmend militärische Planungen und kriegerische Interventionen beschließen. In immer mehr Ländern führt dies zu politischer Destabilisierung und Terrorismus, was in Industriestaaten wiederum zur Rechtfertigung von Aufrüstung, Militarisierung und zur Aushöhlung demokratischer Rechte benutzt wird. Es droht eine Abwärtsspirale der Zerstörung und der Entdemokratisierung.

Aus: www.attac.de/themen/globalisierung/

MATERIAL 2

Ressourcenangebot von NGOs

GLOSSAR

NGO, Non-Governmental Organizations

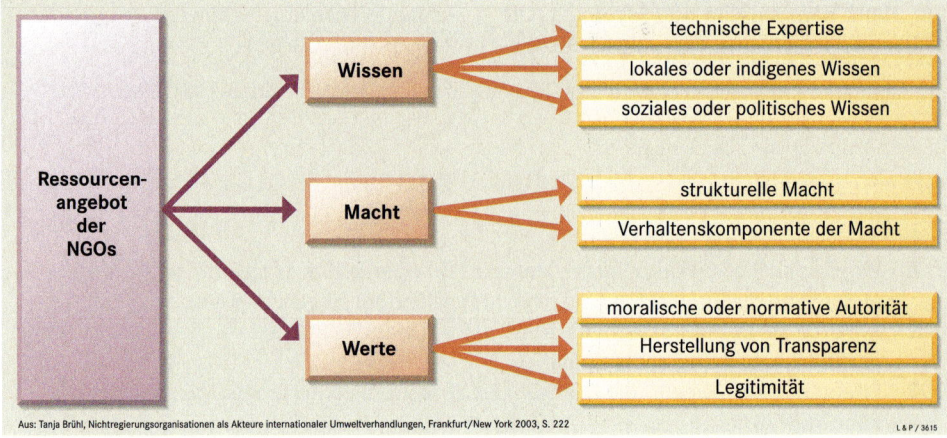

Aus: Tanja Brühl, Nichtregierungsorganisationen als Akteure internationaler Umweltverhandlungen, Frankfurt/New York 2003, S. 222

QUERVERWEIS

METHODE
Pro- und Kontra-Diskussion
S. 196f.

1 Fassen Sie im Kapitel genannte Kritikpunkte an der Globalisierung zusammen und vergleichen Sie diese mit der Position aus M 1. Achten Sie darauf, welche Akteure dabei als Verantwortliche benannt werden.

2 Gestalten Sie eine Pro-Kontra-Diskussion zur Bewertung der Globalisierung.

GRUNDWISSEN

Deutschland und die Globalisierung
Deutschland ist in den Welthandel stark integriert. Dabei spielen neben den europäischen Handelspartnern die USA und China eine große Rolle. Wichtigste Exportgüter sind Kraftfahrzeuge und Maschinen. Das bedeutet allerdings auch, dass die deutsche Wirtschaft im hohen Maße vom Export abhängig ist und zahlreiche Arbeitsplätze vom Erfolg deutscher Unternehmen auf den globalen Märkten abhängen. Vom Welthandel profitieren allerdings nicht nur deutsche Unternehmen und ihre Beschäftigten, sondern auch die Konsumenten, denen durch das internationale Angebot eine größere Auswahl und preiswertere Produkte zur Verfügung stehen. Es darf allerdings nicht vergessen werden, dass der durch die Globalisierung gesteigerte Wohlstand ungleich verteilt ist und es auch Verlierer dieses Prozesses gibt.

… und die anderen Industriestaaten?
Die USA sind wohl das Land, in dem die Globalisierung die deutlichsten Spuren auf dem Arbeitsmarkt hinterlassen hat. Im „Rostgürtel", wo Branchen des einfachen verarbeitenden Gewerbes räumlich konzentriert waren, gingen besonders viele Jobs verloren. Ursache ist zum einen der Aufstieg Chinas im Welthandel seit den 1990er-Jahren („China-Schock"). Heimische Produktion wurde in den USA durch Importe substituiert. Zum anderen wirkt der technologische Wandel. Gewinner der Globalisierung in den Industrieländern sind deshalb tendenziell urbane Zentren („Silicon Valley"). Regionen, die nicht über eine auf dem Weltmarkt konkurrenzfähige Industrie verfügen, sehen sich eher „abgehängt". Dass die Globalisierung zunehmend negativ gesehen wird, hat auch mit Vorbehalten gegenüber Immigration gerade bei den Schichten der Gesellschaft zu tun, die sich von der wirtschaftlichen Entwicklung abgehängt sehen. Migration selbst ist dabei eine Erscheinungsform der Globalisierung.

…und die Entwicklungs- und Schwellenländer?
Bei den Entwicklungs- und Schwellenländer zeigt sich ein gemischtes Bild. Die Schwellenländer gehören generell zu den Profiteuren der Globalisierung. Vor allem im asiatischen Raum nahm die Wirtschaftsleistung pro Kopf in den vergangenen 30 Jahren stärker zu als im Durchschnitt, was auch dazu führte, dass die Anzahl der in Armut lebenden Menschen in dieser Region drastisch sank. Die Entwicklungsländer, insbesondere Regionen in Afrika südlich der Sahara, haben von den Wachstumseffekten der Globalisierung weniger stark profitiert.

Kritik an der Globalisierung
Kritik an der Globalisierung wird von mehreren Seiten laut. So wird sowohl auf staatlicher als auch auf globaler Ebene die wachsende Kluft zwischen Arm und Reich kritisiert. Das liege daran, dass besonders die Interessen großer Unternehmen durchgesetzt werden, und habe zur Folge, dass Demokratie, Sozialstandards und Umweltschutz keine Berücksichtigung finden. Als Sprachrohre dieser Kritik haben sich in den letzten Jahrzehnten Nichtregierungsorganisationen etabliert. Sie versuchen über öffentlichkeitswirksame Auftritte und Lobbyarbeit bei Regierungen und internationalen Organisationen für Interessen einzutreten, die ihrer Meinung nach in der Globalisierung zu wenig Gehör finden.

2. Die Ordnung des Welthandels zwischen Liberalisierung und Abschottung

2.1 Freihandel versus Protektionismus

Zeichnung: www.Kittihawk.de

Werbetafel in den USA

MATERIAL 1 — Freihandel: Deutsche bezweifeln Vorteile

Rund ein Viertel der Deutschen ist einer Umfrage zufolge skeptisch gegenüber Freihandel, wie ihn die EU etwa mit Kanada (Ceta) und den USA (TTIP) plant. Rund 28 Prozent der [...] Befragten bezweifeln, dass Freihandel überwiegend Vorteile bringt. Mehr als die Hälfte der Befragten (52 Prozent) glaubt, dass Freihandel zu einer Aufweichung der Standards führe und eine Einfuhr schadhafter Produkte ermögliche [...]. Rund 47 Prozent sind der Meinung, dass die Regierung mehr tun sollte, um die deutsche Industrie vor internationalem Wettbewerb zu schützen.

Aus: dpa – Meldung in: Süddeutsche Zeitung vom 16. September 2016

MATERIAL 2 — Freier Handel in der ökonomischen Theorie ...

Offene Grenzen für Güter, Dienstleistungen und Investitionen [...] befrei(en) eine Volkswirtschaft von den Fesseln des Heimmarktes. Die einheimischen Unternehmen erhalten durch den Export freien Zugang zu einem größeren Markt und über die Importe Zugang zu einem breiteren Angebot an Rohstoffen und Vorleistungen. Die einheimischen Konsumenten profitieren in der Umkehrung von einer breiteren Palette an Gütern und Dienstleistungen, und dies erst noch zu tieferen Preisen. Denn die Markterweiterung erlaubt es einerseits den Produzenten, Skaleneffekte auszunutzen und so billiger zu produzieren, und führt andererseits zu intensiverem Wettbewerb, was die Preise ebenfalls drückt. Dies wirkt sich ganz konkret auf den Geldbeutel der Konsumenten aus [...] Internationaler Handel bedeutet aber vor allem Spezialisierung. Jedes Land mit seinen Unternehmen kann sich dank dem Austausch mit dem Ausland auf das konzentrieren, was es relativ zu den Handelspartnern am besten kann.

Aus: Claudia Aebersold Szalay: Angstfrei handeln, in: Neue Zürcher Zeitung (Internationale Ausgabe) vom 13. Juli 2016

... und Protektionismus in der Praxis?

MATERIAL 3

Chinesische Solarmodule sind gefragt in Europa [...]. Damit könnte es bald vorbei sein. Die EU-Kommission hat Strafzölle gegen die chinesische Billigkonkurrenz verhängt, sie wirft ihr vor, die Preise zu drücken. Peking prüft nun seinerseits europäische Stahlrohre und Chemie-Importe auf Dumpingpreise. [...] Gerechtfertigt oder nicht: Strafzölle sind ein Mittel, um unerwünschte Konkurrenz aus dem Ausland aus dem Markt zu drängen. Alternativ lässt sich das auch mit Einfuhrquoten, speziellen Standards oder Verboten erreichen. Protektionismus nennen Ökonomen ein solches Verhalten zum Schutz der einheimischen Industrie.

Aus: Katja Scherer: Raus mit den Rivalen, in: Die Zeit vom 13. Juni 2013

Ein falscher Gegensatz?

MATERIAL 4

„Freihandel ist nicht Anti-Protektionismus. Es ist der Protektionismus der Mächtigen" – so formuliert es die indische Aktivistin und Trägerin des alternativen Nobelpreises Vandana Shiva. Tatsächlich ist, was als Freihandel daher kommt, im Wesentlichen die Verankerung der „Regeln der Reichen", das heißt, die Sicherung der Rechte transnationaler Konzerne gegenüber Versuchen politischer Regulierung, auch wenn es sich dabei um umwelt- oder sozialpolitisch höchst relevante Maßnahmen handelt.

Da der Begriff „Protektionismus" als Negativ-Label für alle staatlichen Maßnahmen zum Schutz der Wirtschaft dient, verhindert die Protektionismus-Schelte – bislang erfolgreich – eine Debatte mit dem Ziel einer klaren Differenzierung zwischen sinnvollen staatlichen Eingriffen und schädlicher Abschottungspolitik, die womöglich gar mit nationalistischen oder gar rassistischen Tendenzen einhergeht („Buy American", „Kinder statt Inder"). Im Gegenteil: Die Diskussion über Qualität und Zielsetzung und damit auch über Sinn oder Unsinn staatlicher Eingriffe wird nicht geführt oder auf die Rettung von Arbeitsplätzen verkürzt. Damit wird ein gehaltvoller gesellschaftspolitischer Diskurs über die Gestaltungsfähigkeit und -notwendigkeit staatlicher Politik im Keim erstickt. Messlatte der Bewertung handelspolitischer Maßnahmen sollte indes sein, inwiefern Staatseingriffe dem Gemeinwohl, also Umweltschutz und sozialer Gerechtigkeit, dienen. Im Ergebnis ginge es dann darum, Schutz- und Steuerungsinstrumente zur sozial-ökologischen Regulierung der Wirtschaft zu erhalten und wieder neu zu schaffen – unabhängig davon, wo diese Instrumente im überkommenen Denken von „Freihandel versus Protektionismus" einsortiert werden könnten. In diesem Sinne gilt: Das Umdenken, das in der Debatte zur Re-Regulierung der Finanzmärkte ansatzweise begonnen hat, muss auch auf die Handels- und Investitionspolitik ausgeweitet werden.

Aus: Briefing von EED und WEED 12/2009 in: www2.weed-online.org/uploads/100503_weed_factsheet_protektionismus.pdf (Abruf 9.5.2017)

INFO

Vandana Shiva eine indische Wissenschaftlerin, soziale Aktivistin und Globalisierungskritikerin. Für ihr Engagement wurde sie mehrfach ausgezeichnet. 1993 erhielt sie den Right Livelihood Award, der inoffiziell auch alternativer Nobelpreis genannt wird.

QUERVERWEIS

METHODE Karikaturenanalyse S. 203

---

1 Analysieren Sie die Karikatur auf S. 50 und beziehen Sie dabei das Foto mit ein.
2 Arbeiten Sie heraus, inwiefern die Freihandelsabkommen mit Kanada und den USA kritisch gesehen werden.
3 Überprüfen Sie anhand von M4, inwiefern staatliche Regulierungsmaßnahmen gerechtfertigt sind.

2.2 Steht der Welthandel vor einer Abschottungsspirale?

MATERIAL 1

Die Grundüberzeugung von Ricardo – verfasst im Jahr 1817

Die Vermehrung unserer Annehmlichkeiten durch eine bessere Verteilung der Arbeit, indem jedes Land jene Waren produziert, für die es durch seine Lage, sein Klima sowie
5 durch seine anderen natürlichen oder künstlichen Vorteile geeignet ist und sie gegen die Waren anderer Länder eintauscht, ist, für das Wohl der Menschheit genauso wichtig wie ihre Verwendung.

Aus: David Ricardo: Über die Grundsätze der politischen Ökonomie und der Besteuerung. München: FinanzBuch-Verlag 2006, S. 121

MATERIAL 2

„Das ist ein schlimmer Denkfehler, Merkantilismus pur."

Für den Freiburger Ökonomen Oliver Landmann hängt US-Präsident Trump einem Handelskonzept an, das seit 200 Jahren widerlegt ist:

5 **BZ:** Herr Landmann, vor 200 Jahren hat der britische Nationalökonom David Ricardo schlüssig erklärt, warum der freie Warentausch zwischen Nationen stets sinnvoll ist. Wie konnte es dennoch so weit kommen,
10 dass die Idee des Freihandels bis zum Jahr 2017 in weiten Teilen der Welt derart in Verruf geraten ist?
Landmann: Dass ausgerechnet zum Jubiläum von Ricardos Theorie ein erklärter Pro-
15 tektionist US-Präsident wird, ist in der Tat kurios. Die USA haben die Globalisierung seit Ende des Zweiten Weltkriegs maßgeblich gefördert, und Ricardo gilt auch heute noch als einer der wichtigsten Vordenker der Globali-
20 sierung. Seine Analyse hat in den 200 Jahren ihres Bestehens an Aktualität und Relevanz für die Ordnung der Weltwirtschaft nichts eingebüßt.
BZ: Könnten Sie uns (Ricardos Konzept) bitte
25 möglichst einfach erklären!
Landmann: [...] Ricardo knüpfte an Adam Smith an, der [...] in seinem bahnbrechenden Werk über den „Wohlstand der Nationen" die Grundlagen der Marktwirtschaft
30 analysiert und dabei die damals herrschende Außenhandelstheorie des Merkantilismus widerlegt hatte. Nach der merkantilistischen Lehre war der alleinige Zweck des Außenhandels das Erzielen von Handelsbilanz-
35 überschüssen, um möglichst viel Gold und Devisen ins Land zu holen. Wenn es so wäre, wäre der Welthandel als Nullsummenspiel eine Quelle ständiger internationaler Konflikte (zwischen Überschussländern und De-
40 fizitländern). Adam Smith zeigte dagegen, dass der internationale Handel allen beteiligten Ländern Vorteile bringt, weil er es ihnen erlaubt, sich zu spezialisieren. Die internationale Arbeitsteilung steigert die Produktivi-
45 tät und den Wohlstand, es entsteht eine Win-win-Situation. [...]
BZ: Was aber, wenn eine Nation alles besser kann als eine andere? Warum sollten die beiden dann Handel treiben?
Landmann: Genau hier hakte Ricardo ein
50 und wies mit einer einfachen mathematischen Modellrechnung nach, dass die internationale Arbeitsteilung in diesem Fall genauso lohnt. [...] Ein populäres Lehrbuch ebnet den Zugang zu Ricardos Theorem mit
55 der Frage, ob der deutsche Basketballstar Dirk Nowitzki seine Gartenhecke selbst schneiden oder diese Arbeit lieber einem Gärtner überlassen sollte. Als Modellathlet schafft er die Hecke schneller als sein Gärt-
60 ner, und dank seiner Größe von 2,13 Meter sogar ohne Leiter. Nur: In der Zeit, in der Nowitzki die Hecke schneidet, könnte er etwas anderes machen, zum Beispiel trainieren oder Werbeclips drehen. Das bringt ihm viel
65 mehr ein, als das, was er seinem Gärtner für das Schneiden der Hecke bezahlen müsste. Nowitzkis komparativer Vorteil liegt beim Basketball und nicht bei der Gartenarbeit. Deshalb ist es für ihn wie für seinen Gärtner
70 vorteilhaft, wenn derjenige die Hecke schneidet, der es zwar weniger gut kann als der an-

GLOSSAR
Ricardo-Modell

Der britische Nationalökonom David Ricardo (1772–1823) wies 1817 als Erster auf „komparative Kosten" als Grundlage für den internationalen Handel hin. Das „Ricardo-Modell" gilt als Grundlage der modernen Außenhandelstheorie.

dere, der dabei aber dennoch einen komparativen Vorteil besitzt.

BZ: Und das lässt sich so allgemein von Menschen auf ganze Volkswirtschaften übertragen?

Landmann: Ja, die Logik ist grundsätzlich dieselbe.

BZ: Trump hat Ricardo aber offenkundig nicht gelesen.

Landmann: [...] Trump ist mit seinen Vorstellungen vom internationalen Wirtschaftsverkehr [...] einem Denken aus der Steinzeit der volkswirtschaftlichen Ideengeschichte verhaftet. [...] Er meint, Amerika wäre von Mexiko mit dem Nafta-Vertrag über den Tisch gezogen worden, weil Mexiko inzwischen mehr in die USA exportiert als umgekehrt. Denn Trump betrachtet jede bilaterale Handelsbeziehung durch die Brille des Geschäftsmanns: Fließt mehr Geld hinaus als herein, ist es ein Verlustgeschäft. Dies ist ein schlimmer Denkfehler, Merkantilismus pur. Überschüsse und Defizite in Handelsbilanzen sagen über die Vorteilhaftigkeit des Handels rein gar nichts aus. Denn Volkswirtschaften stehen auf dem Weltmarkt nicht wie Unternehmungen in einem Wettbewerb zueinander, den sie gewinnen oder verlieren können, sondern sie teilen sich die Arbeit. Kein ernstzunehmender Ökonom [...] kann Trumps handelspolitischen Muskelspielen etwas abgewinnen.

BZ: Wer dürften die Gewinner eines aufflammenden Protektionismus [...] sein?

Landmann: Trump verspricht mit seinem kruden Protektionismus, das Rad der Globalisierung zurückzudrehen. Dass ihm dies gelingen wird, ist trotz der weitreichenden Befugnisse, die ein US-Präsident in der Handelspolitik besitzt, stark zu bezweifeln. Aber wer sich von einer protektionistischen Wende am meisten erhofft, [...] sind die Globalisierungsverlierer.

BZ: Und diese Globalisierungsverlierer in den USA sind Trumps Wähler.

Landmann: [...] Es gibt Studien, die zeigen, dass die Regionen der USA, die dem Wettbewerbsdruck durch Importe aus China besonders stark ausgesetzt sind, auch überdurchschnittlich stark von Arbeitsplatzverlusten in der verarbeitenden Industrie betroffen sind, [...] überdurchschnittlich starke Stimmengewinne für Trump gebracht haben. Es rächt sich nun, dass die USA nur wenig unternommen haben, um die Globalisierungsverlierer aufzufangen und ihnen neue Perspektiven zu verschaffen. Der Sozialstaat und die Arbeitsmarktpolitik sind in den USA weit weniger aktiv als etwa in Deutschland [...]. Entsprechend stärker hat sich die Einkommensschere geöffnet. Der Softwareentwickler bei Google ist Globalisierungsgewinner, der Ex-Fließbandarbeiter bei Ford, dessen Arbeit jetzt in Mexiko erledigt wird, ist Verlierer der Globalisierung. Für Letzteren ist es kein Trost, dass die amerikanische Automobilindustrie ihre Wettbewerbsfähigkeit durch gezielte Produktionsverlagerungen in das kostengünstigere Ausland stärken und damit andere, im Zweifel höherwertige Arbeitsplätze in den USA halten konnte. Der Stimmenfänger Trump hat dieses Wählerpotenzial erfolgreich für sich mobilisiert.

BZ: Wenn Trump tatsächlich Einfuhrzölle in Höhe von 35 Prozent auf Importe aus Mexiko einführt, die er beispielsweise für Autos angekündigt hat, wer bezahlt den Preis dafür?

Landmann: Zunächst einmal der Autokäufer in den USA. Autos werden teurer, und zwar für alle – auch für jene, deren Einkommen zuletzt nicht mehr gestiegen sind. Am Ende gäbe es aber wohl auch ein böses Erwachen gerade für jene, deren Hoffnungsträger Trump jetzt noch ist. Denn der Holzhammer, mit dem Trump auf die Importe einschlagen will, würde die fein verästelten, international diversifizierten Wertschöpfungsketten zerschlagen, durch die sich die Wachstumsimpulse der Globalisierung überhaupt erst entfalten. Die amerikanische Industrielandschaft würde erneut umgepflügt, es gäbe neue Verlierer, und am Ende würde die Zahl der Verlierer jene der Gewinner mit hoher Wahrscheinlichkeit weit übersteigen.

BZ: Trumps Nowitzki würde seine Hecke im Garten selber schneiden?

Landmann: Trumps Nowitzki würde mit dem Schlachtruf „Make my garden great again!" die Heckenschere an sich reißen und den – wahrscheinlich mexikanischen – Gärtner nach Hause schicken. Basketball gäbe es erst, wenn die Gartenarbeit getan ist. Daran aber hätten wohl nicht nur die Dallas Mavericks keine Freude.

Aus: Interview von Ronny Gert Bürckholdt, „Ein Denken aus der Steinzeit", in: Badische Zeitung vom 20. Januar 2017, S. 20

INFO

NAFTA
North American Free Trade Agreement – die 1994 in Kraft getretene Freihandelszone zwischen Kanada, Mexiko und den USA.

(Neo-) Merkantilismus
Bezeichnung für eine interventionistische Wirtschaftspolitik mancher Staaten, die mithilfe von Protektionismus (Importbeschränkungen, Exportsubventionen, Währungsabwertungen) einseitig auf Exportförderung ausgerichtet ist. Als „Beggar-my-neighbour-Politik" geht sie auf Kosten anderer Länder. Der Begriff spielt an auf die Wirtschaftspolitik in der Epoche des Absolutismus, die Autarkie zum Ziel hatte.

| MATERIAL 3 | Die Sichtweise eines europäischen Karikaturisten

Karikatur von Oliver Schopf am 20.1.2011

| MATERIAL 4 | Szenario eines Handelskrieges

Die wirtschaftspolitischen Spannungen zwischen den USA und China vertiefen sich. [...] Trump hat bekannt gegeben, einen extremen China-Kritiker zu seinem obersten Handelsberater zu machen. Peter Navarro ist Autor der Bücher „Death by China" und „The Coming China Wars". [...] Die beiden Länder steuern auf einen Handelskrieg zu. Wird er Realität, leiden nicht nur die Streithähne darunter. [...]

Trump hatte im Wahlkampf angekündigt, China am ersten Tag seiner Präsidentschaft als Währungsbetrüger zu brandmarken und hohe Strafzölle auf Produkte aus dem fernöstlichen Land zu verhängen. Die Firmen sollten die Arbeitsplätze wieder auf heimischen Boden verlagern. Seine Äußerungen und Handlungen seit der Wahl deuten darauf hin, dass er es ernst meint. [...]

China reagiert mit kaum noch verhohlenen Drohungen. Chinas stellvertretender Finanzminister Zhu Guangyao warnte vor einem Handelskrieg als Folge der neuen US-Politik. Sein Land werde seine Interessen „mit aller Entschlossenheit verteidigen". Wenn China und die USA versuchen, sich gegenseitig wirtschaftlich zu schaden, dann leidet jedoch schnell auch der Rest der Welt darunter. „Eine Politik, die dem Welthandel in diesem Maße belastet, würde ganz sicher in eine umfassende Katastrophe führen", warnt Richard Duncan, Chefökonom von Blackhorse Asset Management in Singapur. Es gehe nicht einfach um die Frage, ob Waren in Shenzhen oder Montana hergestellt werden. In der globalisierten Wirtschaft sind alle Akteure miteinander verflochten. Vor allem die US-Staatsfinanzen würden extrem unter einem Trump-Schock leiden. Trump scheint zu übersehen, dass China nicht nur der größte Warenlieferant der USA ist, sondern auch der größte Gläubiger nach Japan. Die Amerikaner bezahlen die Turnschuhe, Flachfernseher und iPhones aus China am Ende nicht, sondern bleiben China das Geld schuldig. Die chinesische Zentralbank investiert die Dollar, die das Land im Außenhandel erwirtschaftet, stets in Anleihen der amerikanischen Regierung. China ist damit der wichtigste Geldgeber Amerikas.

Hohe Zölle auf Waren aus China würden in den USA eine Kettenreaktion aus Inflation und Geldknappheit auslösen, fürchtet Duncan. Schließlich kommen nicht nur Waren chinesischer Marken aus Fernost. Auch da, wo Apple oder Nike draufsteht, ist meist China drin. US-Bürger geben jährlich etwa 500 Milliarden Dollar (478 Milliarden Euro) für Produkte aus dem asiatischen Land aus. „Die Preise würden durchweg scharf anziehen", sagt Duncan. Darunter würden vor allem Niedrigverdiener leiden.

Tatsächlich sind es derzeit vor allem die billigen Einfuhren aus Asien, die das Gespenst der Preissteigerungen im Bann halten. „Hohe Inflation rechtfertigt jedoch hohe Zinsen", sagt Duncan. In der Folge würde die US-Regierung sich kaum noch refinanzieren können. In diesem Szenario fällt China als Käufer von US-Staatsanleihen aus. Washington müsste die Käufer der Schuldscheine dann mit enormen Zinsen ködern. Da der Schuldenberg bereits hoch ist, würde auch die Refinanzierung teuer werden. Da Trump plant, Steuern zu senken, wäre der ohnehin prekäre Staatshaushalt ernsthaft in Gefahr.

China wäre noch schlimmer betroffen. „Die gigantische chinesische Wirtschaftsblase würde platzen, wenn die Aufträge aus Amerika ausbleiben", warnt Duncan. „Die Arbeitslosigkeit würde schlagartig durch die Decke gehen, wenn sich das Rad andersherum dreht." Die Folge wäre extrem schwaches Wachstum „mit möglicherweise dramatischen politischen Folgen". Die Kommunistische Partei legitimiert sich durch das Versprechen steigenden Wohlstands.

Nun liege alles bei Trump, sagt Duncan. Wenn er das bisherige Gefüge mit hohen Importen aus China und erfreulich niedrigen Preisen in Amerika akzeptiere, dann habe er Spielraum für Investitionen in die Infrastruktur. „Nur so kann er Amerika wirklich wieder groß machen – nicht, indem er den Handel abwürgt."

Titelbild des US-amerikanischen Magazins Newsweek- vom 16.12.2016

Aus: Artikel von Finn Mayer-Kuckuk in: www.badische-zeitung.de/wirtschaft-3/china-und-usa-steuern-auf-einen-handelskrieg-zu--131731782.html (Abruf: 11.5.2017)

1 Arbeiten Sie auf Grundlage von M 1 und M 2 sowie eigener Recherche Argumente heraus, weshalb die Arbeitsteilung zwischen den USA und Mexiko ökonomisch sinnvoll sein kann.

2 Erläutern Sie die Verwendung des Begriffs „Merkantilismus" in M 2.

3 Analysieren Sie die Karikatur M 3. Nehmen Sie vor dem Hintergrund der Forderung „Buy American" (siehe S. 50) in den USA Stellung zu der Karikatur.

4 Erstellen Sie mithilfe von M 4 eine Verlaufsskizze einer möglichen Eskalationsspirale von Maßnahmen und Gegenmaßnahmen („Handelskrieg") und deren negativen Folgen.

2.3 Die WTO: Regeln für den weltweiten Handel

MATERIAL 1

Die WTO

INFO

Weltbank
eine Organisation der Vereinten Nationen. Sie hat 189 Mitgliedstaaten und fördert deren wirtschaftliche Entwicklung u. a. durch die Vergabe günstiger Kredite. Die Vergabe ist allerdings an Bedingungen geknüpft. Die Weltbank stand wiederholt in der Kritik, weil sie von westlichen Staaten dominiert wird.

Die Welthandelsorganisation WTO (World Trade Organization) mit Sitz in Genf wurde 1994 mit dem Ziel gegründet, Handelshemmnisse kontinuierlich abzubauen. Das System der multilateral vereinbarten Handelsregeln ist ein wichtiger Eckpfeiler von Global Economic Governance.

Die WTO führt das Vertragswerk zur Liberalisierung des Warenverkehrs (GATT) weiter, das 1947 von 23 Staaten beschlossen wurde. Abkommen zum Handel mit Dienstleistungen (GATS) und die Behandlung geistigen Eigentums (TRIPS) kamen unter dem Dach der WTO hinzu. Derzeit zählt die WTO 164 Mitglieder, die weit über 90 % des Welthandels abdecken.

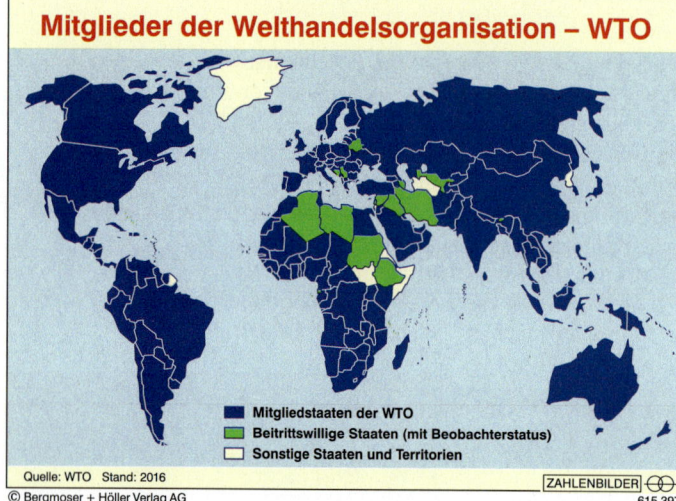

GLOSSAR
Handelsbarrieren

INFO

Internationaler Währungsfonds (IWF)
Der IWF (engl.: International Monetary Fund, IMF) ist eine Sonderorganisation der UNO zur Stärkung der internationalen Zusammenarbeit in der Währungspolitik.

Die Kernprinzipien des GATT und der WTO sind

- Liberalisierung: Die WTO-Staaten verpflichten sich, Handelsbarrieren durch Verhandlungen zu senken. Sie dürfen keine neuen Zölle einführen und bestehende Zölle nicht erhöhen.

- Nicht-Diskriminierung: Handelsvorteile (z. B. Zollermäßigungen) müssen allen WTO-Mitgliedern gleichermaßen eingeräumt werden (Meistbegünstigung). Präferenzabkommen sind nicht zulässig. Freihandelspakte und Zollunionen zwischen zwei und mehreren Ländern sind aber mit der WTO vereinbar, wenn sie nahezu den gesamten Handel umfassen (wie NAFTA in Nordamerika und der EU-Binnenmarkt). Für importierte Produkte und Dienstleistungen dürfen keine anderen Zölle und Rechtsvorschriften gelten als für gleichartige inländische (Inländerbehandlung).

- Transparenz: Alle nicht-tarifären Einfuhrbeschränkungen sind verboten. Zölle sind „gebunden", d. h. die maximale Zollhöhe muss im Voraus verbindlich festgelegt und darf nicht einseitig erhöht werden.

Das höchste Organ der WTO ist die Ministerkonferenz. Es herrscht – anders als im IWF und der Weltbank – das Prinzip „ein Land, eine Stimme". Beschlüsse werden nach dem Konsensprinzip gefasst. Ein umfassendes Abkommen kommt in der Regel nur zustande, wenn kein Mitglied widerspricht. Das Konsensprinzip macht die Entscheidungsfindung allerdings zunehmend schwer. Eine Besonderheit ist, dass die EU, vertreten durch ihren Handelskommissar, in der Ministerkonferenz mit einer Stimme spricht.

Für Handelskonflikte gibt es ein Streitschlichtungsverfahren. Dieses Dispute Settlement Understanding gilt als das „Herzstück" der WTO. Es können nur Länder gegen Länder klagen, nicht aber Unternehmen gegen Staaten (wie in anderen Freihandelsabkommen wie TTIP vorgesehen). Bisher unterwerfen sich auch Wirtschaftsmächte dem Schiedsgericht der WTO.

Autorentext

Die WTO im Spiegel der Karikatur

MATERIAL 2

Karikatur: Horst Haitzinger

Karikatur: Heiko Sakurai

Karikatur: Chappatté

Karikatur: Wolfgang Horsch

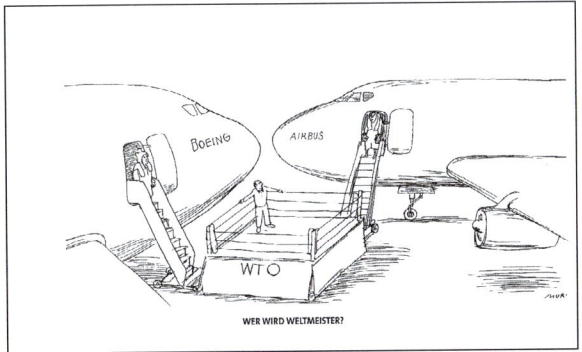

Karikatur: Luis Murschetz

Karikatur: Gerhard Mester, 2005

1 Analysieren Sie in Gruppen arbeitsteilig je eine Karikatur aus M 2 und stellen Sie Ihre Ergebnisse im Plenum vor.

QUERVERWEIS

METHODE
Karikaturenanalyse
S. 203

2.4 Recht statt Macht – Handelskonflikte in der WTO

Chinesischer Arbeiter beim Abbau seltener Erden in Nanching

WTO-Streitfälle

Bei Nichteinhaltung der WTO-Bestimmungen müssen die Mitgliedsstaaten mit Sanktionen rechnen. In Konfliktfällen entscheidet ein gerichtsähnliches Streitschlichtungsverfahren in Genf, ob Maßnahmen von Mitgliedstaaten konform mit WTO-Recht sind oder nicht. Ein durch Dumping nachweisbar geschädigtes Land ist berechtigt, einen Anti-Dumping-Zoll zu erheben. Mit ihren Kompetenzen und Sanktionen hat die WTO ein für internationale Organisationen (mit Ausnahme des UN-Sicherheitsrates) ungewöhnlich scharfes Instrument. EU und USA haben in diesem Rahmen häufig Klage gegeneinander geführt, etwa im Streit um Subventionen für Boeing und Airbus.

MATERIAL 1

Zoff um Rohstoffe

INFO

Dumping
Hier: Export eines Gutes zu einem Preis unterhalb der Herstellungskosten im Inland, um Marktanteile im Ausland zu gewinnen.

China gegen den Rest der Welt. Diesmal geht es bei der WTO nicht um die üblichen Dumping-Vorwürfe, sondern um Seltene Erden, jene 17 Erze und Oxide, die zwar weltweit
5 vorkommen, aber derzeit hauptsächlich in China zu vertretbaren Kosten gefördert und zu Metallen verarbeitet werden. Da sie vor allem in der Hightech- und Waffenindustrie gebraucht werden und schwer zu substituie-
10 ren sind, sind Chinas Lieferbeschränkungen um ein Drittel in Richtung Industrieländer zu einem Handelsstreit geworden. Seltene Erden werden in wachsendem Maß für Smartphones, Windturbinen, Hybrid-Autobatterien und Lenkwaffen-Systeme verwen- 15
det. China regelt ihre Ausfuhr nun durch Quoten und begründet dies mit Umwelt- und Nachhaltigkeitsaspekten. Der Westen wertet das jedoch als Erpressungsversuch. Die EU klagt im Verbund mit den USA und Japan vor 20 dem WTO-Schiedsgericht. In Peking fühlt man sich zu Unrecht angeprangert. Zwar hat China einen Anteil von über 90 % an der Weltproduktion, jedoch befindet sich nur ein Drittel der globalen Vorkommen auf chinesi- 25 schem Boden.

Aus: Norbert Hellmann: Seltene Erdmetalle vor der WTO, in: Neue Zürcher Zeitung, Internationale Ausgabe vom 24. März 2012, S. 11

MATERIAL 2

Positionen zum Streit um Seltene Erden

INFO

Industriepolitik
Maßnahmen staatlicher Wirtschaftspolitik, um nationale Industriebereiche zu stärken und ggf. auch vor ausländischer Konkurrenz oder Übernahme zu schützen.

a) Position: Europäische Kommission, Kommissar für Handel
Die Auffassung der Kommission ist, dass Exportbeschränkungen nichts zum Umwelt-
5 schutz beitragen. Es gibt effektivere Umweltmaßnahmen, die ausländische Industrien nicht diskriminieren. Die Souveränität eines Landes über dessen Rohstoffe erlaubt es ihm nicht, internationale Märkte oder die welt-
10 weite Verteilung von Rohstoffen zu steuern.

Wir beklagen, dass China seine Dominanz bei seltenen Erden nutzt, um im Wege von Industriepolitik einheimischen Firmen Wettbewerbsvorteile zu verschaffen und die Weltmarktpreise zu diktieren. Hinter dem 15 Angebot Chinas, unsere Unternehmen sollten ihre Produktion in China ansiedeln, um an die Rohstoffe zu kommen, entspricht einem Versuch, unsere Hochtechnologiebranchen zu kontrollieren. Die von China hier 20 praktizierten Exportquoten, Ausfuhrzölle sowie die komplizierten Bewilligungsverfahren sind unvereinbar mit den Regeln von GATT/WTO.

b) Position: Japan, Ministerium für Wirtschaft, Handel und Industrie (METI)
Japan schließt sich der Beschwerde an. Nicht nur, weil unsere Industrie besonders stark auf die Nutzung von Seltenen Erden angewiesen ist, sondern auch, weil China die Seltenen Erden für ein geostrategische Ziele nutzt. Im Rahmen von diplomatischen Streitigkeiten um den Anspruch auf eine Inselgruppe hat Peking uns mit einem einseitigen Ausfuhrstopp gedroht. Chinas Rechtfertigung im WTO-Verfahren, es ginge um Umwelt- und Ressourcenschutz, ist unglaubwürdig.

c) Position: VRChina, Industrieministerium
Nach Jahrzehnten des rasanten Wirtschaftswachstums plant unsere Regierung mit dem neuen Fünf-Jahresplan den massiven Umweltschäden zu begegnen und kann den Bereich Seltener Erden nicht aussparen. Ihr Abbau ist ungeregelt und teilweise illegal. Die Produktion ist „schmutzig", weil es zur Trennung der Metalle enorme Mengen Frischwasser und Säure braucht und leicht radioaktive Abfälle und Emissionen anfallen. Andere Länder haben aus Kosten- und Umweltgründen ihre Abbaustätten stillgelegt. Unsere Regierung möchte die Kontrolle über die heimische Bergbauindustrie wiedererlangen, um die Übernutzung dieser Ressourcen zu verhindern. Völkerrechtlich verfügt die Volksrepublik souverän über ihre Rohstoffvorkommen. Infolge der ineffizienten internen Konkurrenz muss sie die Erdmetalle bisher jedoch zu „Schweinefleisch-Preisen" an westliche Industrieländer verkaufen. Die Rückgewinnung der „Preismacht", wie es China nennt, entspricht fairem Wettbewerb und hat mit einer China vorgeworfenen Monopolstellung nichts zu tun.

d) Kommentar: NGO „PowerShift e.V."
Als „Verein für eine ökologisch-solidarische Energie- & Weltwirtschaft" messen wir diesem WTO-Verfahren einen hohen symbolischen Wert zu. Es betrifft grundlegende Fragen der Arbeitsteilung und Hierarchie im Weltwirtschaftssystem. Sowohl die EU als auch die WTO ignorieren die entwicklungspolitische Dimension von Handelsbarrieren. Diese dienen dem Aufbau von „infant industries" im Hochtechnologiebereich. Der Streitpunkt ist, auf welcher Stufe der Wertschöpfung Industrieländer Seltene Erden abnehmen – als Rohstoff, als Magnet oder Hybrid-Auto? Chinas Wirtschaft transformiert sich von der „Werkbank" zu einer „Innovationsgesellschaft". Mit dem WTO-Verfahren möchte die EU China wie andere sich entwickelnde Länder zwingen, ihre Rohstoffe auszubeuten, zu exportieren und keine nachgelagerten Industrien aufzubauen.

e) Hintergrund: Marktanalyst/in für Rohstoffmärkte
Weil kaum eine Zukunftstechnik ohne sie auskommt, nannte man die Seltenen Erden schon „das Öl der Zukunft". Das Ausfuhr-Limit Chinas im Jahr 2010 trieb zunächst die Preise hoch. Dies normalisierte sich aber bald. Von einer Engpasssituation kann kaum die Rede sein, denn selbst Chinas reduzierte Exportquoten wurden zuletzt nicht einmal ausgeschöpft. Einige dieser Materialien ließen sich unerwartet substituieren und die Preise für die meisten dieser Elemente sind gefallen. Auch wurde die Produktion von Seltenen Erden in den USA und Australien wieder aufgenommen – wegen der strengeren Umweltauflagen allerdings zu höheren Kosten als in China.

Positionen a, b, c, e: Autorentext; Position d: Aus: Jost Wübbeke: „Her mit den Seltenen Erden!?", Hrsg.: PowerShift e.V., Berlin 2012

> **INFO**
>
> **„infant industries"**
> Konzept aus dem 19. Jahrhundert, wonach nationale Industriezweige im Anfangsstadium durch einen „Erziehungszoll" vor dem Konkurrenzdruck aus dem Ausland geschützt werden sollen.
>
> **Wertschöpfung**
> Wirtschaftliche Leistung, die in einzelnen Wirtschaftsbereichen erbracht bzw. Wert, der in Unternehmen geschaffen wird.

1 Versetzen Sie sich in die Rolle der WTO-Juristen in Genf. Beraten Sie den konkreten Streitfall auf der Basis der Prinzipien der WTO (S. 56); begründen Sie Ihre Entscheidung.

2 Vergleichen Sie diese mit der abschließenden WTO-Entscheidung vom August 2014. Recherchieren Sie dazu Presseberichte. Welche Aspekte des Streitfalls haben Sie ggf. anders gewichtet?

3 Erklären Sie, weshalb Staaten und Wirtschaftsmächte, die auf ihre Souveränität bedacht sind, sich diesem Verfahren unterwerfen und die Entscheidungen der WTO in der Regel akzeptieren.

2.5 Freier Handel – gerechter Handel?

MATERIAL 1 Brüsseler Katamaran

Karikatur: Luis Murschetz

MATERIAL 2 Protektionismus der Mächtigen

INFO
LLDC
Von den Vereinten Nationen geprägte Abkürzung für die Untergruppe der „ärmsten der armen" Entwicklungsländer („least developed countries")

Die Industrieländer [...] zählen zusammen mit den Schwellenländern zu den Gewinnern des boomenden Welthandels. Warum viele Entwicklungsländer und im Besonderen die LLDC nicht gleichermaßen von seinem Wachstum profitierten, hat einerseits mit ihrer Wettbewerbsschwäche, andererseits mit der Behinderung ihrer [...] Vorteile durch eine Vielzahl von Handelsbarrieren zu tun. Zwar haben die Industrieländer [...] den meisten Entwicklungsländern für verschiedene Produkte Zollvorteile (Präferenzen) und den LLDC sogar den zollfreien Import von „Everything but Arms" (EBA) eingeräumt, dennoch bauten sie gerade bei einzelnen Produktgruppen, bei denen Entwicklungsländer Wettbewerbsvorteil hätten, verschiedene Hürden nur schrittweise ab: Durch die sogenannte Zolleskalation belasten die Industrieländer viele Exporte der Entwicklungsländer mit umso höheren Zollsätzen, je höher ihr Verarbeitungsgrad ist. Dies gilt für industrielle Halbfertigprodukte ebenso wie für Nahrungsmittel (z. B. Schokolade statt Kakao). Sie erschweren damit in einem eklatanten Widerspruch zu allen entwicklungspolitischen Zielkatalogen die ersten Stufen der Industrialisierung und die Produktion von Gütern mit höherer Wertschöpfung.
Die Industrieländer richteten im trickreichen Feld des sogenannten Grauzonenprotektionismus eine Vielzahl von nicht-tarifären Handelsbarrieren in Gestalt von Produktstandards gegen Importe aus Entwicklungsländern auf. Zu ihnen zählen vor allem veterinärmedizinische und toxikologische Standards, die zwar zum Schutz der Verbraucher sinnvoll sein können, aber vielen Entwicklungsländern Unbedenklichkeitsprüfungen abverlangen, zu denen ihnen die erforderlichen Informationen und technischen Ausrüstungen fehlen. Wenn die USA den Import von Grapefruits aus Zentralamerika mit Hinweis auf ihre Behandlung mit (aus den USA importieren) Agrargiften verbieten, drängt sich der Verdacht auf, dass eine Konkurrenz zu den heimischen Produzenten ausgeschaltet werden sollte.

Aus: Franz Nuscheler: Lern- und Arbeitsbuch Entwicklungspolitik, 7., völlig neu bearbeitete Auflage, Berlin: Dietz 2012, S. 268 ff.

Freihandel mit Afrika klingt fair, ist aber ungerecht

MATERIAL 3

[...] Hunderte Milliarden Euro sind seit den Sechzigerjahren an Entwicklungshilfe in afrikanische Staaten geflossen. Ein Erfolg ist kaum spürbar. In vielen Ländern des Kontinents sind die wirtschaftlichen Aussichten bis heute zum Davonlaufen, selbst Menschen mit Hochschulabschluss finden nur schwer einen Job. Die frustrierenden Zustände treiben viele in die Flucht - und führen manchmal zu Gewalt, was noch mehr in die Flucht schlägt. [...] 80 Prozent der Flüchtlinge, die 2016 in Italien landeten, kommen aus nur zehn afrikanischen Staaten, die meisten aus Nigeria, Eritrea, dem Sudan und Gambia.

Es gibt Erklärungen für den mäßigen Erfolg von Entwicklungs-Zusammenarbeit, viele liegen in Afrika selbst. Einige Regierungen denken bei ihrer Haushaltsplanung eher ans Militär als an Schulen und Krankenhäuser, oft versickert Geld und Engagement in korrupten Strukturen. Doch den größten Denkfehler, das lehrt Merkels jüngste Initiative, machen die Europäer selbst.

Während das Entwicklungsgeld weiter fließt, arbeitet die EU an neuen Handelsbeziehungen mit Afrika. Geplant sind „Economic Partnership Agreements", also Partnerschaftsabkommen, die Brüssel jeweils mit einer afrikanischen Staatengruppe schließt [...] Sie zielen auf eine fast völlige gegenseitige Marktöffnung ab.

Was sich erst einmal fair anhört, versetzt die Regierungen vieler afrikanischer Staaten in Panik. Denn bislang gewährte ihnen Brüssel einseitig einen erleichterten Zugang zum europäischen Markt, eine Art Wiedergutmachung für die Kolonialzeit. Nach dem Willen der EU-Kommission soll es damit bald vorbei sein. Man müsse sich an das Gebot des Freihandels halten, dass für alle Mitglieder [...] der WTO gelte [...]. Zudem fördere der Freihandel zwischen Europa und Afrika die Entwicklung des Nachbarkontinents.

Doch so einfach ist es nicht. In den vergangenen Jahrzehnten mussten afrikanische Staaten schon mehrfach dem Freihandelsdruck von Geberländern und Institutionen wie dem Internationalen Währungsfonds und der Weltbank nachgeben. Stück für Stück öffneten sie ihre Märkte und privatisierten staatliche Unternehmen. Das Ergebnis kann man in jeder gut sortierten Markthalle sehen: Kleidung aus China, Reis aus Vietnam, Instant-Kaffee und Milchpulver der Schweizer Firma Nestlé, Tomatenmark aus Italien – alles Produkte, die auch aus Afrika kommen könnten. Doch wer kauft Tomaten aus Ghana, wenn er haltbares und billiges, weil subventioniertes Tomatenmark aus Europa haben kann?

Freihandel klingt gut. Zwischen so ungleichen Partnern wie Europa und Afrika ist er aber ungerecht. Bei den geplanten Freihandelsabkommen TTIP und Ceta konkurrieren immerhin vergleichbare Wirtschaftsräume miteinander, den Kritikern geht es vor allem um Demokratie und Verbraucherschutz. Wenn die EU mit afrikanischen Volkswirtschaften Freihandel treibt, geht es dagegen um deren Überleben. Europas oft überlegene Produkte setzen afrikanische Produzenten unter heftigen Druck, oft halten sie der Konkurrenz nicht stand. So kommt es, dass kaum eines der Industrieunternehmen, das es in Afrika gegeben hat, noch existiert. Fast alle Staaten des Kontinents leben vom Export unverarbeiteter Rohstoffe – und nehmen damit die schwächste Position im globalen Handelsgefüge ein. [...]

Wenn die EU Fluchtursachen bekämpfen will, sollte sie Abstand von den Handelsabkommen nehmen. Oder ihnen eine andere Richtung geben: Das WTO-Vertragswerk erlaubt Ausnahmen vom Freihandelsprinzip, gerade wenn es um Entwicklungsländer geht. Afrika braucht eine Politik, die aufkeimende Industrien schützt. Nur so wird es dort mehr Firmen, mehr Jobs und höhere Löhne geben – und weniger Flüchtlinge in Europa.

Aus: Kommentar von Isabel Pfaff in: www.sueddeutsche.de/politik/fluchtursachen-fairness-statt-hilfe-1.3205686 (Abruf: 11.5.2017)

INFO

TTIP
Transatlantic Trade and Investment Partnership; Projekt eines gemeinsamen Marktes der USA und der EU. Ob die 2013 aufgenommenen Verhandlungen überhaupt abgeschlossen werden, ist unklar.

CETA
Comprehensive Economic and Trade Agreement; ausverhandeltes, aber noch nicht abschließend ratifiziertes Handelsabkommen der EU mit Kanada.

1 Benennen Sie Gründe, weshalb der Welthandel trotz formeller Gleichheit der Mitgliedsländer in der WTO von Machtasymmetrie geprägt ist (Karikatur M 1 und M 2).

2 Erörtern Sie Möglichkeiten von entwicklungsfördernden Handelsregeln (M 3).

2.6 WTO – Sozialstandards kein Thema?

MATERIAL 1

GLOSSAR
Wertschöpfungskette

Wettrennen nach unten

Es ist eine Welt der Frauen, und keiner von ihnen geht es gut. Ihre Arbeitgeber sind begehrte Markenunternehmen, ihre Arbeitsplätze staubfreie Labore, ihre Produkte coole Gadgets. Die schwülen Reisfelder und kargen Bergalmen, denen sie entflohen sind, haben sie in einer anderen Galaxie zurückgelassen, um hier den Traum vom schnellen Geld zu leben. Die Rede ist von Asiens Elektronik-Arbeiterinnen, die die Welt mit schmucken Handys und ultradünnen Bildschirmen versorgen.

Arbeiterinnen in China bei der Montage von Smartphones

So massiv sich die Bilder des eingestürzten Rana Plaza-Gebäudes einer Bangladescher Textilnäherei mit über tausend Toten Frauen in unser Gedächtnis gebrannt haben, so unbegründet wähnen wir die Arbeitswelt der Elektronikindustrie halbwegs in Ordnung. Etwas, das die 28-Jährige, nennen wir sie Nga, aus (dem) Norden Vietnams lustig findet. Was? Das wisse doch jeder, dass das die schlimmsten Arbeitsbedingungen überhaupt seien, sagt sie. [...] Heute, im ersten Produktionsquartal eines neuen Handymodells, ist sie wieder erst um 23 Uhr nach Hause gekommen. Nach 15 Stunden Schicht, ohne Hinsetzen, fast ohne Pausen. Normal, sagt sie. [...]

Für Nga und ihre Kolleginnen (aus der koreanischen Zulieferfirma im Süden Vietnams) sind Fehlgeburten ein Dauerthema. [...] Sie vermuten, dass es die Chemikalien sind, die in Wasser gelöst entlang der Innenwände rieseln, um die Montagehalle staubfrei zu halten. Denn produziert wird hier nichts, Ngas Job ist das reine Zusammenbauen der aus China angelieferten Bauteile für ein neues Bluetooth-Headset. [...] Warum das, was Nga und Millionen Arbeiterinnen in Asien täglich durchleiden, „business as usual" ist, das erklärt ein Blick auf die Wertschöpfungsketten, den Marktzugang und den grotesk verzerrten globalen Wettbewerb. „Es gibt nur ganz wenige Käufer in der elektronischen Industrie. Nämlich Samsung, Apple, LG und eine Handvoll anderer Großkonzerne, für die weltweit tausende von Zulieferern hochspezialisierte Teile produzieren", erklärt Dr. Do Quynh Chi [...]. Fazit sei, so Chi, dass vor allem die Zulieferer mit Haut und Haar dem Preis- und Produktivitätsdiktat der Megakäufer ausgeliefert sind. [...]

Der Abbau von Handelshemmnissen und Zöllen sowie klassisch neoliberale Handelsverträge mit asiatischen Billigproduktionsländern, so Chi, leisten einem grenzenlosen Wettbewerb in allen Exportbranchen Vorschub. Dabei führt das massive Machtgefälle zwischen Weltkonzernen an der Spitze der Wertschöpfungskette und ihren asiatischen Zulieferern am unteren Ende der Hackordnung unweigerlich zu immer niedrigeren Produktionskosten. Je mehr diese sinken müssen, desto mehr drücken sie in Ländern wie Kambodscha, Bangladesch oder Vietnam auf Profite, auf Löhne, auf Arbeitsplatzsicherheit und letztlich auf die Menschenrechte. [...] Zunehmend schmeckt man auch im Süden der Welt den bitteren Nachgeschmack einer Globalisierung, die ihren Versprechungen nicht gerecht wird.

Aus: Adrienne Woltersdorf, Schmutzige Smartphones, in: www.ipg-journal.de/kommentar/artikel/schmutzige-smartphones-1824/ (Abruf: 11.05.2017)

Schwellenländer auf der Palme

MATERIAL 2

Karikatur: Luis Murschetz

Der Streit über Sozial- und Umweltklauseln

MATERIAL 3

Es gab begründete Befürchtungen, dass die Entfesselung des Freihandels und die Verschärfung des internationalen Konkurrenzdruckes den Ausbeutungsdruck auf Mensch und Natur verstärken könnten. Ist es dann legitim, Handelssanktionen gegen Exportländer zu verhängen, welche die Kernarbeitsnormen der ILO (u. a. das Verbot von Kinder- und Zwangsarbeit ...) gröblich verletzen? Die handelspolitische Begründung einer solchen Sozialklausel geht davon aus, dass die Verletzung der völkerrechtlich geltenden ILO-Standards zu Wettbewerbsverzerrungen führen könnte. Die Entwicklungsländer, besonders die konkurrenzfähigen Schwellenländer, lehnen diese Begründung entschieden ab, weil sie den nicht ganz unbegründeten Verdacht haben, dass ihnen unter dem Vorwand des Menschenrechtsschutzes [...] Handelsvorteile genommen werden sollen. Auch wissenschaftliche Untersuchungen wollten, um den Missbrauch von Handelssanktionen zur Abwehr von lästiger Konkurrenz zu vermeiden, allenfalls produktbezogene Schutzklauseln, z. B. gegenüber Teppichen aus Kinderarbeit, gelten lassen. Die WTO konnte sich unter dem Druck der Mehrheit ihrer Mitglieder nicht zu Handelssanktionen durchringen. Bisher haben aber bereits Kampagnen und die Vergabe von Gütesiegeln (z. B. in der Bekleidungsindustrie) mehr bewirkt als ein langwieriges WTO-Verfahren erreichen könnte. Ebenso umstritten sind Umweltklauseln (gegen „Öko-Dumping").

Aus: Franz Nuscheler: Lern- und Arbeitsbuch Entwicklungspolitik, 7., völlig neu bearbeitete Auflage, Bonn: Dietz, 2012, S. 269

1. Benennen Sie Gründe, weshalb die Einbindung Vietnams in globale Lieferketten die Entwicklung des Landes bisher kaum fördert (M 1).
2. Analysieren Sie die Karikatur M 2 mithilfe von M 3. Gehen Sie dabei auf folgende Fragen ein: Was erregt den Zorn der Schwellenländer? Was könnten Sie dem Protest entgegnen? Achten Sie dabei auf folgende Aspekte: Wer artikuliert den Protest (Stichwort: „NGOs")? Warum wird die WTO hier als „Industrieschlot" gezeichnet?
3. Erörtern Sie mithilfe von M 3 das Pro und Kontra einer Berücksichtigung von Sozial- und Umweltstandards („Klauseln") im Regelwerk der WTO, das bisher an marktwirtschaftlichen Prinzipien orientiert ist. Bewerten Sie in einem Fazit die diesbezüglichen Möglichkeiten der WTO.

2.7 Die Welthandelsordnung der Zukunft – global oder fragmentiert?

MATERIAL 1

WTO-Verhandlungen im Dauerkoma?

INFO

Doha-Runde
Aufgaben, die von den Wirtschafts- und Handelsminister der WTO-Mitgliedstaaten 2001 auf einer Konferenz in Doha bearbeitet und bis 2005 abgeschlossen werden sollten.

Mit der Doha-Runde wollen die Mitgliedstaaten der Welthandelsorganisation (WTO) den globalen Handel auf eine neue Grundlage stellen. Schon die Agenda der Verhandlungen war aber lange umstritten. Im November 2001 einigte sich die WTO-Ministerkonferenz in Doha auf das Ziel, die Märkte weiter zu öffnen und die Entwicklungsländer besser in das System des Welthandels einzubinden. [...] Als Schwerpunkte der Verhandlungen legten die WTO-Mitglieder den Abbau von Agrarzöllen und Subventionen für landwirtschaftliche Produkte, niedrigere Zölle für Industrieprodukte sowie die Liberalisierung im Dienstleistungssektor fest. Weitere Themen sind unter anderem Anti-Dumping-Regeln, Umweltfragen und der Schutz des geistigen Eigentums – etwa mit Blick auf den Zugang zu Medikamenten in Entwicklungsländern.

Schnell zeichneten sich [...] zwei zentrale Streitthemen ab. Die Entwicklungsländer drängten die USA, die Europäische Union und Japan, ihre Agrarsubventionen zu kappen. Dies sollte den Bauern aus Ländern der Dritten Welt bessere Exportchancen verschaffen. Umgekehrt sind die entwickelten Länder vor allem daran interessiert, dass die Entwicklungs- und Schwellenländer ihre Zölle für Industrieprodukte senken. Zudem wollen sie den eigenen Dienstleistungsunternehmen einen einfacheren Zugang zu den internationalen Märkten ermöglichen.

Im Laufe der Doha-Runde, der insgesamt achten Freihandelsrunde nach dem Zweiten Weltkrieg, bildeten sich zahlreiche Ländergruppen. Besonders Entwicklungs- und Schwellenländer organisierten sich auf diese Weise, um ihre Interessen gegenüber den Industrienationen durchzusetzen. Vielfach einigt die Gruppen eine Position zu Einzelthemen. [...] Alle Versuche, die unterschiedlichen Interessen der WTO-Mitglieder in einem Gesamt-Kompromiss auszubalancieren, scheiterten bisher.

Aus: tagesschau.de vom 29.07.2010, www.tagesschau.de/wirtschaft/doharunde102.html (Abruf: 11.5.2017)

Karikatur: Klaus Stuttmann (2005)

MATERIAL 2

Bedeutungsverlust der WTO

Die WTO ist am Ende. Das Konzept der Einstimmigkeit (hat) keine Zukunft. Wenn Länder, die in Abschottung leben [...] oder die von offenen Märkten eh nichts wissen wollen [...] mit ihrem Veto jederzeit und überall die WTO blockieren können, wird sich wenig bewegen lassen. Solange also ein einzelnes Land alles verhindern kann, selbst wenn alle anderen dafür sind, solange wird die WTO den Anschluss an die Wirklichkeit verlieren. [...]

Die Nachkriegszeit ist dem Prinzip der multilateralen Handelsabkommen gefolgt. Erst das (GATT) und später die WTO waren die politischen Wegbereiter der Globalisierung. Mit überragendem Erfolg wurden weltweit nationale Gütermärkte für den internationalen Wettbewerb geöffnet. [...] Die Welt hat sich in den letzten 20 Jahren dramatisch verändert. Nicht aber die Strukturen der WTO. [...] Immer seltener gelingt es, gemeinsam weltweit gültige Kompromisse zu finden. [...]

Eine sachliche Kosten-Nutzen-Rechnung verdeutlicht, dass die an sich beste Option politisch nicht mehr gangbar ist. Stattdessen werden zweitbeste Lösungen attraktiver. Sie finden sich in regionalen oder bilateralen Handelsabkommen [...].

Aus: Artikel von Thomas Straubhaar in: www.welt.de/wirtschaft/article122726072/Bali-ist-kein-Neuanfang-sondern-das-Ende-der-WTO.html (Abruf: 28.01.2017)

Wofür die WTO gut ist

MATERIAL 3

Misstrauen statt Konsens – davon ist das multilaterale Handelssystem unter dem Dach der (WTO) derzeit geprägt. [...] Die WTO ist (dennoch) nach wie vor das maßgebliche Forum zur multilateralen Aushandlung weltweiter Handelsregeln. Und sie sollte es bleiben. Die Totengräberstimmung aufgrund der stockenden Doha-Verhandlungen übersieht das anerkannte System, das den globalen Handel unter dem Dach der WTO strukturiert. [...]

Ein [...] äußerst effektives Instrument [...] ist das Streitbeilegungsverfahren. Zwischenstaatliche Handelskonflikte können hier [...] in geordneten Verfahren nach klaren Regeln „ausgefochten" werden. Alle [...] WTO-Mitgliedstaaten erkennen dieses System an, achten es und befolgen die jeweiligen Urteile: die Umsetzungsrate liegt bei über 90 Prozent. [...] Das Streitbeilegungsverfahren hat damit erheblich zur Stabilität weltweiter Handelsbeziehungen beigetragen.

Aus: Artikel von Alexander Geiger, Yvonne Theemann am 23. Mai 2016 in: www.ipg-journal.de/schwerpunkt-des-monats/welchen-welthandel-wollen-wir/artikel/detail/die-wto-ist-tot-es-lebe-die-wto-1435/ (Abruf: 11.5.2017)

Donald Trump: „Americanism, not globalism"

MATERIAL 4

Die praktische Tragweite von Trumps „America First"-Devise wird zunehmend klar. Sie läuft auf nichts weniger hinaus als auf die Aufkündigung der Grundlagen der nach dem Zweiten Weltkrieg von den USA eingerichteten Weltordnung. Diese Ordnung, auch „Pax Americana" genannt, beruht wirtschaftlich auf weitgehend offenen Güter- und Kapitalmärkten, die in den internationalen Finanzinstitutionen IWF und Weltbank und der Welthandelsorganisation WTO ihre institutionelle Basis hat. [...] Ebenso stehen alle von bisherigen US-Regierungen abgeschlossenen Handelsabkommen, namentlich das Abkommen mit Mexiko und Kanada über die Nordamerikanische Freihandelszone NAFTA, das [...] noch nicht ratifizierte Transpazifische Handels- und Investitionsabkommen TPP, ja letztlich die institutionelle Grundlage der Welthandelsordnung, die [...] WTO selbst, für Trump zur Disposition als Verhandlungsmasse bei der Aushandlung neuer, für die USA vorteilhafterer Handels-Deals.

Aus: Jens von Scherpenberg: Trumps Wirtschaftspolitik – Aufkündigung der bisherigen Weltwirtschaftsordnung?, in: Gesellschaft • Wirtschaft • Politik (GWP) Heft 1/2017, S. 41 ff.

INFO

TPP
Trans-Pacific-Partnership; von der Obama-Administration unter Ausschluss Chinas ausgehandeltes Abkommen zwischen den USA und elf Pazifik-Anrainern wie Japan. US-Präsident Trump unterzeichnete am 23.1.2017 ein Dekret zum Ausstieg der USA aus TPP.

---

1. Arbeiten Sie die Informationen aus M 1 – M 4 heraus.
2. Gestalten Sie arbeitsteilig in Kleingruppen verschiedene Szenarien zur Zukunft der Welthandelsordnung. Beziehen Sie die bisher gewonnenen relevanten Informationen aus Kapitel II ein.
3. Gestalten Sie anschließend Kurzvorträge Ihrer Ergebnisse im Kurs.

QUERVERWEIS

METHODE
Szenario
S. 19.

METHODE — Expertenbefragung

Politischer Unterricht braucht immer sowohl die Sachinformation als auch die Kenntnis von Positionen, um Realität zu reflektieren.

Dazu kann die Expertenbefragung ein wichtiges Element im Unterricht sein.

Wer ist Experte? Welche Anforderungen sollten an ihn gestellt werden?

- Der wichtigste formale Maßstab für seine Auswahl ist seine Sachkunde und sein Wille zur sachlichen Darstellung. Er sollte für ein Sachgebiet (nicht unbedingt beruflich) besonders qualifiziert und erfahren sein: Politiker, Unternehmerin, Gewerkschaftsvertreter, Freiberufler, Beamtin, Entwicklungshelfer u. a. Die Auswahl und Einladung dürfte weitgehend Aufgabe des Kurslehrers sein, aber Vorschläge und Kenntnisse der Schülerinnen und Schüler können hilfreich sein.
- Experten sollten bereit sein, sich auf Schüler und deren Denk- und Verhaltensweisen einzulassen und deshalb das entsprechende Sach- und Sprachniveau zu treffen und angemessene Methoden einzusetzen.
- Für die Schule sollte das Auftreten eines Experten kostenlos sein.

Wie ist eine Expertenbefragung vorzubereiten?

- Begrenzen Sie möglichst genau das Sachgebiet bzw. die Problemstellung im Rahmen Ihres Unterrichts: Wozu wollen wir etwas wissen? Halten Sie Kernfragen in systematischer Ordnung fest und verteilen Sie die Fragen zur Vorbereitung auf möglichst viele Fragesteller.
- Geben Sie (rechtzeitig) Informationen an den Experten über Ihr Vorwissen, Verständnisniveau, Arbeitsformen, unterrichtlichen Zusammenhang, Interessen und legen Sie ihm möglichst genau Ihr gewünschtes Sachgebiet bzw. Problemstellung dar. Manchmal wünschen Experten auch im Voraus konkrete Fragen. Im Gegenzug können Sie gegebenenfalls vom Experten vorab entsprechende Materialien zur Vorbereitung erbitten.
- Der Veranstaltungsraum sollte bezüglich Sitzordnung (z. B. Halbrund) und Hilfsmedien entsprechend hergerichtet sein.

Wie kann eine Expertenbefragung durchgeführt werden?

- Die Rolle des Moderators kann von Lehrern wie Schülern übernommen werden. Seine wichtigste Aufgabe ist es, für einen geordneten und zielgerichteten Ablauf zu sorgen. Dazu gehören vor allem die Aufgabe, das Wort nach klaren Regeln zu erteilen, eventuelle Nachfragen zu stellen, bei Abschweifungen auf die inhaltliche Linie des Gesprächs zurückzulenken, Verständlichkeit der Ausdrucksweise einzufordern und notwendige Zusammenfassungen zu formulieren.
- Der Moderator stellt zu Beginn den Experten vor, insbesondere mit Hinweisen auf Beruf, Funktion in Verband o. Ä., Spezialkenntnisse und Erfahrungen.
- Die einfachste Form der Expertenbefragung ist der Wechsel von (vorbereiteter) Fragestellung (auch Bündelung von mehreren Detailfragen) und die korrespondierende Sachauskunft oder fachliche Stellungnahme des Experten. Sind die Teilnehmer schon mit der Sache vertraut und in Diskussionsmethoden erfahren, kann die Expertenbefragung auch als freie Diskussion erfolgen.
- Wenn nötig, sollte um verständliche Sprache, Erklärung von Fachtermini und zwischenzeitliche kurze Zusammenfassungen gebeten werden. Entsprechende Medien können dies unterstützen.
- Die wichtigsten Ergebnisse der Befragung sind zur weiteren Aufarbeitung schriftlich festzuhalten durch ein Protokoll oder durch Individualnotizen. Eine sachliche Zusammenfassung durch den Moderator und ein Dank an den Experten beschließen die Befragung.

GRUNDWISSEN

Welthandelsordnung und WTO
Nach den desaströsen Erfahrungen der 1930er-Jahre, als der Welthandel durch Protektionismus drastisch zurückgegangen war, schufen die USA und weitere westliche Staaten in der Nachkriegszeit eine an der liberalen Freihandelsdoktrin (Wohlstandsgewinne durch Marktöffnung) orientierte Welthandelsordnung. Das **Allgemeine Zoll- und Handelsabkommen GATT** erreichte in mehreren Verhandlungsrunden massive Zollsenkungen im internationalen Güterhandel erreicht und z. B. der Welttextilhandel liberalisiert. Davon ausgenommen blieben jedoch die (Export-) Subventionen für Landwirtschaftsgüter, mit denen vor allem die USA und die EG/EU ihren Agrarsektor zu Lasten von Produzenten in Entwicklungsländern schützen.

Aus dem Handelsregime des GATT wurde 1995 durch ein institutionelles „Upgrade" eine internationale Organisation, die **Welthandelsorganisation WTO** mit Sitz in Genf. Die WTO umfasst nicht mehr nur das GATT für den traditionellen **Güterhandel**, sondern setzt mit den Teilabkommen GATS und TRIPS Regeln auch für den Handel mit **Dienstleistungen** und handelsbezogene **Aspekte geistigen Eigentums**. Bedeutsam ist, dass die WTO über ein sanktionsfähiges **Schiedsgericht** für Handelsstreitigkeiten zwischen Staaten verfügt.

Bedeutungsverlust der WTO und regionale Handelsblöcke
Die WTO ist mit 164 Mitgliedsstaaten (Stand: 2017) eine nahezu universelle Organisation. Ihre hohe Inklusivität hat allerdings den Preis, dass ihre Entscheidungsfindung nach dem **Konsensprinzip** (one state, one vote) wegen der Heterogenität ihrer Mitglieder ein Ergebnis im Sinne eines „großen Wurfes" kaum mehr zulässt. Die 2001 begonnene „Doha-Verhandlungsrunde" ist zwar offiziell noch nicht beendet, gilt aber de facto als gescheitert. Vor allem die Obama-Regierung und die EU gingen dazu über, abseits der WTO **regionale Freihandelsabkommen** wie „TPP" und „TTIP" zu verhandeln. Deren Agenda umfasste die Liberalisierung im Bereich der Dienstleistungen, des Schutzes von Investoren und Eigentumsrechten von Unternehmen. Die transatlantischen Handelsmächte reagierten damit auf eine deutliche Kräfteverschiebung im Welthandel durch den Aufstieg Chinas und der Schwellenländer.

Ende des handelspolitischen Multilateralismus?
Nach der Finanzkrise 2008 vermochte die WTO die Stabilität des Welthandels zu sichern. Mit der angekündigten America-first-Politik des US-Präsidenten Trump drohen Handelskonflikte mit Wirtschaftspartnern wie China und Deutschland. Im Extremfall könnte die Trump-Regierung, wie angekündigt, amerikanische Souveränität über Regeln der WTO stellen und bilaterale Abkommen anstreben. Diese wären wegen der Abhängigkeit der meisten Verhandlungspartner vom Handel mit den USA wohl asymmetrisch. Offen bleibt, wie sich solche Entwicklungen auf eine eng verflochtene Weltwirtschaft auswirken würden.

3. Global verflochtene Finanzmärkte

3.1 Wie funktionieren Finanzmärkte?

MATERIAL 1

Was sind Finanzmärkte?

> **INFO**
> **Kontrakt**
> eine verbindliche Abmachung, ein Vertrag

Auf Finanzmärkten werden weder Güter produziert noch Produkte zum Zwecke des Konsums an Kunden verteilt. Vielmehr dienen Finanzmärkte dem Handel von Kapital in Form von Geld (Währungen), Wertpapieren (Aktien, Anleihen) oder anderen Finanzkontrakten (Derivate). Im Unterschied zu Transaktionen auf Gütermärkten ist der Handel auf Finanzmärkten zukunftsorientiert, denn es werden Zahlungsversprechen gehandelt. Ein Kapitalgeber (z.B. Investor) überlässt dem Kapitalnehmer (z.B. Unternehmen) Zahlungsmittel und erhält im Gegenzug ein Rückzahlungsversprechen für die Zukunft (z.B. Aussicht auf Dividende für eine Aktie). Eine solche Transaktion hat zwei Merkmale: zum einen wird die zeitliche Diskrepanz zwischen der Verfügbarkeit und dem Verwendungswunsch von Kapital überbrückt. Ein Marktteilnehmer verzichtet heute auf Zahlungsmittel, ein anderer verspricht, diese in Zukunft zurückzuzahlen [...].

Zweitens werden Kontrakte über Zahlungsversprechen meist unter dem Aspekt des Risikotransfers abgeschlossen. Dies gilt insbesondere für komplexere Finanzprodukte wie Derivate (Optionen, Futures), bei denen zum Zeitpunkt des Abschlusses des Kontraktes keine Zahlung fällig wird, sondern erst in der Zukunft. Derartige Termingeschäfte mit Aktien, Anleihen, Währungen, Metallen oder Waren entwickelten sich ursprünglich aus dem Bemühen, Einkommen aus dem Handel mit Gütern abzusichern, deren Preise stark schwanken oder deren Herstellung zeitaufwendig ist. Produzenten und Verkäufer wollen sich gegen das Risiko absichern, dass die Preise zwischen Beginn und Ende der Produktion sinken, Einkäufer möchten sich vor unerwarteten Preissteigerungen schützen. Verkäufer und Käufer schließen deshalb einen Vertrag im Voraus. Sie verpflichten sich dazu, bestimmte Mengen von Produkten zu einem festgelegten Preis zu einem bestimmten Termin zu kaufen bzw. zu verkaufen. Sicherungsgeschäfte dieser Art zogen jedoch bald Termingeschäfte nach sich, die der reinen Spekulation dienen. Als Spekulanten setzen Terminkäufer darauf, dass der Preis zwischen dem Zeitpunkt des Vertragsabschlusses und der Fälligkeit des Vertrages über den ursprünglich vereinbarten Preis hinaus steigt, weil sie dann die zum Ursprungspreis gelieferte Ware sofort wieder mit Gewinn verkaufen können. Die Hebelwirkung dieser Finanzinstrumente ermöglicht es somit, mit geringem Kapitaleinsatz eine spekulative Position mit großen Renditechancen aufzubauen.

> **INFO**
> **Kontingenz**
> Häufigkeit bzw. Grad der Wahrscheinlichkeit des gemeinsamen Auftretens zweier Sachverhalte oder Merkmale

Finanzmärkte lassen sich zusammengenommen als „Ökonomie zweiter Ordnung" bezeichnen, deren ‚Güter' wie Aktien, Anleihen, Währungen oder Derivate zwischen den Marktteilnehmern zirkulieren und nicht zum Zwecke des Konsums durch einen Endverbraucher produziert werden. Die Funktion der Finanzmärkte liegt dann darin, einen Erwartungswert für Zahlungsversprechen in Form von Kontrakten fest zulegen. Dieser Preis (Aktienkurs) reflektiert letztlich Erwartungen der Marktteilnehmer hinsichtlich der Summe zukünftiger Erträge, die beispielsweise Unternehmen als Emittenten von Wertpapieren erwirtschaften werden. [...] Ob ein Stahlwerk oder eine Kleiderfabrik auch in Zukunft profitabel sein wird, lässt sich nur zum Teil aus seiner Profitabilität in der Vergangenheit schließen. Insofern beruht die Preisbildung auf Finanzmärkten auf Erwartungen über die zukünftigen Wirkungen gegenwärtiger Ereignisse [...]. Die partielle Entkopplung der Finanzmärkte von der Realökonomie wird sichtbar in der zyklischen Über- oder Unterbewertung des Aktienmarktes, die dadurch entsteht, dass der Markt dazu neigt, seine eigenen Erwartungen zu verstärken.

Aus: Susanne Lütz: Finanzmärkte, in: Andrea Maurer (Hrsg.): Handbuch der Wirtschaftssoziologie, 2., aktual. und erweit. Aufl., Wiesbaden 2017, S. 385–414, hier S. 385f.

Welche Funktionen haben Finanzmärkte?

MATERIAL 2

Oberstes Ziel der Finanzmärkte ist, Spareinlagen und Kapital für die produktivsten Wirtschaftsaktivitäten verfügbar zu machen. Bei näherer Betrachtung erfüllen Finanzmärkte die folgenden drei Funktionen für die Realwirtschaft:

Ersparnisse/Investitionen verfügbar machen […]: Auf den Primärmärkten werden finanzielle Vermögenswerte (Aktien, Anleihen, Derivate) ursprünglich geschaffen und ausgegeben. Hier findet Kapitaltransformation statt: Unternehmen oder Staaten verkaufen ihre neu ausgegebenen Aktien oder Anleihen an Investoren. […]. Bei den Käufern handelt es sich in der Regel um institutionelle Investoren wie Investmentfonds.

Handel mit vorhandenen Vermögenswerten und Preisbildung: Wenn sie wollen, müssen Investoren ihre Investitionsentscheidung wieder rückgängig machen können. Aus diesem Grund werden Wertpapiere, die einst auf den Primärmärkten verkauft wurden, auf dem Sekundärmarkt gehandelt werden. Sekundärmärkte sind wesentlich größer als Primärmärkte. Wirtschaftlich gesehen schaffen sie zwar kein neues Kapital, jedoch erlauben sie es den Investoren, untereinander mit ihren Wertpapieren zu handeln, in den Markt ein- und wieder auszusteigen und für die gehandelten Papiere Preise festzusetzen. Das alles trägt zum Funktionieren des Primärmarkts bei.

In der Theorie sollten sich in den Preisen die grundlegenden Werte von Finanzpapieren widerspiegeln. Dementsprechend sollten sie in Übereinstimmung sowohl mit dem Schicksal des Emittenten […] als auch mit der Wirtschaftslage […] schwanken. Diese Preissignale sind es, die dabei helfen, Kapital produktiven Zwecken zuzuführen, beispielsweise in ein Unternehmen zu investieren, dem es gut geht, und umgekehrt. In Wirklichkeit haben sich Sekundärmärkte allerdings zu einer Spielwiese für Spekulanten entwickelt, die Preise haben teilweise kaum mehr etwas mit ihren zugrunde liegenden Werten zu tun und sind sehr anfällig für Blasen und Crashs. […]

Risikomanagement: Die dritte Funktion, die Finanzmärkte erfüllen, ist die Hilfe bei der Absicherung gegen Risiken, die in der Realwirtschaft und ihren finanziellen Aspekten auftreten können. Ein Bauunternehmen will sich beispielsweise gegen steigende Stahlpreise absichern, ein Rentenfonds gegen fallende Zinssätze. Spezielle Finanzinstrumente (vor allem Derivate) ermöglichen es den Marktteilnehmern, ihre vielfältigen Risiken (Kreditrisiko, Zinsänderungsrisiken…) auf jene Marktteilnehmer zu übertragen, die bereit sind, höhere Risiken einzugehen. Auf diesem Weg können Unternehmen Aktivitäten aufnehmen, was andernfalls vielleicht nicht möglich gewesen wäre.

Es versteht sich von selbst, dass ein Risiko, selbst wenn es übertragen wird, weiterhin besteht. Das hat nicht zuletzt die Finanzkrise eindrücklich gezeigt. Die Tatsache, dass mehrere Derivate für einen zugrundeliegenden Risikowert ausgegeben und gehandelt werden können, macht sie außerdem zu idealen Spekulationsinstrumenten. So lässt sich auch erklären, weshalb insbesondere in den vergangenen Jahren viel mehr Derivate in Umlauf gebracht wurden, als es zugrundeliegende Vermögenswerte gibt: Der Nennwert ausstehender Derivate beträgt in etwa das Neunfache des weltweiten BIP, oder anders gesagt, es beträgt etwa 100.000 US Dollar für jeden Mann, jede Frau und jedes Kind auf dieser Erde.

Aus: Internetseite der Nichtregierungsorganisation Finance Watch, http://www.finance-watch.org/informieren/die-finanzwelt-verstehen/1136-die-finanzwelt-verstehen-3-finanzmaerkte?lang=de (Zugriff: 15.5.2017)

INFO

Finance Watch eine Nichtregierungsorganisation, zu deren Mitgliedern Organisationen und Finanzexperten aus vielen verschiedenen Ländern zählen

1. Stellen Sie in Form einer Tabelle Finanzmärkte und Gütermärkte gegenüber (M 1). Gehen Sie dabei auf folgende Aspekte ein: Was wird gehandelt? Wie kommt der Preis zustande? Welche Risiken bestehen?
2. Erläutern Sie den Unterschied zwischen Primär- und Sekundärmärkten (M 2).
3. Erörtern Sie anhand von Beispielen, welche Funktionen Finanzmärkte haben und welche Probleme in der Praxis daraus erwachsen können.

MATERIAL 3 — Welche Arten von Börsen gibt es?

Die Deutsche Börse in Frankfurt am Main

Es gibt verschiedene Arten von Börsen [...]. Wichtigstes Handelsobjekt an **Effektenbörsen** ist die Aktie. Aber auch Schuldverschreibungen des Staates oder von Unternehmen werden an diesen Börsen gehandelt. [...] An **Devisenbörsen** werden auf ausländische Währungen lautende Forderungen in Form von Guthaben bei ausländischen Banken oder Wertpapiere gehandelt. Nicht zu den Devisen zählt dagegen ausländisches Bargeld wie US-Dollarscheine, das als Sorten bezeichnet wird. [...] An **Terminbörsen** werden Futures und Optionen gehandelt, die sich auf die Zukunft beziehen. Mit Futures verpflichtet sich eine Vertragspartei, in Zukunft eine [...] definierte Menge zu einem festgesetzten Preis zu einem bestimmten Zeitpunkt an einen bestimmten Ort zu liefern. Die Gegenseite verpflichtet sich zur Abnahme. Futures können sich auf Wertpapiere oder konkrete Waren wie Getreide beziehen. Optionen beinhalten dagegen die Möglichkeit, ein nach Preis [...] und Angebotsmenge [...] vom Geschäftspartner festgesetztes Vertragsangebot zeitlich befristet anzunehmen oder abzulehnen. Dabei wird zwischen Kaufoptionen (Calls) und Verkaufsoptionen (Puts) unterschieden. Futures beinhalten also die Pflicht, Optionen nur die Möglichkeit zum Kauf/Verkauf einer bestimmten Ware zum vereinbarten Preis. An **Warenbörsen** werden bewegliche Sachgüter wie Rohstoffe, Landwirtschaftsprodukte oder Nahrungsmittel gehandelt.

Aus: www.oeconomix.de/finanzmaerkte/die-boerse/arten-von-boersen/ (Zugriff: 15.5.2017)

MATERIAL 4 — Was wird an Börsen gehandelt?

Eine Börse ist ein Markt, auf dem u. a. Währungen (Devisen), Wertpapier, Waren oder Derivate (Kaufs- bzw. Verkaufsrechte) gehandelt werden. Im Folgenden konzentrieren wir uns auf Wertpapiere und Derivate.
Zu den Wertpapieren zählen u.a. Aktien und Anleihen.

- Wer eine Aktie erwirbt, kauft damit einen Teil eines Unternehmens (Aktiengesellschaft, AG). Aktiengesellschaften geben Aktien aus, um sich Kapital zu beschaffen. Der Aktionär ist nicht nur Mitinhaber des Gesellschaftsvermögens und durch die Dividende am Gewinn beteiligt, sondern er hat über die Aktionärsversammlung auch Mitbestimmungsrechte. Aktien werden an der Börse gehandelt. Ihr Wert, der Aktienkurs, ergibt sich aus dem Angebot und der Nachfrage nach diesem Wertpapier.
- Zur Beschaffung von Fremdkapital können Länder, aber auch Unternehmen Anleihen bzw. Bonds ausgeben (Staatsanleihen bzw. Unternehmensanleihen). Während ein Aktionär Mitbesitzer eines Unternehmens wird, ist der Inhaber von Anleihen ein Gläubiger: Er hat ein verbrieftes Anrecht darauf, dass ihm nach einer festgelegten Laufzeit der Gesamtbetrag inklusive der vereinbarten Zinsen zurückgezahlt wird. Anleihen werden an Rentenmärkten gehandelt; die Kursschwankungen sind geringer als bei Aktien.

Derivate ist ein Oberbegriff für Finanzprodukte wie Optionsgeschäfte, Futures und Swapgeschäfte. Derivate dienen der Absicherung von Risiken, die mit Preisänderungen verbunden sind. Es handelt sich um Finanzprodukte, deren eigener Wert vom Kurs anderer Wertpapiere oder Waren abhängt. Mit Derivaten spekuliert man auf künftige Preisänderungen. Derivate werden am Terminmarkt gehandelt.

- Als Future bezeichnet man einen Vertrag, bei dem sich eine Partei verpflichtet, zu einem festgelegten Zeitpunkt in der Zukunft, eine festgelegte Menge einer Ware zu einem im Vertrag festgelegten Preis zu liefern. Die andere Partei verpflichtet sich, diese Ware abzunehmen. Käufer und Verkäufer erhalten so Planungssicherheit, da der Geschäftsabschluss von zukünftigen Preisschwankungen unbeeinträchtigt bleibt. Futures werden an sogenannten Terminbörsen gehandelt.
- Davon zu unterscheiden sind die Optionsgeschäfte, bei dem einem Käufer der Option das Recht (aber nicht die Pflicht)

eingeräumt wird, einen Handelsgegenstand (Wertpapier o.ä.) zum vereinbarten Zeitpunkt oder innerhalb eines Zeitraums zum zuvor festgelegten Preis zu kaufen bzw. zu verkaufen. Mit Optionen kann man sich gegen Kursrisiken absichern, zugleich können sie aber auch aus rein spekulativer Absicht gekauft werden.
- Swapgeschäfte sind zeitversetzte Devisenaustauschgeschäfte: Ein Partner stellt einem anderen Partner sofort Devisen zur Verfügung und verpflichtet sich, diese zu einem festen Termin zu einem festen Kurs zurückzukaufen. Während sich der eine Partner so gegen Kursschwankungen absichert (da der künftige Rücknahmekurs festgelegt ist), trägt der andere das Risiko, dass sich der Kurs zu seinen Ungunsten ändert und er Verluste macht, zugleich aber besteht die Chance, dass er von einer Kursänderung profitiert und Gewinn macht.

Autorentext

Was sind Fonds?

MATERIAL 5

Risikostreuung ist das A und O einer sicheren Geldanlage. Doch was tun, wenn das Geld nicht reicht, um in Edelmetalle, Aktien und andere Wertpapiere zugleich zu investieren? Eine Lösung können Fonds sein. Ein Investmentfonds [...] streut das Risiko. Denn ein Fonds ist eine Sammlung verschiedener Aktien, Anleihen oder Immobilien. Dahinter steckt die Idee, dass jede Geldanlage Wertschwankungen unterliegt. Investiert der Anleger in ein Bündel aus erfolgversprechenden Wertpapieren, so werden einige die Erwartungen erfüllen, andere dahinter zurückbleiben. Die Wahrscheinlichkeit, dass der Anleger seine kompletten Ersparnisse verliert, ist dabei relativ gering. [...] Ein zweiter Vorteil ist der geringe Zeitaufwand. Wenn Sie sich einmal für einen Fonds entschieden haben, müssen Sie nicht fortlaufend Kurse und Entwicklungen am Markt beobachten [...]. Das überlassen Sie fortan Fondsmanagern oder Automatismen. [...] Für die verschiedenen Wertpapiere eines Fonds werden natürlich Dividenden und Zinsen fällig. Dieses Geld gehört den Anteilseignern. [...] Das Angebot an Fonds ist vielfältig. [...]
- Aktienfonds investieren nur oder nahezu ausnahmslos in Aktien. [...]
- Rentenfonds legen hauptsächlich in Unternehmens- und Staatsanleihen an, auch andere Zinspapiere [...] kommen im Portfolio vor. [...]
- Mischfonds: Manager von Mischfonds kaufen vom Fondsvermögen Aktien und Anleihen, manchmal ergänzen sie diese mit Rohstoffen und Immobilien. [...]
- Hedgefonds haben das bunteste Portfolio unter den Fonds. Neben Aktien, Anleihen und Rohstoffen finden sich darin Devisen, Derivate, Bankkredite, Unternehmensbeteiligungen, Lebensmittel und vieles mehr. Hedge heißt so viel wie schützen oder absichern - Hedgefonds sollen den Investoren in jeder Börsensituation Gewinne bescheren, zum Beispiel durch Wetten auf sinkende Kurse und Währungsverfall. [...] Anders als bei Mischfonds sind Entscheidungen für Hedgefonds-Anleger kaum nachzuvollziehen. [...]
- Immobilienfonds: Mit Immobilienfonds können sich Anleger mit verhältnismäßig kleinen Beträgen an wertvollen Gebäuden beteiligen. Denn diese Fonds investieren hauptsächlich in Häuser und Grundstücke im In- und Ausland. [...]

Aus: Artikel von Larissa Holzki am 28.8.2014 in: www.sueddeutsche.de/geld/geldanlage-was-ist-ein-fonds-und-welche-arten-von-fonds-gibt-es-1.2035337 (Zugriff: 15.5.2017)

1. Unterscheiden Sie die Börsenarten (M 3) voneinander und ordnen Sie ihnen die Finanzprodukte (M 4) zu.
2. Klassifizieren Sie die verschiedenen Finanzprodukte (a) nach ihren Rendite-Aussichten und (b) ihrem Risiko. Erläutern Sie den Zusammenhang (M 4, M 5).
3. Fonds folgen von der Grundidee her der Weisheit „Lege nie alle Eier in einen Korb!". Erläutern Sie diese Aussage (M 5).

3.2 Strukturwandel auf den internationalen Finanzmärkten

MATERIAL 1 Akteure der internationalen Finanzmärkte

Nationale und internationale Finanzaufsichtsorgane
z.B. Bank für Internationalen Zahlungsausgleich, Basler Komitee für Bankenaufsicht

Weltbank
Finanzierung der Realwirtschaft: Darlehen und andere Hilfen für Schwellen- und Entwicklungsländer

IWF
Förderung und Überwachung der internationalen Währungspolitik: Kreditvergabe und Stabilisierung der Wechselkurse

Nationale Regierungen
- Regelsetzer für Kontrollorgane der Finanzmärkte (Finanzaufsichtsbehörden)
- Kreditnehmer
- Investoren

Börsen
„Marktplatz" für Finanzprodukte: Wertpapiere, Aktien, Anleihen, Warenrechte (Gold, Rohstoffe etc.) Devisen; z. B.: „Wallstreet", Börse Frankfurt am Main; Preisbildung durch Angebot und Nachfrage

Banken
- Verwaltung der Sparguthaben
- Kreditvergabe an Staaten, Unternehmen, Privatleute, andere Banken

Ratingagenturen
Überprüfung und Bewertung der Kreditwürdigkeit (Bonität) von Unternehmen, Staaten, Banken oder Finanzprodukten

Investmentbanken
- Handel mit Finanzprodukten
- spekulative Anlagegeschäfte
- Börsengänge, Fusionen

Kapitalanleger/Investoren
Legen Geld am Kapitalmarkt an: Privatanleger, (Investment-)Banken, Versicherungen, Unternehmen, Staaten, öffentliche Institutionen, Börsenmakler, Private Equity (Kapitalbeteiligungsgesellschaften)

MATERIAL 2 Wandel an den Finanzmärkten

INFO

Exchange Traded Fund
Investmentfonds, der an einer Börse gehandelt wird

Private Equity
Kapitalbeteiligung, die nicht an der Börse gehandelt wird. Ein Private Equity Fond investiert Kapital in Unternehmen, denen auf der Basis von Analysen hohe Wachstumschancen eingeräumt werden.

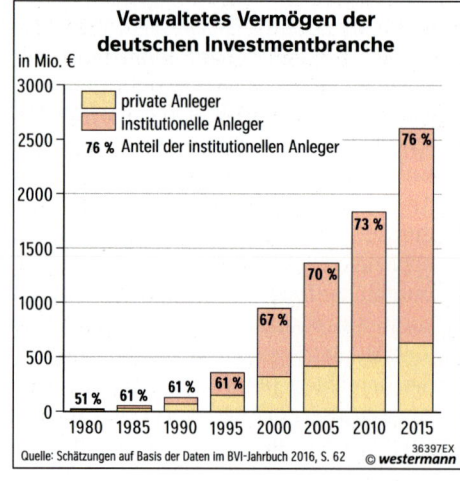

Verwaltetes Vermögen der deutschen Investmentbranche (in Mio. €)
Quelle: Schätzungen auf Basis der Daten im BVI-Jahrbuch 2016, S. 62

Finanzmarktakteure antizipieren und bewerten die ökonomische, gegebenenfalls auch die politische Zukunft in der Gegenwart und streuen das Risiko ungewisser Zukunftsaussichten auf mehrere Marktteilneh-
5 mer. [...] Rating-Agenturen und Analysten reduzieren die Komplexität zukünftiger Produktions- und Marktprozesse auf eine Zahl, nämlich auf den Erwartungswert der zukünftigen Gewinne. Bestand die ursprüngliche marktwirtschaftliche Funktion der Fi- 10 nanzwirtschaft vor allem darin, die Aktivitäten der Produktionsökonomie zu finanzieren und eine möglichst effiziente Verteilung der Investitionsströme zu gewährleisten, so hat mit der Liberalisierung des 15 Kapitalverkehrs zugleich eine Verschiebung von der Kredit- zur Investmentfunktion des Finanzsektors stattgefunden.
Markanter Ausdruck dieses Strukturwandels ist der Aufstieg institutioneller Investo- 20 ren. Zu diesen gehören u.a. (Investment-) Banken, Pensions-, Versicherungs- und Hedgefonds sowie Exchange Traded Funds, Private-Equity-, Geldmarkt- und Staatsfonds. Institutionelle Investoren sind Fi- 25 nanzmarktakteure, die Kapital von Privatpersonen, Stiftungen und Unternehmen einwerben und bündeln, um es gegen Gebühren gewinnbringend auf den Finanzmärkten anzulegen. Das Primärinteresse 30 dieser Finanzinvestoren besteht nicht in der Finanzierung realer Produktionsprozesse, die im Tausch mit einer Gewinnbeteiligung bzw. durch einen Zinsaufschlag auf das verliehene Kapital gewährt wird, son- 35

dern in der maximalen Vermehrung der anvertrauten Geldeinlagen. Durch die Bündelung des Kapitals ihrer Kunden erhalten sie potentiell Einfluss auf Unternehmen und auf Regierungen, deren Schuldentitel sie erwerben. [...] Aufgrund der scharfen Konkurrenz um die Gunst ihrer Kunden stehen institutionelle Anleger selbst unter dem Druck hoher Renditeerwartungen. Daraus resultiert eine permanente Suche nach immer neuen Anlagemöglichkeiten und Chancen zur Rentabilitätssteigerung bestehender Anlagen. Die hier nur grob skizzierten Veränderungen haben die Finanzmärkte von Einrichtungen zur Finanzierung von Investitionen in Orte der hektischen Suche nach schnellen und hohen Finanzrenditen verwandelt und zu einem überproportionalen Wachstum der Finanzvermögen geführt.

Aus: Klaus Dörre/Hans Rackwitz: Finanzmarkt-Kapitalismus. Entstehung, Dynamik, Krisenpotentiale, in: Politikum, 2/2016, S. 4–16, hier S. 7f.

Haltedauer und Umschlagshäufigkeit der Aktien (weltweit)   MATERIAL 3

	1980	1990	1995	2000	2005	2008	2010	2015
Haltedauer in Jahren	9,7	1,6	1,6	0,6	0,8	0,3	0,6	0,5
Umschlagshäufigkeit pro Jahr	0,1	0,6	0,6	1,6	1,3	3,7	2,1	2,2

Quelle: World Federation of Exchanges (WFE)

Verbriefung – der Handel mit Schulden   MATERIAL 4

Im Zuge einer solchen Verbriefung [...] werden schuldrechtliche Beziehungen zwischen einem Kapitalgeber (Anleger) und Kapitalnehmer (staatlicher oder privater Emittent) in Wertpapierform gebracht und damit handelbar gemacht. Das Risiko des Kapitalverleihs liegt nun nicht mehr bei der kreditgebenden Bank [...], sondern beim Kapitalmarkt und dessen Investoren. Im Vorfeld der jüngsten Finanzkrise nutzten Banken beispielsweise das Instrument der Verbriefung, um Kreditrisiken de facto weiterzuveräußern, auf diese Weise aus ihrer Bilanz zu entfernen und dadurch Eigenkapital einzusparen, welches ansonsten zur Kreditsicherung hätte aufgewendet werden müssen.
Nachfrageseitig wurde der Übergang zur Mittelbeschaffung über die Kapitalmärkte von industriellen Emittenten, jedoch besonders von institutionellen Anlegern wie Pensions- und Investmentfonds vorangetrieben. [...] Eingefordert wurde ein aktionärsorientierter Strategiewechsel, der die Unternehmenspolitik stärker auf die Profitmaximierung und die Orientierung am Aktienkurs (shareholder value) ausrichtete. [...] Ihre Anlagetätigkeit besteht darin, eine Mischung [...] aus Vermögenswerten zusammenzustellen, deren Rendite [...] möglichst hoch ist. Daraus ergibt sich eine prinzipiell eher kurzfristige Anlagestrategie als die der Banken. [...] Insgesamt sind die internationalen Finanzbeziehungen seit Mitte der 1990er Jahre zunehmend kurzfristiger und volatiler geworden. [...]

INFO
shareholder value Wert eines Unternehmens

volatil häufig wechselnd

Aus: Susanne Lütz: Finanzmärkte, in: Andrea Maurer (Hrsg.): Handbuch der Wirtschaftssoziologie, 2., aktual. und erweit. Aufl., Wiesbaden 2017, S. 385–414, hier S. 398f.

1 Erläutern Sie, welche Finanzmarktakteure (M 1) eher im nationalen bzw. eher im internationalen Rahmen handeln.

2 Analysieren Sie, welche Veränderungen an den Finanzmärkten in den vergangenen Jahrzehnten stattgefunden haben (M 2–4).

3.3 Was ist bei der Finanzkrise geschehen?

MATERIAL 1 — Ausgangspunkt: Die Immobilienkrise in den USA

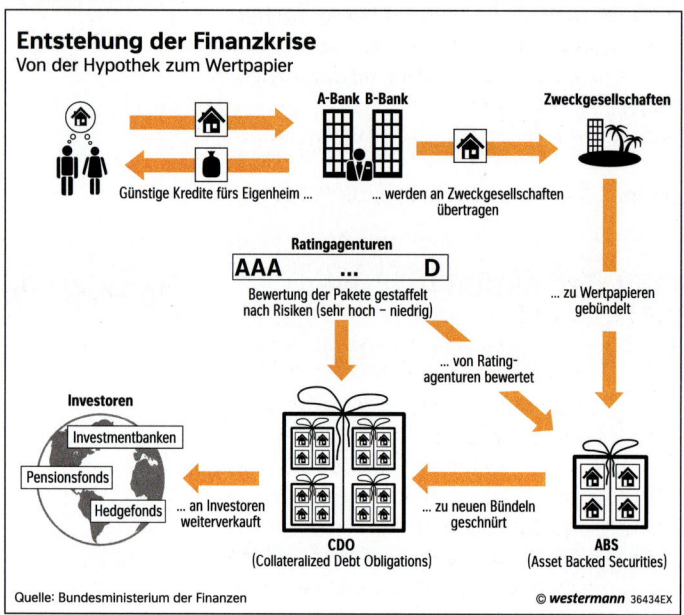

Quelle: Bundesministerium der Finanzen

Als Auslöser der Finanzkrise gilt das Platzen der Immobilienblase in den USA. Immer mehr Amerikaner mit einem geringen Einkommen erhielten einen Kredit zum Kauf eines Hauses. Im Extremfall hatten die amerikanischen Häuslebauer nicht mal einen Job und auch sonst keinen Besitz, um den Kredit abzusichern. [...] Der Kreditmarkt handelte oft mit schlecht informierten Kunden. Manchen wurden die Kredite regelrecht aufgedrängt, mit dem Versprechen, damit ein Vermögen machen zu können. Da auf dem Geldmarkt viel und vor allem billiges Geld vorhanden war, konnten die Banken auch viele Kredite vergeben. Ein Fehler des damaligen Notenbank-Chefs Alan Greenspan war es, bei jeder konjunkturellen Eintrübung sofort viel Geld in den Markt zu pumpen und das Zinsniveau dauerhaft tief zu lassen. [...] Als Reaktion auf die Internetkrise wurde der Markt mit billigem Geld geflutet.

Für die Hausbesitzer war da noch alles in Ordnung. Solange die Häuserpreise stiegen, konnten die Menschen auch mit neuen Krediten ihre alten Hypotheken abbezahlen. Oft nahmen sie nicht wahr, dass im Vertrag ein flexibler Zinssatz vereinbart war, der zuerst tief angesetzt war und im Verlauf immer weiter anstieg. Als die amerikanischen Leitzinsen wieder stiegen, fielen die Häuserpreise und der Traum vom eigenen Haus löste sich in Luft auf. Bereits Ende 2006 konnten viele Amerikaner, die sich ein Eigenheim auf Pump gekauft hatten, ihre Raten nicht mehr bezahlen. Die Immobilien mussten zwangsversteigert werden. [...]

Die Banken gingen in ihrer Geschäftspraxis immer größere Risiken ein. Durch den vermehrten Einsatz von Fremdkapital wollten die Banken einen immer höheren Gewinn erzielen. Ein solch risikoreiches Geschäft war der Handel mit den amerikanischen Immobilienkrediten. Die Investmentbanken übertrugen die Hypotheken guter, mittlerer und schlechter Bonität an Zweckgesellschaften, die daraus handelbare Wertpapiere kreierten, sogenannte Mortgage Backed Securities (MBS, englisch für: durch Hypotheken gesicherte Wertpapiere).

Diese Wertpapiere wurden wiederum in Fonds zu sogenannten Collateralized Debt Obligations (CDO) gebündelt. Das bedeutet, es wurden forderungsbesicherte Wertpapiere mit anderen Finanzprodukten zusammengefasst. Man glaubte durch die unterschiedliche Qualität der Kredite einen Puffer zu haben, der den Ausfall eines Kredits abfangen könnte.

Das Gefährliche an den neu geschaffenen Finanzprodukten war, dass diese wieder aufgeteilt und zu neuen Wertpapierpaketen geschnürt wurden, die weltweit an Banken verkauft wurden. Das führte schließlich dazu, dass kein Finanzinstitut mehr wusste, welche Papiere sich in seinen Büchern befanden. Doch das Geschäft lohnte sich für die Investmentbanken. Mit jedem Immobilienkredit, den sie als Wertpapier weiterverkauften, wurde kräftig verdient. Somit hat auch das Vergütungssystem der Banken die Krise weiter verschärft. Denn je höher der Gewinn einer Bank war, desto höher fiel der Bonus aus, den ein Banker erhielt.

Die Gier der Broker, die mit diesen faulen Krediten handelten, war grenzenlos. Dass sich die faulen Kredite, die sich in den strukturierten Finanzprodukten befanden, gut handeln ließen, dafür sorgten die Ratingagenturen. Sie gaben den Wertpapieren oftmals die beste Note: ein Triple A, also ein AAA. Somit ließen sich die Papiere problemlos weltweit verkaufen.

Nachdem die Häuserpreise fielen und viele Immobilien zwangsversteigert wurden, mussten die Käufer der kreditversicherten Hypotheken, darunter viele Banken, Abschreibungen in Milliardenhöhe machen. Bereits im Sommer 2007 kam es zu einem ersten Höhepunkt der Krise. Die Banken vertrauten sich gegenseitig nicht mehr und liehen sich kein Geld mehr. Schon da gerieten die weltweiten Finanzströme ins Stocken. Zwar sorgten die Zentralbanken für Liquidität, aber schließlich wurde ein Jahr verschenkt, um Schlimmeres zu verhindern.

GLOSSAR

Triple A, AAA

Aus: www.planet-wissen.de/gesellschaft/wirtschaft/boerse/pwiefinanzkrise100.html (Abruf: 15.5.2017)

Die Finanzkrise – an einem Beispiel erklärt

MATERIAL 2

Mandy hat in Kreuzberg eine leider nicht sehr erfolgreiche Kneipe, den „Blauen Papagei". Ihre Kundschaft besteht hauptsächlich aus alkoholkranken Hartz-IV-Empfängern. Eines Tages beschließt Mandy, allen Stammkunden einen „Deckel" zu gewähren, mit anderen Worten: Kredit. Der Umsatz steigt. Mandy erhöht die Bier- und Schnapspreise. Dank des Deckels kein Problem. Der Umsatz steigt weiter. Der Kundenberater ihrer Bank bemerkt, dass der „Blaue Papagei" interessante Zahlen schreibt. Er bietet Mandy eine extrem großzügige Kreditlinie an. Durch die Schulden der Trinker ist der Kredit mehr als gedeckt.

Zur Refinanzierung – eine Bank muss ihr Geld ja auch irgendwo herkriegen – verwandeln die Investmentbanker des Geldinstitutes die Schulden auf den Bierdeckeln in sogenannte Schuldverschreibungen. Sie heißen „Alkbond", „Suffbond" und „Kotzbond", unter der Sammelbezeichnung „SPA Super prima Anleihen" kommen sie auf den Geldmarkt. Vorher werden sie, damit alles seriös ist, bei einer philippinischen Online-Versicherung gegen Verlust versichert, das geht per E-Mail. Rating-Agenturen geben SPA die Bewertung „AAA". Worauf genau diese Wertpapiere beruhen, weiß bald keiner mehr, aber die Kurse steigen. SPA ist ein Hit, internationale Investoren steigen ein. Vorstände und Investmentspezialisten der Bank genehmigen sich Boni in Millionenhöhe.

Eines Tages kommt ein Risk Manager der Bank auf die Idee, dass man langsam mal die ältesten Deckel von Mandys Kundschaft abkassieren könnte [...]. Die Schulden der Trinker betragen mittlerweile ein Vielfaches ihrer Jahreseinkommen. Es kommt nicht zu nennenswerten Tilgungen. Alle sehen jetzt sehr erschrocken aus. E-Mails an die Versicherung werden nicht beantwortet.

„Suffbond", „Alkbond" und „Kotzbond" verlieren 98 Prozent ihres Wertes. Der „Blaue Papagei" geht in die Insolvenz. Mandys Lieferanten hatten sich zum Teil, und gerne, mit den im Kurs ständig steigenden SPA-Anleihen bezahlen lassen. Der Wein- und der Schnapslieferant gehen ebenfalls in Konkurs. Wegen der besonderen Bedeutung der Bierindustrie wird der Bierlieferant vom Staat teilweise entschuldet und von einer belgischen Investorengruppe übernommen. Die Bank wird vom Staat mit Hilfe von Steuergeldern gerettet. Der Bankvorstand verzichtet für das laufende Geschäftsjahr auf seinen Bonus. Der Risk Manager wird entlassen.

Aus: Kolumne von Harald Martenstein am 21.12.2008 in: www.tagesspiegel.de/wirtschaft/finanzen/martensteins-kolumne-super-prima-anleihen/1401540.html (Abruf: 15.5.2017)

1 Beschreiben Sie die Entwicklung der Finanzkrise aus der Sicht (a) eines US-amerikanischen Häuslebauers und (b) eines Bankers (M 1).

2 Erklären Sie anhand des satirischen Materials (M 2) die Problematik des gewählten Vorgehens. Stellen Sie Parallelen zur Finanzkrise dar.

3 Beurteilen Sie, ob die Grafik auf S. 74 die Entstehung der Finanzkrise angemessen veranschaulicht.

3.4 Warum wurde aus der Finanzkrise eine Krise der Euro-Zone?

MATERIAL 1   Die Krise kommt nach Europa

Karikatur: Oliver Schopf (2008)

INFO

Subprimekredit
Hypothekenkredit eines Schuldners mit geringer Bonität; das Risiko des Kreditausfalls ist für den Kreditgeber deutlich erhöht.

Interbankengeschäft
Bezeichnung für Aktivitäten von Geschäftsbanken auf dem Geldmarkt. Mit dem kurzfristigen Ausleihen und Verleihen von Geld unter Geschäftsbanken und Kreditinstituten werden in der Regel gute Gewinne erzielt.

a) Was als regionale Immobilienkrise begann, entwickelte sich zu einer globalen Bankenkrise, die das weltweite Finanzsystem erschütterte. Mit der Pleite der US-Investmentbank Lehman Brothers drohte plötzlich ein systemischer Zusammenbruch, der zu einem weltweiten Kollaps von Banken und Versicherungen geführt hätte.
Davon war im Sommer 2007 noch nichts zu spüren, auch wenn sich die Lage unaufhaltsam verschlimmerte. Die Alarmglocken begannen zu schrillen, als zwei Hedgefonds der Wall-Street-Bank Bear Stearns zusammenbrachen. Die Fonds waren kräftig im Markt für Subprimekredite investiert - und die Einlagen der Kunden waren plötzlich so gut wie nichts mehr wert. Anfang des Jahres waren sie noch mit mehr als 1,5 Mrd. Dollar bewertet worden.
Kurz darauf erreichte die Krise Europa – und damit auch Deutschland: Wegen ihrer Spekulationen am US-Immobilienmarkt gerieten hierzulande Banken in den Krisenstrudel [...]. In den USA und Europa kündigte eine Bank nach der anderen Milliardenabschreibungen an. Das lag unter anderem daran, dass sie Kredite vergeben hatten – und als Sicherheit toxische Papiere akzeptiert hatten, die nun nahezu wertlos waren.
Am 15. September 2008 brach Lehman Brothers zusammen, die Krise erreichte damit eine neue Dimension. Denn nun erlitten nicht nur die Eigner eines Finanzinstituts, sondern auch dessen Kreditgeber Verluste. Das führte zu einer tiefen Vertrauenskrise, die dadurch verstärkt wurde, dass bei zahlreichen Finanzprodukten völlig unklar war, welchen Wert sie überhaupt noch hatten. Dieser Vertrauensverlust trocknete das komplette Kreditgeschäft zwischen den Banken aus [...].
Der Stillstand des Interbankengeschäfts brachte vor allem die Institute ins Wanken, die für ihre Finanzierung auf Kredite von anderen Banken angewiesen waren, also beispielsweise die Hypo Real Estate. Dazu kam, dass die Wertverluste der auf US-Immobilien basierenden Papiere bilanziert werden mussten und dadurch das Eigenkapital der Banken verringert wurde. Nun waren viele Banken gezwungen, Vermögenswerte zu verkaufen, um ihren Eigenkapitalpuffer zu verbessern – was in der gegebenen Situation mit großen Verlusten einherging. Ein Teufelskreis setzte sich in Gang.
Eine Kernschmelze des Finanzsystems wurde vor allem deshalb verhindert, weil die wichtigsten Notenbanken die Interbankenkredite durch direkte Hilfen ersetzten und die Regierungen die angeschlagenen Banken durch Garantien in Milliardenhöhe retteten. [...] Doch die Krise griff auf die Realwirtschaft über. Konsumenten hielten sich zurück, die Banken vergaben Kredite immer zögerlicher. [...] Im Herbst 2008 glitt Deutschland in die Rezession, den anderen Ländern der Eurozone ging es später nicht besser. Konjunkturprogramme wurden aufgelegt, um die Wirtschaft anzukurbeln. Doch dafür zahlte Europa einen hohen Preis: Im Verbund mit schwacher Konjunktur und der teuren Bankenrettung führte das dazu, dass die Eurozone in existenzielle Schwierigkeiten geriet.
b) Die Krise erreichte in Europa eine solche Dimension, dass der Zusammenbruch des gemeinsamen Währungsraums drohte. Als Kernproblem stellte sich heraus, dass sich die großen Ungleichgewichte in den Leistungsbilanzen der Mitgliedsländer zu einer

existenziellen Bedrohung entwickelt hatten. [...] Während vor allem in Südeuropa Länder über ihre Verhältnisse lebten und Defizite verzeichneten, steigerten andere Länder ihre Exporte viel stärker als ihre Importe. Zur ersten Gruppe gehörten beispielsweise Spanien und Italien, zur zweiten Deutschland. [...] Im Zuge der Finanz- und der daraus resultierenden Wirtschaftskrise stieg die Arbeitslosigkeit an, Steuereinnahmen sanken. [...] Zugleich waren Regierungen in der Europäischen Union gezwungen, Banken zu retten. Aus privaten Schulden wurden öffentliche, in vielen Ländern stiegen die Defizite und die Schuldenstände.

Viele Ökonomen, so auch der deutsche Sachverständigenrat, führen die gegenwärtigen Schuldenprobleme deshalb nicht primär auf unsolide Fiskalpolitik zurück. Spanien hatte – im Gegensatz zu Deutschland – vor der Krise sogar Haushaltsüberschüsse erwirtschaftet. Die zu hohen Schuldenstände sind ein Resultat der Krise, nicht deren Ursache. Die Hauptursache für die gegenwärtigen Schwierigkeiten liegt in der exzessiven Kreditvergabe während der Boom-Jahre.

Vor diesem Hintergrund ist Griechenland ein Sonderfall. Bis zum Ausbruch der Krise erfreute sich das Land zwar überdurchschnittlicher Wachstumsraten, doch die öffentlichen Haushalte befanden sich in einer massiven Schieflage. An der unsoliden Finanzpolitik störten sich weder Ratingagenturen noch Investoren. Obwohl ein Defizitverfahren gegen Athen lief, wurde die Kreditwürdigkeit regelmäßig erhöht, das Land kam billig an Geld – und die Regierungen trieben sie Schulden immer höher.

Lange hatten die Finanzmärkte damit kein Problem. Doch in der ersten Jahreshälfte 2010 wurde plötzlich erst die Kreditwürdigkeit Griechenland und dann die Bonität anderer Länder in Frage gestellt. Investoren forderten immer höhere Zinsen. Die Refinanzierungskosten stiegen für einige Länder so kräftig, dass sie Hilfe ihrer Euro-Partner brauchten, um die Pleite abzuwenden. Griechenland, Irland und Portugal flüchteten unter den Rettungsschirm. Später baten Spanien und Zypern um Hilfe.

Die Hilfe kam – denn die Pleite eines Euro-Mitglieds wollte die Eurozone nicht riskieren. Zu groß und zu unkalkulierbar erschienen Risiken und Ansteckungsgefahren. Milliardenkredite gibt es aber nicht umsonst. Im Gegenzug müssen die betroffenen Länder ihre Defizite reduzieren und ihre Wettbewerbsfähigkeit verbessern. Die Regierungen kürzen ihre Ausgaben – und bremsen damit die ohnehin schon schwächelnde Konjunktur weiter. Zugleich entschulden sich die privaten Haushalte. Die Konsequenz: weite Teile Europas stecken in der Rezession und leiden unter Rekordarbeitslosigkeit.

Wann die bereits Jahre dauernde Krise überwunden ist, lässt sich nicht vorhersagen. Fest steht nur, dass sie uns noch lange erhalten bleiben wird.

Karikatur: Roger Schmidt, 30. September 2008

Aus: Artikel von Jan Gänger; a) in: www.n-tv.de/wirtschaft/Lehman-Brothers-bricht-zusammen-article11055896.html; b) in: www.n-tv.de/wirtschaft/Aus-der-Bankenkrise-wird-eine-Schuldenkrise-article11056051.html (Abruf: 15.5.2017)

1 Stellen Sie den Verlauf der Finanzkrise in Form eines Flussdiagramms dar (M 1).
2 Erläutern Sie, weshalb die Reichweite politischer Maßnahmen einzelner Staaten bei der Bewältigung der Finanz- und Währungskrise immer begrenzt blieb.
3 Analysieren Sie die beiden Karikaturen vor dem Hintergrund von M 1.

3.5 Die Finanzkrise und ihre Folgen

MATERIAL 1 — Die Finanzkrise von 2008

Schwarzer Montag an der Wallstreet: Die Aktienkurse rauschen in den Keller. Mit dem Zusammenbruch der Investmentbank „Lehman Brothers" am 15. September 2008 erreicht die Finanzkrise ihren Höhepunkt – tausende Angestellte müssen die viertgrößte Investmentbank der Welt räumen. Die Kommentare rund um den Globus sind einhellig: „Es ist die schlimmste Krise seit dem schwarzen Freitag von 1929" oder: „Die Welt, so wie wir sie kennen, wird nicht mehr dieselbe sein". [...] Nachdem [...] die Investmentbank „Lehman Brothers" Insolvenz angemeldet hatte, überschlugen sich die Ereignisse. Die Börsenwerte gingen weltweit auf Talfahrt. Zwei Tage später musste der Versicherungsriese AIG von der US-Notenbank mit 85 Milliarden Dollar gerettet werden. Am 19. September kündigte die US-Regierung an, die Finanzbranche mit 700 Milliarden Dollar zu stützen.

In der letzten Septemberwoche brach die größte US-Sparkasse „Washington Mutual" zusammen und die Regierungen der Benelux-Staaten retteten den Finanzkonzern „Fortis" mit insgesamt 11,2 Milliarden Euro. Am 7. Oktober warnte der isländische Ministerpräsident vor einem „Staatsbankrott" und übernahm die Kontrolle über das Bankensystem. Die Insel im Atlantik konnte ihren Zahlungsverpflichtungen nicht mehr nachkommen. Die Banken waren tief in den Strudel der Finanzkrise hineingeraten.

Am 13. Oktober 2008 griff die Bundesregierung ein. Sie beschloss das teuerste Gesetz der deutschen Geschichte: mit einem Rettungsschirm für die Banken, der fast 500 Milliarden betrug. Deutsches Sorgenkind war die „Hypo Real Estate", die immer wieder mit Milliardenkrediten und Garantiezusagen vor dem Untergang bewahrt wurde. Insgesamt pumpte der deutsche Staat 102 Milliarden Euro in die Bank, die schließlich verstaatlicht wurde. [...] Doch bei der Finanzkrise blieb es nicht: Bereits Ende 2008 war klar, dass Deutschland, die USA und viele andere Industrieländer in eine Rezession, die größte nach dem Zweiten Weltkrieg, rutschten. Der Konsum weltweit, vor allem in den USA, ging stark zurück. Autos und andere Konsumgüter wurden nicht mehr gekauft, die Industrieproduktion brach massiv ein. [...]

Aus: Sabine Kaufmann/Matthias Bude: Finanzkrise 2008, in: www.planet-wissen.de/gesellschaft/wirtschaft/boerse/pwiefinanzkrise100.html (Zugriff: 15.5.2017)

MATERIAL 2 — Folgen der Finanzkrise

Die Finanzkrise wird die Weltwirtschaft laut einer Studie bis Ende dieses Jahres [2009] rund 10,5 Billionen Dollar (7,3 Billionen Euro) kosten. Das ergab eine Berechnung von Commerzbank Research [...]. „Wir haben uns in der Finanzkrise zwar an hohe Summen gewöhnt, aber dieser Betrag ist einfach unglaublich", sagte Jörg Krämer, Chefvolkswirt der Bank, dem Blatt. Je Erdenbewohner belaufen sich die Kosten damit auf etwas mehr als 1.500 Dollar.

Rund 1,6 Billionen Dollar Verlust entstanden demnach bei Banken durch Abschreibungen und Pleiten. [...] Die Wertverluste an Wohnimmobilien in den USA und England, die besonders von der Immobilienkrise heimgesucht wurden, lagen laut Notenbanken und einer Schätzung der Commerzbank insgesamt bei 4,65 Billionen. Der aus der Finanzkrise folgende Einbruch der Weltwirtschaft kostete in den beiden vergangenen Jahren zudem rund 4,2 Billionen Dollar. [...]

Die Commerzbank hat auch die Zahlen für Deutschland errechnet: Demnach gehen der hiesigen Volkswirtschaft 237 Mrd. Dollar verloren: Auf 104 Mrd. belaufen sich die Abschreibungen deutscher Banken. Das niedrigere Wirtschaftswachstum 2008 und 2009 wird 133 Mrd. Dollar an Bruttoinlandsprodukt (BIP 2008: rund 3600 Mrd. Dollar) kosten, wie die Commerzbank prognostiziert. „Die Einkommensverluste, die wir am BIP messen, sind viel stärker als in normalen Krisen", sagt Krämer.

Die Kosten der Finanzkrise dürften in Zukunft noch steigen: Denn in der Rechnung nicht enthalten ist etwa das gedämpfte Weltwirtschaftswachstum für die kommenden Jahre, das Experten infolge der Krise erwarten. Außerdem werden viele Geldhäuser noch weitere Wertberichtigungen vornehmen müssen. Der Internationale Währungsfonds rechnet damit, dass die Banken [...] schlimmstenfalls insgesamt bis zu vier Billionen Dollar abschreiben müssen. [...]

Karikatur: Thomas Plaßmann

Aus: Artikel vom 29.8.2009 in: www.handelsblatt.com/politik/konjunktur/oekonomie/nachrichten/commerzbank-studie-finanzkrise-kostet-ueber-10-billionen-dollar/3247524.html (Zugriff: 19.12.2017)

Soziale Auswirkungen der Finanzkrise

MATERIAL 3

Die Armen in den Entwicklungsländern müssen wieder einmal die schlimmsten Folgen einer Krise ausbaden, für die sie nicht im Geringsten etwas können. [...] Aufgrund der Kombination aus steigenden Nahrungsmittel- und Treibstoffpreisen sowie der Finanz- und Wirtschaftskrise hat sich die Kaufkraft armer Familien verringert und ihr Zugang zu Sozialleistungen und Beschäftigungsmöglichkeiten verschlechtert. [...] Die Ernährungs- und Landwirtschaftsorganisation der UNO schätzt, dass beinahe eine Milliarde Menschen hungrig und unterernährt sind. Zusätzlich zu den Millionen Menschen, die schon in den Jahren 2008-2009 in die Armut gedrängt wurden, könnten im Jahr 2010 aufgrund der kombinierten und anhaltenden Krisenauswirkungen weitere 64 Millionen Menschen in extreme Armut abgleiten. [...]

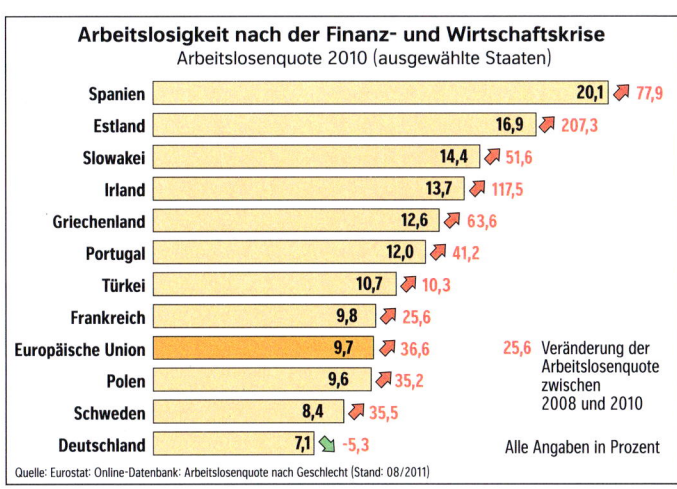

Aus: Artikel von Isabel Ortiz am 14.11.2010 in: www.welt.de/debatte/die-welt-in-worten/article10923644/Soziale-Auswirkungen-der-Finanzkrise-sind-verheerend.html (Zugriff: 19.12.2017)

1 Analysieren Sie die Karikatur vor dem Hintergrund der Texte in M 1 bis M 3.
2 Erläutern Sie Zusammenhänge, die zwischen der Insolvenz einer US-amerikanischen Bank und der daraus resultierenden globalen Finanz- und Wirtschaftskrise bestehen.
3 Erörtern Sie, welche Auswirkungen die Finanzkrise von 2008 bis heute hat, und halten Sie dazu einen Kurzvortrag (M 1 bis M 3).

3.6 Lehren aus der Finanzkrise

MATERIAL 1 Strukturelle Ursachen der Finanzkrise

Die [...] Hauptursachen dafür, dass die Krise auf dem US-Markt für Subprime-Hypotheken sich so stark auch auf andere Bereiche des Finanzsystems auswirkte, haben kaum etwas mit der Globalisierung zu tun. Vielmehr bestand unter den Akteuren eine überzogene Risikoneigung, die von der staatlichen Regulierung und Aufsicht nicht ausreichend diszipliniert wurde. Schwächen im Finanzsystem trafen also auf ordnungspolitische Fehler des Staates. [...] Es gab eine ganze Reihe derartiger Regulierungs-Lücken [...]. So fehlte es der Finanzmarktaufsicht an politischer Unterstützung und an ausreichend qualifiziertem Personal. Zudem hat der Staat eine extrem risikoreiche Hypothekenvergabepraxis zugelassen. Kredite konnten gebündelt und in handelbare Anleihen umgewandelt werden. Die Experten nennen dies Verbriefung. [...] In der Finanzkrise brach dieses Kartenhaus weitgehend zusammen, und selbst der ansonsten sehr stabile Markt für kurzfristige Kredite (Geldmarkt) geriet in Schwierigkeiten.

Außerdem hat der Staat Ratingagenturen kaum reguliert und beaufsichtigt. Und Risiken mussten nicht – gerade bei der Verbriefung von Hypotheken – mit ausreichendem Eigenkapital zur Risikovorsorge unterlegt werden. [...] Darüber hinaus hat der Staat versäumt, die Rahmenbedingungen so zu setzen, dass das ordnungspolitisch grundlegende Haftungsprinzip greifen kann. Die Akteure am Finanzmarkt werden nur dann keine überzogenen Risiken eingehen, wenn sie wissen, dass sie diese später nicht auf andere – z. B. die Steuerzahler – abwälzen können. [...] An vielen dieser Schwachstellen setzen inzwischen Reformen an, die zudem teilweise auf internationaler Ebene im Rahmen der G20 (dazu gehören die wichtigsten Industrie- und Schwellenländer), des Financial Stability Boards und des Basler Bankenausschusses koordiniert werden. Dies ist unerlässlich, weil es für Staaten große Anreize gibt, mit laxen Regulierungen Finanzinstitute – und damit Wertschöpfung und Beschäftigung – ins Land zu locken. Die Steuer- und Regulierungsoasen sind dafür ein Paradebeispiel. Wenn es bei dem Bemühen, die internationale Finanzmarktstabilität zu erhalten, solche Trittbrettfahrer gibt, fällt es den anderen Staaten umso schwerer, ihre Finanzmärkte stärker zu regulieren, weil sie die Abwanderung von Banken und Fonds fürchten müssen. [...]

GLOSSAR
Financial Stability Board (FSB)

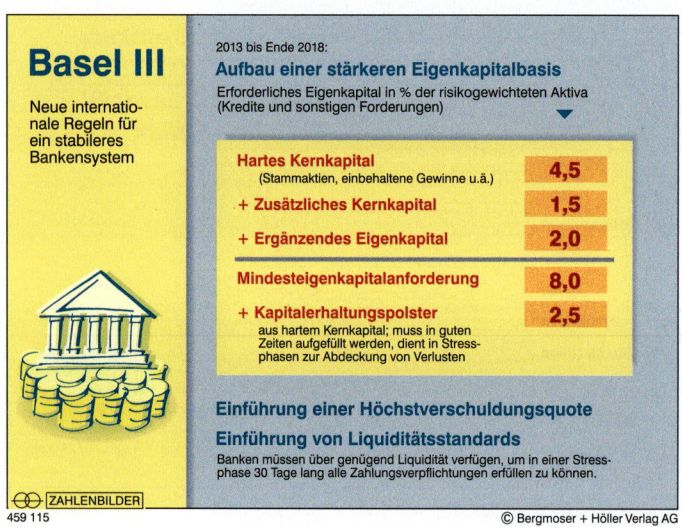

Aus: www.iwkoeln.de/iw-dossiers/beitrag/ursachen-der-finanzkrise-20205 (Abruf: 15.5.2017)

MATERIAL 2 Maßnahmen zur Stabilisierung des Finanzmarktes

a) Basel III: Strengere Eigenkapitalregeln
Bis zur Finanzkrise 2008 sind viele Banken im Wettbewerb um immer höhere Renditen immer höhere Risiken mit einem immer höheren Verschuldungsgrad eingegangen. Mit dem internationalen Regelwerk „Basel III" wurden wichtige Konsequenzen aus der letzten Krise gezogen. In Europa wurden die neuen Basel-III-Vorgaben durch eine EU-Richtlinie [...] und eine EU-Verordnung [...] umgesetzt. [...] Die Vorgaben von Basel III verlangen von Finanzinstituten, ihre Ge-

schäfte künftig mit mehr eigenem Geld, also mehr Eigenkapital, zu unterlegen, um für den Krisenfall stabiler aufgestellt zu sein. Diese neuen Eigenkapitalregeln, die bis 2019 schrittweise umgesetzt werden, mindern die Risiken von Finanzgeschäften für die Allgemeinheit. Auch die Liquiditätsvorschriften werden verschärft.

b) Nachhaltige Vergütungssysteme
Zudem hat die Bundesregierung Banken und Versicherungen verpflichtet, angemessene, transparente und auf eine nachhaltige Entwicklung ausgerichtete Vergütungssysteme einzuführen, die Fehlanreize durch überzogene Boni verringern. Mit der Stärkung der Eigenkapitalbasis von Banken und der Neuordnung des Vergütungssystems von Bankmanagern wird ein zentrales ordnungspolitisches Prinzip wieder zur Geltung gebracht: das Haftungsprinzip. Dies bedeutet: Wer Chancen auf Gewinne hat, muss im Verlustfall auch die Risiken seines Handelns tragen.

c) MiFID II: Mehr Anlegerschutz
Mit der ab dem 3. Januar 2018 geltenden überarbeiteten Finanzmarktrichtlinie (MiFID II) [...] wird der Anlegerschutz in der EU zum Beispiel durch verbesserte Informationen über die Kosten von Finanzdienstleistungen und den Aufbau einer unabhängigen Anlageberatung weiter verstärkt. Wie das deutsche Honoraranlageberatungsgesetz [...] verbietet die MiFID II Banken und anderen Finanzdienstleistern, die unabhängige Anlageberatung erbringen, für diese Dienstleistung Zuwendungen von Dritten anzunehmen. Dieses Verbot schließt auch solche Vergütungen ein, die dem Unternehmen von dem Emittenten eines Finanzinstruments als Vertriebsprovision gezahlt werden. Daneben wird europaweit die Möglichkeit eingeführt, dass die nationalen Aufsichtsbehörden und in bestimmten Fällen auch die Europäische Wertpapieraufsichtsbehörde [...] einzelne Finanzprodukte bei Gefahren für die Finanzstabilität und den Anlegerschutz verbieten können. Dieses Produktinterventionsrecht wurde in Deutschland bereits vorab 2015 mit dem Kleinanlegerschutzgesetz eingeführt. Neben das Produktinterventionsrecht treten zudem die EU-weiten Vorgaben zum Produktfreigabeverfahren. Danach sind Emittenten verpflichtet, bereits bei der Schaffung eines Produktes festzulegen, an welche Kunden sich dieses richtet. Bei dieser „Zielmarktbestimmung" sind insbesondere der Anlagehorizont und die Verlusttragfähigkeit der Kunden zu berücksichtigen. Diese Vorgaben sind regelmäßig zu überprüfen und beim Vertrieb der Finanzprodukte zu beachten. [...]

d) Trennbankenregelung: die Trennung von Risiko- und Einlagegeschäft
Trennbankenregelungen befassen sich mit der Trennung bestimmter riskanter Geschäfte vom Einlagen- und Kreditgeschäft. Sie verbieten es Einlagenkreditinstituten ab einer bestimmten Größenordnung, riskante Geschäfte zu betreiben, und zwar insbesondere solche, die nicht mit einem Kundenauftrag in Beziehung stehen.

e) Einlagensicherung
Voraussetzung für die Stabilität des Finanzsystems ist, dass jeder Vertrauen in die Banken und anderen Finanzinstitutionen hat. Besteht dieses Vertrauen nicht, kann es dazu kommen, dass die Einleger bei wirklichen oder vermeintlichen Zahlungsschwierigkeiten die Kassen einer Bank „stürmen", um sich ihre Einlagen bar auszahlen zu lassen. Solch einem „bank run" soll die Einlagensicherung vorbeugen und so zur Finanzstabilität beitragen. In jedem Mitgliedstaat der Europäischen Union garantieren derzeit nationale Einlagensicherungssysteme, dass pro Kunde und pro Bank bis 100.000 Euro gesichert sind. [...] Das neue Einlagensicherungsgesetz (EinSiG) sieht eine weitere Verbesserung des Einlegerschutzes [...] vor; so soll z. B. die finanzielle Ausstattung der Einlagensicherungssysteme verbessert werden und die Auszahlungsfrist von derzeit 20 auf 7 Arbeitstage verkürzt werden. [...]

Texte a) bis d) aus: Auf den Punkt. Informationen aus dem Bundesfinanzministerium, Finanzmarktregulierung, Berlin 2017, S. 5–7; Text e) aus: Deutsche Bundesbank: Geld und Geldpolitik, Frankfurt 2015, S. 119

1 Arbeiten Sie heraus, welche strukturellen Probleme mitursächlich für die Finanzkrise waren und mit welchen politischen Regulierungsmaßnahmen einer erneuten Finanzkrise vorgebeugt werden soll (M 1, M 2).

2 Erörtern Sie, ob durch solche Maßnahmen künftige Finanzkrisen verhindert werden können.

MATERIAL 3 — Reichen die Reformen aus?

Udo Philipp

Udo Philipp, Sven Giegold und Gerhard Schick, drei Politiker und Finanzexperten von Bündnis 90/Die Grünen, haben ein Buch zur Neugestaltung der Finanzwirtschaft geschrieben. In „Finanzwende – den nächsten Crash verhindern" stellen sie vor, wie ein starkes und gerechtes Finanzsystem sowie eine effiziente und gemeinwohlorientierte Finanzwirtschaft aussehen könnte. Udo Philipp ist Aufsichtsrat der Triodos Bank und hat mit uns über das Buch gesprochen.

Herr Philipp, viele Banken – vor allem die großen – scheinen nichts aus der Finanzkrise gelernt zu haben und machen weiter wie zuvor. Was läuft schief?
Viele Banken machen im Wesentlichen weiter wie vor der Krise – da stimme ich zu. Die Geschäfte, die schon vorher gefährlich waren, werden auch weiterhin getätigt. Die Bankenregulierung hat zwar viel in Bewegung gebracht, aber die neuen Gesetze machen die Finanzwirtschaft nicht sicherer.

Die Regulierung müsste also neu strukturiert werden?
Ja, unser Credo lautet: einfache aber harte Regeln. Die Regulierung, die heute extrem bürokratisch ist, muss massiv vereinfacht werden. Seit der Finanzkrise wurden [...] 34.019 Seiten [...] neue Regulierungen beschlossen. Gleichzeitig sollten die vereinfachten Regulierungen härter gestaltet werden. Zum Beispiel die Eigenkapitalregeln: Wir fordern, dass die Banken deutlich mehr Eigenkapital einsetzen müssen – die bis heute erfolgten Erhöhungen erinnern allenfalls an homöopathische Dosen. Müssten die Banken mehr Eigenkapital einsetzen, könnten viele andere Dinge weggelassen werden.

Ein Ergebnis der „Finanzwende" sollte eine gemeinwohlorientierte Finanzwirtschaft sein, heißt es in Ihrem Buch. Was verstehen Sie darunter?
Wir wollen, dass die Finanzwirtschaft sich nicht nur mit sich selbst beschäftigt. Insbesondere die großen Banken tätigen einen ganz erheblichen Teil ihrer Geschäfte mit anderen Banken. Kredite an die Realwirtschaft machen bei vielen von ihnen nur einen relativ geringen Teil ihres Geschäftsvolumens aus. Stattdessen bleibt das Kapital in der Finanzwirtschaft. Wir wollen, dass sich die Banken wieder viel mehr der Realwirtschaft widmen. Das ist das eine große Thema, das andere ist die Nachhaltigkeit.

Können Sie das genauer erklären?
Nehmen wir beispielsweise die Klimakatastrophe. Sie ist nur zu verhindern, wenn die Weltwirtschaft radikal umbaut wird. Für den Ausstieg aus der Kohle oder die Entwicklung der Elektromobilität sind enorm viele Investitionen nötig. Gleiches gilt für die Dämmung von Wohnhäusern, um nur einige Beispiele zu nennen. Es muss also richtig viel investiert werden. Dafür brauchen wir eine entsprechend ausgerichtete Finanzwirtschaft. Andernfalls sind die Investitionen nicht finanzierbar. [...] Es ist ganz klar, dass die Finanzwirtschaft auch gewisse Anreize braucht, um sich zu wandeln und die Realwirtschaft wieder ins Zentrum ihres Geschäftsmodells zu stellen. [...] Wir müssen mehr Transparenz in der Finanzwirtschaft schaffen. Die Anlegerinnen und Anleger müssen wissen, wohin ihr Geld fließt und was es bewirkt. Sie müssen sehen, dass ihre Bank kein Schindluder mit ihrem Geld treibt. [...]

Aus: Interview von Michael Rebmann am 24.1.2017 in: https://diefarbedesgeldes.de/nur-ein-radikaler-umbau-der-weltwirtschaft-kann-die-klimakatastrophe-verhindern/

---

1 Erläutern Sie den Effekt einer höheren Eigenkapitalquote für (a) die Investmentbanken und (b) die Dynamik an den Finanzmärkten (M 3).

2 Erklären Sie, was Udo Philipp meint, wenn er fordert, dass sich die „Banken wieder viel mehr der Realwirtschaft widmen" sollten.

3 Informieren Sie sich über das Konzept der Tobin-Steuer bzw. der Finanztransaktionssteuer und beurteilen Sie, ob dies ein geeignetes Instrument ist, um die „Überhitzung" der Finanzmärkte zu verhindern.

GRUNDWISSEN

Finanzmärkte

Auf den Finanzmärkten wird **Kapital gehandelt** und zwar als **Geld** (Währungen), **Wertpapiere** (Aktien, Anleihen) oder andere **Finanzprodukte** (Derivate). Anders als auf Gütermärkten ist der Handel **zukunftsorientiert** in der Hinsicht, dass der Kapitalgeber sein Kapital in der Erwartung einsetzt, dass er es in der Zukunft mit einem Gewinn (Rendite) zurückerhält. Die erwartete Rendite steht in einem direkten Zusammenhang zum Risiko: **je höher das Risiko, desto höher die Rendite**.

Die auf den Finanzmärkten gehandelten Werte dienen nicht dem Konsum durch den Endverbraucher. Sie sind von der Realwirtschaft teilweise entkoppelt und dienen v. a. der **Bereitstellung von Kapital** und der **Absicherung von Risiken**.

Der Handel findet an sogenannten **Börsen** statt, wobei es je nach gehandeltem Gut unterschiedliche Börsen gibt (z. B. Effektenbörsen für Aktien, Devisenbörsen für Währungen; Terminbörsen für Kaufs- und Verkaufszusagen in der Zukunft; Warenbörsen für Rohstoffe, Landwirtschaftsprodukte etc.).

Finanzprodukte

Das Spektrum der Finanzprodukte ist schwer zu überblicken. Zu den wichtigsten Produkten gehören: **Aktien** (Unternehmensanteile), **Anleihen** (Schuldverschreibungen von Unternehmen oder auch von Staaten), **Derivate** (wie etwa Optionsgeschäfte, Futures und Swaps). Derivate dienen der Absicherung von Risiken. In vielen Fällen erwirbt man das Recht (oder auch die Pflicht) zu einem bestimmten Zeitpunkt in der Zukunft ein Gut zu einem festgelegten Preis zu kaufen. Man kann somit das Risiko von Preis- und Kursschwankungen kalkulierbar machen. Der Risikostreuung dienen auch sogenannte **Fonds**: Hier werden unterschiedliche Finanzprodukte und Werte (meist Aktien, Anleihen oder Immobilien) zusammengefasst.

Wandel der Finanzmärkte

In den vergangenen Jahrzehnten vollzog sich ein tiefgreifender Wandel, der v. a. gekennzeichnet ist durch die wachsende Bedeutung **institutioneller Anleger** (Investment-Banken, Hedgefonds etc.), die das Ziel verfolgen, in kurzer Zeit die Gewinne zu maximieren. Die technischen Neuerungen (Digitalisierung etc.) führten zu einer **Erhöhung der Handelsgeschwindigkeit**. Mit der wachsenden Handelsgeschwindigkeit wurden die Finanzmärkte sensibler. Hinzu kamen immer neue Finanzprodukte, wie etwa die **Verbriefung von Schulden**, mit denen Schulden und Ausfallsrisiken handelbar werden.

Finanzkrise

Der Auslöser der weltweiten Finanzkrise ab 2007 lag im überhitzten und schließlich in sich zusammenbrechenden **US-Immobilienmarkt**. Dadurch, dass die verbrieften Immobilienschulden in immer neue Finanzprodukte eingeflossen waren, waren der Immobilienkrise direkt zahlreiche Banken betroffen. Aus der **Immobilienkrise** wurde ein **Bankenkrise**. Um die sogenannten **systemrelevanten Banken** zu retten und vor einem Bankrott zu bewahren, half der Staat den Kreditinstituten mit Steuergeldern und Bürgschaften. Diese staatlichen **„Rettungsschirme"** wurden erforderlich, um einen größeren volkswirtschaftlichen Schaden abzuwenden. Zugleich aber zeigte sich in dieser Finanzkrise, dass einige Staaten Europas überschuldet waren. Die **Finanzkrise** wurde so zur **Eurokrise**: Niemand wollte den überschuldeten (meist südeuropäischen) Staaten Geld leihen. Zur Rettung der betroffenen EU-Mitglieder wurden im Laufe der Eurokrise **zwei Rettungsschirme** – der **EFSF** und der **ESM** – konstruiert sowie Hilfspakete geschnürt. Die EZB schließlich garantierte den unbegrenzten Ankauf von Staatsanleihen, um das System zu stabilisieren.

Als **Lehren aus der Finanzkrise** wurde verschiedene Maßnahmen ergriffen, wie etwa **strengere Eigenkapitalregeln**, die **Trennung von Investmentbanking und dem Kreditgeschäft**, neue **Regelungen für die Lohngestaltung** der Mitarbeiter von Banken und Versicherungen etc.

KOMPETENZEN PRÜFEN

Warum Donald Trump ein Grobian ist, aber kein Dummkopf

Viele [...] mögen weder die Art noch die Weise wie Donald Trump auftritt, redet oder mit Minderheiten umgeht. Genauso wenig teilen sie die Ideologie der Rücksichtslosigkeit, von der
5 sich der neue amerikanische Präsident leiten lässt [...]. Globalisierung ist out, Nationalismus ist in. Freihandel oder gar offene Grenzen für Arbeitskräfte werden Geschichte. Protektionismus und Abschottung, Grenzkontrollen
10 und Stacheldraht bestimmen künftig die Außenwirtschaftspolitik. Unvergessen, wie Trump im Wahlkampf ankündigte, eine Mauer an der US-amerikanisch-mexikanischen Grenze errichten zu wollen [...]. Donald Trump wird
15 somit zum Totengräber einer ursprünglich von den USA initiierten, vorangetriebenen und später von Europa unterstützten Welt-(wirtschafts)ordnung der Nachkriegszeit, die nach dem Ende des Kalten Kriegs zum Funda-
20 ment der Globalisierung wurde. Das macht ihn zum Feindbild [...].
So verständlich die spontane Abkanzelung Donald Trumps als rückständiger, neo-nationaler Politiker scheint. So richtig ist das Ge-
25 genteil: Donald Trump ist Vorreiter einer neuen Welle. [...] Die Bevölkerungen wollen einen Politikwechsel zurück zu mehr staatlichem Schutz und weniger offenen Grenzen. Weg von der anonymen Globalisierung zurück zum lo-
30 kalen Nationalen. Weg von einer Entnationalisierung der Politik zu einer Re-Nationalisierung. Weg von einer Deregulierung der Märkte zurück zur Re-Regulierung. Bewahrung vor Veränderung, Verteilung vor Effizienz sind die
35 neue Doktrin der Weltwirtschaftsordnung des 21. Jahrhunderts. Der Trumpismus ist die logische Antwort [...] auf eine in den letzten Jahrzehnten stärker werdende Asynchronität. Die Geschwindigkeit des technisch-ökonomischen und des gesellschaftlich-kulturellen
40 Wandels verliefen zunehmend ungleich. [...] So rasch aber wollen und können die wenigsten aufgeben, woran sie sich über Jahre gewöhnt haben. [...]
Entgegen Versprechungen und Erwartungen
45 hat die Globalisierung nicht dazu geführt, dass sich die Schere zwischen Arm und Reich schloss. Zwar geht es – weltweit – dem größten Teil der Menschheit wirtschaftlich besser als ihren Vorfahren. [...] Aber die Globalisie-
50 rung hat eben auch zu einer Polarisierung der Gesellschaften geführt. Von den Vorteilen offener Märkte haben nicht alle gleichermaßen profitiert. Ein großer und wachsender Teil der Bevölkerung in den USA und genauso in Euro-
55 pa hat das Gefühl, dass mit der Globalisierung vieles falsch laufe und der Staat einseitig den Interessen der Eliten diene, aber die Nöte der Massen vernachlässige. (Zu) viele Menschen empfinden, dass in guten Zeiten Gewinne pri-
60 vatisiert und in schlechten Zeiten Verluste sozialisiert werden. Dass Reiche immer wohlhabender und Arme immer hoffnungsloser würden. [...]
Die Neo-National(istisch)en Bewegungen mit
65 dem Trumpismus als Vorreiter bedienen die Erwartung der Bevölkerungen, die Geschwindigkeiten von technisch-ökonomischen und gesellschaftlich-kulturellem Wandel zu synchronisieren. [...] Die Polarisierung von Gewin-
70 nern und Verlierern der Globalisierung und Digitalisierung zu überwinden. Versprochen wird, mit einfachen Lösungen Komplexität zu reduzieren. Das Leben wieder übersichtlicher zu machen, den Alltag zu entschleunigen. Ob
75 die Hoffnungen erfüllt werden, ist eine ganz andere Frage. Aber alleine schon, gegen das Bisherige zu protestieren und Optionen, beispielsweise eine Alternative für Deutschland, wählen zu können, ist vielen den Versuch
80 Wert, neo-national(istisch)en Parteien ihre Stimme zu geben. Nimmt man nüchtern den Trumpismus und den europäischen Neo-Nationalismus als logische Antwort auf Globalisierung und Digitalisierung, verliert der Amtsan-
85 tritt des neuen US-Präsidenten seinen Schrecken. Er bedeutet dann in erster Linie eine Normalisierung. Er korrigiert die Illusion, dass Wachstumsprozesse exponentiell, Politik und gesellschaftlicher Wandel linear verlaufen. [...]
90

Aus: Artikel von Thomas Straubhaar am 16.1.17 in: www.abendblatt.de/thema_552/article209291779/Trumpismus-ist-nicht-reaktionaer-sondern-Avantgarde.html (Zugriff: 19.5.2017)

Verlierer der Globalisierung – Wer? Warum? Was tun?

KOMPETENZEN PRÜFEN

Donald Trump hat die US-Wahl gewonnen und Großbritannien hat sich für den Austritt aus der Europäischen Union entschieden, nicht weil Wähler in den urbanen Zentren dafür gestimmt hätten, sondern weil „Abgehängte" in den alten Industriezentren gegen die Globalisierung und deren Folgen für ihre Arbeitsplätze protestieren wollten. So interpretieren die Autoren die wichtigen Entscheidungen von 2016. [...]

Was hat sich tatsächlich verändert? Zunächst einmal ist festzustellen, dass seit Beginn des Jahrtausends China einen enormen Anstieg seines Weltmarktanteils im Verarbeitenden Gewerbe erlebt hat. Für Deutschland besonders relevant ist außerdem die Öffnung Osteuropas nach dem Fall des Eisernen Vorhangs. Mit beiden Gebieten hat sich der Außenhandel rasant entwickelt – und dies nicht nur durch importierte Güter, die einen Konkurrenzdruck auf deutsche Produkte ausüben, sondern auch in Hinblick auf Exporte, für die sich die Absatzchancen in den prosperierenden Ländern deutlich verbessert haben.

Welche Regionen in Deutschland gehören zu den Gewinnern? Welche sind die Verlierer? [...] Vor allem Regionen, in denen importkonkurrierende Produkte hergestellt wurden, haben verloren: das Ruhrgebiet (Schwerindustrie), die Pfalz (Textil) und Oberfranken (einfache Elektroartikel). Die Gewinner sind Regionen, aus denen Produkte mit komparativen Vorteilen gegenüber anderen Ländern kommen, wie z. B. Autos, Maschinen und andere Investitionsgüter sowie Pharmaerzeugnisse – und diese Regionen liegen fast ausschließlich in Bayern und Baden-Württemberg. Was sind nun die Unterschiede zu den USA? Dazu verweisen die Autoren unter anderem auf die viel beachtete Studie von Autor, Dorn und Hanson zum „China-Schock". Tatsächlich gibt es auch dort Jobverluste, die räumlich stark konzentriert sind. Es gibt aber – anders als in Deutschland – keine Gebiete, die dezidiert die Absatzchancen im Ausland nutzen konnten. Dies spiegele sich nicht zuletzt in der Entwicklung der Handelsbilanz wider: Die USA haben dort wachsende Defizite zu verzeichnen, während Deutschland und China zunehmende Überschüsse ausweisen.

Die Autoren konstatieren: „Die Zustimmung für Donald Trump war in Gegenden höher, die stärker von chinesischer Importkonkurrenz betroffen waren. Vergleichbare Evidenz liegt für die Brexit-Abstimmung vor." [...]

[Es] müsse etwas für die Globalisierungsverlierer getan werden, was nicht zuletzt der ökonomischen Logik entspräche, dass die „Gewinner" der Globalisierung Kompensation leisten.

Karikatur: Heiko Sakurai (2009)

Aus: Uwe Richter im ZEIT-Blog am 5.1.2017 in: http://blog.zeit.de/herdentrieb/2017/01/05/verlierer-der-globalisierung-wer-warum-was-tun_10072 (Zugriff: 19.12.2017)

1. Erläutern Sie die Entstehung neuer Formen der Globalisierungsgegnerschaft vor dem Hintergrund der Effekte des Globalisierungsprozesses.
2. Begründen Sie, weshalb Straubhaar Donald Trump als „Vorreiter einer neuen Welle" sieht. Bewerten Sie in diesem Zusammenhang die oftmals formulierte These vom „Ende des Nationalstaates" im Zeitalter der Globalisierung.
3. Analysieren Sie die Karikatur von Heiko Sakurai.
4. Erörtern Sie die Auswirkungen der Globalisierung auf die USA und Deutschland, die Uwe Richter anhand der Studie einer Autorengruppe um Jens Südekum beschreibt.
5. Stellen Sie Bedingungen dar, die erfüllt sein müssten, damit Globalisierung und Freihandel auch von den Bürgern als Gewinn gesehen werden.

III. Die Ordnung der Welt im 21. Jahrhundert

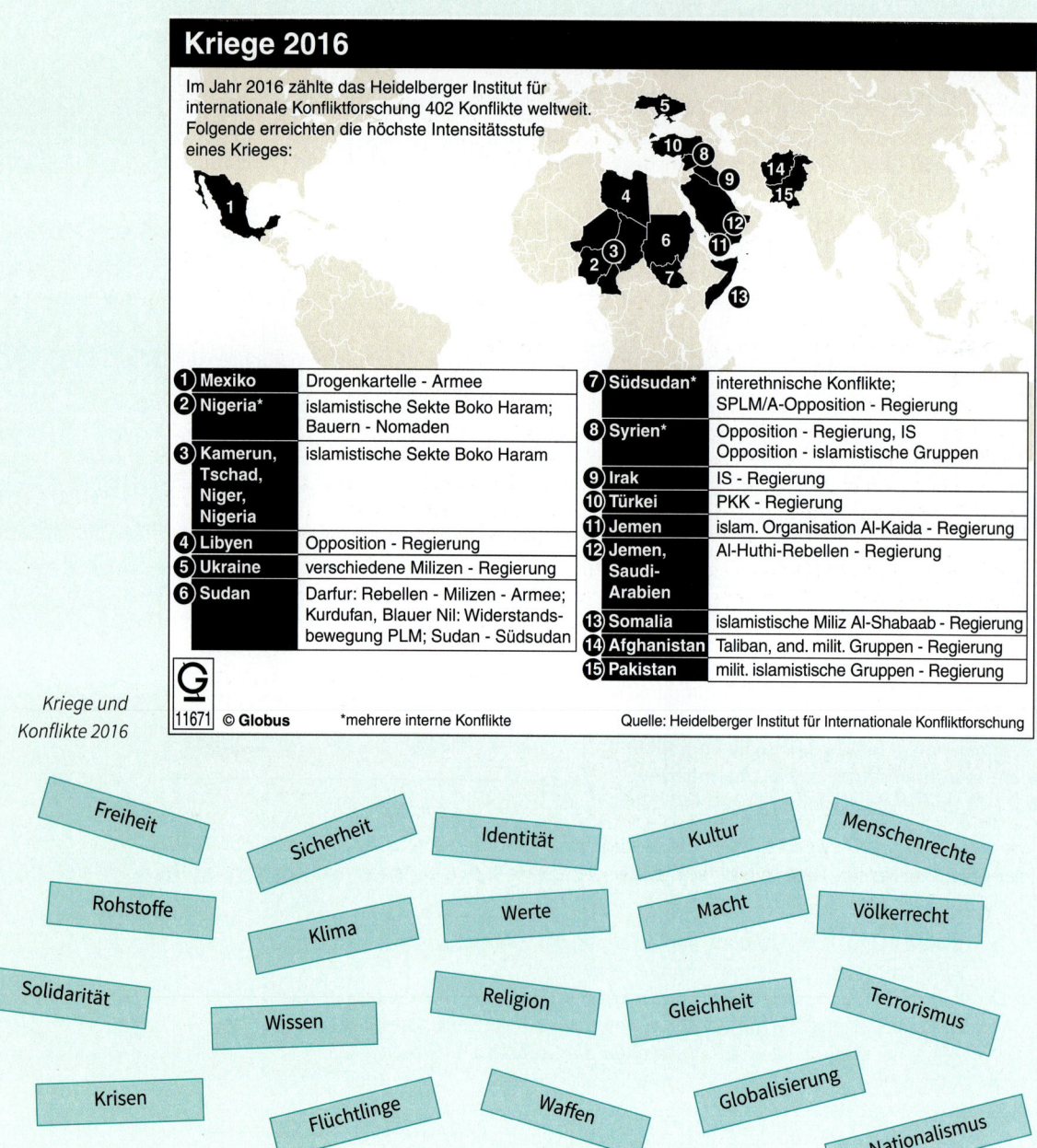

Kriege und Konflikte 2016

In diesem inhaltlichen Schwerpunkt befassen Sie sich mit folgenden Themen und Problemen

Frieden und Sicherheit der internationalen Ordnung sind im 21. Jahrhundert durch zahlreiche Krisen, Sicherheitsrisiken und Herausforderungen massiv bedroht. Zu den Bedrohungen zählen beispielsweise der Bürgerkrieg in Syrien, die steigende Armuts- und Flüchtlingsmigration, der Ukraine-Krieg, der Staatszerfall in Afrika oder terroristische Aktivitäten von Organisationen wie IS oder Boko Haram.

Kapitel 1.1 analysiert den Wandel der internationalen Ordnung im 21. Jahrhundert und wirft einen Blick auf die gegenwärtigen und zukünftigen Konturen der Weltordnung: Welche Tendenzen in der internationalen Ordnungsbildung lassen sich erkennen? Gibt es konkrete Ordnungsmodelle, die die internationale Politik bestimmen werden? Welche Mächte nehmen in der Zukunft auf die Weltpolitik Einfluss, und wie werden die sicherheitspolitischen Herausforderungen und Belastungen den Charakter der Welt verändern?

Kapitel 1.2 beschäftigt sich mit dem Begriff der Sicherheit, seinen heutigen Erscheinungsformen und Dimensionen. Neben der klassischen territorialen Sicherheit geht es heute verstärkt um Probleme der menschlichen, wirtschaftlichen und ökologischen Sicherheit: Was bedeutet diese Vielfalt an veränderten Sicherheitsherausforderungen für die internationale Ordnung? Mit welchen Ansätzen kann man auf diese neuen Gefährdungen reagieren?

Kapitel 1.3 thematisiert die Frage, wie unter den jeweiligen Bedingungen der internationalen Ordnung überhaupt Frieden geschaffen werden kann. Dazu werden verschiedene Friedensbegriffe untersucht: Was bedeutet Frieden im 21. Jahrhundert? Ist globaler Frieden überhaupt machbar, und wie könnte eine solche friedensgestaltende Ordnung aussehen?

Kapitel 1.4 widmet sich den Kriegen und Konflikten des neuen Jahrhunderts und beleuchtet die unterschiedlichen traditionellen und neuen internationalen Konflikt- und Kriegsformen: Welche weltpolitischen Konflikttypen sind charakteristisch für die internationale Ordnung? Welche Herausforderungen stellen neue asymmetrische Kriege dar? Wann und unter welchen Voraussetzungen ist eine Intervention möglich oder sinnvoll?

Kapitel 1.5 erörtert den Syrien-Konflikt mithilfe der Methoden der Nachrichten- und Konfliktanalyse als einen zentralen Krisenherd der internationalen Ordnung: Wie hat sich der Bürgerkrieg in Syrien entwickelt? Wer sind die wichtigen regionalen und internationalen Akteure, und welche Folgen wird dieser Krieg auf die regionale Ordnung im Nahen Osten sowie auf die internationale Ordnung haben?

Kapitel 2.1 bis 2.6 bearbeiten die globalen Probleme und Herausforderungen, die für Frieden und Sicherheit weltweit ein grundlegende Rolle spielen: Lässt sich globaler Klimaschutz verwirklichen? Wird der Kampf um Ressourcen die weltpolitische Landkarte nachhaltig verändern? Welche Auswirkungen haben Armuts- und Flüchtlingsmigration für Europa und die internationale Ordnung? Mit welchen neuen Bedrohungen wird die Welt durch nukleare Rüstung, internationalen Terrorismus und Cyberwar konfrontiert?

1 Erläutern Sie anhand der Grafik „Kriege 2016", welche Gefährdungen für Sicherheit und Frieden in der internationalen Ordnung bestehen.

2 Erstellen Sie auf der Grundlage der Textkästen auf S. 86 eine Liste mit den Ihrer Meinung nach fünf wichtigsten Begriffen, die für die Weltordnung des 21. Jahrhunderts eine bedeutende Rolle spielen.

1. Die internationale Ordnung im Wandel

1.1 Konturen einer neuen Weltordnung

MATERIAL 1

Die Welt am Kipppunkt?

Die Welt wird unregierbar. Dieser seit etlichen Jahren zu konstatierende Trend ist im Verlauf des Jahres 2015 besonders manifest geworden. Die Stichworte lauten locker geordnet: EU- und Griechenlandkrise, Krieg in der Ukraine als Restauration des sowjetischen Einflussbereichs und die Rückkehr des Rüstungswettlaufs, Scheitern der militärischen Interventionen in Afghanistan, Irak, Libyen, Jemen, Syrien, Staatszerfall im Komplex Irak-Syrien, Vormarsch terroristischer Organisationen wie IS oder Boko Haram – und schließlich massive Armuts- und Kriegsflucht, die erstmals in großem Stil Europa erreicht (inklusive massenhafter Schleusung als neues Geschäftsfeld des organisierten Verbrechens). [...]

Besonders in Europa wird sich der Trend zur nationalen Selbsthilfe statt des Vertrauens in die EU-Institutionen verstärken und Deutschland in die ungewollte Rolle des Eurohegemons drängen. [...]

Eine wesentliche Ursache für die neue Unregierbarkeit besteht paradoxerweise darin, dass in großen Teilen der Welt „nachholende Entwicklung" stattfindet und in den alten Industrieländern „vorauseilende Entwicklung" unvermindert fortschreitet. Das bedeutet Wirtschaftswachstum, bessere Ernährung und medizinische Versorgung mit der Konsequenz von Bevölkerungswachstum bei steigender Lebenserwartung und höherem Pro-Kopf-Einkommen. Innerhalb einer Generation hat sich so die Weltbevölkerung auf mehr als 7 Mrd. Menschen verdoppelt [...]

Alles zusammen führt zu exponentiellem Verbrauch und ebensolcher Belastung von Böden, Rohstoffen, Energie, Wasser, Luft – mit massiven Konsequenzen für den Klimawandel, dem die ariden und semiariden Gebiete vom Nahen Osten bis nach Zentralasien, aber auch in Kalifornien und den Great Plains besonders unterworfen sind. [...]

Daraus resultieren innergesellschaftliche Verteilungskonflikte um knapper werdende Ressourcen wie neue Formen des Kolonialismus, die sich etwa im chinesischen Landgrabbing in Afrika äußern. Aus diesem komplexen Zusammenhang rührt eine der tieferen Ursachen für den fortschreitenden Staatszerfall und die großen Wanderungsbewegungen.

Während der Bedarf nach Weltordnung wächst, schwindet zugleich die Fähigkeit, diesen Bedarf zu bedienen. Grundsätzlich gibt es vier Modelle, wie mit der wieder zunehmenden Anarchie der Staatenwelt (auch innerhalb einstmals scheinbar festgefügter Staaten) angesichts des nicht vorhandenen Weltstaats, der mit einem globalen Gewaltmonopol ausgestattet ist, umgegangen werden kann: Selbsthilfe, Kooperation, Hegemonie und Imperialismus.

Aus: Ulrich Menzel, Welt am Kipppunkt, in: Blätter für deutsche und internationale Politik 1/2016, S. 3

> **INFO**
> **Boko Haram**
> Islamistische Terrororganisation im Norden Nigerias

Karikatur von Reiner Schwalme

Weltordnungsmodelle

MATERIAL 2

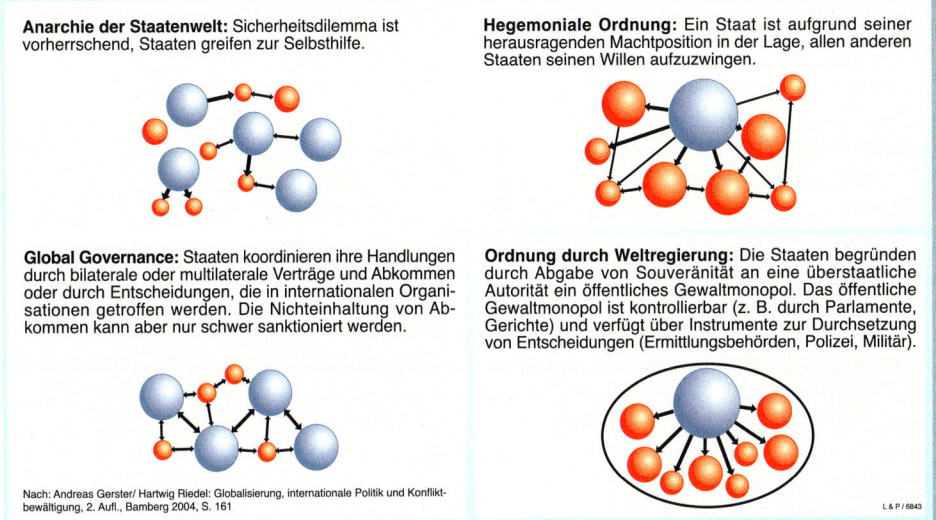

Nach: Andreas Gerster/ Hartwig Riedel: Globalisierung, internationale Politik und Konfliktbewältigung, 2. Aufl., Bamberg 2004, S. 161

Machtverschiebungen im 21. Jahrhundert

MATERIAL 3

Die Machtverschiebungen wandeln das internationale System von der Unipolarität zur Multipolarität. Anders als im Kalten Krieg besteht mehr als nur eine Rivalität. [...]
Die aufsteigenden Mächte suchen ihren „Platz an der Sonne", weisen das existierende Normgefüge als ungerecht zurück und verlangen nach gleichem Status wie der Hegemon. Diese Impulse sind konfliktträchtig. Zugleich rivalisieren die aufsteigenden Staaten um den „Platz auf dem Sprungbrett". Da alle Beteiligten ihre eigenen Forderungen für legitim halten, enthalten die daraus resultierenden Dispute ein Eskalationspotential. In der Weltordnung der Zukunft werden vor allem vier Staaten durch ihre Macht, ihre Netzwerke von Kooperation und Konflikt und ihre Fähigkeit, konstruktiv oder als Friedensstörer zu agieren, grundlegend über Frieden und Konflikt bestimmen: die USA, China, Indien und Russland. [...]
Dennoch teilen die Großmächte stabilitätsbezogene Interessen: die Beseitigung der terroristischen Drohung, die Eindämmung der Verbreitung von Massenvernichtungswaffen und die Prävention von eskalationsträchtigen Gewaltkonflikten. Die Globalisierung festigt auch das gemeinsame Interesse an einer stabilen Weltwirtschaft, der Grundlage nachhaltigen Wachstums.

Aus: Harald Müller u.a.: Ein Mächtekonzert für das 21. Jahrhundert, in: HSFK-Report 1/2014, S. 2-7

1 Arbeiten Sie die Probleme und Herausforderungen heraus, die auf die Entwicklung der Weltordnung im 21. Jahrhundert Einfluss nehmen (M 1).
2 Ordnen Sie aktuellen und historischen Beispielen die Weltordnungsmodelle aus M 2 zu und erörtern Sie deren Chancen auf Frieden vor dem Hintergrund von M 1.
3 Erläutern Sie die Bedeutung und Folgen von Machtverschiebungen für das 21. Jahrhundert (M 3).
4 Erörtern Sie die Vor- und Nachteile der vier Weltordnungsmodelle (M 2).

MATERIAL 4 — Auf der Suche nach einer neuen Weltordnung

Europa: Weltpolitische Zivilmacht

USA: Global handlungsfähige Weltmacht

China: Rückkehr auf die Weltbühne – Neumacht

Russland: Großmachtorientierte Energiemacht

Indien: Technologiemacht

Von all(en) [...] Ordnungskonzepten stellen die Prinzipien des Westfälischen Friedens derzeit die einzige allgemein anerkannte Grundlage dessen dar, was als Weltordnung existiert. Das Westfälische System verbreitete sich auf der ganzen Welt als Rahmen für eine auf Nationalstaaten beruhende internationale Ordnung, die viele unterschiedliche Zivilisationen und Regionen umfasst [...]

Das heutige, nunmehr globale Westfälische System [...] ist darauf gerichtet, den an sich anarchischen Charakter der Welt durch ein umfangreiches Netz internationaler Rechts- und Organisationsstrukturen zu bändigen. Es soll freien Handel und ein stabiles internationales Finanzsystem fördern, allgemein akzeptiere Prinzipien zur Lösung internationaler Streitigkeiten etablieren, und, sollte es doch zu Kriegen kommen, diesen Konflikten Grenzen setzen.

Doch die Westfälischen Prinzipien werden von allen Seiten infrage gestellt, manchmal auch im Namen der Weltordnung selbst. Ein großer Teil Europas steht im Begriff, über das von ihm selbst entworfene Staatensystem hinauszugehen und es durch gemeinschaftliche Souveränität, also durch einen Herrschaftsverband, zu ersetzen. [...] Durch die Verringerung seiner militärischen Kapazitäten verfügt Europa jedoch nur über schwache Möglichkeiten zur Reaktion, wenn universale Normen verletzt werden.

Im Nahen Osten rütteln Dschihadisten auf beiden Seiten der sunnitisch-schiitischen Trennlinie an den Fundamenten mehrerer Gesellschaften. Sie bringen ganze Staaten zum Einsturz, um ihre Vision einer weiten Revolution auf der Grundlage ihrer fundamentalistischen Version des Islam zu verwirklichen. Hier ist der Staat selbst gefährdet - wie auch das ganze auf dem Staat basierende regionale System; er wird von Ideologien angegriffen, die seine funktionsbedingten Zwänge als illegitim ablehnen, und von terroristischen Milizen, die in manchen Ländern bereits stärker sind als die bewaffneten Streitkräfte der Regierungen.

Erstaunlicherweise ist Asien in gewisser Hinsicht die erfolgreichste Region, wenn man die Umsetzung des Konzepts der staatlichen Souveränität zum Maßstab nimmt. Doch auch Asien erinnert sich nostalgisch an alternative Ordnungskonzepte, und auch dort brodeln jene Rivalitäten und historische Ansprüche, die Europas Ordnung vor hundert Jahren zerschmetterten. Fast jedes asiatische Land hält sich für eine „aufstrebende Nation" und reagiert auf abweichende Meinungen mitunter mit offener Konfrontation.

Die Vereinigten Staaten schwanken zwischen zwei Extremen: Einerseits verteidigen sie das Westfälische System, andererseits geißeln sie das Westfälische Prinzip des Mächtegleichgewichts und der Nichteinmischung in die inneren Angelegenheiten anderer Staaten, das sie für unmoralisch und überholt halten. Und manchmal vertreten sie beide Positionen gleichzeitig. Sie beharren weiterhin auf der universalen Gültigkeit ihrer Werte beim Aufbau einer friedlichen Weltordnung und behalten sich das Recht vor, diese Werte global zu verteidigen. Doch nachdem sich die Vereinigten Staaten aus drei Kriegen hatten zurückziehen müssen [...], bereitet es nun auch Amerika große Mühe, das Verhältnis zwischen seiner [...] Macht und seinen Prinzipien zu definieren.

Alle wichtigen Machtzentren stützen sich mehr oder weniger auf Prinzipien der Westfälischen Ordnung, aber keines betrachtet sich als natürlicher Verteidiger des Systems. Alle durchlaufen signifikante interne Prozesse des Wandels. Könnten denn Regionen mit derart unterschiedlichen Kulturen, geschichtlichen Erfahrungen und überlieferten Ordnungsvorstellungen jemals die Legitimität eines gemeinsamen Systems verteidigen?

Aus: Henry Kissinger: Weltordnung, 2. Aufl., München 2014, S. 15-17

GLOSSAR

Westfälisches System

1. Erörtern Sie die Bedingungen und Möglichkeiten für eine neue friedliche Weltordnung.
2. „Das ursprüngliche Westfälische System ist überholt!" – Beurteilen Sie diese Aussage.

1.2 Sicherheit in einer sich wandelnden Welt

Sicherheit: lokal – national – global

MATERIAL 1

Der Journalist Björn Blaschke interviewte am 23.2.2017 Till Wahnbaeck, Vorstandsvorsitzenden der Welthungerhilfe.

B.B.: Die Welthungerhilfe rettet im Südsudan jährlich etwa 400.000 Menschen vor dem Verhungern. Dafür bekommt sie von den Vereinten Nationen etwa 20 Mio. Euro im Jahr. Auch die Bundesregierung beteiligt sich. Reicht das aus, um den Menschen zu helfen?

T.W.: Diese Art Hilfe kann nur ein erster Schritt sein. In einem zweiten Schritt muss den Menschen geholfen werden, sich selbst zu helfen, damit sie ihren Lebensunterhalt bestreiten können. Und das funktioniert immer dann, wenn es ein wenig Stabilität gibt. Leider fehlt diese momentan im Südsudan, weil der Bürgerkrieg Unsicherheit bringt, die so groß ist, dass wir nur Nahrungsmittel liefern können. Aber: Immer wenn sich die Lage auch nur ein wenig stabilisiert, gehen wir einen Schritt weiter und versuchen, den Menschen eine Perspektive zu eröffnen. Das ist der eigentlich wichtige Schritt unserer Arbeit – Hilfe zur Selbsthilfe. [...]

B.B.: Der Südsudan ist weit von Deutschland weg. Welchen Grund hat die Bundesregierung, den Südsudanesen zu helfen?

T.W: Stichwort: Fluchtursachen. Wenn wir jetzt nicht in Ländern wie dem Südsudan eingreifen, dann wird es morgen zu weiteren Krisen kommen. Und im Zweifel auch zu weiteren Fluchtbewegungen. Die Menschen werden sich nicht auf Dauer damit abfinden, benachteiligt zu sein oder für ihren Lebensunterhalt nicht sorgen zu können. Wir müssen heute in diesen Ländern Perspektiven schaffen. Denn nur wer in seiner Heimat Perspektiven hat, bleibt auch in seiner Heimat. [...]

B.B.: Könnte die internationale Gemeinschaft nicht mehr leisten, damit der Bürgerkrieg im Südsudan endet und die Menschen sich dann selbst versorgen?

T.W.: Das Land hat Rohstoffe und fruchtbares Land, weshalb sich die Menschen im Südsudan selbst ernähren könnten. Dass das nicht der Fall ist, liegt an den politischen Verantwortlichen im Land. Kurz gesagt kämpfen zwei Führer um die Macht; zwei Männer, hinter denen ethnische Gruppen stehen. Daher wäre der größte Hebel in der Tat die Politik – und da muss man auch ansetzen. Was aber nicht die Aufgabe von Hilfsorganisationen ist.

B.B.: Sollten Deutschland und andere Geldgeber nicht vielleicht einfach erklären: ‚Von uns kommt kein Geld mehr, solange Ihr nicht aufhört zu kämpfen?

T.W.: Die Gruppe von Staaten, die Druck ausüben könnte, sind die Nachbarstaaten des Südsudans. Uganda, Kenia, Äthiopien, der Sudan. Auf die hört auch die Regierung in Juba. Und die internationale Gemeinschaft muss auch mehr machen. Aber mir geht es darum, dass die Ärmsten der Armen nicht allein gelassen werden. Und ich fände es zynisch, wenn jetzt gesagt würde: „Dann stellen wir jetzt mal die Hilfen ein; vielleicht kommen die dann zu Sinnen." Im Zweifel sterben deshalb Millionen Menschen - und das können wir nicht zulassen.

B.B.: Ein Waffenembargo scheiterte zuletzt erst wieder im UN-Sicherheitsrat am Veto Chinas und Russlands. Was müsste passieren? Müssen Privatkonten der Kriegsführer eingefroren werden? Oder sollte der Südsudan in der UN-Vollversammlung isoliert werden?

T.W.: Ich denke, dass man in der Tat Geldhähne zudrehen, Vermögen im Ausland einfrieren und internationales Recht durchsetzen muss. Sanktionen und Waffenembargos können einiges bewirken. Die Aufgabe von Hilfsorganisationen ist es, auf das Problem aufmerksam zu machen – und so öffentlichen Druck herzustellen. Aber ob das ausreicht, bei einem Machtkampf zwischen Warlords, ist eine andere Frage. Da sind die Hebel, die der UN-Sicherheitsrat ansetzen könnte, sicherlich stärker.

Aus: www.tagesschau.de/ausland/afrika/afrikaprojekt-welthungerhilfe-101.html (Zugriff: 19.12.2017)

MATERIAL 2 — Neue Dimensionen internationaler Sicherheit

Chancen und Risiken der globalisierten Welt zwingen die Staaten heute, grenzübergreifend zu handeln. Dazu bedarf es eines vernetzten Sicherheitskonzeptes, damit der Staat seinen Bürgern umfassend Sicherheit gewährleisten kann. Internationaler Terrorismus, Verbreitung von Massenvernichtungswaffen, organisierte Kriminalität, Scheitern von Staaten, alte und neue Kriege, geostrategische Rivalitäten und energiepolitische Abhängigkeit machen eine bislang unbekannte Kombination politischer, militärischer, wirtschaftlicher und ziviler Maßnahmen notwendig. [...] Sicherheit allein als Abwehr von physischer Bedrohung der territorialen und funktionalen Integrität und die Souveränität des Staates reicht nicht mehr aus. Präventive Maßnahmen werden dringlich. [...]

Weil der Staat überfordert erscheint, muss er das Spektrum der Gegenmaßnahmen vermehrt mit den regionalen und globalen Gemeinschaftsinstitutionen wie G-8, G-20, UNO, NATO, EU vernetzen. Staatlicher Schutz und Sicherheit im klassischen Sinne können [...] vom Einzelstaat allein kaum mehr gewährleistet werden. Folglich wird Vernetzung zum Schlüssel der Sicherheit, um Chancen zu maximieren und Risiken zu minimieren. [...]
Die nötigen Gegenmaßnahmen erfordern eine völlig neue Dimension von Vernetzung auf internationaler Ebene, zwischenstaatlich, transnational, innerhalb eines Staates und nicht zuletzt auch gesellschaftspolitisch. [...]

Aus: Christian Hacke, Vernetzte Sicherheit: Intention und Wirklichkeit, in: Reinhard Meier-Walser/Alexander Wolf (Hrsg.): Neue Dimensionen internationaler Sicherheitspolitik, München 2011, S.45f.

MATERIAL 3 — Der erweiterte Sicherheitsbegriff

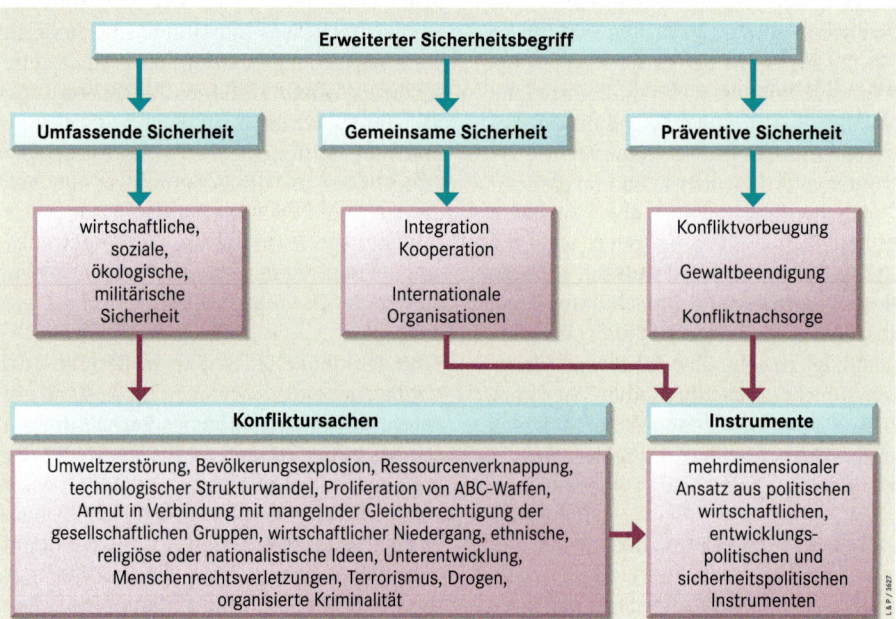

1. Erarbeiten Sie aus M 1, inwiefern lokale, nationale und globale Sicherheit zusammenhängen und wie sich der Sicherheitsbegriff bis heute verändert hat.
2. Beschreiben Sie das neue Konzept der vernetzten Sicherheit (M 2, M 3).
3. Bewerten Sie Chancen und Herausforderungen des neuen Konzeptes (M 2, M 3).

1.3 Ist globaler Frieden machbar?

Frieden mit einem Terroristen?

MATERIAL 1

Ende September 2016 unterzeichnete der afghanische Präsident Ghani mit Ex-Kriegsherr Hekmatyar einen Friedensvertrag. Ein Modell, das Schule macht?

Die Friedenszeremonie hat etwas Surreales: Die geballte politische Prominenz der afghanischen Hauptstadt sitzt im Präsidentenpalast und schaut sich auf einer großen Leinwand ein Video an. Hauptdarsteller [...] ist Gulbuddin Hekmatyar. [...] „Ich hoffe, dass dieser Vertrag die Krise beenden und für Stabilität sorgen kann", sagt der 69-jährige Hekmatyar in seiner voraufgezeichneten Videobotschaft. Und er hoffe außerdem, dass die verbliebenen ausländischen Truppen schnell abziehen. Wo er sich aufhält, bleibt unklar. [...] Er steht seit 2003 auf der Terrorliste der Vereinten Nationen. [...]

Vor den geladenen Gästen im Palast ergreift anschließend Präsident Ashraf Ghani das Wort. „Diese Zeremonie ist auch eine Chance für die Taliban und andere Oppositionsgruppen, die Chance zu nutzen, den Weg des Friedens einzuschlagen, um am Wiederaufbau des Landes teilzunehmen." [...]

Aus Afghanistan kommen nach 15 Jahren NATO-Mission kaum noch gute Nachrichten. Das Land lebt mit dem Krieg. [...] Der Friedensvertrag zwischen der afghanischen Regierung und der islamistischen Bewegung von Hekmatyar vom 29. September wirkt da wie ein seltener Hoffnungsschimmer. [...]

Hekmatyar, auch bekannt als „Schlächter von Kabul", verkörpert fast vier Jahrzehnte Krieg und Gewalt in Afghanistan. Seine „Hezb-e-Islami" wird für Mord, Vergewaltigung und Terror verantwortlich gemacht. Doch in Zukunft werden Hekmatyar und seine Leute am politischen Prozess teilnehmen können. Auch an Wahlen, falls es noch einmal welche geben sollte. [...]

Afghanistans Menschenrechtskommissarin Sima Samar ist der Vertragszeremonie im Präsidentenpalast [...] demonstrativ ferngeblieben. „Ich befürworte Verhandlungen. Aber wir sollten in diesen Verhandlungen nicht die Gerechtigkeit und die Menschenrechte untergraben. Wenn Hekmatyar sich öffentlich beim afghanischen Volk und insbesondere bei den Opfern entschuldigt hätte, bevor der politische Prozess beginnt, hätte er das Leid der Opfer in diesem langen Krieg anerkannt. Ich glaube nicht, dass es Frieden ohne Gerechtigkeit geben kann." [...]

„Ich bin gegen Rache. Ich bin gegen die Todesstrafe. Aber ich bin dafür, die Wunden der Opfer zu heilen. Ich denke bei dem Deal mit Hekmatyar an das Gesicht meiner Kollegin. Du siehst das politische Spiel, das sie spielen. Ich spreche jetzt als Opfer. Es ist sehr schwer, das Leid zu vergessen." Sima Samar [...] verlor durch [einen] Anschlag im Januar 2011 ihre Kinderrechtskommissarin Hamida Barmaki. Der Attentäter riss Barmaki, ihren Mann und ihre vier Kinder mit in den Tod, als er seine Sprengstoffweste zündete.

Doch der Friedensvertrag, den Hekmatyar jetzt mit der afghanischen Regierung geschlossen hat, garantiert ihm und seinen Anhängern Schutz vor einer Strafverfolgung. Für „vergangene militärische und politische Handlungen", wie es im Dokument heißt. Vermutlich wird sein Name bald von der Terrorliste gestrichen. Im Gegenzug hat sich Hekmatyar verpflichtet, die Waffen niederzulegen und die afghanische Verfassung anzuerkennen. [...]

Auch Ahmad Shuja von der internationalen Menschenrechtsorganisation Human Rights Watch fragt sich, ob der Preis für den Frieden zu hoch ist. „Die Regierung argumentiert, dass dieser Konflikt unerträglich ist. Was sie uns noch nicht erklärt hat ist, wie uns dieser Deal dem Frieden auch nur einen Schritt näher bringt. Heute ist Kabul oder ein anderer Teil des Landes nicht sicherer als gestern oder vorgestern oder vor zwei Monaten." Es gebe keine Garantie für Frieden. Derzeit zementiere dieser Deal nur die Kultur der Straflosigkeit.

Ashraf Ghani: seit 2014 Präsident von Afghanistan

INFO

Taliban
erstmals 1994 in Erscheinung tretende islamistische Miliz in Afghanistan

Gulbuddin Hekmatyar
war afghanischer Ministerpräsident in den 1990er-Jahren, dann islamistischer Kämpfer und „Warlord"

Aus: Beitrag von Sandra Petersmann am 21.10.2016 in: www.tagesschau.de/ausland/afghanistan-friedensprozess-101.html (Zugriff: 17.5.2017)

MATERIAL 2

Der Begriff des Friedens im 21. Jahrhundert

> INFO
> **Martin Luther King**
> US-amerikanischer Baptistenpfarrer und Bürgerrechtler, geb. 1929, ermordet 1968

Einfach gesagt ist Frieden Harmonie, die erreicht wird durch die Abwesenheit von Konflikten. Das gilt für den inneren Frieden, den man mit sich selbst macht oder der in einem Land herrschen kann, und für den äußeren, in dem Völker und Staaten miteinander leben – oder eben nicht. Diese Definition reicht aber nicht mehr aus. Der norwegische Mathematiker und Politologe Johan Galtung, der die Friedens- und Konfliktforschung mitbegründet hat, nennt die reine Abwesenheit von Gewalt einen negativen Frieden.
Dagegen besteht ein positiver Friede [...] in der Abwesenheit von struktureller Gewalt. Das sei alles, was Individuen daran hindert, sich voll zu entfalten: Diskriminierung genauso wie die ungleiche Verteilung von Einkommen, Bildungschancen und Lebenserwartungen. „Frieden bedeutet menschliche Sicherheit: ein menschenwürdiges Leben für alle, ohne Hunger und Not und mit Toleranz gegenüber dem anderen", sagt Peter Croll, Direktor des Internationalen Konversionszentrums Bonn (BICC), eines der großen deutschen Friedensforschungsinstitute. Frieden sei ein Prozess, der im Kopf beginne und immer wieder neu gestartet werden müsse. Auch für den Friedensnobelpreisträger von 2009, Barack Obama, ist Frieden mehr. „Wenn die Menschenrechte nicht geschützt sind, ist Frieden ein leeres Versprechen", sagte der US-Präsident bei der Preisverleihung. Ein gerechter Frieden beinhalte bürgerliche und politische Rechte sowie wirtschaftliche Sicherheit und Chancen. [...]
An dem Satz, dass sich Demokratien selten bis gar nicht angreifen, wird kaum jemand etwas Falsches finden. Aber auch in gefestigten Demokratien kann der innere Frieden bedroht sein. Die Angst, dass sich im hoch verschuldeten Griechenland soziale Spannungen und Wut in gewalttätigen Ausschreitungen entladen bis hin zu bürgerkriegsähnlichen Zuständen, war [...] groß. Und obwohl Demokratien miteinander friedlich umgehen, greifen sie gegenüber anderen Regimen durchaus auf gewaltsame Mittel zurück und sind in Konflikte verwickelt – siehe die Kriege in Afghanistan und dem Irak. [...]
Konsens ist, dass Gesellschaften angesichts globaler Probleme wie der Klimaerwärmung, des Verlusts der biologischen Vielfalt, des Zugangs zu Trinkwasser oder der Bekämpfung der Armut gemeinsam nach Lösungen suchen müssen. Martin Luther King formulierte es bereits 1965: „Wir werden keinen Frieden auf Erden haben, ehe wir nicht die gegenseitige Abhängigkeit alles Seins begreifen."

Friedensverständnis 1	Friedensverständnis 2	Friedensverständnis 3
Abwesenheit von Krieg	Gewaltfreier Konfliktaustrag	Gerechte Weltordnung
Waffenstillstand Abschreckung Trennung	Abwesenheit von Krieg und Kriegsdenken	Abwesenheit personeller und struktureller Gewalt/ Schutz vor Gewalt und Not sowie Schutz der Freiheit/ Freedom from Fear und Freedom from Want

Aus: Thoma Nielebock: Frieden und Sicherheit – Ziele und Mittel der Politikgestaltung, in: Deutschland und Europa. Neue Herausforderungen der Friedens- und Sicherheitspolitik, 71/2016, S. 6 ff.

MATERIAL 3

Eine Chance für globalen Frieden?

Am Beginn des 21. Jahrhunderts hat sich der Common Sense gefestigt, dass Krieg abstoßend und barbarisch ist. [...] Jean-Jacques Rousseau [...] hatte noch geglaubt, der Mensch sei von Natur aus friedlich und erst von der Zivilisation zum kriegerischen Barbaren verdorben worden. Anthropologen, Primatenforscher, Historiker haben diesen Glauben widerlegt: Der Mensch ist zwar nicht „böse", neigt aber in Gruppen zu Gewalt gegen andere. Der Frieden als das Ende aller Kriege muss also erst noch erfunden werden.

Viele, von Helfern bis zu Diplomaten, haben sich in den letzten Jahrzehnten der Suche nach dieser Erfindung verschrieben. [...] Hartnäckig zeichnen sie weiter an den Umrissen dessen, was einmal Kants ewiger Frieden werden könnte.

Dass die Heere verschiedener Nationen gegeneinander antreten wie in Handyspielen, ist unwahrscheinlicher geworden. Der Krieg verändert jedoch seit einiger Zeit sein Gesicht: hin zu vertrackten innerstaatlichen Kämpfen, in denen wie in Syrien Guerillagruppen und Kampfeinheiten fremder Staaten mitmischen. [...]

Die Aussicht auf einen US-Präsidenten Donald Trump mag beunruhigend sein, der Krieg im Nahen Osten unerträglich, der jüngste Atomtest Nordkoreas beängstigend. Und doch stehen wir am Beginn des 21. Jahrhunderts nicht mit leeren Händen da. Die Menschheit sehnt sich nicht nur nach Frieden, sie hat auch viele Lektionen gelernt, wie Frieden gestiftet werden kann. 1969 sang John Lennon Give Peace a Chance – es ist diese Hoffnung, die Menschen antreibt, das scheinbar Unmögliche zu wagen. [...] Nicht nur in den Hinterzimmern der Weltpolitik, sondern direkt in den Städten und Dörfern, in denen der Krieg noch tobt. (...) Vielleicht ist es an der Zeit, gerade ihnen, die nie den Friedensnobelpreis bekommen werden, Denkmäler zu setzen. Ein „Denkmal des unbekannten Friedensarbeiters" würde uns jeden Tag daran erinnern, dass Frieden möglich ist – und es gute Gründe gibt, zuversichtlich zu sein.

Aus: Artikel von Niels Boeing am 4.12.2016 in: www.zeit.de/zeit-wissen/2016/06/zuversicht-frieden-menschheit-utopie (Zugriff: 15.5.2017)

Frieden ist nicht gleich Frieden

MATERIAL 4

Der Begriff des „negativen Friedens" beschreibt einen passiven Zustand, gekennzeichnet durch Abwesenheit von Krieg. Der „positive Frieden" bezeichnet einen langwierigen Prozess, der auf den Bemühungen einer Gesellschaft aufbaut, aktiv die Ursachen für Kriege zu beseitigen, für Gerechtigkeit zu sorgen und Gewaltanwendung einzudämmen.

POSITIVER FRIEDEN

Zustand abgerüsteter Sicherheit und vollzogener Gerechtigkeit	IDEALZUSTAND	Abwesenheit indirekter, struktureller Gewalt, ökologisches Gleichgewicht
ethischer Friedensbegriff — persönliche Friedfertigkeit	FRIEDEN ALS PROZESS — schrittweise Minimierung von Friedensgefährdungen	politischer Friedensbegriff — gewaltfreie Konfliktregelung
sozialer Frieden — soziale Gerechtigkeit in Gesellschaften und in der Weltgesellschaft		ökologischer Frieden — Frieden mit der Natur, Schonung statt Ausbeutung der Natur
NEGATIVER Abwesenheit direkter	Frieden als Nichtkrieg	**FRIEDEN** personeller Gewalt
KRIEG	**GEWALT HASS NOT**	**UMWELTZERSTÖRUNG**

Quelle: ISB (Hrsg.): Handreichung für den Sozialkundeunterricht am Gymnasium, Donauwörth 1993, S. 147

---

1 Beschreiben Sie die in M 1 geschilderte Problematik und nehmen Sie zu der Frage „Frieden mit einem Terroristen?" Stellung.

2 Erläutern Sie, was unter dem Begriff des Friedens zu verstehen ist und welches Friedensverständnis Ihrer Ansicht nach auf die heutige Welt zutrifft (M 2).

3 Erklären Sie den Unterschied zwischen „negativer Frieden" und „positiver Frieden" (M 4).

4 Erörtern Sie die Chancen für einen globalen Frieden: Was fördert oder hemmt die Entwicklung von Frieden und welche Art von Frieden ist machbar (M 3, M 4)?

1.4 Neue Konflikte und Kriege im 21. Jahrhundert

MATERIAL 1

Konflikttypologien

Wie können verschiedene Kriegstypen voneinander unterschieden werden? [...]
Ein erster Ansatz zieht den Konfliktgegenstand bzw. die Zielsetzung der Konfliktparteien als Unterscheidungskriterium heran. So differenziert zum Beispiel die Arbeitsgemeinschaft Kriegsursachenforschung (AKUF) an der Universität Hamburg unter anderem zwischen „Antiregime-Kriegen" („Kriege, in denen es um den Sturz der Regierenden oder um die Veränderung oder den Erhalt des politischen Systems [...] gekämpft wird"), „Autonomie- und Sezessionskriegen" („Kriege, in denen um größere regionale Autonomie innerhalb des Staatsverbandes oder um Sezession vom Staatsverband gekämpft wird") und „Dekolonisationskriegen" („Kriege, in denen um die Befreiung von Kolonialherrschaft gekämpft wird"). An anderer Stelle werden „ethnische Kriege" von politisch motivierten „revolutionären" Kriegen abgegrenzt.
Derartige Typologisierungen sind insofern problematisch, als sich innerhalb eines einzigen Gewaltkonflikts oft mehrere Ursachenmuster überlappen. Darüber hinaus tendieren die Kriegsziele beteiligter Akteure im Laufe der Kampfhandlungen dazu, sich zu verändern.
Ein zweiter Ansatz unterscheidet Gewaltkonflikte daher nicht mit Bezug zu Ursachen und Zielen, sondern aufgrund des politischen Status bzw. der Vergesellschaftungsform der beteiligten Akteure. Meist geht es darum, ob die Konfliktparteien entweder staatlich oder nicht staatlich sind. [...] Folglich ergibt sich zunächst eine Unterscheidung zwischen zwei grundsätzlichen Kriegstypen:
- symmetrische zwischenstaatliche Kriege, also Gewaltkonflikte, die zwischen zwei Staaten ausgetragen werden;
- asymmetrische Kriege zwischen einer staatlichen und einer nicht staatlichen Partei.

Dieser zweite Typ asymmetrischer Kriege lässt sich in zwei weitere Unterkategorien unterteilen, nämlich in
- innerstaatliche Gewaltkonflikte, also Kriege zwischen einem nicht staatlichen Akteur und einem Staat innerhalb bestehender Staatsgrenzen;
- extrastaatliche oder extrasystemische Gewaltkonflikte zwischen einem nicht staatlichen und einem staatlichen Akteur außerhalb bestehender Staatsgrenzen (wie beispielsweise in dem Krieg der westlichen NATO-Staaten gegen die Taliban in Afghanistan).

Diesem Ansatz folgt beispielsweise auch das Uppsala Conflict Data Program, dass in seiner Konfliktdatenbank neben außerstaatlichen/extrasystemischen, zwischenstaatlichen und innerstaatlichen Gewaltkonflikten zusätzlich noch internationalisierte innerstaatliche Konflikte unterscheidet, d.h. Konflikte zwischen einem Staat, unterstützt durch Hilfe anderer Staaten, gegen einen nicht staatlichen Akteur innerhalb bestehender Grenzen [...].
Dieser zweite Konflikttypisierungsansatz bedarf aber noch einer Ergänzung. [...] Die beschriebene Entgrenzung vieler Gewaltkonflikte der Gegenwart zeigt sich jedoch am deutlichsten in jenen Auseinandersetzungen, die auf beiden Seiten einen nicht staatlichen Akteur aufweisen. Der deutsche Politologe Sven Chojnacki fasst diese Gewaltkonflikte zu der Gruppe der „substaatlichen Kriege" zusammen, welche die anderen Kriegstypen ergänzt. Insgesamt ergeben sich nach Chojnacki somit vier „Kerntypen kriegerischer Gewalt":
- Zwischenstaatliche Gewaltkonflikte (zwischen zwei oder mehr Staaten)
- Innerstaatliche Gewaltkonflikte (zwischen staatlichen und nicht staatlichen Akteuren innerhalb bestehender Grenzen
- Extrastaatliche Gewaltkonflikte (zwischen staatlichen und nicht staatlichen Akteuren jenseits bestehender Grenzen)
- Substaatliche Gewaltkonflikte (zwischen nicht staatlichen Akteuren unabhängig von bestehenden Grenzen).

Aus: http://sicherheitspolitik.bpb.de/krieg-und-gewaltkonflikte/hintergrundtexte-m1/kriegsdefinitionen-und-konflikttypologien (Zugriff: 19.12.2017)

Hybrider Krieg in Osteuropa

Cyber-Attacken

Asymmetrische Kriege: Bedeutung und Funktion

MATERIAL 2

Der Journalist Dieter Hintermeier interviewte am 9.7.2016 den Politikwissenschaftler Felix Wassermann (Auszüge):

Hintermeier: Was bedeutet denn eigentlich asymmetrische Kriegsführung?

Wassermann: Als asymmetrisch können Kriege beschrieben werden, wenn die Gegner grundsätzlich verschiedene Strategien anwenden, also beispielsweise die eine Seite Selbstmordattentate und die andere gezielte Tötungen durch Kampfdrohnen. Zu einer solchen Asymmetrie der Strategien kommt es dann, wenn die Gegner sich wechselseitig nicht als symmetrische Spiegelbilder begreifen wie in einem konventionellen Krieg „Staat gegen Staat", einander also nicht als im Prinzip Gleiche anerkennen und daher auch nicht nach den gleichen, gemeinsamen Regeln kämpfen. [...]

Hintermeier: Ist denn jeder Krieg in irgendeiner Form asymmetrisch?

Wassermann: Nicht jeder Krieg ist in gleichem Maße asymmetrisch. So wurden die innereuropäischen Kriege seit dem Westfälischen Frieden von Münster und Osnabrück im Jahr 1648 im Wesentlichen als symmetrische, konventionelle Staatenkriege geführt. [...]

Hintermeier: Wann änderte sich das?

Wassermann: [...] Der Begriff des asymmetrischen Krieges kam dann erstmalig in den 70er-Jahren des 20. Jahrhunderts auf, als sich Politikwissenschaftler nach dem sieglosen Rückzug der USA aus Vietnam die Frage – wieder – stellten: Wie kann es sein, dass eine weit überlegene Militärmacht gegen einen viel schwächeren Gegner verliert?

Hintermeier: Wo liegen generell die Vorteile dieser Kriegsführung?

Wassermann: Die Vorteile der asymmetrischen Kriegführung liegen vor allem auf der Seite des schwächeren Akteurs. Das lässt sich mit dem biblischen Kampf Davids gegen Goliath illustrieren, der häufig als Modell zur Erläuterung asymmetrischer Konfliktdynamiken herangezogen wird. [...] Die Strategie des Schwächeren besteht daher darin, auf kreative Weise die Asymmetrien auszunutzen, die er zwischen sich und seinem Kontrahenten wahrnimmt. [...]

Hintermeier: Welchen Stellenwert hat die Strategie des Terrorismus bei dieser Kriegsform?

Wassermann: Der Terrorismus, wie er vor allem seit den Anschlägen vom 11. September 2001 als Strategie im globalen Maßstab praktiziert wird, ist eine zutiefst asymmetrische Form der Kriegführung, und zwar aus zwei Gründen. Zum einen nutzen transnationale Terrornetzwerke auf kreative Weise die zwischen ihnen und den von ihnen bekämpften Staaten bestehenden Asymmetrien aus, indem sie deren sicht- und verwundbare, weiche zivile Ziele aus dem globalen Untergrund heraus mit entschlossenen Selbstmordangriffen attackieren. Zum anderen können sich die derart angegriffenen offenen, liberalen Gesellschaften nicht mit vergleichbaren asymmetrischen Mitteln verteidigen und auch schwerlich hundertprozentig gegen die Terrorbedrohung schützen, ohne zu riskieren, dass sie im Verlauf der asymmetrischen Auseinandersetzung ihre Lebensweise untergraben. [...]

Aus: www.fnp.de/nachrichten/politik/bdquo-Die-Strategie-der-Schwachen-ldquo;art673,2103378 (Zugriff: 9.1.2017)

INFO

Westfälischer Frieden
Bezeichnung für alle zwischen dem 15. Mai und 24. Oktober 1648 abgeschlossenen Friedensverträge zur Beendigung des Dreißigjährigen Krieges

Terrormiliz IS in Raqqa

---

1. Erstellen Sie eine grafische Übersicht, in der Sie die verschiedenen Typen von Kriegen anschaulich darstellen (M 1). Nennen Sie jeweils Beispiele.
2. Arbeiten Sie aus M 1 und M 2 Bedrohungen und Gefahren durch neue Konfliktformen oder Kriege heraus. Erstellen Sie eine Rangliste der Ihrer Ansicht nach relevantesten Konflikte und erörtern Sie Ihre Ergebnisse im Kursverband.
3. Erstellen Sie zu einem der in der Grafik auf S. 86 benannten Konflikte eine Übersicht mit Hintergrundinformationen und erörtern Sie diese im Kursverband.

INFO

HIIK
Abk. für Heidelberger Institut für Internationale Konfliktforschung
http://hiik.de/de/

MATERIAL 3 — Der neue unsichtbare Krieg?

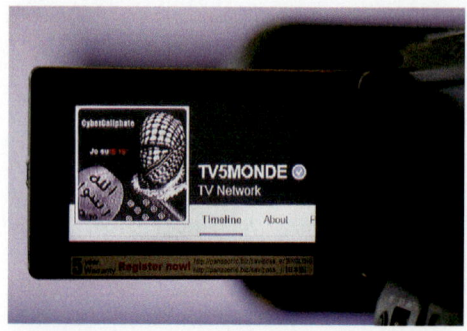

Am 9. April 2015 wurde die Facebook-Seite des französischen Fernsehsenders TV5Monde von Unterstützern des IS zeitweilig gehackt.

Karikatur: Heiko Sakurai

INFO

hybrid
Der Begriff ist abgeleitet vom lateinischen Wort hybrida = Bastard, Mischling

Stell Dir vor, es ist Krieg, und keiner merkt's? Was auf den ersten Blick absurd erscheint, ist auf den zweiten Blick Teil der sicherheitspolitischen Realität. Schon seit einiger Zeit sind die klassischen Kriege zwischen zwei Staaten nicht mehr die Norm. Die Grenze zwischen Krieg und Frieden verwischt immer stärker, und sie wird aus strategischen Gründen absichtlich vernebelt. Nach der Krim-Krise wurde diese Tatsache zum ersten Mal in aller Schärfe offenbar. Bis die Staaten des Westens tatsächlich begriffen, dass Moskau die zur Ukraine gehörende Halbinsel tatsächlich dem eigenen Herrschaftsbereich wieder einverleiben will, war die Krim schon annektiert. Im Donbass erfolgte unmittelbar danach die zweite Anwendung dieser Taktiken. Darüber, welche Rolle russische Soldaten dort spielten, wurde wochenlang gerätselt und gestritten. Der Westen behauptete: eine große – Moskau sagte: keine. Die Art der „Eroberungen" war nebulös. [...]

Der Begriff beschreibt eine „flexible Mischform der offen und verdeckt zur Anwendung gebrachten, regulären und irregulären, symmetrischen und asymmetrischen, militärischen und nicht-militärischen Konfliktmittel mit dem Zweck, die Schwelle zwischen den [...] Zuständen Krieg und Frieden zu verwischen". [...] Ein zentrales Element ist „die Verschleierung eigener Absichten, Fähigkeiten und Handlungen" mit Hilfe von Propaganda und Desinformation. [...]

Neu ist [...] die konsequente Orchestrierung der Aktionen und die Tatsache, dass Streitkräfte in den hybriden Auseinandersetzungen unserer Tage „nicht primär Mittel der Gewaltanwendung sind, sondern als Drohkulisse dienen". Irreguläre Maßnahmen – etwa Propagandaoffensiven zur Aufwiegelung von Minderheiten oder das Abstreiten verdeckter Militäroperationen – „sollen den Konflikt in Bereiche tragen, in denen die (militärischen) Fähigkeiten des Gegners weniger entscheidend sind". [...]

Lange Zeit galten westliche Demokratien mit ihrem Fundament aus Meinungs- und Pressefreiheit als resistent gegen Propagandalügen [...] Im Internet finden die absurdesten Thesen einen weiten Echoraum. Neben den Gerüchteverbreitern im Netz haben die klassischen Medien, die Nachrichten vor der Veröffentlichung auf ihren Wahrheitsgehalt prüfen, ihre Torwächterrolle verloren. Tatsächlich können Propagandisten soziale Medien als Brandbeschleuniger der Desinformation nutzen.

Aus: Bärbel Krauß, Der Krieg, den keiner sieht, in: http://www.stuttgarter-zeitung.de/inhalt.hybride-kriegsfuehrung-der-krieg-den-keiner-sieht.4cc4e7ee-2cd3-4179-9aeb-509478eece05.html, 10.02.2016 (Zugriff: 17.12.2016)

Intervenieren oder nicht?

Intervenieren oder nicht – und wenn ja, wie? [...]
Die Situation: Bemerkenswert am Krisenkaleidoskop der letzten Monate ist, wie unerwartet, mit welcher Rasanz und mit welchen oft tiefgreifenden Auswirkungen sich diese Krisen entfalteten. Ursächlich dafür ist die zunehmende Brüchigkeit politischer Ordnungen, von der gegenwärtigen Weltordnung bis hin zu den fragilen, zerfallenden oder bereits zerfallenen staatlichen Ordnungen in vielen Teilen der Welt. [...] In der Konsequenz bedeutet das: In derartige Krisen einzugreifen, erfordert in der Regel auch die Bereitschaft und die Fähigkeit, nachhaltig politische Ordnung zu stiften. [...] Die wichtigste Voraussetzung für eine gute Entscheidung ist dabei eine gründliche und fundierte Analyse der jeweiligen Situation.
Ziele: Auf der Basis einer solchen Analyse kann die Politik dann Zielvorstellungen als Richtschnur entwickeln. Derartige Zielvorstellungen sind dabei etwas anderes als der moralisch fundierte Impuls, Schlimmes verhindern oder Gutes bewirken zu wollen. [...] Viel zu oft lässt sich die Politik von emotional geprägten Momentaufnahmen der öffentlichen bzw. der veröffentlichten Meinung beeindrucken, und nicht selten trägt sie sogar selbst dazu bei, Hoffnungen und Erwartungen zu schüren, die in keinem Verhältnis zur eigenen Bereitschaft stehen, die dafür erforderlichen Kosten und Opfer zu tragen. [...] Die Kluft zwischen Anspruch und tatsächlicher Handlungsbereitschaft mündet dann nicht selten in halbherzige, unzureichende, fehlgeleitete und manchmal nur noch symbolische Politik.
Fähigkeiten, Mittel, Risikobereitschaft: Jede nachhaltige politische Ordnung bedarf heute zweier Grundvoraussetzungen – der Legitimität und eines intakten physischen Gewaltmonopols. Politische Ordnung hat also stets mit Gewalt und damit auch mit Waffen zu tun, mag das gefallen oder nicht. [...] Bei Interventionen von außen kann es nicht nur darum gehen einzugreifen: Diejenigen, die eingreifen wollen, müssen auch in der Lage sein, politische Ordnung zu stiften. Der ehemalige amerikanische Außenminister Colin Powell hat dies einmal auf die denkbar knappste Formel gebracht, als er seinen damaligen Präsidenten George Bush vor der Intervention im Irak warnte: „You break it, you own it". [...] Wenn nachhaltig politische Ordnung geschaffen werden soll, dann braucht das Entschlossenheit, viel Zeit und viel Geld sowie eine breite Palette von sorgfältig miteinander verknüpften Instrumenten, von der militärischen Machtprojektion über die Unterstützung beim Aufbau einer funktionierenden Rechtsordnung bis hin zur Hilfestellung bei effektivem und zivilisiertem Strafvollzug.
Vorgehensweise: Die beiden wichtigsten Aspekte der Vorgehensweise betreffen die Art und den Umfang der Zusammenarbeit mit anderen und die effektive Koordination der verfügbaren Fähigkeiten. Eine bemerkenswerte Gemeinsamkeit bei allen weltpolitischen Krisen [...] ist die geringe Bedeutung internationaler Institutionen im Sinne effektiven Krisenmanagements. In Syrien und im Irak beschränkten sich die angeblich Gemeinsame Außenpolitik und die Gemeinsame Sicherheits- und Verteidigungspolitik der Europäischen Union [...] auf deklaratorisches Händeringen [...]. Die Vereinten Nationen erwiesen sich [...] immer wieder als handlungsunfähig, weil ständige Mitglieder des Sicherheitsrates politische Entscheidungen blockieren konnten.

Aus: Hanns W. Maull, Intervenieren? Es gibt eine Faustregel: Eher nein. Aber wenn, dann richtig, in: Internationale Politik und Gesellschaft, 01.09.2014 (Zugriff: 15.12.2016)

MATERIAL 4

INFO

Colin Powell
ehemaliger Nationaler Sicherheitsberater (1987 - 1989) und US-Außenminister (2001 – 2005)

1 Arbeiten Sie heraus, worin die Gefahren des neuen unsichtbaren Krieges bestehen und welche Folgen diese Entwicklung für künftige Konflikte haben kann. Erläutern Sie in diesem Zusammenhang die Karikatur und das Bild auf S. 98 (M 3).

2 Analysieren Sie die Aussagen aus M 4 und diskutieren Sie, ob und unter welchen Voraussetzungen interveniert werden sollte.

1.5 Der Syrien-Konflikt: Entwicklung, Akteure und Szenarien

MATERIAL 1 — Zerrissenes Syrien

> **INFO**
> **Hisbollah**
> Name einer von Iran unterstützten schiitischen Partei und Miliz im Libanon
>
> **Peschmerga**
> Streitkräfte der Autonomen Region Kurdistan im nördlichen Irak

Der aktuelle Syrien-Konflikt scheint aufgrund seiner vielschichtigen innenpolitischen, regionalen und internationalen Konflikte kaum lösbar zu sein. Belastet wird die Konfliktsituation in Syrien durch die Vielzahl unterschiedlicher, zunehmend verfeindeter ethnischer und religiöser Gruppen, wie z. B. Sunniten, Schiiten, Aleviten, Jesiden, Drusen, Christen oder die in der Grenzregion zwischen Türkei, Irak und Syrien lebenden, von Ankara kritisch beäugten Kurden. Angesichts schwacher oder vom Staatszerfall bedrohter Nachbarstaaten, die selbst in Kriege bzw. Bürgerkriege verwickelt sind, z. B. im Libanon, Israel oder Irak wird die Konfliktlage noch unsicherer. Von Saudi-Arabien, dem Iran (z. B. für die Hisbollah) oder von Katar finanzierte Soldaten und Hilfsmaßnahmen verdeutlichen nicht nur das Interesse der Regionalmächte, auf die Entwicklung des Syrien-Konflikts Einfluss zu nehmen. Die Interventionen Russlands zugunsten des Assad-Regimes als auch die Rolle der internationalen Allianz westlicher Staaten in Syrien (z. B. USA, Frankreich, Deutschland etc.) unterstreichen die zahlreichen, voneinander abweichenden Interessen bei der Lösung des Konfliktes.

Militärische Interventionen durch Luftangriffe gegen den IS oder auch Waffenlieferungen und operative Unterstützungen, etwa für kurdische Peschmerga, haben vorerst weder eine deutliche Verbesserung der Lage für die Menschen in Syrien (z. B. in Aleppo) herbeigeführt noch zu einer stabilen Waffenruhe zwischen der Regierung in Damaskus und den Rebellen bzw. der Opposition beigetragen. Die Unübersichtlichkeit des syrischen Bürgerkrieges wird darüber hinaus durch die Terrormiliz „Islamischer Staat" (IS), die insbesondere in den Regionen des Irak und Syrien zunächst erfolgreich eine quasi-staatliche Ordnung aufgebaut hat und mit den Mitteln der hybriden Kriegsführung lokal und weltweit für Angst und Unruhe sorgt, extrem erschwert.

Autorentext

MATERIAL 2 — Chronologie der Ereignisse bis Anfang 2017

Februar 2011: Nach den Aufständen in Tunesien und Ägypten erreicht der Arabische Frühling auch Syrien.
März: Syrer demonstrieren in Großstädten. Die Regierung setzt Panzer ein. Die USA reagieren mit Sanktionen, das EU-Waffenembargo tritt in Kraft.
Juli: Hunderttausende gehen auf die Straßen, allein in Hama sterben 130 Menschen.
August: US-Präsident Obama fordert Assad zum Rücktritt auf. Mehrere arabische Staaten ziehen ihre Botschafter aus Syrien ab.
September: Die EU verhängt ein Ölembargo gegen Syrien.
Oktober: Oppositionelle gründen den Syrischen Nationalrat, um unterschiedliche Kräfte zu bündeln. Er unterstützt auch die Freie Syrische Armee. Russland und China blockieren im UN-Sicherheitsrat eine Resolution gegen Assad.
März 2012: Gemeinsam mit Russland und China einigt sich der UN-Sicherheitsrat auf eine Erklärung. Darin mahnt er an, den Sechs-Punkte-Plan des Sondergesandten Annan einzuhalten.
April: Trotz des vereinbarten Waffenstillstands geht der Kampf weiter.
Juni: Beobachter der UN werden wiederholt beschossen. Die syrische Regierung startet eine Offensive auf die Millionenstadt Aleppo.
August: Sanktionen gegen Syrien scheitern an der Blockade durch Russland. Obama droht mit einem Militärschlag, sollte Assad Chemiewaffen einsetzen.

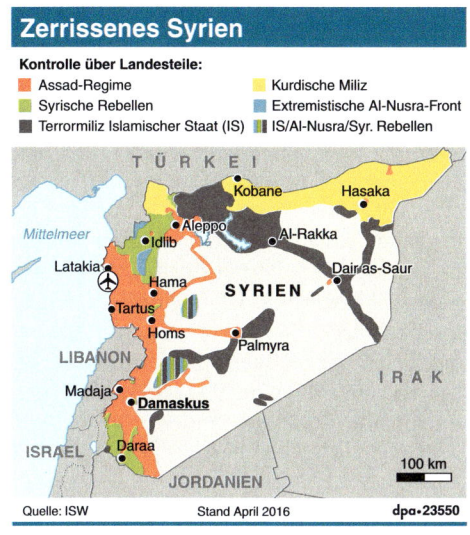

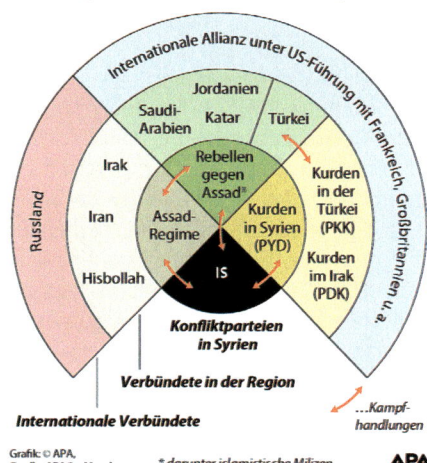

September: Es heißt, Assad teste Trägersysteme für Giftgasgranaten. Der berühmte Basar von Aleppo geht in Flammen auf.
November: Nach UN-Angaben sind 400 000 Syrer geflohen.
Dezember: Die NATO liefert Abwehrraketen in die Türkei.
Mai 2013: Israel fliegt Luftangriffe auf Ziele in Syrien, um Raketenlieferungen an die Hisbollah-Miliz zu verhindern.
August: Oppositionelle und Hilfsorganisationen berichten von einem Giftgaseinsatz. Syriens Regierung erlaubt den UN, den mutmaßlichen Chemiewaffen-Einsatz zu untersuchen. Sieben Millionen Menschen sind auf der Flucht.
September: Der russische Außenminister Lawrow fordert die Regierung in Damaskus auf, die syrischen Chemiewaffen einer internationalen Kontrolle zu unterstellen.
Oktober: UN-Experten beginnen mit Vernichtung von C-Waffen. Der Bürgerkrieg greift auf den Libanon über.
Februar 2014: Die Vereinten Nationen sprechen von der schlimmsten Flüchtlingskrise seit dem Genozid in Ruanda.
März: Neun Millionen vertriebene Syrer.
2014/2015: Truppen des IS erobern Teile von Syrien.
2015: U.a. die Türkei, Frankreich, die USA und Russland bombardieren Stellungen in Syrien, Russland die syrische Opposition, die Türkei kurdische Stellungen, unterstützt von der Bundeswehr.
Januar 2016: Friedensgespräche in Genf zwischen der syrischen Regierung und [...] der Opposition [...]; die Gespräche werden Anfang Februar ausgesetzt.
Mai: Eine von Großbritannien eingebrachte Resolution, mit der der UN-Sicherheitsrat die Gewalt gegen Zivilisten in Aleppo verurteilen soll, wird von Russland abgelehnt.
Juli: Die von den Rebellengruppen kontrollierte östliche Hälfte Aleppos ist von Nachschub abgeschnitten.
Dezember 2016: Regierung in Damaskus verkündet die Kontrolle über Aleppo.
April 2017: Zahlreiche Todesopfer bei einem Luftangriff mit Giftgaseinsatz in Chan Schaichun. US-Regierung ordnet den Angriff eines syrischen Militärflugplatzes mit Marschflugkörpern an.

Autorentext und nach: www.sueddeutsche.de/politik/chronologie-der-ereignisse-in-syrien-vom-politischen-fruehling-in-den-krieg-1.1758046; www.sueddeutsche.de/politik/chronologie-des-syrischen-buergerkriegs-so-kam-es-zur-fluechtlingskatastrophe-1.2652348 (Zugriff: 9.1.2017)

1 Nennen Sie in Thesen die internen und externen Ursachen des Syrien-Konfliktes. Gestalten Sie eine Nachrichtenanalyse und erörtern Sie die wichtigsten Ergebnisse (M 1, M 2).

QUERVERWEIS
METHODE
Nachrichtenanalyse
S. 105

MATERIAL 3 Akteure im Syrien-Konflikt

Wer sind die Kriegsparteien?
Im Zentrum des Bürgerkriegs in Syrien steht der Konflikt zwischen Regime-Unterstützern und Regime-Gegnern: Baschar al-Assad und sein innerer Zirkel wollen sich an der Macht halten. Die Rebellen wollen ihn stürzen und selbst die nächste Regierung stellen. Beide Seiten sind stark fragmentiert. Es kämpfen Hunderte verschiedene Milizen gegen Assad. Ebenso kämpft inzwischen eine Vielzahl von Milizen für Assad. Außerdem involviert: die internationalen Unterstützer und Gegner Assads sowie die Terrormiliz „Islamischer Staat".

Die Konfliktparteien in Syrien:
1. Das syrische Regime: Assad kann sich auf die Reste des syrischen Militärapparats stützen. Als einzige syrische Kriegspartei besitzt er eine Luftwaffe. Zudem kämpfen für ihn die Reste der Armee-Eliteeinheiten. Doch ihre Reihen sind ausgedünnt: Viele Kämpfer sind gefallen. Einfache Soldaten desertieren schon seit Beginn des Konflikts 2011 in Scharen. Junge Männer flüchten aus Syrien, um dem Pflichtwehrdienst zu entkommen. Wichtiger für Assad sind längst örtliche Milizen, die hauptsächlich für ihre eigenen Interessen kämpfen, formal jedoch zum syrischen Regime halten. Am bekanntesten sind die „Nationalen Verteidigungskräfte", wie der landesweite Dachverband der von Iran unterstützten syrischen Milizen genannt wird.

2. Die syrischen Rebellen: Aus den anfangs kleinen örtlichen Rebellenmilizen haben sich zum Teil größere Koalitionen formiert. Am schlagkräftigsten ist derzeit die im März 2015 geknüpfte Allianz „Armee der Eroberung" (Dschaisch al-Fatah) im Nordwesten des Landes. Ihr gehören verschiedene Milizen an. Die stärksten dieser Milizen sind die islamistische Nusra-Front, der syrische Ableger von al-Qaida, und die salafistische Rebellengruppe Ahrar al-Scham. Sie kommen auch in anderen Landesteilen vor. Beide wollen ein islamistisches Syrien aufbauen, in dem die Gesetzgebung auf der Scharia beruht. Demokratie lehnen sie ab. Mit ihnen kooperieren auch immer wieder kleinere, eher säkulare örtliche Rebellenmilizen, die sich selbst als „Freie Syrische Armee" bezeichnen. Von ihnen sind im fünften Jahr der Gewalt wenige Kämpfer übrig. Sie bekamen nahezu keine Hilfe. Islamistisch motivierte internationale Geldgeber dagegen gab es deutlich mehr. Manche Rebellen orientierten sich dementsprechend um und wurden professionelle Kämpfer. Andere flohen und kehrten in ihre alten Berufe zurück.

Internationale Unterstützer Assads:
Diese vier ausländischen Regierungen unterstützen das syrische Regime von Baschar al-Assad.
1. Iran will seine Macht in Syrien absichern, ob mit oder ohne Assad. Das Land interveniert seit 2011 massiv zugunsten des syrischen Regimes mit eigenen Kämpfern sowie Tausenden Milizionären.
2. Iraks Regierung in Bagdad unterstützt das syrische Regime. Seit 2013 kämpften dem Iran nahestehende schiitisch irakische Milizen in Syrien, um Assad zu helfen.
3. Russland will, dass Assad bleibt, damit der russische Einfluss in Syrien gewahrt wird. Seit Ausbruch des Konfliktes hilft Moskau Assad mit Geld und Waffen. Seit 2015 interveniert das Land auch direkt zugunsten Assads, indem es vor allem die syrischen Rebellen bombardiert.
4. Aus dem Libanon kämpft die schiitische Partei und Miliz Hisbollah mit Tausenden Männern auf der Seite des syrischen Regimes.

Internationale Assad-Gegner:
Es gibt derzeit keine effektive Koalition der Assad-Gegner. Um die „Freunde Syriens", die sich 2012 gegründet haben und über 60 Staaten und Organisationen als Mitglieder zählen, ist es inzwischen sehr ruhig geworden. Unter US-Führung hat sich 2014 eine rund 60 Länder starke Koalition gebildet. Aber diese Allianz konzentriert sich auf ihren kleinsten gemeinsamen Nenner, den Kampf gegen den

---

INFO

Ahrar al-Scham
islamistisch-salafistische Rebellenmiliz; zweitmächtigste Einheit im Kampf gegen das Assad-Regime

Scharia
das religiöse Gesetz des Islam

„Islamischen Staat" in Syrien und im Irak, und richtet sich nicht gegen Baschar al-Assad.

1. Die USA wollen, dass Assad den Weg für eine neue prowestliche Regierung und einen Übergang zur Demokratie freimacht. Sie haben bisher mehrere Tausend syrische Rebellen mit leichten Waffen ausgestattet, eine vergleichsweise geringe Zahl in einem Krieg mit Hunderttausenden Kämpfern. Die USA unterstützen „moderate Rebellen" ohne Verbindungen zu den radikalen Islamisten. Im fünften Jahr der Gewalt gibt es davon in Syrien immer weniger.

2. Die Golfstaaten wollen Assad stürzen und islamistische syrische Rebellen an die Macht bringen, die ihnen nahestehen. Dazu haben Teile ihrer Führung 2012 sogar radikale Gruppen mit Geld und Waffen unterstützt, die später im „Islamischen Staat" aufgegangen sind.

3. Die Türkei will, dass Assad gestürzt wird und islamistische syrische Rebellen die Macht übernehmen. Ankara hasst Assad so sehr, dass die türkische Regierung Islamisten in Syrien half und lange den „Islamischen Staat" in der Türkei gewähren ließ, wenn nicht sogar aktiv unterstützte. Es gab türkische Medienberichte über eine Waffenlieferung durch den türkischen Geheimdienst nach Syrien. Details sind nicht bekannt. Ankara dementierte.

Andere Kriegsparteien: […]

1. Der „Islamische Staat" (IS), der die syrischen Rebellen und Assad bekämpft, will den Nationalstaat Syrien abschaffen und ein länderübergreifendes Kalifat errichten. Ursprünglich ist er eine Terrorgruppe, die nach dem US-Einmarsch im Irak entstand, aufgebaut durch al-Qaida nahestehende Dschihad-Veteranen. Zudem haben sich viele Ex-Kader Saddam Husseins der Organisation angeschlossen. Seit 2012 versucht der IS, vor allem von den syrischen Rebellen kontrollierte Teile Syriens zu infiltrieren und zu erobern.

Karikatur: Thomas Plaßmann

2014 kam es erstmals auch zu einer ernsthaften Konfrontation zwischen IS und syrischem Regime. Große Gebiete im dünn besiedelten syrischen Osten hat der IS bereits zu Provinzen seines Kalifates erklärt.

2. Die „Volksverteidigungseinheiten" (YPG), der bewaffnete syrische Ableger der linken türkisch-kurdischen Arbeiterpartei Kurdistans (PKK), haben Mitte 2012 in Kantonen im Norden Syriens die Macht übernommen und sich seitdem entlang der türkischen Grenze ausgebreitet. International am bekanntesten ist Kobane. Die YPG bezeichnen die von ihnen kontrollierte Region als […] West-Kurdistan, und wollen für sie Autonomie innerhalb eines syrischen Staates erkämpfen. Bisher sehen sie von Unabhängigkeitsbestrebungen ab. Sie kooperieren manchmal mit syrischen Assad-Gegnern und manchmal mit syrischen Assad-Anhängern im Kampf gegen den IS, der die von ihnen kontrollierten Gebiete am stärksten bedroht. Die YPG sind kriegserfahren und gelten als besonders schlagkräftig. Sie werden von den USA mit Luftangriffen unterstützt. Gleichzeitig werden sie jedoch von der eigentlich mit den USA verbündeten Türkei bedroht [die die Errichtung eines kurdischen Staats um jeden Preis verhindern will]. Seit Sommer 2015 ist der Krieg zwischen der Türkei und der PKK wieder aufgeflammt. Ankara hat bereits wiederholt Ziele der PKK im Irak bombardiert.

Aus: www.spiegel.de/politik/ausland/krieg-in-syrien-alle-wichtigen-fakten-erklaert-endlich-verstaendlich-a-1057039.html (Abruf: 31.5.2016)

INFO

PKK
Abkürzung von: Arbeiterpartei Kurdistans, eine sozialistisch ausgerichtete militante kurdische Untergrundorganisation

---

1 Arbeiten Sie die zentralen Akteure des Syrien-Konflikts heraus und erörtern Sie deren jeweilige Interessen und Ziele (M 3).

2 Erörtern Sie, warum eine Friedenslösung im Syrien-Konflikt so schwierig ist.

MATERIAL 4 Syrien und der Nahe Osten: drei Konfliktszenarien

INFO

Europol
Europäisches Polizeiamt, Strafverfolgungsbehörde der Europäischen Union

Das negative Szenario: 2025: Die Staaten im Nahen Osten haben das vergangene Jahrzehnt vorrangig damit verbracht, Sicherheit wiederherzustellen – doch dabei haben sie die wichtigsten politischen, sozialen und wirtschaftlichen Reformen zurückgestellt. [...] Die Lage führt zur totalen Eskalation: Sowohl die Türkei als auch Tunesien verlassen den demokratischen Pfad, um sich ganz dem Kampf gegen den Terror zu verschreiben [...], der Konflikt zwischen Israel und den Palästinensern verstärkt sich, da der IS beginnt, auch dort Fuß zu fassen. Obwohl er in den vergangenen zehn Jahren schwere Verluste hinnehmen musste, besteht er nach wie vor im Irak als aktive Terrororganisation, in einem geringeren Ausmaß auch in Syrien, Ägypten, Libyen und den palästinensischen Gebieten. [...] In Syrien hat die internationale Koalition, die seit 2015 besteht, keinen Frieden schaffen können. Auch wenn der IS zurückgedrängt wurde, bedeutete dies noch keine Friedensbereitschaft seitens der Rebellen oder der Regierung unter dem nunmehr 60-jährigen Präsidenten Bashar al-Assad. Auch wenn er nicht in der Lage ist, das Land voll zu kontrollieren, bleibt er kompromisslos.

Das durchwachsene Szenario: Seit 2015 hat der Nahe Osten viele Reformen angestoßen, aber auch schwere Rückschritte verzeichnen müssen. Insgesamt ist die Bilanz daher eher durchwachsen, und die Region weist nach wie vor hohes Risikopotenzial und mehrere Unruheherde auf. Während Entscheidungsträger dem IS den Krieg erklärten, gingen sie auch wichtige wirtschaftliche Reformen an, doch der Durchbruch wollte nicht so recht gelingen. [...] Nach wie vor bestehen deshalb terroristische Vereinigungen in der Region; wenngleich schwächer als 2015, so existiert der IS nach wie vor in kleineren Zellen in quasi jedem Staat im Nahen Osten. Dies hat positiverweise zu mehr Kooperation zwischen den Staaten der Region geführt, zwischen denen bislang keinerlei Austausch bestand. Doch in manchen Staaten wie dem Irak, Jordanien und Ägypten haben sich zwischenzeitlich neue politische Gruppen gebildet, die der Gewalt abschwören und versuchen, ihre Interessen demokratisch zu vertreten. [...]

Das positive Szenario: Fast 15 Jahre nach dem Arabischen Frühling hat der Nahe Osten die wichtigsten Klippen umschifft. Wenngleich nach wie vor Probleme in den Bereichen Sicherheit und Wirtschaft bestehen, sind die Grundlagen für eine insgesamt stabilere Zukunft gelegt. [...] Die Senkung der Arbeitslosigkeit hat auch dazu geführt, dass terroristische Vereinigungen immer weniger Zulauf haben; auch wenn der IS nach wie vor im Internet sehr aktiv ist, so ist es ihm schon seit Jahren nicht mehr gelungen, spektakuläre Attentate zu verüben. Dies lässt sich auch auf die verstärkte Kooperation der Staaten in der Region zurückführen: Die Gründung einer regionalen Polizeiorganisation nach dem Vorbild von Europol hat nicht nur zu vermehrtem Informationsaustausch geführt, sondern auch als vertrauensbildende Maßnahme gewirkt. [...] Der syrische Bürgerkrieg ist schlussendlich durch ein politisches Abkommen beendet worden [...]. Am Ende war es vor allem Kriegsmüdigkeit, die alle Parteien dazu bewogen hatte, Kompromisse einzugehen [...]. Die Rückkehr tausender Flüchtlinge wird sich vor allem für die Türkei, Libanon und Jordanien positiv auswirken. [...] Überall im Nahen Osten haben sich vor allem durch das Internet Interessengruppen und politische Vereinigungen zusammengefunden, die Reformen und Wandel auf friedlichem Wege erreichen wollen; regelmäßige Demonstrationen sind jedoch nicht mehr gewalttätig wie in den Jahrzehnten zuvor, auch weil die Polizeiapparate besser geschult sind.

Aus: Florence Gaub: Der Nahe Osten 2025: Drei Zukunftsszenarien, in: www.bpb.de/apuz/221176/der-nahe-osten-2025-drei-zukunftsszenarien?p=all (Zugriff: 4.5.2017)

1 Erläutern Sie die einzelnen Szenarien und beurteilen Sie deren Aussagen zur Entwicklung im Nahen Osten und in Syrien. Bewerten Sie, was der jeweilige Verlauf der Konflikte für die Sicherheit und den Frieden in Europa und der Welt bedeuten kann.

Nachrichtenanalyse

METHODE

Nachrichtenanalyse am Beispiel digitaler Medien

Um die Ursachen und Zusammenhänge von politischen Ereignissen besser verstehen und beurteilen zu können, gilt es, einen genauen Blick auf die Nachrichten zu werfen. Zu berücksichtigen ist dabei, dass die Medien nicht bloße Nachrichtenübermittler sind, sondern auch einen Filter darstellen, der unsere Wahrnehmung prägt, da sie entscheiden, welche Ereignisse überhaupt berichtenswert sind. Im Wissen darüber versuchen diverse Akteure, z. B. Politiker, die Berichterstattung der Medien auch aktiv in ihrem Sinne zu beeinflussen, wobei dem in einem demokratischen Staat schon durch die Pressefreiheit (Art. 5 GG) klare Grenzen gesetzt sind. Daher unterscheiden sich die Medien auch zum Teil deutlich in ihrer Art der Darstellung, ihren Inhalten, ihrer Aufmachung, ihrem Stil und in ihrer politischen Ausrichtung. Mithilfe einer gründlichen Nachrichtenanalyse können wir mehr über diese unterschiedliche Vermittlung von politischen Ereignissen und Informationen durch die Medien erfahren und so einen bewussteren Umgang damit erlernen, der uns, z. B. durch den kritischen Vergleich verschiedener Medien, auch bei der Einschätzung politischer Sachverhalte hilft.

1. Vorbereitung

- Bilden Sie Arbeitsgruppen und entscheiden Sie, welche *Art von Nachrichtsendung oder -format* Sie jeweils analysieren wollen. Am besten verwenden Sie hierbei sowohl Sendungen aus dem öffentlich-rechtlichen als auch aus dem Privatfernsehen, z. B. die „Tagesschau" in der ARD, die „heute"-Sendung im ZDF und „RTL aktuell". Zudem können Sie das Internet einbeziehen, z. B. die Webseiten regionaler oder überregionaler Zeitungen und Nachrichtenmagazine.
- Legen Sie fest, welche *Nachrichtenthemen* Sie auswerten wollen. Im Rahmen des Themas „Energie und Umwelt" können Sie z. B. die Themenschwerpunkte Energiewende, Energieversorgung, nationale und internationale Energiesicherheit, Umweltschutz, Ressourcenknappheit untersuchen.
- Bestimmen Sie, in welchem *Zeitraum* Sie welche *Anzahl* von Sendungen analysieren möchten (mind. 2 Nachrichtensendungen oder Online-Berichte vom selben oder von mehr als einem Tag).
- Entwickeln Sie gemeinsame *Kriterien*, die Sie an den jeweiligen Sendungen oder Online-Nachrichten interessieren und die Sie später miteinander vergleichen wollen.
- Berücksichtigen Sie dabei u. a. folgende *Fragen*:
  - Was ist der Inhalt bzw. Themenschwerpunkt der Nachrichten (siehe oben)?
  - Wie häufig wird das jeweilige Thema erwähnt und in welcher Form bzw. in welchem Stil (Kommentar, Schlagzeile, Bilder, Film) wird darüber berichtet?
  - Welche Personen oder Organisationen werden erwähnt (z. B. beim Thema „Syrien-Konflikt": Angela Merkel, Hafiz al-Assad, Wladimir Putin, Donald Trump, Islamischer Staat, kurdische Peschmerga etc.?

2. Umsetzung

Führen Sie jeweils in Ihren Gruppen die Nachrichtenanalyse entlang der gemeinsam beschlossenen Kriterien durch und halten Sie Ihre Ergebnisse anhand von Schlagzeilen, Sprechertexten oder zentralen Aussagen in einer übersichtlichen Form (als Tabelle, Mindmap etc.) fest.

3. Auswertung

Präsentieren und vergleichen Sie Ihre Ergebnisse u. a. im Hinblick auf die wichtigsten Gemeinsamkeiten und Unterschiede zwischen den Nachrichtensendungen bzw. -formaten, auf die damit angesprochenen Zielgruppen sowie auf mögliche Wirkungen auf Politik und Gesellschaft.

1 Gestalten Sie eine Nachrichtenanalyse zum Thema „Syrien-Konflikt".

METHODE: Konfliktanalyse

Wenngleich sich Politik nicht in Konflikten erschöpft, sind es gerade auf internationaler Ebene vornehmlich Konflikte, die die Aufmerksamkeit auf sich ziehen und, wegen der bei Eskalation drohenden Gefahr für Leib und Leben der Betroffenen, mit besonderer Dringlichkeit Lösungen erfordern. Bei dieser Art von Konflikten ist noch weniger als bei innenpolitischen oder gar kommunalen Auseinandersetzungen die unmittelbare Beteiligung der Bürgerinnen und Bürger gegeben. Gleichwohl werden diese in der Demokratie direkt angesprochen und nach ihrer Zustimmung befragt, vor allem wenn es um militärische Optionen geht. Die Urteilsbildung wird dabei in hohem Maße von den Medien beeinflusst, da die Bilder aus Krisengebieten fast zeitgleich geliefert werden und intensiv emotional wirken. Wenn man nicht bei spontanen Reaktionen verharren und eine begründbare Position finden will, sind eine differenzierte Wahrnehmung der Sachverhalte und Kriterien für ihre Beurteilung erforderlich. Sie lassen sich in Leitfragen für die Analyse übersetzen:

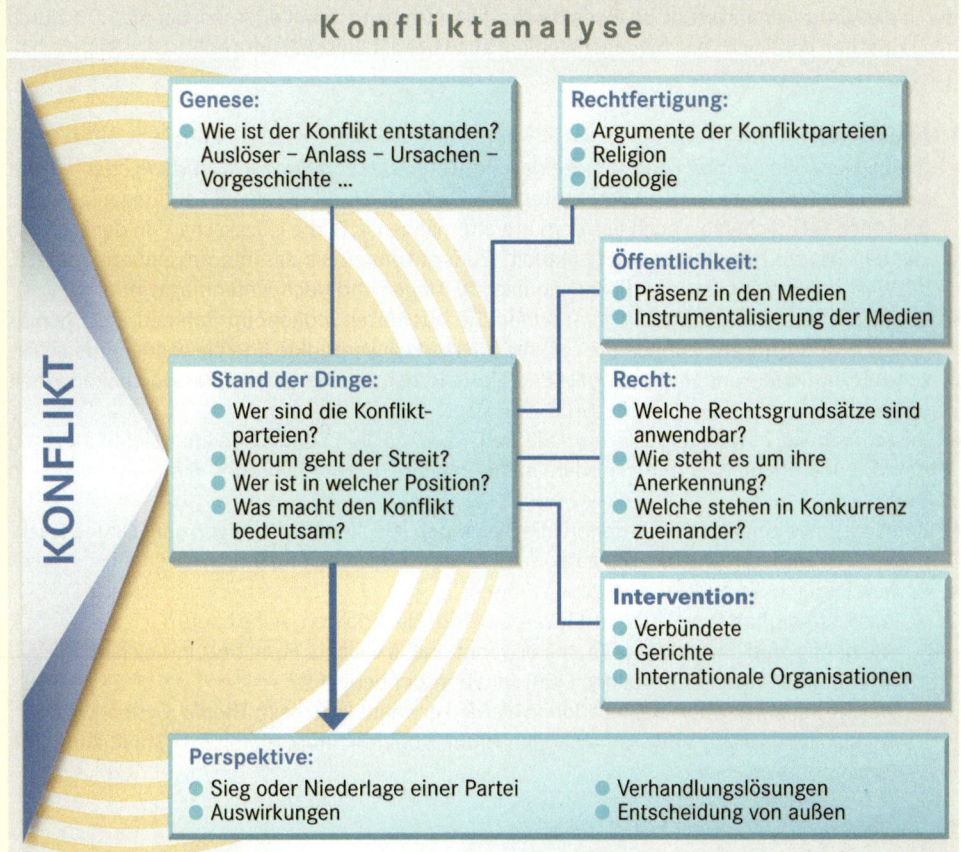

Auch im Konflikt lassen sich wie bei allen politischen Vorgängen drei Dimensionen der Politik ausmachen:

- **Inhalt:** z. B. Gegenstand des Konflikts;
- **Prozess:** z. B. die Auseinandersetzung zwischen den politischen Akteuren in den Medien oder vor den Gerichten;
- **Form:** Handlungsrahmen, in dem der Prozess ausgetragen wird, z. B. Völkerrecht, Verfassung, Gesetze, ungeschriebene Normen.

1 Analysieren Sie unter Berücksichtigung des Materials und anhand eigener Recherchen den „Syrien-Konflikt" mithilfe der Konfliktanalyse. Nutzen Sie hierfür ggf. Ihre Ergebnisse aus einer vorhergehenden Nachrichtenanalyse.

GRUNDWISSEN

„Westfälisches" System
Mit den Nationalstaaten als wichtigsten Akteuren findet internationale Politik noch immer unter den Bedingungen von Anarchie und Selbsthilfe in einem Staatensystem ohne Weltregierung statt. Man spricht in diesem Zusammenhang auch von der „westfälischen Ordnung" des Staatensystems, da die mit dem Westfälischen Frieden von Münster und Osnabrück 1648 europaweit vereinbarten Prinzipien der inneren und äußeren Souveränität bis in die Gegenwart fortwirken. Da die globalen Herausforderungen (innerstaatliche Konflikte, Rüstungswettlauf, Terrorismus u.a.) seit Anfang der neunziger Jahre noch vielfältiger, komplexer und unübersichtlicher geworden sind und sich das moderne Territorialstaatensystem grundlegend verändert, sind die Staaten zunehmend auf eine enge Kooperation angewiesen. Zugleich aber besteht zwischen den großen Mächten (z. B. USA, China, Russland, Europa) weiterhin eine nach Macht und Einfluss strebende, Konflikte erzeugende Interessenrivalität.

Machtstrukturen
Macht ist ein zentraler Faktor der internationalen Politik. Je nachdem wie die Macht zwischen den Staaten verteilt ist, wandelt sich die Gestalt der internationalen Ordnung: Verfügt *ein* Staat über so viele Machtressourcen, dass er die internationale Politik weitgehend ohne eine ernst zu nehmende Gegenmacht gleichsam als Hegemon dominieren kann, spricht man von Unipolarität. Existiert – wie im Kalten Krieg – ein Machtgleichgewicht zwischen *zwei* Staaten, so ist die Struktur des internationalen Systems bipolar. Von einer multipolaren Machtverteilung ist hingegen die Rede, wenn, wie gegenwärtig, ein Machtgleichgewicht zwischen *mehr als zwei* Staaten besteht.

„Negativer" und „Positiver" Frieden
Während der negative Frieden die bloße Abwesenheit von Krieg oder kollektiver Gewaltanwendung bezeichnet, meint der positive Frieden die Abwesenheit von struktureller Gewalt, also aller Faktoren, die Menschen daran hindern, ihre Anlagen und Möglichkeiten voll zu entfalten. Diskriminierung, ungleiche Bildungschancen oder das Wohlstandsgefälle zwischen Industrie- und Entwicklungsländern sind in diesem Sinne Merkmale struktureller Gewalt, die nur in einem positiven Frieden behoben wären, der nicht nur formell Ordnung und Sicherheit anstrebt, sondern diese materiell mit Inhalten füllt, indem er z. B. Menschen- und Bürgerrechte durchsetzt.

Sicherheit im Wandel
Sicherheit ist in der Gegenwart nicht mehr nur mit der klassischen militärischen Bedrohungsabwehr gleichzusetzen. Über die territoriale Sicherheit hinaus sind im Laufe der Jahre auch die wirtschaftliche, ökologische und menschliche Sicherheit zu wichtigen Voraussetzungen für eine stabile, friedliche Weltordnung geworden. Angesichts der vielfachen Gefährdungen im 21. Jahrhundert hängen lokale, nationale und globale Sicherheit zunehmend miteinander zusammen. Zur nationalen und globalen Sicherheitspolitik zählen nicht mehr nur zivile und militärische Instrumente des Krisenmanagements, sondern bspw. auch wirtschaftliche, gesellschaftliche und politische Formen der Entwicklungshilfe, um menschliche Sicherheit zu gewährleisten. Das Konzept der „vernetzten Sicherheit" ist ein wesentliches Ergebnis dieses Wandels.

Neue Kriege
Im Unterschied zu klassischen Kriegen, in denen sich zwei Gegner in Form eines konventionellen Staatenkrieges gegenüber stehen, sind im Verlauf der letzten Jahre neue Konfliktformen entstanden, die als neue Kriege die traditionellen Trennlinien zwischen Staat, Militär und Bevölkerung verwischen (z. B. in Afghanistan, Irak oder Syrien). Diese neuen asymmetrischen und hybriden Kriege, die eine veränderte, flexible Mischform aus unterschiedlichen Konfliktmitteln darstellen und vermehrt zwischen starken und schwachen Konfliktakteuren auftreten, haben die bisherigen weltpolitischen Konflikttypen wesentlich erweitert. In zerfallenden Staaten („failing states"), z. B. in Afrika, ist es möglich, dass ein Warlord in einem bestimmten Gebiet die Macht an sich zieht. Ihm dienen neben der Eroberung von Ressourcen z. B. Drogenhandel, Elfenbeinwilderei, Geiselnahme sowie Erpressung mit dem Eintreiben einer Kriegssteuer als Finanzierungsquelle.

2. Globale Herausforderungen für Frieden und Sicherheit

2.1 Klimaschutz: ein Ziel, viele Strategien

MATERIAL 1 Die weltweite Gier nach Energie

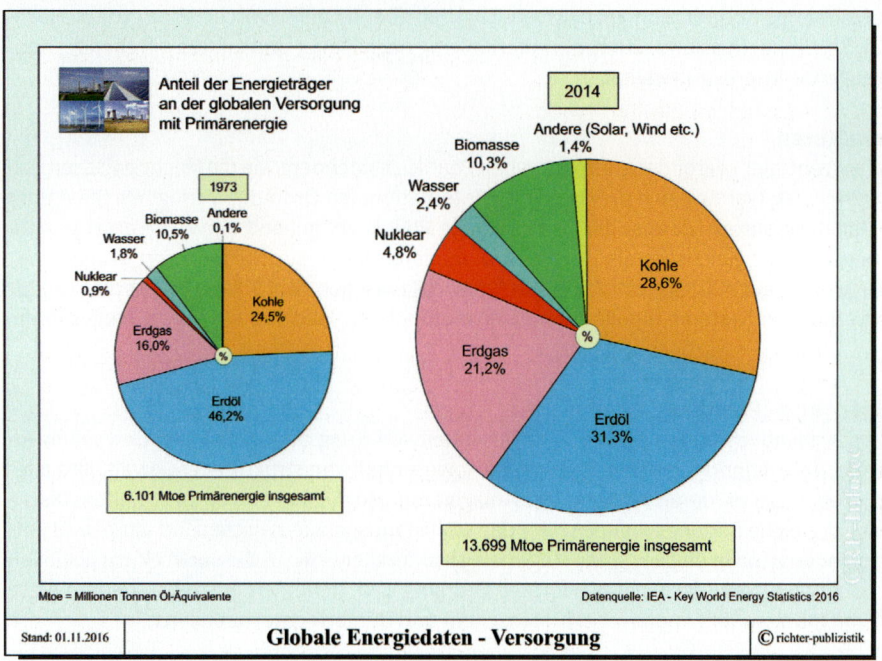

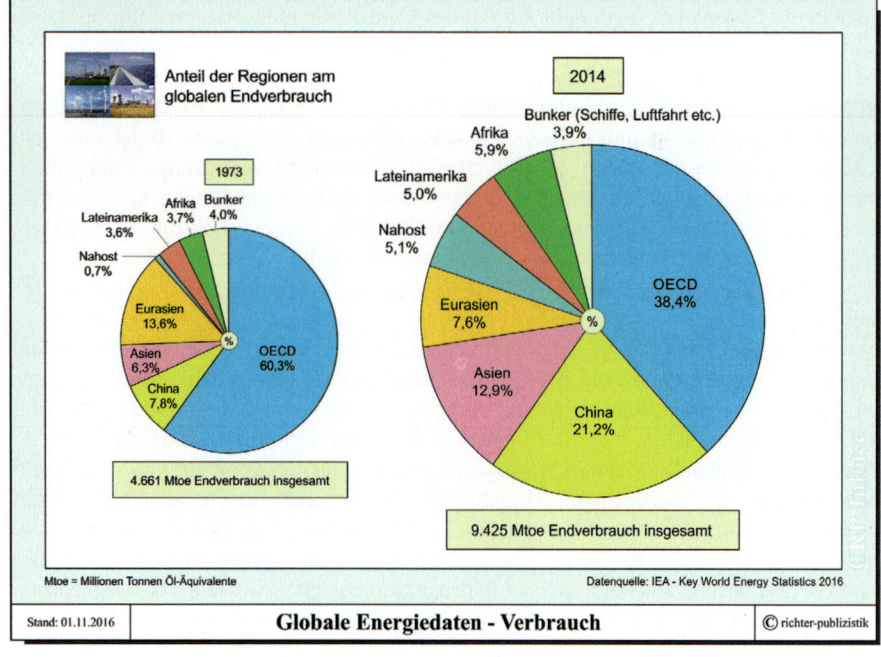

Das Pariser Klimaabkommen: ein Erfolgsmodell?

MATERIAL 2

Dieses Tempo ist völlig neu. Klimaschutz war bisher eine zähe Sache. Am Anfang war die Klimarahmenkonvention, 1992 beim großen Welt-Umwelt-Gipfel in Rio de Janeiro. Damals verpflichteten sich die UN-Mitglieder erstmals dazu, eine „gefährliche, vom Menschen gemachte Störung des Klimasystems" zu verhindern. [...] 1997 im japanischen Kyoto entstand das gleichnamige Protokoll, das zumindest die großen Industriestaaten verpflichtete, den Ausstoß an Treibhausgasen zu reduzieren.

Das funktionierte zwar aus verschiedenen Gründen nicht wirklich. Aber seitdem gibt es einen schönen „Werkzeugkasten" des internationalen Klimaschutzes – was wie wo gemeldet und gemessen wird, wie man überprüft und so weiter. Erst im vorigen Jahr in Paris wurde eine Übereinkunft erreicht, die ein neues, klares Ziel formuliert: Der Klimawandel soll bei „deutlich unter zwei Grad", besser bei 1,5 Grad gestoppt werden. Und in ihr verpflichten sich alle Staaten, dazu beizutragen, dass das auch erreicht wird - und nicht nur die Industriestaaten. [...]

Das „Paris Agreement" bündelt zunächst alle Zusagen, die die Staaten auf nationaler Ebene und freiwillig gemacht haben. Das war das Erfolgsrezept dieses Anlaufs in Paris. Kein Druck, sondern Freiwilligkeit. Darauf ließen sich die USA und schließlich auch China ein, also genau jene beiden Staaten, die jahrelang jeden Fortschritt behindert hatten. [...]

Die Pariser Texte [...] haben aber ein paar Elemente, die da weiterführen können. Zum einen gibt es eine gemeinsame Vorgabe für alle: In der zweiten Hälfte des 21. Jahrhunderts soll das Gleichgewicht der Klimagase wieder hergestellt werden. Nur so viel Ausstoß soll es geben, wie auch wieder aus der Atmosphäre herausgeholt werden kann.

Karikatur: Klaus Stuttmann (2011)

Zum zweiten gibt es ein Instrument zum „Nachschärfen" der nationalen Anstrengungen. Weil die eben noch nicht ausreichen, wird ab 2018 alle fünf Jahre eine Bestandsaufnahme gemacht, und nach der jeweiligen wissenschaftlichen Einschätzung sollen strengere Ziele festgelegt werden.

Solche Übereinkünfte so vieler Staaten sind immer eher vage formuliert. Denn es darf am Ende niemand widersprechen. Es gibt keine Strafvorschriften, nur ungenaue Kontrollen, und die Verteilung der weiteren Lasten [...] ist unklar. So unklar, wie auch die Herkunft der 100 Milliarden Dollar, die die Industriestaaten ab 2020 jährlich an Investitionen in den Entwicklungsländern leisten sollen, um ihnen eine „saubere" Zukunft und Wachstum zu ermöglichen.

Der Druck, der da entsteht, ist ein politischer. Die Bundesregierung spürt das gerade. Sie hatte schon in früheren Vereinbarungen zugesagt, dass sie bis 2020 den Ausstoß an Treibhausgasen um 40 Prozent zurückfährt (gegenüber 1990). Und die Pariser Übereinkunft bedeutet, dass bis 2050 ein Rückgang von 80 Prozent das Minimum wäre.

Aus: Werner Eckert am 4.11.2016 in: www.tagesschau.de/inland/pariser-klimaabkommen-101.html (Zugriff: 18.5.2017)

---

1 Beschreiben Sie anhand der Schaubilder, wie sich die Versorgung und der Verbrauch von Energie in der Welt verändert haben (M 1).
2 Beurteilen Sie die Chancen und Hindernisse für das internationale Klimaabkommen.
3 Analysieren Sie die Karikatur.
4 Überprüfen Sie im Internet, ob und inwieweit die Vereinbarungen von Paris umgesetzt sind, und gestalten Sie dazu eine Präsentation.

QUERVERWEIS
METHODE
Präsentation
S. 204

MATERIAL 3 — Strategien einer globalen Energiewende

Rede von Bundeskanzlerin Merkel anlässlich des Klimaschutzabkommens von Paris:

In Paris hat sich zum ersten Mal die gesamte Weltgemeinschaft dazu verpflichtet, den Klimawandel einzudämmen. Alle Staaten haben sich zu dem Ziel bekannt, die Erderwärmung unter zwei Grad zu halten und sie möglichst auf 1,5 Grad zu begrenzen. [...] Damit erweist sich das Abkommen von Paris als eine historische Wegmarke im internationalen Klimaschutz. [...]

Die globale Transformation hat bereits begonnen. Vor allem der Ausbau der erneuerbaren Energien entwickelt sich mit hoher Dynamik. Im vergangenen Jahr haben die globalen Investitionen ein neues Rekordhoch von 286 Milliarden US-Dollar erreicht. Damit wurde in erneuerbare Energien mehr als doppelt so viel investiert wie in die Stromproduktion mit fossilen Brennstoffen. [...] Jetzt geht es natürlich darum, diesen Trend zu verstetigen. [...]

Zum ersten Punkt: Dass wir Langfriststrategien brauchen, liegt auf der Hand, weil wir festgelegt haben, dieses Jahrhundert zu einem Jahrhundert der Dekarbonisierung zu machen. Dabei kommt es insbesondere auf langfristige Investitionen an – öffentliche wie private. [...]

Neben langfristigen Strategien sind natürlich schon ziemlich bald konkrete Klimabeiträge gefragt. Das ist der zweite Punkt, auf den es ankommt, um das Pariser Abkommen mit Leben zu füllen. Es ist sehr erfreulich, dass alle Staaten freiwillige Klimabeiträge geboten haben. [...] Diese reichen aber in der Summe noch nicht aus, um die Zwei-Grad-Obergrenze einzuhalten. [...]

Ziele sind fein, aber sie müssen auch mit einer vernünftigen Finanzierung unterlegt werden. Das ist der dritte Aspekt. Das Abkommen nimmt uns in die Pflicht, Finanzflüsse mit einer emissionsarmen, klimaschonenden Entwicklung in Einklang zu bringen. Ausgangspunkt ist das, was von der Konferenz in Kopenhagen positiv übrig geblieben ist, nämlich die Zusage, aus öffentlichen und privaten Quellen ab 2020 jährlich 100 Milliarden US-Dollar für ärmere Staaten bereitzustellen. [...]

Als Weltgemeinschaft insgesamt sind wir darauf angewiesen, dass auch die Schwellen- und Entwicklungsländer den Pfad der Transformation gehen oder gehen können. [...] Es geht darum, dass Regierungen aus aller Welt und internationale Institutionen die Entwicklungsländer bei der Erarbeitung und Umsetzung ihrer nationalen Klimastrategien unterstützen. Diese nationalen Klimastrategien dienen gleichzeitig dem Ziel, Armut zu überwinden und sich neue wirtschaftliche Perspektiven zu erschließen.

Aus: www.bundesregierung.de/Content/DE/Rede/2016/07/2016-07-05-merkel-petersberger-klimadialog.html (Zugriff: 18.5.2017)

INFO
Dekarbonisierung
Abkehr der Energiewirtschaft von der Nutzung kohlenstoffhaltiger Energieträger

MATERIAL 4 — Energiepolitik ist immer auch Außenpolitik

Der Autor, Robert Habeck (Bündnis 90/Grüne), war 2014 Minister für Energiewende, Umwelt und Landwirtschaft in Schleswig-Holstein:

Außenpolitik ist auch immer Energieaußenpolitik. Die Ukraine ist dafür nur ein Beispiel. In der Zentralafrikanischen Republik, aus der Frankreich über den Staatskonzern Areva 80 Prozent seines Urans bezieht, ist Frankreich gerade wieder zu einem riskanten militärischen Eingreifen gezwungen, um diesen Nachschub nicht zu gefährden.

Griechenland war im vergangenen Jahr durch die Ausweitung der Iran-Sanktionen gezwungen, quasi über Nacht seine Ölimporte umzustellen und einen enormen Preisaufschlag hinzunehmen. Europa will sich über den Ausbau von Gasspeichern, neuen Leitungen (Nordstream, Nabucco, Southstream) oder Terminals für Flüssiggas (LNG) von der einseitigen Abhängigkeit von Russland befreien. Nur werden die Leitungen am Status quo nicht wirklich etwas ändern: Auch sie transportieren Öl und Gas aus Russland und den instabilen zentralasiatischen Staaten, die unter russischem Einfluss stehen, nach Europa.

Vor diesem Hintergrund führen wir die nationale Energiedebatte viel zu eng. [...] Unberücksichtigt bleibt dabei die Rolle der Außen- und Sicherheitspolitik. Natürlich, Spanien und Griechenland müssen mehr tun als auf Sonne und Wind umschalten, um die Probleme Staatsverschuldung, Jugendarbeitslosigkeit und mangelnde Wettbewerbsfähigkeit zu überwinden. [...]

Dass Energiepolitik Sicherheitspolitik ist, ist dabei schon der Grundgedanke der EU gewesen, von der Gemeinschaft für Kohle und Stahl über die Europäische Atomgemeinschaft. [...] China, Indien und die Staaten Südostasiens erleben einen gewaltigen wirtschaftlichen Aufbruch, der scheinbar nur aufrechterhalten werden kann, wenn immer neue Energiequellen erschlossen werden. 65 Prozent des Zuwachses der globalen Energienachfrage werden der Internationalen Energieagentur (IEA) zufolge bis 2035 auf diese Region fallen. China wird ab 2030 der größte Verbraucher von Erdöl sein. [...]

Die USA setzen auf das umstrittene Fracking, bei dem Erdöl oder Erdgas gewonnen wird, in dem man durch hydraulischen Druck Tiefengesteine aufbricht. Sie können aufgrund günstiger geologischer Voraussetzungen kurz- und mittelfristig billiges Öl und Gas fördern, sofern man den ökologischen Preis der Ausbeutung dieser Energievorkommen nicht berücksichtigt. Die USA werden dadurch von einem Import- zu einem Exportland für Erdöl. [...]

Der alte Kontinent tut sich schwer damit, sich in Bezug auf seine Energiestrategie neu aufzustellen. Während beispielsweise Frankreich darauf baut, dass der mittlerweile in die Jahre gekommene Park an Atomkraftwerken noch eine Weile durchhält und die Preise für das zu importierende Uran stabil bleiben, setzt Polen bei Strom und Wärme weiterhin auf heimische Steinkohle und hofft im Übrigen als beinahe einziges europäisches Land, vom Fracking-Boom zu profitieren. [...]

Ein regeneratives Europa – das wäre eine Vision, die der derzeit vor sich hin vegetierenden Europäischen Union neue Kraft und Dynamik verleihen und den vielen enttäuschten Bürgern den Glauben an Europa zurückgeben könnte. Europa wäre zudem weniger abhängig von oft zweifelhaft legitimierten Regierungen im Nahen Osten und in Zentralasien und damit freier im Einsatz für Menschenrechte und Demokratie.

> **INFO**
>
> **Northstream**
> Ostsee-Pipeline, die jährlich bis zu 55 Mrd. m³ Erdgas von Russland nach Europa transportieren soll
>
> **Nabucco**
> 2013 gescheitertes Pipeline-Projekt, das kaspische Erdgasvorkommen über Südosteuropa (Türkei, Rumänien, Bulgarien, Ungarn und Österreich) in die EU befördern sollte
>
> **Southstream**
> eingestelltes russisches Pipeline-Projekt, u.a. aufgrund europäisch-russischer Differenzen über Öffnung und Liberalisierung von Energiemärkten

Aus: Gastbeitrag von Robert Habeck am 19.3.2014 in: www.zeit.de/wirtschaft/2014-03/ukraine-energie-russland-energiewende (Zugriff: 18.5.2017)

Internationale CO_2-Emissionen

MATERIAL 5

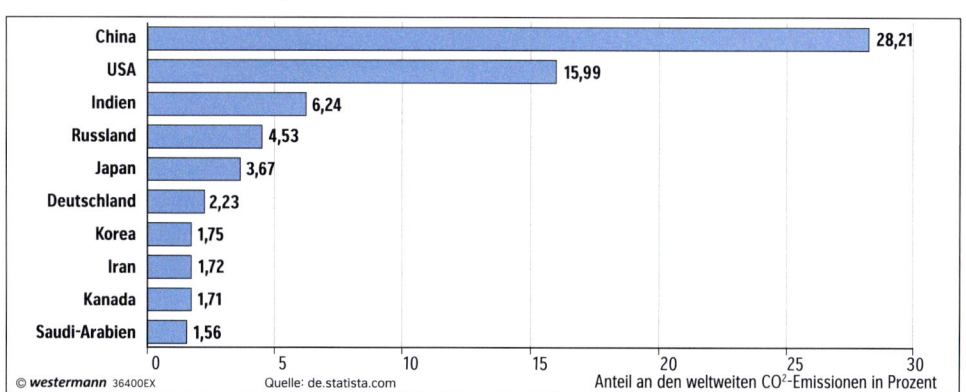

1. Arbeiten Sie aus M 3 die wichtigsten Aussagen heraus.
2. Analysieren Sie die Grafiken in M 5 und schreiben Sie einen Zeitungskommentar über die Bedingungen und Einflussfaktoren internationaler Energiepolitik (M 4).

2.2 Rohstoffe – Fluch oder Segen?

MATERIAL 1 Kampf um Rohstoffe: Erdöl, Wasser und Mineralien

Die junge Frau kam auf ihn zu und schlug Justin Nkunzi Baciyunjuze einfach ins Gesicht. Rechts, links, rechts, mit der flachen Hand. „Sie war monatelang von Männern entführt, in einer Mine versklavt und vergewaltigt worden", sagt Nkunzi leise. „Als sie mich sah, dachte sie, ich sei einer von ihnen". [...]
Bis vor Kurzem hätten die Schläge der Kongolesin ganz andere Leute treffen müssen: Rebellen und Soldaten, Schmuggler, Zwischenhändler, Manager von Weltkonzernen wie Apple, Amazon, Google oder Ford. Alle diejenigen also, die von den illegal in der Demokratischen Republik Kongo geförderten Rohstoffen profitieren. Doch manchmal kommt der Umschwung im Kleingedruckten daher. Glaubt man Nichtregierungsorganisationen, ist das gerade der Fall. Für sie ist New York das Zentrum der Wende im Kongo, ihr mächtigster Verbündeter die amerikanische Börsenaufsicht SEC.
Wer verstehen will, warum Nkunzi darauf hofft, dass die New Yorker Börsenpolizei seine Heimat aus ihrer verzweifelten Lage befreit, findet die Antwort in einem Gesetz, das eigentlich dazu gedacht war, die Finanzkrise zu bewältigen. Die Regierung Obamas beschloss den Dodd-Frank-Act 2010. Nun entfaltet er Wirkung. Rund 6 000 Unternehmen müssen in diesen Tagen erstmals offenlegen, ob sie Rohstoffe aus dem Bürgerkriegsland Kongo beziehen. Ihre Berichte sind Dokumente mit vielen Paragrafen, verfasst von Unternehmensberatungen und Anwälten, die letztlich alle um eine Frage kreisen: Kommt das Gold, Zinn, Wolfram und Coltan in den Handys, Laptops und Flachbildschirmen der westlichen Konzerne noch immer aus den wilden Minen des Kongos? Aus jenen Minen also, mit deren Ausbeutung seit Jahren verschiedenste Rebellengruppen den Kampf gegen die Regierung in Kinshasa und untereinander finanzieren? [...]
Ein Offenbarungseid, weil die Berichte zeigen, dass viele Konzerne bis heute nicht wissen, woher ihre Rohstoffe stammen. Die Dokumente belegen zugleich, wie leicht es über Jahre für Rebellengruppen möglich war, schmutzige Rohstoffe an den Westen zu verkaufen. [...] Vielerlei Interessen sind in diesen Konflikten ineinander geflossen, von Nachbarländern wie Uganda, Ruanda und Burundi, von mehreren Dutzend verschiedenen Rebellengruppen und einer schwachen Zentralregierung in der Hauptstadt Kinshasa. Doch letztlich geht es immer um die Frage: Wem gehört der Reichtum des Landes? Gestritten wird um Landrechte und um Rohstoffe.
Nkunzi will sich nicht mit dem Krieg abfinden. Seine Traumazentren in den Dörfern im Distrikt Walungu südlich von Bukavu haben den Auftrag, sich seelisch versehrter Menschen anzunehmen, sie zurückzuführen in den Alltag, aus einer Zeit, die der blanke Horror war. Meist abends oder in der Nacht wurden ihre Weiler überfallen. Jedes Mal plünderten die Kämpfer die ärmlichen Behausungen, trieben Frauen und Mädchen aus den Hütten. Dann luden sie ihnen ihre Beute auf, scheuchten sie viele Kilometer weit durch das Busch- und Waldland bis zu ihren Lagern.
Wer nicht vergewaltigt wurde, musste in den Minen schuften, Gold waschen oder mit einfachstem Werkzeug Coltanbrocken aus der Erde meißeln. „Einige erzählen, dass Helikopter kamen, die Essen und Kleidung brachten und die Erzsäcke mitnahmen. Und dass da schwarze und weiße Männer darin saßen", sagt Nkunzi. Manche berichten, dass die Rohstoffe über Ruanda oder Uganda in asiatische Schmelzöfen gebracht werden und von dort auf die internationalen Rohstoffmärkte gelangen. Genau weiß das im Kongo aber niemand.
Die Elektronikkonzerne ahnen es auch nur, obwohl sie zwei Jahre Zeit hatten, es herauszufinden. So steht es in ihren Berichten. Sony etwa argumentiert, seine Zulieferer hätten nicht mit Sicherheit ausschließen können, dass nicht doch Rohstoffe aus dem Kongo verwendet wurden. Ähnlich formulieren es der Unterhaltungskonzern Walt Disney oder der Elektronikhersteller LG Display. [...].
Ginge es dem Kongo ohne seine Rohstoffe besser? „Natürlich könnten wir in Frieden und Wohlstand leben", sagt Nkunzi. „Der

Krieg wird aber erst aufhören, wenn das Geschäft mit den Mineralien endet." Davon ist er überzeugt.

Was daran stimmt: Zwischen dem Vorkommen natürlicher Ressourcen und der Gefahr von Bürgerkriegen gibt es einen Zusammenhang. Der Ökonom und Afrikafachmann Paul Collier hat Entwicklungsländer mit einer hohen Rohstoffausfuhr mit solchen verglichen, die kaum über solche Ressourcen verfügen. Je höher der Anteil der Exporte am Bruttoinlandsprodukt war, desto mehr wuchs die Gefahr gewaltsamer Auseinandersetzungen. Zu einem ähnlichen Ergebnis kommt der spanische Entwicklungsökonom Raul Sanchez de la Sierra von der Columbia University. Er hat im Ostkongo geforscht und kann belegen, dass die Jagd nach Gold und Coltan ein wichtiger Kriegstreiber ist. Allerdings warnt er davor, dass die Gewalt gegen die Zivilbevölkerung zunächst zunehmen könnte, wenn Rebellengruppen durch Maßnahmen wie den Dodd-Frank-Act ihrer finanziellen Basis beraubt würden.

Aus: Karsten Polke-Majewski/Philipp Faigle: Das Kongo-Dilemma, in: http://www.zeit.de/wirtschaft/2014-06/kongo-bergbau-konfliktmineralien-dodd-frank-act (Zugriff: 29.10.2016)

Paul Collier, britischer Wirtschaftswissenschaftler und Entwicklungsökonom, geb. 1949

MATERIAL 2

Die Ressourcennachfrage und ihre Herausforderungen

Prognosen gehen davon aus, dass die Nachfrage nach Nahrung, Wasser und Energie bis 2030 um je 35, 40 bzw. 50 Prozent steigen wird. Die zu erwartenden Folgen – Wassermangel, Nahrungsmittel- und Energiekrisen – könnten die Sicherheit von Menschen und die Stabilität politischer Systeme gefährden, sowohl innerhalb einzelner Länder als auch über Grenzen hinweg. Der Wasser-, Agrar- und Energiesektor bergen je eigene Versorgungsrisiken und entsprechende politische Herausforderungen. Zugleich stehen die Sektoren und auch Trends im Kontext von Klimawandel, Bevölkerungswachstum und veränderten Lebensstandards miteinander in Beziehung und beeinflussen sich wechselseitig. Dieses Phänomen wird als „Water-Energy-Food Security Nexus" bezeichnet. So verbraucht beispielsweise der Agrarsektor rund 70 Prozent der weltweit genutzten Süßwasser-Ressourcen, vor allem für die Produktion von Nahrungsmitteln, aber [...] auch für den Anbau von Biomasse zur Energieerzeugung. Vernetzte Versorgungsrisiken mit sektor- und grenzüberschreitenden Wechselwirkungen stellen für die Politik eine große Herausforderung dar. Oft fehlt es an politischem Willen, ein integriertes und langfristig nachhaltiges Management von Ressourcen und Risiken zielstrebig umzusetzen. Wenn aber kooperative, konsequente und kohärente Governance-Ansätze fehlen, steigt die Gefahr von potentiell gewaltsam ausgetragenen Konflikten um Ressourcen.

Von diesem Rohstoff...		...hängen so viel % der gesamten Exporterlöse ab	
		20 bis 49 %	50 % und mehr
Rohstoff-Export **Riskante Einseitigkeit**	Öl, Kohle, Erdgas	Bahrain, Bolivien, Brunei, Kolumbien, Myanmar, Vereinigte Arabische Emirate, Trinidad und Tobago	Äquatorialguinea, Algerien, Gabun, Ecuador, Irak, Iran, Jemen, Kamerun, Katar, Kongo, D.R. Kongo, Kuwait, Libyen, Nigeria, Oman, Saudi-Arabien, Sudan, Venezuela
	Eisen, Kupfer, Aluminium	Chile, Guinea, D.R. Kongo, Laos	Ruanda, Sambia
	Gold	Guyana, Mali, Papua-Neuguinea, Peru	Surinam
	Edelsteine	Lesotho	Botswana, Sierra Leone
	Holz	Tschad	Salomonen
	Fisch	Namibia	Seychellen
	Lebende Tiere	Niger	Eritrea, Sambia
	Phosphat		Nauru
	Baumwolle	Burkina Faso	
	Kakao	Côte d'Ivoire, Ghana	
	Kautschuk	Liberia	
	Tabak	Simbabwe, Malawi	

Quelle: UNCTAD (Exporterlöse in US-$, 2000)

© Bergmoser + Höller Verlag AG

Aus: https://www.swp-berlin.org/publikation/vernetzte-versorgungsrisiken (Zugriff: 11.9.2017)

1 Stellen Sie dar, welche Auswirkungen der Wettbewerb um Rohstoffe mit sich bringt, und erläutern Sie das Verhältnis von Armut und Sicherheit in der Welt (M 1).

2 Erörtern Sie, welche Herausforderungen durch die wachsende Ressourcennachfrage entstehen (M 2).

MATERIAL 3

Sicherheitsgefahr „Ressourcenfluch"?

(Es) werden diverse mögliche Verbindungen zwischen dem reichlichen Vorkommen natürlicher Ressourcen und dem Ausbruch von Gewaltkonflikten diskutiert:

a) [...] „Dutch Disease": Werden in einem Land natürliche Ressourcen abgebaut und zu hohen Weltmarktpreisen exportiert, geht dies oft mit einer Aufwertung der Währung einher. Dies schwächt den produzierenden Sektor, der zudem unter einer Verlagerung von Kapital und qualifizierten Arbeitskräften in die Ressourcen extrahierenden Industrien leidet. Eine solche Entwicklung wird insbesondere dann problematisch, wenn die Ressourcen erschöpft sind oder ihr Weltmarktpreis sinkt. Eine weitere [...] Erklärung bringt die Existenz natürlicher Ressourcen mit dem Entstehen klientelistischer, schwacher und autoritärer Institutionen in Verbindung, welche sich negativ auf das Wirtschaftswachstum auswirken. Ressourcenreichtum entbindet den Staat [...], Steuern zu erheben und [...] sowohl den Dialog mit gesellschaftlichen Gruppen zu suchen als auch eine effiziente lokale Bürokratie zu etablieren. Stattdessen werden Patronagenetzwerke zur Verteilung der Gewinne [...] etabliert. Der nächste Schritt in der Argumentationskette, namentlich die Verbindung von schwachem Wirtschaftswachstum und dem Ausbruch von Gewaltkonflikten, gilt in der Konfliktforschung insbesondere für Bürgerkriege als gesichert. [...]

b) [...] „honey pot"-Effekt. Die wohl einflussreichste Studie zu diesem Thema stammt von Paul Collier und Anke Hoeffler. Beide [...] finden einen statistischen Zusammenhang zwischen einem hohen Anteil von Primärgütern an den Gesamtexporten eines Landes und dem Auftreten von Bürgerkriegen. Laut Collier und Hoeffler erklärt sich dieser Befund aus dem Streben von Rebellen, die Kontrolle über ökonomisch lukrative Ressourcendepots zu erlangen.

c) In späteren Arbeiten vertreten Collier und Hoeffler [...] die These, dass es reichlich vorhandene natürliche Ressourcen Rebellengruppen erlauben, Waffen und Kombattanten zu finanzieren, ohne die ein Bürgerkrieg gar nicht erst geführt werden kann. In Liberia, Sierra Leone und der Republik Kongo verkauften die jeweiligen Rebellengruppen sogar Abbraurechte für natürliche Ressourcen in Gebieten, die sie erst in Zukunft zu erobern planten.

d) [...] natürliche Ressourcen begünstigen das Auftreten schwacher, klientelistischer und autoritärer Institutionen. Einerseits unterminiert institutionelle Schwäche die Fähigkeiten des Staates, Rebellionen frühzeitig zu erkennen und zu verhindern. Andererseits können benachteiligte Gruppen in autoritären und klientelistischen Systemen eine Verbesserung ihrer Situation nur schwerlich auf demokratischem bzw. gewaltfreiem Weg erreichen.

e) Der Abbau von natürlichen Ressourcen geht häufig mit Enteignungen ohne adäquate Kompensation, Umweltzerstörung, schlechten Arbeitsbedingungen und einer als unzureichend oder unfair empfundenen Gewinnbeteiligung der lokalen Bevölkerung einher. Dies kann zu gewaltsamen Konflikten innerhalb der lokalen Bevölkerung, aber auch zwischen dieser und den verantwortlichen Regierungen und Konzernen führen. Die Förderung von Öl im Niger-Delta oder Kupfer in Bougainville sind hier illustrative Beispiele.

Aus: Tobias Die,: Sicherheitsgefahr Ressourcenfluch? Zum Zusammenhang von Ressourcenreichtum und innerstaatlichen Gewaltkonflikten, in: Thomas, Jäger (Hrsg.): Handbuch Sicherheitsgefahren, Wiesbaden 2015, S. 44f.

INFO

Klientelismus
informelles und auf gegenseitigen Vorteil gerichtetes, persönliches Macht- oder Abhängigkeitsverhältnis zwischen sozial ungleich gestellten Personen

„honey-pot"-Effekt
„Absaugen" der besten und qualifiziertesten Arbeitskräfte einer strukturschwachen Region durch ein ansässiges, wettbewerbsstarkes und attraktives Unternehmen, mit der Folge einer Schwächung der Gesamtentwicklung der Region

MATERIAL 4

Ressourcennationalismus als Konfliktfaktor

Rohstoffkonflikte sind nicht neu. Über die Jahrhunderte hinweg haben Rohstoffe aller Art immer Begehrlichkeiten geweckt. Die Entdeckung Amerikas im 15. Jahrhundert und die folgende Eroberung war nicht zuletzt durch die Nachfrage Europas nach Gewürzen, Seide und Gold bestimmt. Die vielen weltweiten Krisen im 17. Jahrhundert, in Europa der Dreißigjährige Krieg 1618–1648, wurden nach dem Historiker Geoffrey Parker durch Klimaänderungen in dieser Periode forciert. Im Zweiten Weltkrieg war der japanische Angriff auf den US-Luftwaffenstützpunkt Pearl Harbour durch das Erdöl-Embargo motiviert, das die USA gegen Japan in Kraft gesetzt hatten. Auch Nahrungsmittel-Krisen als Auslöser für Revolten, Revolutionen und bewaffnete Konflikte sind nicht neu. Den Revolutionen in Frankreich 1789 und in Russland 1917 gingen spürbare und schockartige Anstiege der Lebensmittelpreise voraus. [...]

Weltweit lässt sich ein Anstieg des Ressourcennationalismus beobachten. Treiber sind die Regierungen in den starken Schwellenländern China, Russland, Brasilien, Indien u. a. m. und deren Rohstoffpolitiken, die jeweils Teil der Sicherheitsstrategie sind. [...] Ressourcennationalismus umfasst nicht nur eine einseitige Vertragsaufkündigung und die Nichtanerkennung von Prinzipien offener Märkte und geregelter Außenwirtschaftsbeziehungen, sondern auch die latente und offene Androhung von militärischer Gewalt.

Als Folge steigen die Risiken bewaffneter Auseinandersetzungen zwischen Staaten auf lokaler Ebene an, vor allem in Krisengebieten im Nahen Osten, in Asien, Afrika und Lateinamerika. [...] Die Entdeckung von Gasvorkommen im südöstlichen Mittelmeerraum und vor den britischen Falklandinseln im Südatlantik, die Wasserkonflikte in Teilen Nordamerikas und nicht zuletzt die aktuellen Konflikte in der Ostukraine und im Irak zeigen die unmittelbaren Risiken für Deutschland und die westlichen Partner. Keiner der regionalen Konflikte wird Deutschland unberührt lassen. Ein Merkmal von Konflikten, die aus dem Ressourcennationalismus resultieren können, sind asymmetrische Machtbeziehungen zwischen politisch-militärisch starken und schwachen Ländern. Aber beobachtbar sind auch wachsende Konfliktkonstellationen zwischen starken Nachbarn, so zwischen China und Japan, oder Indien und Pakistan. [...]

Neben potentiellen zwischenstaatlichen Konflikten, deren Treiber Ressourcennationalismus ist, muss man auch die Konfliktmechanismen in fragilen Staaten beobachten. Zugangs- und Verteilungskonflikte vertiefen und verlängern bestehende Bürgerkriege und bewaffnete Auseinandersetzungen. Die Konfliktspirale aus dem Ressourcen-Nexus liegt im Interesse an Einnahmen aus der Ressourcennutzung, die der dauerhaften Finanzierung von bewaffneten Gruppen und organisierter Kriminalität dienen. Diese Aktivitäten gehen über in Terrorismus und Sezessionismus. Länderbeispiele sind die Demokratische Republik Kongo, Jemen und der Sudan. Fragile Regionen können auch in größeren Ländern entstehen, z. B. in Indien. In all diesen Ländern vernetzen sich einzelne Rohstoffkonflikte mit Wasser-, Landnutzungs- und Nahrungsmittelkonflikten. [...]

INFO

Ressourcen-Nexus bezeichnet das Zusammenwirken natürlicher Ressourcen wie Energie, Wasser, Nahrungsmittel, Land und mineralische Rohstoffe

Sezessionismus Politische Abspaltungsbestrebungen einzelner Landesteile eines Staates mit dem Ziel der Gründung eines neuen Staates oder der Eingliederung in einen anderen Staat

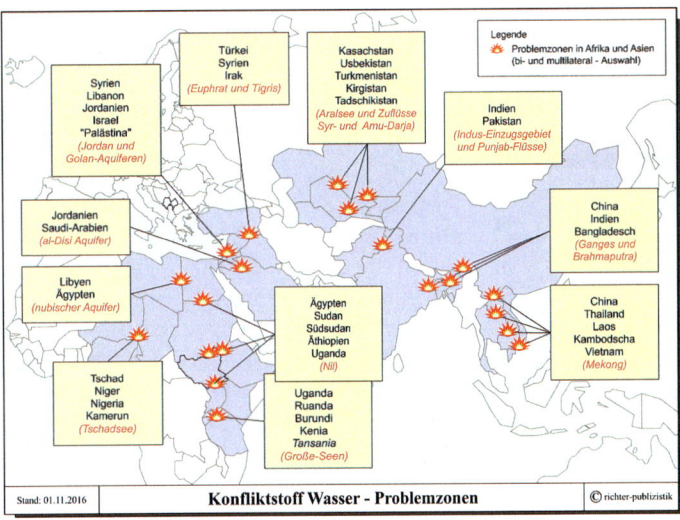

Konfliktstoff Wasser - Problemzonen

Aus: Raimund Bleischwitz, Der Ressourcen-Nexus als Frühwarnsystem für zukünftige zwischenstaatliche Konflikte, in: Zeitschrift für Außen- und Sicherheitspolitik 8, 2015, S.14-17.

1 Erörtern Sie, warum Ressourcen ein Fluch sein können und welche Folgen dies für die jeweiligen Regionen und Staaten hat (M 3).

2 Wählen Sie einen Konflikt um die Ressource Wasser (z. B. Nil oder Euphrat und Tigris) aus und erläutern Sie diesen, nachdem Sie dazu im Internet recherchiert haben.

3 Erläutern Sie den Begriff des Ressourcennationalismus und diskutieren Sie unter Bezug auf die Grafik die Folgen des globalen Ressourcenabbaus (M 4).

2.3 Flucht und Migration als globales Problem

MATERIAL 1 Ursachen und Folgen von Migration

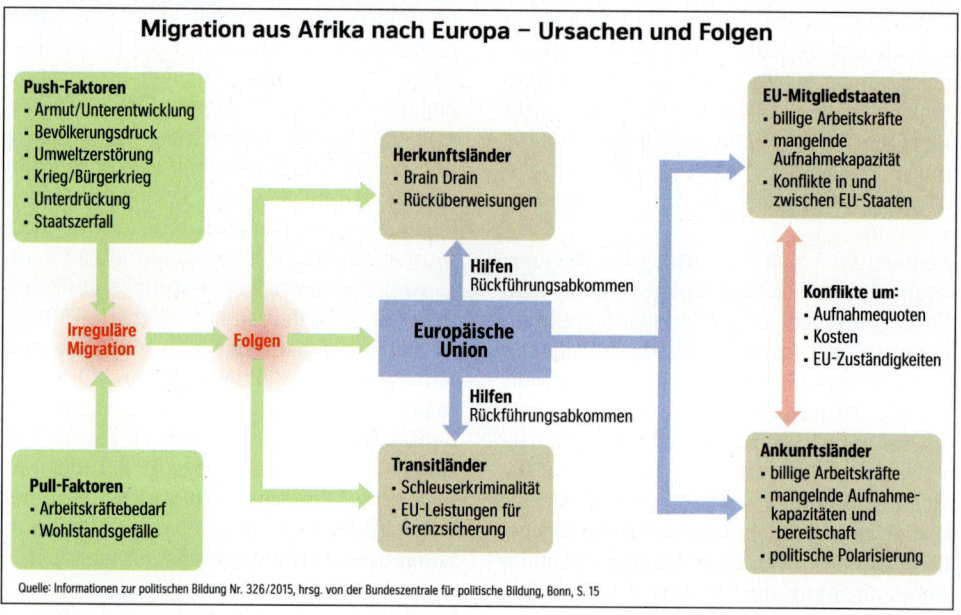

INFO

Frontex
Europäische Agentur für die Zusammenarbeit an den Außengrenzen der EU, vor allem zur Überwachung und zum Schutz von Grenzen und Küsten

In der Migrationsforschung wird zwischen Push- und Pull-Faktoren, die zur Migration führen, unterschieden. Wirtschaftliche Gründe, Kriege und Bürgerkriege in den Ur-
5 sprungsländern gelten als Push-Faktoren. Hinzu kommt der demografische Druck durch eine sehr hohe Zahl junger Menschen: Der Anteil der 10- bis 24-Jährigen an der Gesamtbevölkerung beträgt nach UN-Angaben
10 in den Ländern des Nahen Ostens und Nordafrikas 22 bis 36 Prozent. Dies kann neben Unzufriedenheit und Gewaltbereitschaft zu Migration führen. Pull-Faktoren sind demgegenüber große Unterschiede im Lebensstan-
15 dard, Arbeitskräftebedarf oder gezielte Anwerbeaktionen von Arbeitskräften in den Zielländern.
Die Grafik oben zeigt Push- und Pull-Faktoren und unterscheidet Folgen für die EU-Staaten,
20 die Transitländer (vor allem Nordafrika, aber auch die Türkei und Griechenland) sowie für die Herkunftsländer der Migranten. Dabei gilt es, zwischen positiven und negativen Effekten zu unterscheiden. Auf der einen Seite
25 kann Flucht zu einer Abwanderung gerade gut ausgebildeter und qualifizierter Menschen führen („Brain Drain") und damit die Zukunftschancen der Länder schmälern. Auf 30 der anderen Seite können die Rücküberweisungen der Migranten an die Familien daheim wichtige Einkommensquellen bilden und Entwicklung befördern. Global schätzt die Weltbank diese Rücküberweisungen auf 35 circa 400 Milliarden US-Dollar weltweit.
Die EU-Staaten versuchen, über Rückführungsabkommen und ökonomische Anreize die Herkunfts- und Transitländer zu effektiven Grenzkontrollen und Abweisungen von 40 Flüchtlingen zu bewegen. Mit Frontex hat die EU eine eigene Agentur zur Sicherung der EU-Außengrenzen gegründet, die vor allem die Arbeit nationaler Grenzsicherung unterstützen und koordinieren soll. Die EU- 45 Mitgliedstaaten sind in unterschiedlichem Ausmaß von der Migration betroffen: Die Hauptlast tragen die Mittelmeeranrainerstaaten. Daher hat sich innerhalb der EU ein Konflikt über die Verteilung der Flüchtlinge 50 und der Kosten aufgetan. Da europäische Gesellschaften generell eher ablehnend gegenüber der Einwanderung oder Aufnahme von Flüchtlingen eingestellt sind, sind der Um-
55

gang mit irregulären Migranten und die von der EU-Kommission vorgeschlagenen Aufnahmequoten für jeden EU-Mitgliedstaat zu kontroversen Themen geworden. [...]
Die Diskussion über irreguläre Migration wird in den meisten EU-Staaten politisch kontrovers geführt und ist häufig von Ängsten vor Verlust von Identität und vor sozialer Konkurrenz bestimmt. Seit den islamistischen Terroranschlägen vom 11. September 2001 auf die USA ist die Angst vor einer Zunahme radikaler und terroristischer Aktivitäten durch Migranten hinzugekommen. Chancen der Migration für die aufnehmenden Länder werden dabei häufig ausgeblendet. [...]
Migration bedeutet keineswegs automatisch eine höhere Gefährdung der Sicherheit in den Aufnahmegesellschaften. Auf längere Sicht sind die europäischen Gesellschaften aufgrund demografischer Entwicklungen sogar auf sie angewiesen. Aber auch Qualitätssteigerungen der bisherigen, unzureichenden Integrationsleistungen und neue Integrationskonzepte sind erforderlich, um Entfremdung und Radikalisierung bis hin zu terroristischen Aktionen von Zuwanderern zu verhindern.

Aus: Sigmar Schmidt, Armut und Migration, in: Informationen zur politischen Bildung, Nr. 326/2015, S. 15f..

Flucht und Migrationswege nach Europa

MATERIAL 2

Viele halten es für dringend erforderlich, die europäische Asylpolitik angesichts der Flüchtlingskrise zu überdenken. Seit der Einführung des Dublin-Verfahrens ist das EU-Mitgliedsland für das Asylverfahren zuständig, dessen Boden ein Flüchtling zuerst betreten hat. Diese Regelung belastet Länder an den Außengrenzen Europas besonders stark. So hatte auch Deutschland lange geglaubt, es könne die Migration den Ländern an den Schengen-Grenzen überlassen. Währenddessen will kaum einer der Flüchtlinge tatsächlich in Italien, Griechenland, Bulgarien oder Ungarn bleiben, in Ländern, die sie erklärtermaßen nicht wollen.
Seit Monaten wird in der Europäischen Union darüber diskutiert, die Flüchtlinge mithilfe eines Quotensystems auf die Mitgliedsstaaten zu verteilen. Dieser soll sich an der Bevölkerungszahl, der Wirtschaftskraft und der Arbeitslosenquote orientieren. Bislang kam es zu keiner Einigung, bis auf wenige Länder wie Deutschland, Österreich und Schweden verhält sich Europa unsolidarisch. Inzwischen haben auch Österreich und Schweden die Aufnahme von Flüchtlingen reduziert.
Seit dem 9. März 2016 haben die Länder an der Balkanroute, Slowenien, Kroatien, Serbien und Mazedonien, ihre Grenzen für Flüchtlinge geschlossen. Einlass gewähren die Staaten nur noch streng nach den Schengen-Regeln: Einreisende müssen einen gültigen Pass und Visum vorzeigen. [...]
Die EU setzt bei der Lösung der Flüchtlingskrise zunehmend auf die Türkei. EU und Türkei haben sich auf Milliardenhilfen sowie politische Zugeständnisse im Tausch gegen eine Reduzierung der Flüchtlingszahlen, einer besseren Betreuung und eine Rücknahme illegaler Immigranten geeinigt.
2015 wurden 890 000 Flüchtlinge in Deutschland registriert. Das waren etwa fünfmal so viele wie im Jahr 2014. Die Zahl der registrierten Flüchtlinge war 2015 höher als die Zahl der gestellten Asylanträge. Weil sehr viele Menschen gleichzeitig in Deutschland angekommen waren, konnten viele nicht sofort einen Antrag auf Asyl stellen.
[...] Nach der Schließung der Balkanroute ging die Zahl der registrierten Flüchtlinge im März auf 20 000, im April, Mai und Juni auf jeweils 16 000 zurück, im August wurden 18 000 Flüchtlinge registriert. Insgesamt wurden 2016 bis Ende Dezember 280 000 Flüchtlinge registriert. [...] Die größte Gruppe der Flüchtlinge stammt aus Syrien [...] 2015 wurden 428 000 Syrer registriert, davon konnten 162 000 einen Asylantrag stellen. [...]. Auf Rang zwei und drei kamen bei den Asylanträgen die Balkanstaaten Albanien und Kosovo, gefolgt von Afghanistan und dem Irak.

INFO

Dublin-Verfahren innerhalb des sogenannten Gemeinsamen Europäischen Asylsystems ist es der Teil des Asylverfahrens, in dem geprüft wird, welcher europäische Staat für einen Asylantrag zuständig ist

Aus: www.lpb-bw.de/fluechtlingsproblematik.html (Zugriff: 19.5.2017)

MATERIAL 3   Flüchtlingsrouten nach Europa

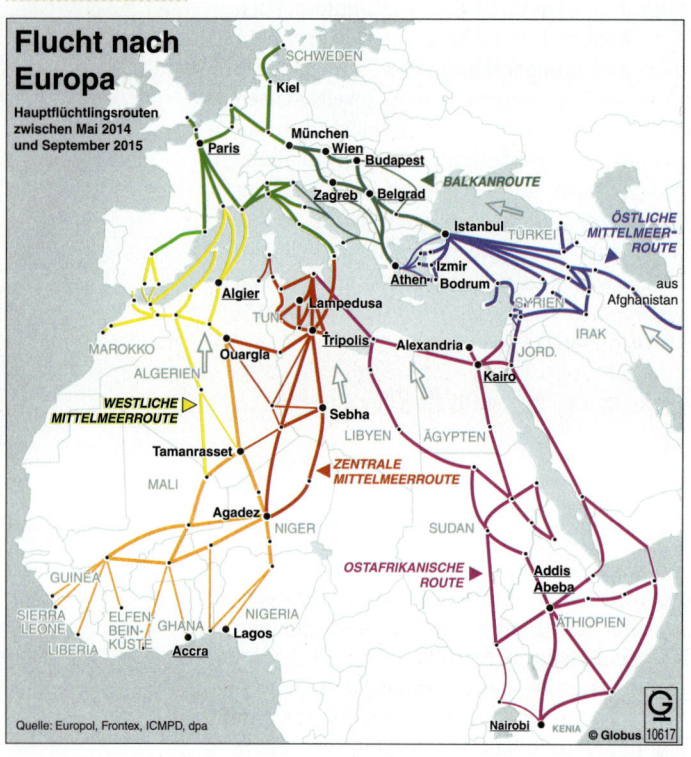

Zuzüge von Personen nach Deutschland im Jahr 2015 (wichtigste Herkunftsländer)	
Insgesamt	2 136 954
darunter:	
Syrien	326 872
Rumänien	213 037
Polen	195 666
Afghanistan	94 902
Bulgarien	83 579
Italien	74 105
Irak	73 122
Albanien	68 932
Kroatien	57 412
Ungarn	56 373
Serbien	42 594
Kosovo	41 492

Quelle: Statistisches Bundesamt

MATERIAL 4   Wie viele Menschen kann Europa aufnehmen?

Pro: Wir dürfen niemanden abweisen!
Von Bernd Ulrich und Gero von Randow

Sie sind Menschen wie du und ich, die Flüchtlinge, die Europa nicht haben will. Dass sie in einer bösen Weltgegend geboren wurden, ist Zufall. Wie soll man begründen, dass die einen hier sein dürfen und die anderen nicht? Zumal dann, wenn diejenigen, die kommen wollen, existenzielle Probleme haben. [...] Wir haben uns angewöhnt, Not mit Etiketten zu versehen: Asylbewerber, Kriegsflüchtling, Wirtschaftsflüchtling. Die Label jedoch existieren nur in den Köpfen und Gesetzen der Europäer. Mit den Flüchtlingen selbst haben sie wenig zu tun, die haben ihre Geschichten von Unterdrückung und Verfolgung, von Arbeitslosigkeit und von chronischen Krankheiten, die nie behandelt werden, von Frauendiskriminierung und Schwulenhass.

Jeder, der diese Lebensgeschichten hört, weiß, dass unsere Etiketten bloß Ausreden sind. Sie sollen es uns leicht machen, zwischen legitimen und illegitimen Flüchtlingen zu unterscheiden; sie sollen unsere Ängste beschwichtigen und unserer Herzlosigkeit Argumente liefern. Dabei wissen wir: Wenn einer aus Libyen kommt, nicht politisch verfolgt, sondern nur vom falschen Stamm, dessen Kinder nie eine Chance haben werden, wenn dieser Mensch mit seiner Familie vor mir säße, dann würde ich nicht zu sagen wagen: du nicht. Moralisch ist die Sache also klar. Ohne Not kommt keiner, wer aber in Not ist, soll kommen dürfen. [...]

Eine faule Ausrede lautet: Man müsse das Übel an der Wurzel packen, die Kriege und das Elend der Herkunftsländer abschaffen. Vielleicht gelingt das ja irgendwann. Vielleicht auch niemals. Und bis dahin sollen die Auswanderer an unseren Grenzen sterben? Europa braucht endlich eine realistische Einwanderungspolitik fern jeder Kontrollillusionen. Konzentrieren wir uns auf das Machbare, den Umbau Europas zu einer modernen Einwanderungsgesellschaft.

Kontra: Wir können nicht alle aufnehmen!

Von Tina Hildebrandt und Heinrich Wefing

Ja, wir können mehr Flüchtlinge aufnehmen in Deutschland und Europa. Viel mehr. Das wollen wir, das müssen wir. Aber nicht alle. Darauf aber läuft die Forderung hinaus, die Grenzen zu öffnen: Wer das tut, muss bereit sein, potenziell Millionen von Menschen in Europa zu beheimaten. Es gibt dann kein Drinnen und kein Draußen mehr, kein Wir und kein Die. [...]

Von Max Frisch stammt der Satz: „Wir riefen Arbeitskräfte, und es kamen Menschen." So ist es auch bei den Flüchtlingen. Es werden Menschen kommen. Menschen, die unser Land bereichern. Aber es werden auch welche kommen, die vage oder falsche Vorstellungen vom Leben hier haben, Menschen, die Konflikte mitbringen und Konflikte schaffen werden. Auch Kriminelle und Terroristen.

Leicht entsteht der Eindruck: Hier die Moral, da der kalte Pragmatismus. Aber das ist falsch. Für eine humane Regulierung der Zuwanderung nach Europa gibt es pragmatische Argumente – und moralische. [...] Zuerst die pragmatischen: Die Ressourcen, auch die des reichsten Landes sind begrenzt. Den Solidaritätsmuskel einer Gesellschaft kann man trainieren, wenn man es klug anstellt. Aber er kann nicht unbegrenzt Lasten stemmen, und sogar Mitleid erschöpft sich. Kein Staat der Welt lässt daher unkontrolliert Menschen einwandern. [...]

Wer nicht alle Flüchtlinge aufnimmt, tötet die, die er abweist, lautet der Vorwurf derer, die alle Grenzen abschaffen wollen. Stimmt das, sind wir schuld am Tod der Ertrunkenen? Nein, denn wir haben ihren Tod nicht verursacht. Schuld am Elend der Flüchtlinge sind die Regierungen ihrer Heimatländer, die nicht gegen Krieg, Elend, Chaos vorgehen. Schuld am Ertrinken sind die verbrecherischen Schleuserbanden, die ihre Opfer ausbeuten, vergewaltigen und auf überfüllte Boote zwingen. Schuld sind skrupellose Kapitäne, die ihre Schiffe weit vor der Küste verlassen.

Wenn nicht alle aufgenommen werden können, muss es Regeln geben. Und diese Regeln müssen auch durchgesetzt werden. Wenn die Kontingente für ein Jahr erschöpft sind, müssen Menschen abgewiesen werden. Oder abgeschoben.

Karikatur: Burkhard Mohr (2011)

Aus: Beitrag vom 23. April 2015 in: www.zeit.de/2015/17/fluechtlinge-zuwanderung-regulierung (Zugriff: 19.5.2017)

1 Erläutern Sie die Ursachen und Folgen von Migration (M 1).
2 Erörtern Sie auf der Grundlage des Textes von M 2 sowie der Grafik und der Tabelle in M 3 die Herausforderungen für die Europäische Flüchtlingspolitik.
3 Gestalten Sie in arbeitsteiliger Gruppenarbeit Konzepte zur Lösung von Flucht- und Migrationsursachen.
4 Gestalten Sie eine Pro-und-Kontra-Diskussion zur Begrenzung der Aufnahme von Flüchtlingen und Migranten (M 4).

QUERVERWEIS
METHODE
Pro-und-Kontra-Diskussion
S. 196

2.4 Die Welt im Nuklearzeitalter 3.0

MATERIAL 1 Atomwaffen – die vergessene Gefahr?

Noch immer existieren weltweit fast 17 000 Atomwaffen. [...] Im Vordergrund der Besorgnisse steht [...] derzeit die Verbreitung von Atomwaffen. Neben den USA und Russland verfügen Frankreich, Großbritannien und China bereits seit den 1960er-Jahren über Kernwaffen. 1998 stießen Indien und Pakistan infolge ihrer Nuklearwaffentests zum Atomklub hinzu. Nordkorea hat inzwischen ebenfalls insgesamt drei nukleare Tests durchgeführt, doch ist nicht ganz klar, ob es über einsatzbereite Waffen verfügt. Von Israel wird allgemein angenommen, dass es ebenfalls Kernwaffen besitzt, aber dies ist von keiner israelischen Regierung je offiziell bestätigt worden. Hinzu kommt das iranische Atomprogramm, von dem viele Beobachter annehmen, es ziele auf eine Kernwaffenoption ab. Sollte Teheran eines Tages über die Bombe verfügen, so könnte dies einen nuklearen Rüstungswettlauf in der ohnehin von vielen politischen Konflikten belasteten Region des Mittleren Ostens auslösen. Weitere Länder, auch in anderen Regionen, könnten sich – nicht zuletzt aus Prestigegründen – Atomwaffen zulegen. [...] Die Frage, die sich aus diesen Entwicklungen ergibt, ist, ob es auch in einer Welt mit mehreren Atommächten gelingt, wie zuvor im Kalten Krieg eine Eskalation bis hin zum Einsatz von Kernwaffen auf Dauer zu vermeiden. Hier scheinen Zweifel angebracht.

Karikatur: Schwarwel (2016)

Aus: Oliver Thränert: Gefahren durch ABC-Waffen, in: Internationale Sicherheitspolitik 2, 2015, S. 28f.

MATERIAL 2 Zerbrechlicher atomarer Frieden

> **INFO**
> **KSE-Vertrag**
> Vertrag über konventionelle Streitkräfte in Europa
>
> **„New START"-Abkommen**
> der am 8. April 2010 unterzeichnete Vertrag sieht eine weitere Reduzierung einsatzbereiter nuklearer Sprengköpfe vor

Die Prager Rede von Barack Obama über eine atomwaffenfreie Welt ist gerade mal sechs Jahre her – und doch scheint sie aus einer anderen Welt zu kommen. [...]
Von Abrüstung, soviel ist klar, spricht heute niemand mehr. Seit Russlands völkerrechtswidriger Annexion der Krim und dem von ihm angezettelten Krieg in der Ostukraine sind die Grundlagen der europäischen Sicherheitsarchitektur in Frage gestellt. Russland droht nicht nur mit der Stationierung von Atomwaffen auf der Krim, es hat zum 11. März 2015 auch endgültig seinen Austritt aus der gemeinsamen Beratungsgruppe des KSE-Vertrages verkündet. [...]
Nicht nur Europa, sondern auch die globale Rüstungskontrolle und Nichtverbreitung ist in der Krise. Es wird wieder aufgerüstet. Zwar ist die Zahl der weltweit stationierten Atomsprengköpfe in den vergangenen fünf Jahren um mehr als ein Viertel gesunken (von 22.600 im Jahr 2010 auf nunmehr 16.200) und die USA und Russland haben – wie im „New START"-Abkommen von 2010 vereinbart – ihre Arsenale um zusammen knapp 1.000 Sprengköpfe abgebaut. Doch beide Staaten verfügen nach wie vor über 93 Prozent aller Nuklearwaffen. Zudem haben Russland und die USA ihre vertraglichen Verpflichtungen bislang vor allem durch die Reduktion und Verschrottung von veraltetem Material erfüllt.
Eine Welt ohne Atomwaffen ist weiterhin nicht in Sicht. Im Gegenteil: Alle fünf „offiziellen" Atommächte sind dabei, neue Systeme für den Einsatz von Kernwaffen zu entwickeln oder haben entsprechende Programme angekündigt. Allein die USA planen im nächsten Jahrzehnt 350 Milliarden US-Dollar in die Modernisierung ihrer Atomwaffen zu

investieren, u.a. für ein neues System von Interkontinentalraketen, eine neue Atombomber- und eine neue Atom-U-Boot-Flotte. Auch Russland tauscht derzeit sein Arsenal veralteter Interkontinentalraketen durch fünf verschiedene neue Versionen des Typs SS-27 aus und ersetzt die atomaren U-Boote aus Sowjetzeiten durch eine neue Flotte mit erweiterter Träger-Kapazität für Interkontinentalraketen mit Mehrfachsprengköpfen.

Und auch Indien und Pakistan setzen die Entwicklung von ballistischen Raketen und Marschflugkörpern für Atomwaffen fort und bauen ihre Kapazität zur Herstellung von spaltbarem Material stetig weiter aus. Beide Länder verfügen derzeit über ein mutmaßliches Arsenal von jeweils 90–120 atomaren Sprengköpfen und sind zusammen mit China (mit ca. 250 Atomsprengköpfen) diejenigen Nuklearmächte, die ihr Arsenal auch zahlenmäßig aufrüsten. Nordkorea ist 2003 aus dem Atomwaffensperrvertrag ausgetreten und macht seitdem immer wieder mit Atomtests auf sich aufmerksam. Israel (mit vermutlich 80 Atomsprengköpfen) scheint im Hinblick auf seine atomare Bewaffnung derzeit abzuwarten, wie sich die Situation im Iran entwickelt. [...]

Vor 45 Jahren trat der Atomwaffensperrvertrag in Kraft. In ihm ist festgelegt, dass der Club der Nuklearmächte auf die fünf ständigen Mitglieder des UN-Sicherheitsrates begrenzt bleiben soll. Im Gegenzug verpflichteten sich diese, ihr eigenes Arsenal abzurüsten und die atomaren „Habenichtsen" bei der zivilen Nutzung der Kernenergie mit Know-how und Technik zu unterstützen. Der Atomwaffensperrvertrag ist bis heute eine Erfolgsgeschichte. Er half bei der freiwilligen nuklearen Abrüstung atomarer Schwellenländer wie Südafrika und Brasilien ebenso wie später bei der „nuklearen Entsorgung" der sowjetischen Nachfolgestaaten Kasachstan und der Ukraine. [...]

Der Stillstand der nuklearen Abrüstungsagenda ist zum Teil dadurch zu erklären, dass die Bedeutung der Atomwaffen für die USA, Russland und auch China tendenziell zunimmt. Während des Kalten Krieges war die US-Militärstrategie wegen ihrer konventionellen Unterlegenheit gegenüber der Sowjetunion zwangsläufig stark nuklearlastig. Nach 1990 nahm der Wert von Kernwaffen für Washington hingegen aufgrund mehrerer Modernisierungsschübe bei den konventionellen Systemen ständig ab. Im Zuge des erneuten Konflikts mit Russland und der wachsenden Herausforderung durch China wächst von Seiten der amerikanischer Partner die Nachfrage nach verlässlicher, erweiterter nuklearer Abschreckung im Rahmen der NATO oder im Kontext bilateraler Abkommen. [...]

Auch Russland sieht seine Nuklearwaffen, die ständig modernisiert werden, als Garantie für seinen Großmachtstatus, die sich auch für politische Drohungen verwenden lassen. Zudem sind Moskaus konventionelle Fähigkeiten weiterhin schwach. Konsequenterweise weitete es darum in seinen Militärdoktrinen die Rolle von Kernwaffen kontinuierlich aus.

Parallel zum Bedeutungszuwachs der Atomwaffen wachsen Unmut und Ungeduld bei den Nicht-Atomwaffenstaaten und den NGOs, die sich seit 2013 im Rahmen der „Humanitären Initiative" engagieren. Deren Hauptanliegen ist es, Atomwaffen die Legitimationsbasis zu entziehen. Ziel ist die Verabschiedung einer „Kernwaffenkonvention", die diese Waffen verbietet. Sie soll ggf. nach dem Vorbild der „Ottawa-Konvention zum Verbot von Landminen" auch ohne Zustimmung der Atommächte vorangetrieben werden. Darüber hinaus fordern Abrüstungsunterstützer rechtlich verbindliche Instrumente mit klaren Zeitplänen für die atomare Abrüstung. Es spricht darum vieles dafür, dass sich der Streit um die nukleare Abrüstung weiter zuspitzen wird.

> **INFO**
> **Ottawa-Konvention**
> ein völkerrechtlicher Vertrag, der den Einsatz, die Produktion, den Transfer und den Handel von Antipersonenminen verbietet

Aus: Beitrag von Rolf Mützenich am 17.3. 2015 in: www.ipg-journal.de/schwerpunkt-des-monats/neue-high-tech-kriege/artikel/detail/das-ende-der-abruestung-842/ (Zugriff: 19.5.2017)

1. Stellen Sie die Problematik von Atomwaffen im 21. Jahrhundert dar (M 1).
2. Erläutern Sie, warum der atomare Frieden zerbrechlich ist (M 2).
3. Erörtern Sie auf der Basis einer Recherche im Internet zu den Atommächten die künftige Entwicklung der nuklearen Sicherheit (M 1, M 2).

MATERIAL 3 — Das fragile Atomabkommen mit Iran

INFO

Hassan Ruhani
schiitischer Rechtsgelehrter, seit 2013 Präsident der Islamischen Republik Iran; im Mai 2017 wurde er für eine zweite Amtszeit wiedergewählt.

Am 14. Juli 2015 unterzeichneten Delegierte der ständigen UN-Sicherheitsratsmitglieder, der EU und Deutschlands auf der einen und Irans auf der anderen Seite in Wien den „Joint Comprehensive Plan of Action" (JCPOA), der eine seit 12 Jahren andauernde internationale Krise nach intensiv und kontrovers geführten Verhandlungen beilegt.

Zu Jahresbeginn hielt Hassan Ruhani live im Staatsfernsehen ein bemerkenswertes Plädoyer. Ohne den Atomvertrag, argumentierte Irans Präsident in dem 90-minütigen Gespräch, könnte der Staat heute nur noch die Gehälter seiner Beamten bezahlen und weiter nichts. Kein Rial wäre mehr übrig für Infrastruktur, Wirtschaft oder Bildung – die TV-Botschaft an das iranische Volk war klar.

In den Augen Ruhanis, der im Mai 2017 für eine zweite Amtszeit kandidiert, gibt es kein Zurück hinter das Nuklearabkommen, soll der Iran nicht erneut in einer beispiellosen Misere enden. Denn die internationalen Sanktionen, die sagenhafte Korruption und die sogenannte Widerstandsökonomie seines Vorgängers Mahmud Ahmadinedschad haben die persische Volkswirtschaft bis ins Mark zerrüttet. Bis heute fehlt von 200 Milliarden Dollar Staatseinnahmen aus den acht Jahren Ahmadinedschad jede Spur. [...]

Die Wende begann vor einem Jahr, als der Atompakt zwischen den UN-Vetomächten plus Deutschland mit dem Iran offiziell in Kraft gesetzt und vom Weltsicherheitsrat per Resolution ratifiziert wurde. Seitdem ist die Islamische Republik zurück auf der internationalen Bühne und werden die Sanktionen schrittweise abgebaut. [...].

Doch trotz der Vertragstreue Teherans wachsen die Zweifel an der Zukunft des sogenannten Gemeinsamen Umfassenden Aktionsplanes (JCPOA). Der designierte US-Präsident Donald Trump kritisierte die Einigung im Wahlkampf als „das schlechteste Abkommen, das je geschlossen wurde". Das Ganze aufzukündigen, sei seine „Priorität Nummer eins". Anstoß nimmt Trump aber auch an dem Raketenprogramm des Iran. „Die ballistischen Raketen mit einer Reichweite von 2.000 Kilometern sollen nicht nur Israel sondern auch Europa einschüchtern und könnten eines Tage auch die Vereinigten Staaten treffen", erklärte er vor dem „American Israel Public Affairs Committee" (AIPAC). Und fügte hinzu: „Das werden wir nicht zulassen." [...]

Doch ausgerechnet jetzt, wo der erklärte Iran-Gegner Trump ins Oval Office einzieht, warnen plötzlich selbst die härtesten Gegner im Nahen Osten vor übereilten Schritten. Israels Premierminister Benjamin Netanjahu richtete an den kommenden Präsidenten bisher keine öffentliche Forderung, zumal die Spitzen von Armee und Geheimdienst in Israel das Abkommen mit gewissen Einschränkungen befürworten. Auch Saudi-Arabien scheint ins Grübeln zu geraten. Ein Aufkündigen der Übereinkunft werde – ob man wolle oder nicht – Konsequenzen haben, orakelte der langjährige Geheimdienstchef Prinz Turki al-Faisal, der als inoffizielles Sprachrohr des Königshauses gilt. Denn sollte Washington den Iran-Vertrag für nichtig erklären, wäre ein teures, atomares Wettrüsten in der Golfregion wohl unvermeidlich.

Aber auch im Iran dominiert inzwischen ein nüchterner Blick, zumal sich erste positive Effekte einstellen. Der Ölexport hat mit vier Millionen Barrel pro Tag inzwischen wieder das Niveau vor den Sanktionen erreicht und die Geschäftsbeziehungen nach Europa und den USA kommen langsam in Gang. Erst vor wenigen Tagen lieferte Airbus die erste der insgesamt einhundert bestellten Passagiermaschinen nach Teheran. Eine kräftiger Aufschwung der Wirtschaft und ein Boom bei den Arbeitsplätzen jedoch lassen noch auf sich warten. [...]

Und so hoffen die inner-iranischen Gegner Ruhanis, die Revolutionären Garden, die Ar-

Karikatur: Paolo Calleri (2014)

mee und der konservative Polit-Klerus, auf eine neue Eiszeit im Verhältnis zu Washington. Sie haben an dem Sanktionsregime prächtig verdient und sehen ihre einträglichen Geschäfte durch die neuen ausländischen Konkurrenten gefährdet, die nun wieder bei Großprojekten mitbieten können. Um ihre Opposition zu unterstreichen, veranstalteten die Garden eine Reihe provokanter Raketentests. Im Persischen Golf verwickeln sie immer wieder US-Kriegsschiffe in riskante Seemanöver.

Auch die iranischen Waffenlieferungen an die Huthis im Jemen und die Hisbollah im Libanon gehen nach UN-Erkenntnissen unvermindert weiter. Gleichzeitig erhöhte das iranische Parlament letzte Woche den Verteidigungshaushalt um fünf Prozent. Vor allem die Entwicklung von Langstreckenraketen, bewaffneten Drohnen und Techniken für den Cyberkrieg soll weiter vorangetrieben werden, hieß es in der Etatvorlage.

INFO
Huthis
politisch-militärische Bewegung, eine Bürgerkriegspartei im Jemen

Aus: Artikel von Martin Gehlen am 17.1.2017 in: www.zeit.de/politik/ausland/2017-01/atomabkommen-iran-hassan-ruhani-un (Zugriff: 19.5.2017)

Abrüstung im Nuklearzeitalter 3.0

MATERIAL **4**

Der nächste große Schritt auf dem Weg zu Verhandlungen über ein globales Atomwaffenverbot ist getan. In einer offenen Arbeitsgruppe der Vereinten Nationen sprach sich eine Mehrheit von Staaten dafür aus, dass 2017 ein rechtlich bindendes Instrument zur nuklearen Abrüstung verhandelt werden soll. Viele sprechen schon jetzt von einem historischen Schritt – gleichzeitig dürfen mögliche Hürden jetzt nicht aus den Augen verloren werden. [...]
Die OEWG (Open-ended Working Group, Arbeitsgruppe der Vereinten Nationen (VN) zu nuklearer Abrüstung) stellt mit Sicherheit einen historischen Schritt auf dem Weg zu einer atomwaffenfreien Welt dar, wie auch die Vize-Vorsitzende des Internationalen Roten Kreuzes, Christine Beerli bekräftigt: „Aus Sicht des IKRK ist dies momentan die wichtigste und substanziellste Diskussion innerhalb des VN-Systems über konkrete Schritte innerhalb der nuklearen Abrüstung. Die Empfehlung an die VN-Generalversammlung, in 2017 eine Konferenz abzuhalten, um über ein rechtlich bindendes Instrument zum Verbot von Atomwaffen zu verhandeln, hat möglicherweise historische Implikationen".

Gleichzeitig dürfen gerade in diesem Stadium, in dem vieles möglich ist, aber auch viel auf dem Spiel steht, eventuelle Stolpersteine nicht aus dem Blick verloren oder ignoriert werden. Der Weg in Richtung Atomwaffenverbot ist ein steiniger und selbst mit diesem vielleicht historischen ersten Stück Weg sind grundsätzliche Baustellen noch nicht aus dem Weg geräumt. [...]
Eines der größten Probleme besteht nach wie vor in der ungleichen globalen Verteilung der Verbotsbefürworter und -gegner. Die Idee des Verbots wird erst dann richtig wirksam, wenn unter den europäischen und westlichen Staaten insgesamt wieder Unterstützer gewonnen werden (notfalls mit Druck aus der Zivilgesellschaft), die eine Vermittlerrolle einnehmen oder aber Druck auf die Atomwaffenstaaten aufbauen können. Andernfalls könnte sich eine Haltung manifestieren, die ein Experte einer renommierten Organisation folgendermaßen beschreibt: „Die Atomwaffenstaaten werden sich von anderen nicht diktieren lassen, wie sie ihre Sicherheit garantieren sollen. Ist es unfair, dass dabei eine Mehrheit an Ländern Atomwaffen abschaffen will? Willkommen in der Realität der Weltpolitik".

INFO
IKRK
das Internationale Komitee vom Roten Kreuz ist einen Schutz- und Hilfsorganisation für Opfer in bewaffneten Konflikten

Aus: Beitrag von Julia Berghofer am 23.9.2016 in: www.boell.de/de/2016/09/23/nukleare-abruestung-haben-wir-bald-die-chance-auf-global-zero (Zugriff: 19.5.2017)

1 Analysieren Sie die Bedeutung des Atomabkommens mit dem Iran (M 3).
2 Beurteilen Sie die Möglichkeiten und Hindernisse für eine weltweite Abrüstung (M 4).
3 Erörtern Sie auf der Basis einer Recherche, über welche Möglichkeiten die Weltgemeinschaft verfügt, um die atomare Bewaffnung weiterer Staaten zu unterbinden.

2.5 Neue Formen des Terrorismus

MATERIAL 1

Die neuen Strategien des Terrorismus

INFO

Tamil Tigers
von 1983 bis 2003 im Bürgerkrieg von Sri Lanka für die Unabhängigkeit der Tamilen kämpfende paramilitärische Organisation

PKK
Arbeiterpartei Kurdistans, deren militärischer Arm als eine Untergrundorganisation durch Anschläge auf Autonomie bzw. die Gründung eines unabhängigen kurdischen Staates abzielt

Al Qaida
eine Terrororganisation, die in den 1990er Jahren im Zuge des Afghanistankrieges von Osama Bin Laden gegründet wurde und am 11. September 2001 im Namen des „Dschihad" bzw. des Heiligen Krieges gegen den Westen schwere Anschläge in Washington und New York auf das World Trade Center verübte

Telegram und Twitter sind nur zwei Kanäle, die der IS nutzt, um seine Propagandabotschaften zu verbreiten, um Menschen zu rekrutieren und zu neuen Terroranschlägen zu animieren. Zwei Kanäle von vielen. Denn Terrorismus ist immer auch eine Kommunikationsstrategie, sagt der Politik- und Islamwissenschaftler Marwan Abou-Taam. „Der Terrorist möchte kommunizieren, möchte sich mitteilen und wenn er sich mitteilen kann, gewinnt er tatsächlich." [...]
Eine Woche nach dem Anschlag vom November 2015 erscheint zunächst die englischsprachige Ausgabe des Magazins „Dabiq". Paris taucht darin nur als eine von vielen „militärischen Operationen" auf. Eine Randnotiz. Die Botschaft: Euer Horror bedeutet uns nichts. Dann erscheint der Film „Paris ist zusammengebrochen", der Frankreich bezichtigt, den Krieg gegen den IS begonnen zu haben und nun den Preis dafür bezahlen müsse. Der Film bedient das, was der Medienwissenschaftler Bernd Zywietz „Opfernarrativ" nennt. „Die klassische Erzählung, die bei allen Dschihadisten zu finden ist, dass Muslime auf der ganzen Welt unterdrückt und angegriffen werden direkt und dass die dschihadistische Gewalt eine Art Notwehr ist." [...]
Ein Erzählstrang, der vor allem bei Jugendlichen gut ankommt. Jenen, die im Alltag Ausgrenzung und Diskriminierung erfahren. Die Islamisten locken mit moralischer Empörung, mit Rache und Vergeltung. Auch Kriminelle können beim sogenannten Islamischen Staat Legitimität für ihr Tun finden. [...] Indem sie sich entweder vor Ort zur Wehr setzen – Opfernarrativ – oder ins Kalifat übersiedeln. Bernd Zywietz spricht hier von der „Utopie-Erzählung". [...]
Auch, weil das Kalifat Sinnsuchenden suggerieren möchte: ‚Wenn die Dich nicht wollen, kannst Du zu uns gehören. Bei uns bist Du wer.' Oder: ‚Bei uns kannst Du was werden. Ein Held zum Beispiel.' [...]

Dabei setzen die Islamisten nicht nur auf Bilder und Videos, sondern auch auf die Kraft der Musik. Auf Anaschid, die einzig erlaubte Form von Musik im sogenannten Islamischen Staat. [...]
Ähnlich griffig und eingängig wie es auch das kurze muslimische Glaubensbekenntnis ist oder der Ausruf „Allahu akbar", „Gott ist groß", der in vielen Videobotschaften ertönt. Während Anhänger von Al-Kaida noch Predigten gehalten oder theologische Referate verfasst hätten, würden IS-Anhänger kaum noch lesen, sagt de Graaf. [...] Der IS, sagt Medienwissenschaftler Bernd Zywietz, entwickele so eine Art Erlebnis- und Mitmachkultur, bei der sich jeder etwas rauspicken darf und soll. Damit er die bereits produzierte Propaganda weiterverbreitet, aber auch selbst twittert, Videos dreht oder Anaschid vertont. [...]
Aber auch online läuft die Anwerbung der Terroristen aktiv. Sie umgarnen potenzielle Rekruten regelrecht, schreiben WhatsApp-Nachrichten, chatten, melden sich über Skype. [...] In Ansbach und Würzburg bekamen die jungen Männer bis zum Schluss Anweisungen über Instant-Messenger-Dienste [...] De Graaf nennt Terroristen „early adapters", weil sie grundsätzlich sehr früh den Nutzen der Medien und, was den IS betrifft, vor allem den der sozialen Medien für sich entdeckt und instrumentalisiert hätten.

Werbung für den IS im Internet

Aus: Beitrag von Anne Raith am 11.11.2016 in: www.deutschlandfunk.de/medienstrategie-des-is-das-virtuelle-kalifat.724.de.html?dram:article_id=371147 (Zugriff: 19.5.2017)

Terrorismus in einer globalisierten Welt

MATERIAL 2

[...] Terrorismus lässt sich verstehen als eine Gewaltstrategie nichtstaatlicher Akteure, die aus dem Untergrund agieren und systematisch versuchen, eine Gesellschaft oder bestimmte Gruppen in Panik und Schrecken zu versetzen, um – nach eigener Aussage: politische – Ziele durchzusetzen. Als „Terroristen" oder „Terrororganisationen" werden jene bezeichnet, die sich beim Einsatz von Gewalt primär terroristischer Mittel und Taktiken bedienen, was nicht ausschließt, dass sie im Laufe der Zeit zu anderen Gewaltstrategien übergehen und insofern ihren Charakter sukzessive verändern. [...]

Nimmt man die weltweite Entwicklung terroristischer Aktivitäten in den Blick, so lassen sich fünf kausal aufeinander bezogene Trends nennen [...]:

Erstens ist eine wachsende Transnationalisierung zu beobachten. Dies äußert sich in grenzüberschreitenden Aktivitäten und Kooperationen verschiedener Terrorgruppen – zumeist ungeachtet ideologischer Differenzen – sowie in der Etablierung von transnationalen Logistik-, Unterstützer- und Sympathisantennetzwerken, wie dies beispielsweise bei den Tamil Tigers, der nordirischen IRA, der kurdischen PKK, der libanesischen Hizbollah oder bei palästinensischen Gruppierungen der Fall war oder ist. [...] Ferner ist mit dem transnationalen Terrorismus ein neuer Typ entstanden, der sich durch eine multinationale Mitglieder- und Anhängerschaft, durch eine transnationale Ideologie (etwa Islamismus) und durch entsprechende Netzwerkstrukturen auszeichnet, die über Staaten und Regionen hinweg handlungsfähig sind.

Zweitens nimmt die Bedeutung nichtstaatlicher Unterstützung zu. Mehr und mehr greifen lokal oder international operierende Gewaltakteure [...] auf nichtstaatliche Sponsoren zurück. (...) Nichtstaatliche Unterstützer sind dabei unterschiedlich motiviert: Es gibt die Sympathisantenkreise im engeren Sinne, die weitgehend die Ideologie und die politischen Ziele der jeweiligen Gruppe teilen. Daneben gibt es eher Sponsoren, die weniger aus ideologischer, denn aus kommerzieller Absicht Terrorgruppen unterstützen. Dazu gehören in erster Linie Geschäftsleute, Steuer- und Finanzexperten, Schmuggler, Waffen- und Drogenhändler, Fälscher, Kleinkriminelle, kriminelle Banden oder Warlords.

Damit verbunden ist **drittens** eine starke Diversifizierung der Finanzierung. Terrorgruppen verfügen in der Regel über mehrere Finanzquellen und Transferwege. Der Verlust einzelner Quellen kann durch andere relativ rasch kompensiert werden, was die Eindämmung von Finanzströmen erheblich erschwert.

Viertens gibt es unbestritten eine Verstärkung von medialen Effekten. Gerade islamistische Netzwerke, vor allem aber Al Qaida, haben die massenmediale Inszenierung ihrer Aktivitäten professionalisiert und perfektioniert, sie erreichen eine globale Öffentlichkeit. [...] Diese Entwicklung erleichtert den Terroristen die notwendige psychologische ‚Kriegführung' auf der Ebene der Propaganda, um bei Gegnern ebenso wie bei Sympathisanten als relevanter Faktor wahrgenommen zu werden.

Fünftens verfügen Terroristen über ein wachsendes Zerstörungspotenzial, d.h. über eine zunehmende Bereitschaft und Fähigkeit zu größeren Operationen mit entsprechenden Opferzahlen (mass casualty attacks) – ein statistisch belegbarer Trend, der bereits vor dem 11. September 2001 begann.

Aus: Ulrich Schneckener, Der schwierige Umgang mit dem „Risiko Terrorismus". Möglichkeiten und Grenzen der Terrorismusbekämpfung, in: Veränderte Sicht auf Risiken?, Osnabrücker Jahrbuch Frieden und Wissenschaft 18/2011, S. 157-161.

1 Analysieren Sie die neuen Medienstrategien des Terrorismus und erörtern Sie deren Bedeutung (M 1).

2 Arbeiten Sie die zentralen Merkmale des Terrorismus im 21. Jahrhundert heraus (M 2).

MATERIAL 3 — Der „Islamische Staat" (IS) und die Strategie des Terrors

INFO
Charlie Hebdo
französische Satirezeitschrift, die am 7. Januar 2015 zum Ziel eines islamistisch motivierten Terroranschlags wurde

Ihr Ziel ist die Errichtung eines Kalifats – eines Gottesstaates – im Gebiet der Staaten Syrien, Irak, Libanon, Israel, Palästina und Jordanien. Die dschihadistisch-salafistische
5 Gruppe wird vom UN-Sicherheitsrat, den USA, Großbritannien und Deutschland als terroristische Vereinigung eingestuft.
Die 2004 gegründete Gruppe nennt sich heute Islamischer Staat (IS), wird aber auch als
10 Islamischer Staat im Irak und der Levante (Isil), Islamischer Staat im Irak und in Syrien (Isis) oder Islamischer Staat Irak und Großsyrien (Isig) bezeichnet.
Die sunnitische IS-Organisation stand an-
15 fänglich dem Terrornetzwerk al-Quaida nahe. Ebenso wie im Irak kämpft der IS auch im Bürgerkrieg in Syrien gegen die schiitische Regierung. In Syrien stellt sich die IS-Terrorgruppe nicht nur gegen die Regie-
20 rungstruppen von Präsident Assad, sondern bekämpft auch die Freie Syrische Armee und die kurdische Minderheit im Norden Syriens.

Der Terror der IS-Organisation stellt auch nach den Maßstäben des Nahen Ostens eine neue Stufe der Brutalität dar. Die Bevölke- 25 rung in besetzten Gebieten wird mit Steinigungen, Hinrichtungen, Geiselnahmen und Folter im Namen des islamischen Rechts, der Scharia, unterworfen. Die Gotteskrieger inszenieren ihren heiligen Krieg in Gewaltvi- 30 deos, mit denen junge Dschihadisten aus aller Welt für die Terrorgruppe geworben werden. [...]
Seit sich im Herbst 2014 eine internationale Koalition gegen den IS formiert hat, haben 35 die Dschihadisten ihre Strategie des Terrors [...] auf westliche Länder ausgedehnt. In Europa bekannte sich der IS unter anderem zu dem Anschlag auf die Redaktion von Charlie Hebdo im Januar 2015, den koordinierten 40 Terroranschläge am 13. November 2015 in Paris, dem LKW-Anschlag in Nizza am 14. Juli 2016 und dem Sprengstoffanschlag in Ansbach am 24. Juli 2016.

Aus: www.welt.de/themen/islamischer-staat/ (Zugriff: 19.5.2017)

MATERIAL 4 — Dschihadismus – ein Erfolgsmodell?

Dass sich der islamistische Terror ausschließlich militärisch besiegen lässt, ist [...] kaum vorstellbar. Wahrscheinlicher sind zwei andere Szenarien: das eines lange dauernden Kampfes oder eine Verschiebung des Welt-
5 terrorzentrums von Syrien und dem Irak in eine andere, ähnlich instabile Region. [...]
Dschihadismus ist populär, und der Erfolg des IS generiert weltweit Anhänger. Warlords, Piraten, Drogenhändler und Waffen-
10 schmuggler umgeben sich nur allzu gern mit dem Nimbus von Kämpfern für das Reich Gottes und machen andere glauben, dass dies alle kriminellen Machenschaften legitimiert. Sowohl die Ideologie als auch die Opti-
15 on, ungestraft zu morden, zu plündern und zu vergewaltigen zieht weltweit junge Männer an, so dass die Soldateska des islamistischen Terrors einstweilen keine Rekrutierungsprobleme hat. Diejenigen, die heute in
20 Syrien sind, könnten morgen nach Libyen, nach Mali oder in den Kaukasus ziehen. [...].

Das andere Problem ist eines der Entwicklungszusammenarbeit. Überall dort, wo islamistischer Terror in organisierter und massenwirksamer Form entsteht und sich über einen langen Zeitraum hält, ja im Einzelfall 25 sogar parastaatliche Formen annehmen kann, finden wir [...] eine ähnliche politische Grundstruktur, die sich durch schwache Staatlichkeit auszeichnet. Der Staat ist entweder korrupt, in der Hand von ethnisch 30 oder religiös verfassten Machtcliquen, die ihn nach Belieben ausplündern [...] oder er existiert nur als auf die Hauptstadt beschränkte Blase, während das Land unter der Herrschaft lokaler Kriegsherren steht 35 (Afghanistan, Somalia).
In beiden Fällen versagt er bei der Erfüllung seiner Grundaufgaben, insbesondere der Garantie von Rechtssicherheit, und delegitimiert sich in den Augen seiner Bürger und 40 Bürgerinnen. Vor allem dort, wo größere Bevölkerungsgruppen auf ethnischer oder reli-

giöser Grundlage von der politischen Macht und dem nationalen Reichtum ausgeschlossen sind [...], kommt es zu Aufständen, auf die mit Repression reagiert wird. Wenn die Aufständischen nachhaltig von der Bevölkerung unterstützt werden, über Waffen und gewisse militärische Kenntnisse verfügen, gelingt es ihnen unter Umständen, größere Gebiete gegen die staatlichen Armeen und die Polizei zu verteidigen.

Ein Sonderfall ist der vollkommene Zerfall von Staaten, entweder als Folge von Revolutionen oder von Interventionen. Libyen ist so ein Beispiel. Hier kämpfen nach dem Sturz Gaddafis partikulare Gruppen um die Herrschaft – von einem regulären Staat oder einem staatlichen Gewaltmonopol kann keine Rede sein.

Zerfallene Staaten oder größere rechtsfreie Räume, in denen sich bewaffnete lokale Gruppen als eigentliche Machthaber etablieren können, existieren in vielen Teilen der Welt. Wirtschaftlich basieren solche Regionen auf dem Anbau und Handel von Drogen, dem Schmuggel von Waffen und wertvollen Rohstoffen, auf Raub und Überfällen, dem Erpressen von Schutzzöllen und auf Entführungen. Diese Gewaltökonomie ist äußerst lukrativ und stellt für die, die davon profitieren, einen guten Grund dar, Friedensverhandlungen und Programme eines geordneten Staatsaufbaus zu torpedieren. [...]

Aus: Susanne Schröter: „Erfolgsmarke Dschihadismus", Frankfurter Rundschau vom 9. Januar 2015, zit. nach: Internationale Sicherheitspolitik, izpb Nr. 326/2015, S. 22.

Islamistischer Terror weltweit

MATERIAL 5

Die globale Terrorspur der Islamisten

1 Erläutern Sie, inwiefern der „Islamische Staat" ein neues Phänomen des islamistischen Terrors darstellt (M 3).
2 Erklären Sie, warum der „dschihadistische" Terrorismus so erfolgreich werden konnte (M 4).
3 Erstellen Sie eine Kurve über die Terroranschläge auf Basis der Zahl und der regionalen Häufigkeit der Anschläge und erläutern Sie deren regionale und globale Folgen (M 5).

2.6 Der unsichtbare Krieg: Cyberwar

MATERIAL 1 Wie Geheimdienste die sozialen Netzwerke nutzen

Als Igor Girkin seinen Status aktualisierte, war die Tragödie erst ein paar Minuten alt. Girkin, im Juli noch einer der Führer der prorussischen Separatisten im Osten der Ukraine, schrieb im russischen sozialen Netzwerk, dass seine Truppen gerade eine ukrainische Transportmaschine in der Region Torez abgeschossen hätten. Mit dreifacher Schallgeschwindigkeit waren die Boden-Luft-Raketen auf ihr Ziel zugerast. Das Flugzeug explodierte sofort. „Wir haben euch gewarnt, fliegt nicht in unseren Luftraum", schrieb Girkin. Dass es sich nicht um einen ukrainischen Militärtransporter, sondern um eine Passagiermaschine auf dem Weg von Amsterdam nach Kuala Lumpur handelte, wusste er da noch nicht.

Was Girkin auch nicht wusste: Ein amerikanischer Geheimdienstanalyst mit russischen Sprachkenntnissen hatte seine Statusmeldung gelesen. Und mit dem Wissen um die in der gleichen Region verschwundene Passagiermaschine von Malaysian Airlines, Flugnummer MH-17, sahen die Separatisten plötzlich nicht mehr aus wie siegreiche Krieger, sondern wie die Mörder von Zivilisten. „Die ersten Indizien, wer was wohin geschossen hat, kamen in dieser Situation allesamt aus den sozialen Medien", sagte Michael T. Flynn, bis Anfang August Direktor der amerikanischen Defense Intelligence Agency (DIA), kürzlich dem Wall Street Journal.

Das Beispiel des MH-17-Abschusses zeigt: Die Art, wie Geheimdienste sich Informationen beschaffen, wandelt sich. Die amerikanischen Geheimdienste zapfen Leitungen auf der ganzen Welt an. Sie steuern Satelliten, mit denen sie den gesamten Globus ins Visier nehmen können. Und sie haben ein Netzwerk von Spionen und Informanten, verstreut über alle Ecken der Erde. Doch ein paar Zeilen, gefischt aus den sozialen Netzwerken, brachten nach wenigen Minuten schon eine entscheidende Erkenntnis, und das schneller als mittels klassischer Spionagetechniken. Kein Wunder, dass die Dienste immer stärker auf die Analyse der offen zugänglichen Daten im Internet setzen.

Edward Snowden, Whistleblower und ehemaliger CIA-Mitarbeiter

Auch bei einem anderen aktuellen Konfliktherd stehen die sozialen Medien im Fokus und damit ganz weit oben in der Aufmerksamkeit der Geheimdienste. Der Islamische Staat (IS), der in Syrien und dem Irak mit beispielloser Grausamkeit für ein muslimisches Kalifat kämpft, „vermarktet" seine Gewalttaten mit einer ausgefeilten Social-Media-Strategie. Mit Propagandabotschaften und Videos von Enthauptungen versuchen die Islamisten einerseits ihre Gegner einzuschüchtern und gleichzeitig neue Rekruten für ihren Kampf zu gewinnen. Über eine eigene App kann der IS etwa auf die Twitter-Konten seiner Anhänger zugreifen und konzertierte Kampagnen fahren. Doch so grausam die Bilder und Texte der Milizen auch sind, die sie in den sozialen Medien teilen, sie enthalten immer auch wertvolle Informationen über Strategien, Standorte und Hierarchien innerhalb der Terrororganisation. Und deshalb lohnt sich auch deren Überwachung.

Jeden Tag werden viele Millionen Informationsschnipsel in sozialen Netzwerken veröffentlicht. 2,5 Milliarden Statusmeldungen, Bilder und andere Inhalte wurden schon im Jahr 2012 täglich auf Facebook geteilt. 100 Stunden Videomaterial werden jede Minute bei YouTube hochgeladen, täglich werden 500 Millionen Nachrichten mit 140 Zeichen Länge über Twitter verbreitet. [...]

Für die Geheimdienste der Welt ist das ein gefundenes Fressen. Geheimdienstler wie der ehemalige DIA-Direktor Michael T. Flynn äußern sich geradezu euphorisch über die neuen Möglichkeiten zum Sammeln und Auswerten von Daten im Netz. Für David Omand, ehemaliger Direktor des britischen Government Communications Headquarters (GCHQ), könnte sogar eine neue Form der Geheimdienstarbeit in den sozialen Medien entstehen. Neben der durch Spione und Informanten gesammelten Informationen (Human Intelligence, HUMINT) und dem Abhören von Funkwellen und Datenleitungen (Signals Intelligence, SIGINT) hat Omand dafür den Begriff der Social Media Intelligence

(SOCMINT) geprägt. [...] „Es ist über Facebook möglich, soziale Trends aufzuspüren und ein Meinungsbild der Gesellschaft zu erstellen", sagt Erich Schmidt-Eenboom. So könnten zum Beispiel nicht nur Terroristen ins Visier genommen werden, sondern auch Gruppen wie Naturschützer oder Gewerkschaften, die sich im Internet organisieren. [...]

Im Jahr 2011 konnte man eine solche Bewegung im Entstehen beobachten. Die Jasminrevolution in Tunesien und die Proteste auf dem Tahrir-Platz in Ägypten, bei der sich die Bürger gegen korrupte und despotische Regime wehrten, wurden im Nachhinein zu Twitter- und Facebook-Revolutionen umgedichtet. [...] so lieferten ihre Netzwerke doch die Infrastruktur, mit der sich die Bevölkerung organisieren konnte. Auf Facebook wurden die Versammlungen und Demonstrationen geplant und publik gemacht, auf YouTube und Twitter wurden die neuesten Nachrichten in die Welt gesendet, die im Unterschied zu den staatlichen Propagandasendern echte Bilder aus den besetzten Städten zeigten. Zumindest die amerikanischen Dienste schienen unvorbereitet auf diese neue Form der Proteste. US-Präsident Barack Obama ließ seinem National-Intelligence-Direktor James Clapper Anfang 2011 ausrichten, dass er enttäuscht darüber sei, dass seine Späher den Arabischen Frühling nicht hatten kommen sehen.

GLOSSAR
Arabischer Frühling

Aus: Jan Guldner: Freundschaftsanfrage von der NSA. Wie Geheimdienste die sozialen Netzwerke nutzen – und mit welchen Folgen, in: Zeitschrift für Internationale Politik 6, 2014, S. 15-19

Weltweite Cyber-Großangriffe (in Auswahl seit 2005)   MATERIAL 2

2005: USA melden Spionageangriffe chinesischer Hacker auf Regierungsbehörden und Militäreinrichtungen seit etwa 2003 („Titan Rain").
2007: Attacke auf Regierungs- und Bankenserver in Estland. Ausfall von Internetdiensten und Online-Banking. Russische Jugendorganisation „Naschi" bekennt sich zu dem Angriff.
2008: US-Militär säubert Computer von Schadsoftware, die den Datentransfer auf ausländische Server ermöglicht (Operation „Buckshot Yankee"). Das Netz wurde per USB-Stick infiziert.
2010: Computerwurm Stuxnet befällt industrielle Steuerungssysteme. Hauptziel: Urananreicherungsanlage Natans (Iran).
2012: Bericht der IT-Sicherheitsfirma Kaspersky über ein mutmaßlich russisches Cyberspionagenetz („Roter Oktober"), das Botschaften, Regierungen und Forschungsinstitute vor allem in Osteuropa und Zentralasien anvisiert.
2013: Edward Snowdens Enthüllungen belegen die weltweite Cyperspionage des US-Geheimdienstes NSA und seiner Partnerdienste gegen Regierungen und Bürger.
2013: Computersysteme der EU und des belgischen Internetproviders Belgacom werden durch NSA und britischen Geheimdienst GCHQ ausgespäht.
2013: Studie der IT-Sicherheitsfirma Mandiant über jahrelange Cyberspionage aus China gegen westliche Unternehmen.
2014: Die Sicherheitsfirma Symantec berichtet über eine staatlich gestützte Hackergruppe in Osteuropa („Dragonfly"), deren Cyber-Angriffe sich vor allem gegen westliche Energieunternehmen richten.
2014: Hacker stehlen und veröffentlichen interne Daten des US-Filmstudios Sony Pictures. Das FBI verortet die Urheber in Nordkorea.
2015: Eine Gruppe namens „Cyber-Kalifat" legt den französischen Weltnachrichtensender TV5 Monde lahm und verbreitet auf dessen Social-Media-Accounts Aufrufe für den „Islamischen Staat". Vermutlich standen russische Hacker hinter dem Cyber-Anschlag.
2015: Die sogenannte Syrische Elektronische Armee attackiert erstmals erfolgreich eine Website der US-Armee, um auf dieser anschließend in eigenen Botschaften die Ausbildung syrischer Rebellen durch die US-Armee anzuprangern.
2015: Ein Cyber-Angriff beschädigt das Computer-Netzwerk des Deutschen Bundestages derart, dass es nach Ansicht von Experten komplett neu aufgebaut werden muss.
2016: Im Rahmen des US-Wahlkampfs werden Vorwürfe gegen Putin erhoben, russische Hackerangriffe unterstützt zu haben, die gehackte Mails der Demokratischen Partei an die Enthüllungsplattform Wikileaks weitergegeben hätten, um dem republikanischen Präsidentschaftskandidaten Donald Trump zum Wahlsieg zu verhelfen.

Aus: Bergmoser + Höller Verlag AG, Zahlenbild 621212, aktualisiert durch die Redaktion der Bundeszentrale für politische Bildung (Eintrag zu 2016 ist Autorentext)

1 Erläutern Sie, wie Geheimdienste die digitale Technik nutzen und ob diese Entwicklung die Demokratie gefährden kann (M 1).
2 Arbeiten Sie heraus, welche Gefahren und Bedrohungen durch die weltweite Gefahr von Cyberangriffen entstanden sind (M 2).
3 Gestalten Sie eine Internetrecherche zu den Möglichkeiten der Abwehr von Cyberattacken und bewerten Sie diese Abwehrmöglichkeiten.

MATERIAL 3 — Digitale Konflikte im 21. Jahrhundert

Sechs Thesen auf dem Prüfstand

Der Cyberwar ist der Kalte Krieg von heute. Nur wenn man „Kalter Krieg" sehr wörtlich definiert. [...] Die weit überwiegende Zahl aller bekanntgewordenen Cyberangriffe und digitalen Schachzüge von Staaten sind eher dem Bereich Spionage und Propaganda zuzurechnen. Ein aktuelles Beispiel: die Publikation von E-Mails des Nationalkomitees der US-Demokraten mitten im Präsidentschaftswahlkampf, lanciert über die Enthüllungsplattform Wikileaks. Nach Ansicht von IT-Sicherheitsunternehmen und US-Behörden war dies das Werk russischer Geheimdienste, mit der Absicht, die Chancen des republikanischen Kandidaten Donald Trump zu erhöhen. In die andere Richtung dürfen weite Teile dessen, was Edward Snowdens Dokumentenschatz über die tatsächlichen Aktivitäten der NSA und ihrer Verbündeten enthüllt hat, als digitale Spionage gelten, nicht als offensive, kriegerische Handlungen. [...]

Cyberangriffe werden immer einfacher. Richtig ist: Straftaten und Spionageangriffe, in denen das Internet eine Rolle spielt, nehmen dramatisch zu. Allein das Ausmaß des Datenlecks, die große Unternehmen [...] eingestehen mussten, ist atemberaubend. Millionen von Nutzerdatensätzen werden auf entsprechenden Schwarzmarktplattformen zum Kauf angeboten, immer wieder müssen Firmen ihre Nutzer warnen und anhalten, Passwörter zu ändern und Sicherheitsüberprüfungen durchzuführen.

Mit Krieg hat das alles aber wenig bis gar nichts zu tun. Der wohl größte bekanntgewordene Coup gegen eine staatliche Einrichtung, das amerikanische Office of Personel Management (OPM), lieferte den Angreifern zwar umfangreiche Informationen über Millionen US-Beamte [...]. Ein kriegerischer Akt im Sinne der bewussten Zerstörung war aber auch dieser Angriff nicht. Bekannt gewordene Cyberangriffe, bei denen tatsächlich Material oder gar Menschen zu Schaden gekommen sind, kann man weiterhin an einer Hand abzählen.

Das prominenteste Beispiel ist bis heute Stuxnet, der ausgeklügelte Hightech-Virus, mit dem vermutlich eine Allianz aus US- und israelischen Geheimdiensten erfolgreich das iranische Atomprogramm sabotierte. [...] Der Sabotageangriff muss Abermillionen gekostet, ihre Entwicklung ein ganzes Team von Fachleuten viele Monate beschäftigt haben. [...]

Was wir gerade tatsächlich erleben, ist ein digitales Wettrüsten. Dieser Aufbau offensiver und defensiver Kapazitäten der digitalen Kriegführung unterscheidet sich in einem wesentlichen Punkt von anderen Formen der Aufrüstung. Es geschieht nahezu unsichtbar. [...] Da werden Hintertüren in Hard- und Software eingebaut, Datenströme bei Bedarf mit Hilfe versteckter Router umgeleitet, Schadsoftware unbemerkt in normale Webseiten-Aufrufe eingeschleust. Es kann keine Zweifel bestehen, dass auch China, Russland, Nordkorea und viele andere Staaten mit unterschiedlichem Erfolg und unterschiedlichem Aufwand am Aufbau entsprechender Möglichkeiten arbeiten – aber all das passiert im Unsichtbaren. [...]

Was wir brauchen, ist eine Art Kontrollabkommen über Cyberwaffen. Dem digitalen Wettrüsten mit digitalen Abrüstungsverhandlungen zu begegnen, wäre in der Tat wünschenswert. [...] höchste Zeit, dass die digitalen Supermächte der Gegenwart wenigstens damit beginnen, gemeinsame Rahmenbedingungen für den Einsatz von digitalen Waffen zu erarbeiten. Denn natürlich könnte etwa das Lahmlegen eines nationalen Strom- oder Transportnetzes, sofern überhaupt möglich, massive Folgen haben, Volkswirtschaften schädigen und auch Menschenleben kosten. [...] Über geheim gehaltene Fähigkeiten und Aktionen Abrüstungsverhandlungen zu führen, dürfte sich aber als schwierig erweisen.

Gerade Deutschland ist für einen Cyberwar nicht im Geringsten gerüstet. [...] Die digitalen Fähig- und Fertigkeiten deutscher Beamter sind offenbar nicht so ausgeprägt, wie man es sich von einer Hightech-Nation wie Deutschland erwarten würde. Man kann dem Verteidigungsministerium aber zugutehalten, dass dieses Defizit mittlerweile erkannt wurde. [...]

Dass derzeit, was die IT-Sicherheit bundesdeutscher Institutionen angeht, einiges im Argen liegt, zeigte 2013 der sehr erfolgreiche

Angriff auf das Netz des Deutschen Bundestags. Über Wochen hinweg, wenn nicht über Monate, konnten die Angreifer – nach Einschätzung des Bundesamts für Verfassungsschutz aus Russland – Daten aus den Rechnern von Bundestagsabgeordneten und ihren Mitarbeitern sowie aus Parlamentsservern ausleiten. Nachdem der Angriff entdeckt worden war, dauerte es Monate, ihn zu bekämpfen und die Systeme entsprechend abzusichern. Noch heute benutzen die meisten Abgeordneten nicht einmal die in ihren E-Mail Programmen eingebaute Verschlüsselungstechnik, auch nicht für die Kommunikation untereinander. [...]

Ein gigantischer Cyberangriff ist nur noch eine Frage der Zeit. Diese These wird sich hoffentlich als falsch erweisen. Dagegen sprechen die bisherigen Erfahrungen in diesem Bereich [...]

Gleichzeitig dürfte zumindest Regierungen rund um die Welt klar sein, dass ein wirklich verheerender Cyberangriff, sollte er sich doch durchführen lassen, von den Betroffenen als Kriegserklärung aufgefasst werden dürfte. [...]

Anders sieht es im Hinblick auf terroristische Organisationen aus: Bei ihnen wäre die Hemmschwelle, mit einer Cyberattacke große Schäden anzurichten, zweifellos niedrig. Doch dass etwa der sogenannte Islamische Staat in der Lage wäre, tatsächlich Cyberoperationen von der Qualität des Stuxnet-Virus durchzuführen, ist derzeit nicht zu erkennen und auch eher unwahrscheinlich.

Aus: Christian Stöcker: Cyberwar, in: Internationale Politik 6/2016, S. 58-63.

Cyberwar – neuer Krieg im Netz?

MATERIAL 4

Der Begriff „Cyberwar" ist Teil unserer Zeit geworden – in den Medien und in den Reden von Politikern. Doch ist die Warnung vor Netzattacken das Gebaren von Rüstungslobbyisten, die höhere Militärbudgets wollen? Oder sind wir schon mitten im Krieg? Stell dir vor, es ist Krieg, und keiner geht hin. Stell dir vor, keiner geht hin und es ist trotzdem Krieg. „In Zeiten einer hohen elektronischen Vernetzung und Abhängigkeit ist es vermutlich nicht mehr erforderlich, physische Kräfte aufzubieten, sondern es geht auch mit nicht letalen Waffen", sagt der Politikwissenschaftler Herfried Münkler über den Krieg im Netz.

„Für den Juristen ist Krieg sehr eng umgrenzt", sagt die Völkerrechtlerin Katharina Ziolkowski. „Krieg liegt vor, wenn ein Staat einem anderen Staat den Krieg erklärt – und das haben wir bei weitem nicht. Bisher gab es keinen Vorfall, der als bewaffneter Konflikt im Cyberspace oder ein bewaffneter Angriff gelten könnte." [...] Ab welcher Opferzahl oder welchem Schaden ein Netzangriff zum bewaffneten Konflikt wird, darüber spekulieren viele – rechtlich gesehen umsonst. [...] „Man muss immer bedenken: Es ist eine politische Entscheidung, ob ein bewaffneter Angriff stattfindet und man dann zum Selbstverteidigungsrecht greift."

Die USA haben sich entschieden: Ihre zukünftige Sicherheitsstrategie sieht einen Rückschlag mit konventionellen Waffen vor, falls Hacker Infrastrukturen lahm legen oder ein Atomkraftwerk angreifen. [...]

Gehackt wird ständig – meist, ohne dass wir es merken. Doch nicht alles ist gleich eine Attacke, geschweige denn, Krieg. Der Großteil der Hacker sind Kriminelle, die mit geklauten Bank-Daten betrügen. Der wirtschaftliche Schaden ist immens. [...] Bei Sony stahlen Hacker Millionen Kundendaten. Die Gruppe Lulzsec bekannte sich dazu. Politische Aktivisten wie etwa das Kollektiv Anonymous nutzen Attacken im Kampf für Redefreiheit und die Unabhängigkeit des Internet. Profi-Hacker handeln meist im Auftrag. 2009 wurden die Rechner des US-Verteidigungsministeriums ausspioniert und Baupläne eines Kampfjets erbeutet. Der Verdacht fiel auf die Cyber-Supermacht China, Beweise fehlten. Die Maskierung der Täter macht Bestrafung quasi unmöglich. Hinzu kommen administrative Probleme. [...]

Alle Information soll frei sein, heißt eine Regel der Hacker. Mit seinen Veröffentlichungen hat es Wikileaks geschafft, das tradierte Machtmonopol der Politik aufzubrechen.

Hat der Hacker das Zeug zum Humanisten unserer Zeit? Bedrohung und Befreiung liegen in der digitalen Welt nahe beieinander. Ein Fall, den viele als kriegerischen Akt bezeichnen, ist Stuxnet. Der Computerwurm schaltete Zentrifugen der Urananreicherungsanlage in Iran aus. Die Fähigkeit des Landes, Atomwaffen zu bauen, wurde herabgesetzt. Es war eine gezielte Netzattacke ohne Blutvergießen.

Was bewahrt uns davor? Der Schritt zurück zu Stift und Papier, zu Bargeld und Kerzen? Müssen wir uns vor Website-Ausfällen von Banken und Behörden wie 2007 in Tallinn oder vor Stromausfällen wie 2003 in den USA fürchten? „Es ist letzten Endes eine Frage der Politik, ob sie das Risiko nachhaltiger Angriffe für so hoch hält, dass sie eine ganze Gesellschaft darauf einstellt, mindestens drei Tage durchhaltefähig zu sein", sagt Münkler. Ob es je soweit kommt? Es sind vor allem die Supermächte, die das Netz jetzt schon zum Schlachtfeld erklärt haben und die um die militärische Überlegenheit im Cyberspace kämpfen. Erleben wir eine neue Form des Kalten Kriegs? Vorstellbar ist alles.

Aus: Beitrag von Susan Christely am 6.10.2011 in: www.3sat.de/page/?source=/kulturzeit/%20themen/157398/index.html (Zugriff: 19.5.2017)

MATERIAL 5 Online-Trolle und Hacker-Angriffe

Am Freitagmittag, kurz vor 13 Uhr, betreten vier Männer die Lobby des Trump Tower in New York. Es sind FBI-Chef James Comey, CIA-Chef John Brennan, NSA-Direktor Mike Rogers und James Clapper, der US-Geheimdienstkoordinator. Ihre Aufgabe: Sie sollen Donald Trump überzeugen, dass Russland versucht hat, durch Hacking und andere Methoden den Ausgang der US-Wahl zu beeinflussen. (...)

Die US-Dienste sind sich sicher: Russlands Präsident hat persönlich die Maßnahmen angeordnet, um das Vertrauen der US-Bürger in ihr Wahlsystem zu untergraben und dem Ansehen der ehemaligen Außenministerin Clinton zu schaden. Moskau habe seit langem in Wahljahren Spionage betrieben, doch das Vorgehen 2016 sei „eine klare Eskalation." [...]

Die Geheimdienste sagen voraus, dass Moskau seine Lehren aus der US-Wahl ziehen und probieren werde, andere Abstimmungen „von US-Verbündeten" zu manipulieren. [...]

Neben den Hacker-Angriffen und den typischen „verdeckten Geheimdienst-Operationen" habe Moskau eine ausgefeilte „messaging strategy" verfolgt. So seien erfundene Nachrichten verbreitet und „bezahlte Online-Trolle" eingesetzt worden sowie staatlich finanzierte Medien-Unternehmen, etwa die Nachrichtenagentur Sputnik oder der TV-Sender RT. [...]

Die US-Dienste sind überzeugt, dass Moskau hinter der Website DCLeaks.com und dem Twitter-Account „Guccifer 2.0" steckt. Laut Washington Post wissen die USA, wer das gehackte Material an Wikileaks weitergab – diese Details fehlen aber in der veröffentlichten Version. Wikileaks sei ein attraktiver Partner gewesen, weil die Enthüllungsplattform stets ihre Authentizität betone, das Material nie „gefälscht" werde und der Staatssender RT regelmäßig mit Gründer Julian Assange zusammenarbeite. Fazit: Neben dem Hacken war das Leaken wichtiger Teil der russischen Strategie.

Aus: Artikel von Matthias Kolb am 7.1.2017 in: www.sueddeutsche.de/politik/hacker-attacken-bei-us-wahl-das-steht-im-hacking-bericht-der-us-geheimdienste-1.3323715 (Zugriff: 08.01.2017)

1. Erläutern Sie, welche Herausforderungen durch die digitalen Konflikte im 21. Jahrhundert entstehen und was das für die staatliche Sicherheit bedeutet (M 3).
2. Stellen Sie die charakteristischen Merkmale eines Cyberwar dar (M 4).
3. Beurteilen Sie, in welcher Weise erfundene Nachrichten, sogenannte Fake News, oder Hacker-Angriffe auf Politik und Gesellschaft Einfluss nehmen können (M 5).

Rohstoffkonflikte

Angesichts immer knapper werdender Ressourcen wächst die Gefahr der Verteilungskämpfe um Wasser, Energie und Rohstoffe. Durch nationale Interessen angeheizt, nehmen bewaffnete lokale, nationale und regionale Auseinandersetzungen um Rohstoffe an Intensität zu. In wirtschaftlich schwächeren Entwicklungsländern führen dabei große Vorkommen an natürlichen Ressourcen häufig zum Ausbruch von Gewaltkonflikten, die den eigentlichen Resssourcenreichtum zu einem „Ressourcenfluch" verwandeln.

Migration und Flucht

Die Zahl der Migranten und Flüchtlinge aus Kriegs- und Entwicklungsländern, die ihre Heimat oft über strapaziöse und gefährliche Fluchtrouten (z.B. Balkanroute, Mittelmeer) verlassen müssen, ist in den vergangenen Jahren erheblich gestiegen. Vor allem durch Bürgerkriege und wirtschaftliche Probleme verursachte Flüchtlingskrisen führten zu teils gewaltigen Flüchtlingsströmen (z.B aus Syrien, dem Irak, Afghanistan oder Afrika), die die Staaten in Europa vor eine große Herausforderung hinsichtlich Integration, Solidarität, finanzieller Lastenteilung und Sicherung der Außengrenzen stellen.

Atommächte

Das Problem der Verbreitung und Verfügbarkeit von Massenvernichtungswaffen (MVW) stellt sich für die Welt auch im 21. Jahrhundert. Neben den traditionellen Atomwaffenmächten (USA, Russland, VR China, Großbritannien, Frankreich) existieren in vielen Ländern Programme zur Herstellung von atomaren, biologischen und chemischen (ABC-)Waffen. Nuklearmächte wie Indien, Pakistan, Israel und Nordkorea sowie das Nuklearprogramm des Iran spielen durch ihr Bedrohungspotenzial eine wichtige Rolle für die künftige atomare Ordnung.

Transnationaler Terrorismus

Seit den Anschlägen vom 11. September 2001 stellen neue gewaltbereite terroristische Vereinigungen eine Bedrohung für den Frieden dar. Dazu zählen neben dem Terrornetzwerk al-Qaida auch neuere religiöse Gruppierungen wie die im Nahen Osten aktive extremistische Organisation „Islamischer Staat", die u. a. mit religiös motivierter Gewalt (z. B. Folter, Hinrichtungen) die Errichtung eines „Gottesstaates" propagiert. Im Zuge von Globalisierung und Digitalisierung hat der transnationale Terrorismus vielfältige moderne Gewaltstrategien entwickelt, die von opferreichen, Angst verursachenden Attentaten bis hin zu neuen Formen der Ideologisierung und Rekrutierung von Sympathisanten über soziale Netzwerke reichen.

Digitale Konflikte

Cyberwar, Hackerangriffe, Online-Trolle, Fake News sind zu Begriffen einer neuen Bedrohungssituation geworden, in der sowohl der Zugang zu als auch die Manipulation von Informationen eine wichtige Rolle spielen. Wie die Ausspähaktionen des US-Geheimdienstes NSA, aber auch zahlreiche Cyberangriffe illustrieren, werden die Nutzung der digitalen Technik, etwa für politische und wirtschaftliche Cyberspionage oder terroristische Anschläge zu neuen demokratiegefährdenden Herausforderungen für die internationale Ordnung. Moderne soziale Medien wie Facebook, Youtube und Twitter haben in den letzten Jahren allerdings auch gezeigt, dass sie als neue Kommunikationsplattformen für wesentliche Impulse bei gesellschaftlichen Protesten und Demonstrationen (z.B. im Arabischen Frühling) sorgen können.

KOMPETENZEN PRÜFEN: Bauanleitung für eine bessere Welt

Die Menschheit bildet eine Schicksalsgemeinschaft, die in eine soziale und ökologische Krise zu schlittern droht, sagt der amerikanische Ökonom Jeffrey Sachs. Heraushelfen kann eine konsequente globale Zusammenarbeit. Und das Engagement jedes Einzelnen. Thesen aus Sachs' Buch „Wohlstand für viele".

Die größte Herausforderung des 21. Jahrhunderts wird sein, uns der Tatsache zu stellen, dass auf einem dicht besiedelten Planeten die Schicksale aller Menschen untrennbar miteinander verbunden sind. Und dieses gemeinsame Schicksal wird neue Formen der globalen Zusammenarbeit erfordern. Viele Staats- und Regierungschefs haben diese grundlegenden und offenkundigen Tatsachen immer noch nicht verstanden oder akzeptiert. In den vergangenen zwei Jahrhunderten eilte die technische und demografische Entwicklung stets dem gesellschaftlichen Verständnis voraus. Die Industrialisierung und die Fortschritte in den Naturwissenschaften haben die Welt mit beispielloser Geschwindigkeit verändert. Philosophen, Politiker, Künstler und Ökonomen können nur mühsam mit den gesellschaftlichen Entwicklungen Schritt halten. Folglich hinkt unser Verständnis der sozialen Gegebenheiten ständig der Realität hinterher. [...]

Ob unsere globale Gesellschaft im 21. Jahrhundert gedeihen oder untergehen wird, hängt davon ab, ob es der Menschheit gelingen wird, sich auf eine Reihe gemeinsamer Ziele und auf praktische Maßnahmen zu deren Verwirklichung zu einigen. Die Verknappung der Energieressourcen, die wachsende Umweltbelastung, der Anstieg der Weltbevölkerung, die legalen und illegalen Migrationsströme, die Verlagerung der Wirtschaftsmacht und große Ungleichheiten bei der Einkommensverteilung sind zu große Probleme, um sie allein den Kräften des Marktes und dem uneingeschränkten geopolitischen Wettbewerb zwischen den Staaten zu überlassen. Aufgrund der wachsenden Spannungen könnte es durchaus zu einem Kampf der Kulturen kommen, und dieser könnte verheerende Folgen haben und schließlich unser letzter Kampf sein. Wenn wir eine friedliche Lösung für unsere Probleme finden wollen, müssen wir auf globaler Ebene die gleichen entscheidenden Lektionen lernen, die erfolgreiche Gesellschaften im Lauf der Geschichte schrittweise und oft widerwillig im eigenen Land akzeptieren mussten. [...]

Heute besteht die Herausforderung weniger darin, die globale Zusammenarbeit zu erfinden, als vielmehr sie aufzufrischen, zu modernisieren und auszuweiten. [...] Wider alle Vernunft hat die globale Kooperationsbereitschaft jedoch in den letzten Jahren nachgelassen. [...] Das Paradox einer geeinten globalen Wirtschaft und einer gespaltenen globalen Gesellschaft stellt die größte Bedrohung für unseren Planeten dar, weil dadurch Kooperation unmöglich wird. Und ohne sie können wir die künftigen Herausforderungen nicht angehen. Ein Kampf der Kulturen würde alles zerstören, was die Menschheit aufgebaut hat, und, falls wir überlebten, unsere Nachfahren auf Generationen belasten. [...]

Viele junge Menschen weltweit verbinden mit dem Begriff „Geschichte" vor allem den 11. September 2001 und den Irakkrieg, eine Welt der Gewalt und des Terrors. [...]

Doch es gibt eine andere Geschichte, die bis zum Ende des Zweiten Weltkriegs zurückreicht, die uns als Anleitung dienen und Hoffnung geben kann. Nach dem Zweiten Weltkrieg bemühten sich die Weltmächte trotz des Kalten Krieges, gemeinsam die Umweltverschmutzung, die Überbevölkerung, die Armut und das Wettrüsten zu begrenzen. Sie erfanden neue Formen und Institutionen der globalen Kooperation, etwa die Vereinten Nationen, und führten weltweite Kampagnen zur Bekämpfung der Pocken, zur Impfung von Kindern, zur Bekämpfung des Analphabetentums, zur Förderung der Familienplanung und zum Umweltschutz durch. So bewiesen sie allen Zynikern, dass die globale Zusammenarbeit trotz widriger Umstände Gutes hervorbringen kann. [...]

Die Herausforderungen einer nachhaltigen Entwicklung, ob es sich nun um den Klimawandel, die Beseitigung der extremen Armut, die Stabilisierung der Weltbevölkerung oder die Trinkwasserversorgung handelt, können nur bewältigt werden, wenn wir uns auf zahlreiche verschiedene Einrichtungen stützen. Die Probleme sind so gravierend, dass sie weder der Staat noch die Wirtschaft oder eine bestimmte Organisation im Alleingang beheben können. An komplexen gesellschaftlichen Problemen sind viele Akteure beteiligt, die Teil des Problems sind und daher auch ihren Teil zur Lösung beitragen müssen. Wir stehen nun vor der schwierigen Aufgabe, die vielen verschiedenen Beteiligten zur Zusammenarbeit zu bewegen. [...]

Aus: Jeffrey Sachs, Bauanleitung für eine bessere Welt, in: https://www.brandeins.de/wissen/das-buch-der-fragen/bauanleitung-fuer-eine-bessere-welt/ (Zugriff: 15.12.2017)

DIE ORDNUNG DER WELT IM 21. JAHRHUNDERT

Internationale Konflikte im Spiegel der Presse

KOMPETENZEN PRÜFEN

Russland empört über US-Waffendeal mit Ukraine
„Das ist ein großer Fehler"

Die russische Reaktion auf die angekündigte Waffenlieferung der USA an die Ukraine fällt deutlich aus: Von Kriegstreiberei ist die Rede – Washington mache alles noch komplizierter.

Die USA mischen sich in den Ukraine-Konflikt ein – und ernten dafür, wie erwartet, massive Kritik aus Russland. „Das ist ein großer Fehler", sagte die Föderationsratsvorsitzende Valentina Matwijenko über mögliche Waffenlieferungen der USA an die Ukraine. Washington werde damit in den Konflikt in der Ukraine hineingezogen. Eine Lösung sei so noch schwieriger, sagte sie der Agentur Tass zufolge.

Die Regierung von US-Präsident Donald Trump erwägt, die Ukraine mit Waffen für eine „verbesserte Verteidigungskapazität" auszustatten. […]

Die USA drängten die Ukrainer zu neuem Blutvergießen, sagte Vize-Außenminister Sergej Rjabkow. Washington sei kein Vermittler, sondern helfe bei Kriegstreiberei. Im Osten der Ukraine kämpfen Regierungstruppen seit 2014 gegen Separatisten, hinter denen sich die russische Militärmacht verbirgt. Eine Friedensregelung von 2015 wird nicht umgesetzt. […]

Dagegen zeigte sich die Regierung in Kiew erfreut über die anstehende Waffenlieferung. „Endlich", schrieb der ukrainische Botschafter in den USA, Waleri Tschali, auf seiner Facebook-Seite. Die neuen Raketen würden dabei helfen, den „Aggressor" in Schach zu halten. […]

Im Osten der Ukraine tobt seit mehr als drei Jahren ein blutiger Konflikt zwischen ukrainischen Regierungstruppen und prorussischen Rebellen. Dabei wurden bislang mehr als 10.000 Menschen getötet. Die Ukraine und ihre westlichen Partner werfen dem Kreml vor, die prorussischen Rebellen zu unterstützen. Russland weist dies zurück. Im Zuge des Konflikts verhängten die EU und die USA Sanktionen gegen Russland.

(jok/dpa/AFP)

Aus: Artikel vom 23.12.2017 in: www.spiegel.de/politik/ausland/russland-empoert-ueber-us-waffendeal-mit-ukraine-a-1184833.html (Abruf: 5.1.2018)

Nordkorea-Konflikt
Pjöngjang droht USA mit Vergeltung

Nach den jüngsten UN-Sanktionen hat Nordkorea den USA mit massiver Vergeltung gedroht. „Wir sind bereit, die USA mit weit größeren Maßnahmen zur Rechenschaft zu ziehen für ihre Verbrechen gegen unser Volk und unser Land", teilte Pjöngjang am Montag in einer von den Staatsmedien verbreiteten Erklärung mit.

Die Sanktionen würden Nordkorea niemals dazu bringen, sein Atomprogramm aufzugeben oder darüber zu verhandeln.

Der UN-Sicherheitsrat hatte am Samstag einstimmig die bisher schärfsten Wirtschaftssanktionen gegen das international isolierte Land verabschiedet. Die von den USA eingebrachte und mit China sowie Russland abgestimmte Resolution sieht unter anderem Ausfuhrverbote auf Kohle, Eisen, Blei und andere Rohstoffe vor. Damit werden die ohnehin schon mageren Exporterlöse Nordkoreas nach US-Angaben um eine Milliarde Dollar (850 Millionen Euro) und so mindestens um ein Drittel gekürzt. […]

Vorausgegangen war der zweite Test einer nordkoreanischen Interkontinentalrakete binnen eines Monats. Solche Tests hat der UN-Sicherheitsrat verboten. Die am 28. Juli abgefeuerte Rakete hatte nach Berechnungen von Experten eine theoretische Reichweite von rund 10 000 Kilometern. Sie hätte damit das Festland der USA treffen können.

(mh/dpa)

Aus: Artikel vom 7.8.2017 in: www.focus.de/politik/ausland/nordkorea-konflikt-pjoengjang-droht-usa-mit-vergeltung_id_7443708.html (Abruf: 5.1.2018)

1. Arbeiten Sie die Thesen von Jeffrey Sachs heraus und nehmen Sie dazu Stellung.
2. Der Titel des Buches von Sachs lautet „Wohlstand für viele". Beurteilen Sie vor dem Hintergrund der aktuellen globalen Lage die Realisierungschancen dieses Ziels.
3. Wählen Sie einen aktuellen Konflikt aus, der eine Herausforderung für Sicherheit und Frieden darstellt. Gestalten Sie dann in arbeitsteiliger Gruppenarbeit dazu eine Konfliktanalyse.

QUERVERWEIS
METHODE
Konfliktanalyse
S. 106

IV. Wie den Frieden sichern?

Sitzung des UN-Sicherheitsrats

Bundeswehrsoldaten nahe Kundus in Afghanistan

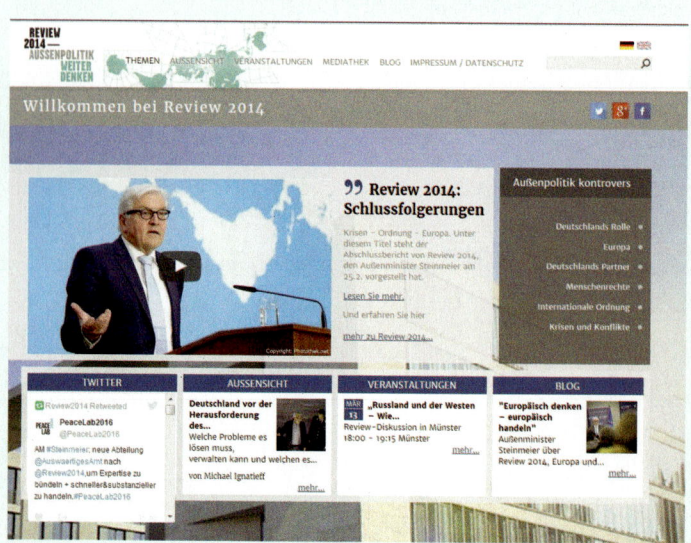

Deutsche Außenpolitik und Diplomatie: der ehemalige Außenminister Frank-Walter Steinmeier

UN-Blauhelm im Rahmen der Militärmission in Haiti

In diesem inhaltlichen Schwerpunkt befassen Sie sich mit folgenden Themen und Problemen

Frieden und Sicherheit lassen sich in der internationalen Ordnung oftmals nur schwierig herstellen. Globale Bemühungen, vor allem der Staatengemeinschaft, zur Bewältigung von Krisen und Konflikten sowie zur Friedenssicherung sind daher unerlässlich. Sowohl internationale Organisationen wie die UNO, die NATO und die EU als auch Staaten im Rahmen ihrer Außen- und Sicherheitspolitik spielen dabei eine wichtige Rolle als Konfliktlöser oder Friedensstifter.

Kapitel 1 untersucht die zentrale Rolle der Vereinten Nationen als Weltorganisation von globaler Reichweite. Aufbau und Ziele der UNO werden gleichermaßen thematisiert wie die Frage nach der Reformfähigkeit der UNO im 21. Jahrhundert: Welche Erfolge und Defizite weisen die Vereinten Nationen auf? Gelingt es der UNO, den Anspruch auf Gewährleistung von Frieden und Sicherheit in der Welt zu erfüllen? Sind die Vereinten Nationen ein Fossil der Nachkriegsordnung oder ein unverzichtbares Instrument der globalen Friedenssicherung?

Kapitel 2 beschäftigt sich mit der Bedeutung der NATO in der internationalen Sicherheitsordnung: Was sind die Aufgaben und das Selbstverständnis der Militärallianz im neuen Jahrhundert? Welchen Herausforderungen muss sich die NATO stellen? Wie wirken sich der Ukraine-Konflikt und die Außen- und Sicherheitspolitik Russlands auf das Verhältnis zur NATO aus? Wie wird sich das transatlantische Bündnis in der Zukunft entwickeln?

Kapitel 3 widmet sich der Außen- und Sicherheitspolitik Deutschlands und seiner Rolle als einer Mittelmacht in Europa: Wie hat sich das Bild von Deutschland im In- und Ausland verändert? Welche Aufgaben und Ziele verfolgt die „neue" deutsche Außenpolitik? Kann Deutschland als eine außenpolitische Führungsmacht bezeichnet werden? Welche Bedeutung haben die Auslandseinsätze der Bundeswehr im Rahmen der deutschen Sicherheitspolitik?

Kapitel 4 nimmt die Europäische Union in den Blick und beschäftigt sich mit der Gemeinsamen Sicherheits- und Verteidigungspolitik der EU: Ist Europa mit seinen Auslandseinsätzen zu einem globalen Sicherheitsakteur geworden? Welche „globale Strategie" verfolgt die EU in ihrer Außen- und Sicherheitspolitik? Wie handlungsfähig ist die EU militärisch bzw. braucht Europa eine eigene Armee?

1 Erläutern Sie anhand der Fotos, wie man Frieden im 21. Jahrhundert sichern kann.
2 Starten Sie eine Umfrage im Kursverband, welche Akteure der internationalen Politik am besten für eine sichere und friedliche Weltordnung sorgen können und erörtern Sie das Ergebnis.

1. Die UNO im 21. Jahrhundert: Fossil der Nachkriegsordnung oder Instrument zur Friedenssicherung?

MATERIAL 1 — Erfolge der UNO

„Die UNO wurde nicht gegründet, um uns in den Himmel zu bringen, sondern um uns vor der Hölle zu bewahren." *(Winston Churchill, britischer Premierminister 1940–1945 und 1951–1955)*

„Entweder die Vereinten Nationen funktionieren als friedenserhaltende Organisation oder sie werden irrelevant. Das werden wir bald rausfinden." *(George W. Bush, US-Präsident 2001–2009)*

„Klatscht Beifall, wenn wir erfolgreich sind, kritisiert uns, wenn wir Fehler machen, aber lasst diese unersetzliche Institution nicht an Gleichgültigkeit, Arroganz oder Knauserigkeit von Mitgliedsländern zugrunde gehen." *(Kofi Anan, siebter Generalsekretär der UNO von 1996 bis 2006)*

Seit 1948 hat die UNO weltweit mehr als 50 Friedensmissionen durchgeführt. Sie hat sich für die Entkolonialisierung eingesetzt, die zur Unabhängigkeit von über 80 Staaten geführt hat. Die Pocken wurden mithilfe der Weltgesundheitsorganisation (WHO) ausgerottet. Impfkampagnen des UN-Kinderhilfswerks UNICEF und der WHO retten jedes Jahr über zwei Millionen Kindern das Leben. Dank des Bildungswerks UNESCO kann auch in den Entwicklungsländern über die Hälfte der Bevölkerung Lesen und Schreiben. Die Anzahl der Menschen, die in extremer Armut leben, hat sich halbiert.

Autorentext

MATERIAL 2 — Struktur und Ziele der UNO

INFO
responsibility to protect
Konzept der Staatengemeinschaft, um schwerste Menschenrechtsverletzungen zu verhindern. Der Grundsatz der Völkersouveränität, der ein Einmischen in die inneren Angelegenheiten nicht gestattet, kann bei schwersten Verbrechen gegen die Menschenrechte, z. B. bei Völkermord, außer Kraft gesetzt werden.

„Die UNO ist das Gewissen der Welt", hat der frühere Generalsekretär Kofi Annan einmal gesagt. Gegründet wurde die „United Nations Organisation" 1945 mit dem Ziel, die Menschheit „vor der Geißel des Krieges zu bewahren", wie es in der Charta heißt. Ein hehrer Anspruch, an dem die Organisation oft gescheitert ist. Der Traum vom Frieden ist heute genauso aktuell wie im Juni 1945, als die UNO nach den Erfahrungen des Zweiten Weltkriegs gegründet wurde.
[...] Die Hauptpunkte der sogenannten Atlantik-Charta lauten: Selbstbestimmungsrecht der Völker, Gewaltverzicht der Staaten und Abrüstung mit Ausnahme der USA und Großbritanniens, die als Weltpolizisten auf die Einhaltung der Bestimmungen achten sollten. Die kurze Erklärung gilt als Keim der „Vereinten Nationen". [...] Aus den ursprünglich 50 Mitgliedstaaten sind mittlerweile 193 geworden – kaum ein Land auf der Welt ist nicht „drin".
[...] Die Hauptverantwortung für die Wahrung von Frieden und Sicherheit trägt der Sicherheitsrat: Er überwacht die Staatengemeinschaft, bemüht sich um friedliche Beilegung von Konflikten, setzt gegebenenfalls Sanktionen fest und schickt Soldaten, die den Vereinten Nationen unterstellt sind, in Regionen, in denen der Friede bedroht ist. Entgegen ihrer ursprünglichen Prämisse mischen sich die Vereinten Nationen auch immer mehr in innere Angelegenheiten eines Staates ein, wenn Menschenleben bedroht sind. Sie folgen der handlungsethischen Norm „responsibility to protect": Sie sehen sich verantwortlich, Leben zu schützen, Gewalt vorzubeugen, im Ernstfall einzugreifen und nach einer militärischen Intervention Hilfe zu einem Wiederaufbau eines Landes zu

leisten. Ende 2015 waren nach Angaben der Vereinten Nationen mehr als 125 000 Menschen für 16 laufende Friedensmissionen auf vier Kontinenten im Einsatz. Von 1945 bis 2007 absolvierten UNO-Kräfte mehr als 60 Friedenssicherungseinsätze. Gemeinsam mit der Generalversammlung und dem Sekretariat, die beide überwiegend empfehlende Befugnisse haben, bildet der Sicherheitsrat die Leitungsspitze des UNO-Systems. Neben den ständigen Mitgliedern USA, Großbritannien, China, Frankreich und Russland sitzen auch noch zehn nichtständige Mitglieder im Sicherheitsrat. Die fünf Großmächte haben seit 1945 ein Vetorecht bei allen Entscheidungen, auch wenn Politiker und Wissenschaftler eine Reform dieser veralteten Strukturen diskutieren.

[...] Nicht zuletzt ist die UNO auch eine große Wirtschaftsmacht mit einem jährlichen Budget von rund anderthalb Milliarden US-Dollar. Die Sekretariate, Programme und Unterorganisationen sind überall auf der Welt verteilt, Zweigstellen des UNO-Hauptquartiers gibt es in Wien und Nairobi.

INFO

Vetorecht
Einspruchsrecht

Aus: Artikel „UNO" von Natalie Muntermann in: www.planet-wissen.de/gesellschaft/organisationen/uno_zwischen_macht_und_ohnmacht/index.html (Abruf: 26.5.2017)

Kritik an den Vereinten Nationen

MATERIAL 3

Kritik richtet sich vor allem gegen die Zusammensetzung des Sicherheitsrates. Ständige Mitglieder sind die Siegermächte des Zweiten Weltkrieges. Nähme man die Einwohnerzahl als Kriterium für ständige Mitgliedschaft, so haben etwa ein Dutzend Länder mehr Einwohner als Großbritannien und Frankreich, darunter Indien, Brasilien, Japan und Deutschland. [...] Eine Erweiterung des Sicherheitsrates würde natürlich zu einer Machteinbuße der bisher bevorzugten Mitglieder führen. Sie sind daher keineswegs gewillt, dem zuzustimmen. [...]

Um den Sicherheitsrat an die geopolitischen Realitäten des 21. Jahrhunderts anzupassen, befürworten und fordern die Mehrheit der Staaten – so auch Deutschland – eine Erweiterung des Rates um ständige und nichtständige Sitze. Denn sowohl wesentliche Regionen, wie Afrika, Asien und Lateinamerika, als auch Staaten wie Japan und Deutschland, die erhebliche Beiträge für die Vereinten Nationen leisten, sind nicht angemessen vertreten. Bisher vorgelegte Reformkonzepte scheiterten an der grundsätzlichen Uneinigkeit unter den Staaten über die Größe und Zusammensetzung des Sicherheitsrates. Auch Deutschland bemüht sich um einen ständigen Sitz im Rat. [...]

Zeichnung: Gerhard Mester

2005 legte der Generalsekretär Kofi Annan erneut Reformpläne vor, die [u.a. die] Erweiterung des Sicherheitsrates auf 25 Mitglieder sowie [...] eine Straffung der UN-Verwaltung vorsahen. 2006 lehnten die Gruppen der Entwicklungs- und Schwellenländer diesen Plan mit 108 gegen 50 Stimmen (der USA, der EU-Länder und Japans) ab, da sie von der Zentralisierung der Organisation einen Verlust ihres Einflusses befürchteten.

Aus: Horst Pötzsch: Vereinte Nationen, zit. nach: hwww.bpb.de/politik/grundfragen/deutsche-demokratie/39409/vereinte-nationen (Abruf: 10.7.2017)

1 Erläutern Sie den Nutzen der UNO (M 1 und M 2).
2 Analysieren Sie die Karikatur vor dem Hintergrund der Kritik an der UNO (M 3).
3 Erörtern Sie auf der Basis einer Recherche den Stand der Reformpläne der UNO.

MATERIAL 4 — Das System der Vereinten Nationen

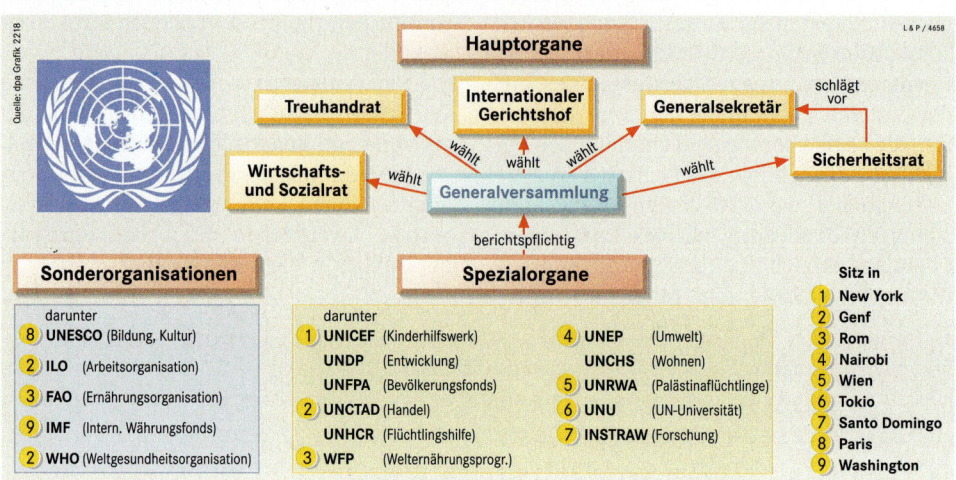

MATERIAL 5 — Guterres kennt die Defizite der Weltorganisation

INFO
Prävention
Vorbeugung

Christian Weisflog befasst sich in der „Neuen Zürcher Zeitung" mit der Nominierung des früheren portugiesischen Ministerpräsidenten António Guterres zum Generalsekretär:

Die Fluchtbewegungen Richtung Europa, der islamistische Terrorismus, der Bürgerkrieg in Libyen und der Stellvertreterkrieg in Syrien dürften wohl auch in den kommenden Jahren die größte Aufmerksamkeit der UNO erfordern. Guterres ist es auch zuzutrauen, dass er die UNO für diese Herausforderungen fit machen kann. Durch seine langjährige Tätigkeit als Flüchtlingshochkommissar kennt er die Defizite und den Reformbedarf der Weltorganisation. In seiner Bewerbung für das Amt plädierte Guterres für den Abbau von Doppelspurigkeiten und eine bessere Koordination zwischen humanitärer Hilfe und Entwicklungszusammenarbeit. Vor allem aber betonte er die „Zentralität der Prävention". Durch eine verstärkte Friedensdiplomatie sollen Konflikte verhindert werden, bevor sie ausbrechen […] Ein Generalsekretär kann nur dann Berge versetzen, wenn die Großmächte am selben Strick ziehen.

Aus: www.nzz.ch/meinung/kommentare/der-neue-uno-generalsekretaer-eine-gute-und-logische-wahl-ld.120832 (Abruf: 26.5.2017)

MATERIAL 6 — Die Syrienkrise: Das Ende der UNO – ein Kommentar

[…] Der 70. Jubiläumsgipfel der UNO brach alle Rekorde: 154 Staats- und Regierungschef reisten an, mehr als je zuvor. Nach einer inoffiziellen Auftaktschelte des Papstes palaverten sie zehn Tage lang über Armut und Klimawandel, die Flüchtlingskrise und den Bürgerkrieg in Syrien.
Doch die Syrien-Katastrophe ist nur noch weiter ausgeufert. Durch Russlands Alleingang, vor den Augen einer tatenlosen Welt, ist der Konflikt eskaliert – und zum Stellvertreterkrieg mit ominös-historischen Parallelen geworden.
Dass es überhaupt so weit kommen konnte, dafür trägt niemand mehr Verantwortung als eben die Vereinten – unvereinten – Nationen.
Syrien markiert das Ende der UNO, wie wir sie kennen. Am eklatantesten zeigte sich das vorige Woche bei einer Sondersitzung des Sicherheitsrats, der sich nicht mal auf eine zahnlose Missbilligung einigen konnte. Dass

diese Sitzung vom russischen Außenminister Sergej Lawrow persönlich geleitet wurde, war mehr als nur Ironie.

Neue Gespräche – neues Scheitern
An diesem Mittwoch will der Rat nun erneut zum Thema Syrien tagen, diesmal in kleinerer Besetzung. Und erneut wird nichts geschehen.

Die Lähmung des Sicherheitsrats – altbekannt, doch durch Syrien ins grellste Licht gerückt – ist eine internationale Schande, eine historische Schande. Das in leeren Gesten erstarrte Gremium lässt genau die im Stich, zu deren Schutz es erfunden wurde: die machtlosen Zivilisten.

Das Scheitern ist programmiert. Die verkalkte Struktur des Rats, ein Weltkriegsprodukt, das im Kalten Krieg gefror, widersetzt sich heutiger Geopolitik: Mit ihrem anachronistischen Vetorecht können die aus der Siegerkoalition erwachsenen fünf ständigen Mitglieder (die P5: USA, Russland, Frankreich, Großbritannien, China) munter sabotieren.

Das macht sich im Moment vor allem Russland zunutze, um Baschar al-Assad zu stützen, seinen guten Freund und besten Waffenkunden, und sich zugleich die islamistischen Extremisten vom Leib zu halten. Viermal hat Moskau UNO-Aktionen gegen Assad per Veto blockiert. Jedes Veto stärkte Assad. Als das nicht mehr reichte, schickte Russland ihm seine Kampfbomber zur Hilfe – über die Köpfe der UNO hinweg, die Wladimir Putins Machtspielen hilflos zuschauen musste.

Totalreform des Sicherheitsrats
Die Geschichte dieses Konflikts ist so auch die Geschichte der gescheiterten Weltgemeinschaft: Die Macht der Minderheit kann die besten Vorsätze der Mehrheit ausbremsen. Etwa im Februar 2012, als 13 Mitglieder des Sicherheitsrats dafür stimmten, Assad haftbar zu machen für seine „Verbrechen gegen die Menschlichkeit". Zwei Vetos killten die Resolution – von Russland und, wie so oft, von China. Die Botschaft war unüberhörbar, für Assad wie für Syriens Opposition.

Die Menschen in Aleppo nutzen eine Pause der Luftangriffe.

Nur einmal flackerte kurz Hoffnung auf, nach Assads horrenden Chemiewaffenangriffen: Im September 2013 handelten die UNO-Mächte einen Kompromiss zur Beseitigung dieser Tabu-Waffen aus.

Das Syrien-Debakel hat den lange gärenden Bemühungen um eine Reform des Sicherheitsrats neue Brisanz gegeben. Frankreich regte einen Kompromiss an: In Fällen von Genozid, Kriegsverbrechen oder Menschenrechtsverletzungen mögen die P5 doch freiwillig auf ihr Vetorecht verzichten – Paris selbst gehe mit gutem Beispiel voran.

Bisher unterstützten 75 der 193 UNO-Mitgliedstaaten den Vorstoß. Russland, Großbritannien, China und die USA waren nicht dabei.

(Aus: Kommentar von US-Korrespondent Marc Pitzke am 07.10.2015 in: www.spiegel.de/politik/ausland/kommentar-zur-syrien-krise-das-ende-der-uno-a-1056539.html (Abruf: 03.01.2018)

1 Nennen Sie die Schwierigkeiten, die Guterres für eine erfolgreiche Arbeit sieht (M 5).
2 Analysieren Sie die Einschätzung der UNO, die im Kommentar des SPIEGEL-Korrespondenten deutlich wird. (M 6).
3 Erläutern Sie vor dem Hintergrund des Kommentars von Marc Pitzke die Möglichkeiten und Grenzen einer Friedensdiplomatie der UNO (M 6).
4 Bewerten Sie den Vorstoß Frankreichs, das Veto-Recht im Sicherheitsrat zu begrenzen.
5 Beurteilen Sie die These, die UN seien im Ernstfall ein „zahnloser Tiger".

MATERIAL 7

INFO
Millennium
Jahrtausend

Welche Millenniumsziele erfüllte die UNO, welche nicht?

Die UNO rühmt sich, mehrere ihrer Millenniumsziele ganz oder teilweise erreicht zu haben. Ob das stimmt, zeigt unser Check.

Man wird es der UNO nachsehen müssen. Schließlich war es der Staatenbund, der die Verabschiedung der Millenniumsziele im Jahr 2000 angeregt hatte – kein Wunder, dass die Initiative nach Ablauf der 15-jährigen Frist jetzt als Erfolg gepriesen wird. Von heute bis am Sonntag berät die Vollversammlung der Vereinten Nationen, wie es weitergehen soll nach 2015. Papst Franziskus wird am UNO-Hauptsitz in New York den Armutsgipfel eröffnen. Die weltweite Mobilisierung habe die „erfolgreichste Kampagne zur Bekämpfung der Armut in der Geschichte" hervorgebracht, schreibt Generalsekretär Ban Ki-moon im Abschlussbericht zu den Millenniumszielen. Mehr als eine Milliarde Menschen seien aus „extremer Armut" gehoben worden. Selbst die ärmsten Staaten der Welt könnten „dramatische und beispiellose Fortschritte" erzielen, heißt es weiter; immer vorausgesetzt, der politische Wille, gezielte Strategien und die nötigen Ressourcen seien vorhanden. Doch das entspricht nur einem Teil der Wahrheit. Auch die Autoren wissen, dass die Highlights – etwa Chinas atemberaubende Erfolge im Kampf gegen die Armut oder die Schließung des Ozonlochs – keineswegs der UNO-Initiative zuzuschreiben sind und viele der acht Millenniumsziele in einem Großteil der Entwicklungsländer nicht erreicht wurden. „Die ärmsten und verletzlichsten Menschen sind nach wie vor abgeschlagen", räumen die Autoren des Berichts auch ein. Dennoch können die erheblichen Fortschritte – selbst in Bereichen, wo das Ziel verfehlt wurde – nicht geleugnet werden. Wir versuchen, das differenzierte Bild in aller Kürze darzustellen.

1. Ziel: Ausrottung extremer Armut und des Hungers

a) Halbierung der Zahl der Menschen, die von weniger als 1 Dollar pro Tag leben müssen

Dieses Ziel wurde überall in der Welt außer in Afrika erreicht. Während 1990 die Hälfte der Bevölkerung der Entwicklungsländer von weniger als 1.25 Dollar am Tag leben musste, sind es 2015 nur noch 14 Prozent. In den afrikanischen Staaten südlich der Sahara (ASS) bleibt der Anteil jedoch bei 40 Prozent. Den größten Erfolg verzeichnete China: Dort fiel der Prozentsatz von 61 auf 4.

Stand der Dinge: Ziel zu zwei Dritteln erreicht

b) Vollbeschäftigung und würdige Arbeit für alle

Ein genauso ehrgeiziges wie verschwommenes Ziel. In weiten Teilen der Welt wurden leichte Zugewinne bei den Arbeitsplätzen durch das Bevölkerungswachstum wieder zunichtegemacht. In den Entwicklungsländern sank der Prozentsatz der Beschäftigten deshalb von 64 auf 61 Prozent. Derzeit sind weltweit 204 Millionen Menschen arbeitslos.

Stand der Dinge: Ziel nicht erreicht

c) Halbierung der Zahl hungernder Menschen

Fast 800 Millionen Menschen sind noch immer unterernährt, jeder 9. Mensch hat nicht genug zu essen. Trotzdem wurde das Ziel in der Gesamtheit der Entwicklungsländer fast erreicht: Der Prozentsatz der Unterernährten halbierte sich beinahe von 23,3 im Jahr 1990 auf heute 12,9 Prozent. Vom positiven Trend ausgenommen ist ASS, vor allem Zentralafrika. Dort gibt es heute doppelt so viele Unterernährte wie 1990, wofür politische, wirtschaftliche und ökologische Krisen verantwortlich gemacht werden.

Stand der Dinge: Ziel zur Hälfte erreicht

2. Ziel: Grundschulausbildung für alle

Einer der großen Erfolge der Millenniumskampagne: Außer in ASS werden inzwischen deutlich mehr als 90 Prozent aller Kinder in Entwicklungsländern eingeschult. Selbst in Afrika ist der Fortschritt beachtlich: Statt wie 1990 nur 52 Prozent lernen heute 80 Prozent der ASS-Kinder Lesen und Schreiben.

Stand der Dinge: Ziel erreicht

3. Ziel: Gleichberechtigung und Stärkung der Frauen

Deutliche Fortschritte wurden auch beim Anteil der Mädchen in den Grund- und weiterführenden Schulen erzielt, während bei

Schülerinnen in Niamey im Niger am 10.10.2016 in der Grundschule Goudell II. Bei der Grundschulausbildung kann die UNO große Erfolge aufweisen.

der Universitätsausbildung zumindest in Afrika und Südasien noch große Gräben klaffen. Frauen verdienen fast ein Viertel weniger als Männer, in ASS und Südasien sind es sogar über 30 Prozent. Obwohl sich die Zahl der Parlamentarierinnen deutlich vergrößert und in Nordafrika sogar versechsfacht hat, ist weltweit noch immer nur jede 5. Abgeordnete eine Frau.
Stand der Dinge: Ziel zur Hälfte erreicht

4. Ziel: Verminderung der Sterberate der unter 5-Jährigen um zwei Drittel
Keinen Anlass zum Triumph bieten die Fortschritte bei der Kindersterblichkeit. Statt um 66 ging sie in den Entwicklungsländern nur um 53 Prozent zurück. Tag für Tag sterben noch immer 16 000 unter 5-Jährige, das ist alle fünf Sekunden ein Kind. Und zwar meistens an vermeidbaren, nicht unbedingt tödlichen Krankheiten wie Lungenentzündung, Durchfall oder Malaria. Trotzdem nennt die UNO die Halbierung der Kindersterblichkeit eine „der bedeutendsten Errungenschaften in der Menschheitsgeschichte".
Stand der Dinge: Ziel zu einem Drittel erreicht

5. Ziel: Verminderung der Sterberate gebärender Mütter um drei Viertel
Keine Region der Welt hat dieses Ziel erreicht, die Zahl der im Kindsbett sterbenden Mütter wurde höchstens halbiert. Der Hauptgrund: In ländlichen Regionen müssen die Gebärenden weiterhin ohne professionelle Geburtshilfe auskommen, in ASS und Südasien ist es die Hälfte aller gebärenden Frauen. Jede 200. afrikanische Mutter stirbt, wenn sie ein Kind zur Welt bringt.
Stand der Dinge: Ziel nicht erreicht

6. Ziel: Kampf gegen HIV/Aids, Malaria und andere Krankheiten
a) Stopp der HIV-Epidemie
Die Verbreitung des HI-Virus ist noch lange nicht gestoppt, allerdings ist die Zahl der Neuinfektionen seit der Jahrtausendwende von 3,5 auf rund 2 Millionen gesunken. Die Hauptlast der Pandemie trägt nach wie vor ASS, wo sich jährlich fast 1,5 Millionen Menschen infizieren, die Hälfte von ihnen in Südafrika, Nigeria und Uganda.
Stand der Dinge: Ziel nicht erreicht

b) Antiretrovirale Medikamente für alle HIV-Infizierten
Vor 15 Jahren hätte es noch keiner für möglich gehalten, dass inzwischen fast 2 Millionen HIV-Infizierte antiretrovirale Medikamente erhalten. Auf diese Weise sollen schon

INFO

Pandemie
Epidemie, die sich länder- und kontinentübergreifend ausbreitet

7,6 Millionen Leben gerettet worden sein. Doch in ASS erhalten noch immer nur 22 Prozent aller Infizierten den Anti-Aids-Cocktail.
Stand der Dinge: Ziel zur Hälfte erreicht

c) Verminderung der Zahl der Malariakranken

Noch ein Lichtblick: Die Zahl der Malariainfektionen ging seit 1990 weltweit um 37 Prozent zurück, gestorben sind an der Krankheit sogar 56 Prozent weniger Personen. Neben verbesserten Arzneien war dafür vor allem die Verteilung von Moskitonetzen verantwortlich – allein in ASS mehr als 900 Millionen Stück. Trotzdem erkranken jährlich noch immer 214 Millionen Menschen vor allem in Afrika an Malaria, fast eine halbe Million erliegt den Parasiten.
Stand der Dinge: Ziel erreicht

7. Ziel: Sicherstellung ökologischer Nachhaltigkeit
a) Stopp des Ressourcenverlusts
Die Fläche der Regenwälder wird kleiner (um 5,2 Millionen Hektar im Jahr), das Süßwasser wird knapp (wovon fast 40 Prozent aller Menschen betroffen sind), die Fischbestände schwinden und die Treibhausgase nehmen zu (um die Hälfte seit 1990). Der besorgniserregenden Liste steht jedoch eine kleine Sensation gegenüber: Durch entschlossene politische Intervention wird das Ozonloch bald nur noch ein Phänomen der Geschichte sein. Ein Denk-Mal für alle, die überzeugt sind, dass man „sowieso nichts dagegen machen kann".
Stand der Dinge: Ziel zu einem Drittel erreicht

b) Halbierung der Zahl der Menschen ohne Trinkwasser
Das übliche Bild: In vielen Regionen der Welt wurde das Ziel erreicht, nicht aber in Afrika. Dort hat ein Drittel der Bevölkerung noch immer keinen Zugang zu sicherem Trinkwasser, weltweit sind es dagegen lediglich 9 Prozent. Noch düsterer sieht es bei der Abwasserversorgung aus: Darüber verfügt nicht einmal ein Drittel der Afrikaner.
Stand der Dinge: Ziel zur Hälfte erreicht

c) Verbesserung der Lebensbedingungen in städtischen Slums
Für 320 Millionen Slumbewohner hat sich das Leben tatsächlich verbessert – durch den Anschluss ans Strom- und Trinkwassernetz oder auch durch stabilere Unterkünfte in den Elendsvierteln. Obwohl der Anteil der Slumbewohner an der Bevölkerung in den Entwicklungsländern von 39 auf 30 Prozent zurückging, ist ihre absolute Zahl wegen der Landflucht und des Bevölkerungswachstums sogar noch von 690 auf 880 Millionen gestiegen.
Stand der Dinge: Ziel zu zwei Dritteln erreicht

8. Ziel: Weltweite Partnerschaft für Entwicklung
Das letzte der Ziele umfasst ein ganzes Sammelsurium an Vorsätzen – wie den Aufbau eines gerechten Handels- und Finanzsystems, verstärkte Hilfe für die ärmsten Staaten, Schuldenerlasse, das Zur-Verfügung-Stellen neuer Technologien vor allem im Informations- und Kommunikationsbereich sowie besseren Zugang zu erschwinglichen Medikamenten. Immerhin einen gewaltigen Fortschritt gab es in diesem Bereich: Mobilfunktechnologie und Internetzugang sind dabei, auch in ASS die Lebensbedingungen zu revolutionieren. Das Handy, über das bereits weit über zwei Drittel aller Afrikaner verfügen, bezeichnen Fachleute als den „besten Entwicklungshelfer der Welt".

Aus: Johannes Dieterich im „Tages-Anzeiger" vom 25.9.2015, www.tagesanzeiger.ch/ausland/naher-osten-und-afrika/die-bilanz-zu-den-millenniumszielen/story/23410872 (Abruf: 26.5.2017)

1 Stellen Sie die Bilanz zur Erreichung der Milleniumsziele der UNO dar (M7).
2 Beurteilen Sie die Aussage von Generalsekretär Ban Ki-moon, die Verkündung der Milleniumsziele der UNO habe die „erfolgreichste Kampagne zur Bekämpfung der Armut in der Geschichte" hervorgebracht.
3 Gestalten Sie, ausgehend von M 7, eine Gegenrede zu der Behauptung, die UNO sei ein erfolgloser und obsoleter Staatenbund. Sie sollen diese Rede in einer politischen Stiftung halten.

QUERVERWEIS
METHODE
Eine Rede halten
S. 160

2. Die NATO im 21. Jahrhundert: Relikt des Kalten Krieges oder Speerspitze der Demokratie?

Selbstverständnis und Aufgaben der NATO

MATERIAL 1

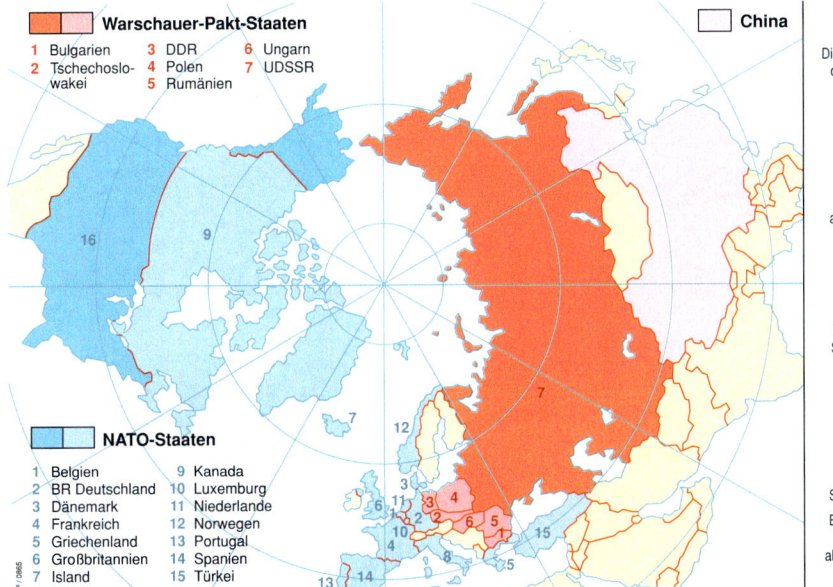

Die Karte zeigt die beiden Militärbündnisse im Jahr 1989

Am 4. April 1949 gründeten zwölf Staaten den Nordatlantikpakt. Waren die ersten 40 Jahre der NATO vom Ost-West-Konflikt geprägt, hat das Bündnis seit dem Zusammenbruch des Ostblocks und erneut seit den Anschlägen des 11. September 2001 eine neue Rolle als globaler Sicherheitsakteur erhalten. Gegründet nach dem Zweiten Weltkrieg, bestand die Aufgabe der NATO (North Atlantic Treaty Organization) in den ersten 40 Jahren ihres Bestehens in der Abschreckung des Gegners – den Ländern des Warschauer Pakts – durch militärische Stärke. Inzwischen – nach dem Fall der Berliner Mauer und dem Zusammenbruch der Sowjetunion – sind viele der früheren Ostblockländer teils schon Mitglieder der NATO, andere wollen es noch werden: Georgien und die Ukraine, frühere Sowjetrepubliken, haben Interesse an einem Beitritt zur NATO bekundet.

Heute hat die NATO 28 Mitglieder. Staaten treten der NATO u. a. bei, weil eine Mitgliedschaft Stabilität und äußere Sicherheit verspricht. Das Bündnis definiert sich jedoch nicht nur als militärische Partnerschaft, sondern als ein Zusammenschluss, der auf gemeinsamen Werten basiert. Die NATO selbst verlangt von neuen Mitgliedern militärische Reformen, aber auch den Aufbau tragfähiger Marktwirtschaften und stabiler demokratischer Institutionen. Kritiker warnen jedoch vor neuen Verpflichtungen: Durch die Beistandsklausel stelle jedes der neuen Mitglieder potenziell einen Zwang zu neuen militärischen Einsätzen dar.

[...] Seit den Anschlägen des 11. September 2001, in deren Folge die NATO zum ersten Mal den Bündnisfall ausrief, hat sich die Rolle der NATO stark verändert. Die terroristische Bedrohung durch einen nicht staatlichen, dezentral agierenden Akteur veränderte auch die internationale Sicherheitslandschaft: Die stets sichtbare, territorial gebundene Bedrohung des Ost-West-Konflikts war einer globalen Aggression gewichen. Zugleich wurde deutlich, dass sich

der Handlungsbedarf der NATO zunehmend auch über das eigene Bündnisterritorium hinaus erstreckte – eine Tatsache, die eine umfassende Modernisierungsreform der Allianz in die Wege leitete.
Die NATO engagiert sich mittlerweile vermehrt auch außerhalb ihres Bündnisgebietes im Rahmen der Friedenserhaltung und dem „Nation Building", zum Beispiel in Afghanistan. Eine wesentliche Herausforderung für die NATO wird es künftig sein, militärische und zivile Aktivitäten noch stärker miteinander zu verbinden. Dazu intensiviert sie immer mehr den Dialog mit internationalen Institutionen wie den Vereinten Nationen (VN) und der Organisation für Sicherheit und Zusammenarbeit in Europa (OSZE) und unterstützt diese bei friedenserhaltenden Maßnahmen. [...] Für die deutsche Sicherheitspolitik nimmt die NATO nach wie vor eine wichtige Rolle ein. Obwohl innerhalb der EU immer wieder ein zu geringes Engagement Deutschlands in der NATO beklagt wird, ist das Land in Afghanistan und dem Kosovo unter den Haupttruppenstellern.

GLOSSAR
Nation Building

Aus: www.bpb.de/politik/hintergrund-aktuell/126264/4-april-1949-gruendung-der-nato-03-04-2012 (Abruf: 27.5.2017)

MATERIAL 2 — West oder Ost?

Die Ukraine gilt nicht nur geografisch als „Puffer" zwischen dem Osten und dem Westen. In Umfragen sprechen sich seit Jahren zwei Drittel der ukrainischen Bürger für eine Anbindung an die Europäische Union (EU) aus. Dennoch verbindet die Ukraine geschichtlich und kulturell eine Menge mit Russland, nicht zuletzt auch die Sprache: Denn obwohl Ukrainisch seit der Unabhängigkeit offizielle Staatssprache ist, sprechen viele Ukrainer weiterhin besser Russisch als Ukrainisch.
Anfang 2014 verschärfen sich die kulturellen Spannungen zwischen prowestlichen und prorussischen Ukrainern. Nach langen Demonstrationen in Kiew vertreiben oppositionelle Kräfte den gewählten Präsidenten Janukowitsch am 22. Februar aus dem Amt. Das Parlament erklärt ihn für abgesetzt, wählt eine Übergangsregierung und kündigt Neuwahlen für Ende Mai an. Nur kurze Zeit später besetzen prorussische Kräfte alle wichtigen staatlichen Institutionen auf der Halbinsel Krim, auf der mehrheitlich russischstämmige Ukrainer leben. Das Regionalparlament treibt, vom russischen Präsidenten Wladimir Putin unterstützt, innerhalb weniger Wochen den Anschluss an Russland voran. Mehr als 90 Prozent der Krimbevölkerung erklären sich in einem Blitzreferendum für einen Anschluss an den östlichen Nachbarn. Wladimir Putin stimmt zu und erklärt die Halbinsel zu russischem Staatsgebiet. Die UN, die USA und die Europäische Union erkennen die Annexion durch Russland nicht an.
Im Osten der Ukraine rufen prorussische Separatisten im April 2014 unabhängige „Volksrepubliken" aus. Die ukrainische Regierung reagiert und entsendet Truppen in die östlichen Landesteile, es kommt zum Bürgerkrieg. Nach monatelangen Kämpfen mit mehreren Tausend Toten und immer wieder gebrochenen Abkommen einigen sich beide Parteien auf einen Waffenstillstand ab dem 1. September 2015. Dieser wurde nur zeitweise eingehalten. Seitdem kommt es zwar kaum noch zu schweren Artilleriegefechten, zur Ruhe ist die Region jedoch nicht gekommen.

Aus: Annette Holtmeyer, Britta Schwanenberg und Tobias Aufmkolk am 29.8.2016 in: www.planet-wissen.de/kultur/osteuropa/ukraine_land_zwischen_ost_und_west/index.html (Abruf: 27.5.2017)

1 Stellen Sie die geänderten Herausforderungen dar, denen sich die NATO stellen muss (M 1 und M 2).

Russland: Einkreisungsängste und Großmacht-Nostalgie

MATERIAL 3

Russland könne leider nicht auf den Status einer Großmacht verzichten, stellt Putins Berater Sergej Karaganow in einem Interview mit dem Spiegel fest, das sei Teil des russischen Erbguts geworden. Und dann: „Wir möchten das Zentrum eines großen Eurasiens sein, einer Zone von Frieden und Zusammenarbeit. Zu diesem Eurasien wird auch der Subkontinent Europa gehören." Und Moskau wird das Zentrum, möchte man ergänzen.

Es ist die Arroganz eines Landes, das gern eine Großmacht wie die Sowjetunion wäre. Am dreistesten trieb es die Sprecherin des Außenministers Sergej Lawrow im Vorfeld des NATO-Gipfels. Sie verlagerte ihr wöchentliches Pressebriefing just auf die von der Ukraine geklaute Halbinsel Krim. Dort stellte sie sich in weißem Kleid vor das blaue Meer. „Großbritannien sagt, wir seien eine Gefahr", erläuterte sie live im Fernsehen, „der NATO-Generalsekretär sagt, wir bedrohten den Frieden und die Sicherheit. Wo bitte sind konkrete Beispiele?"

So ist das beim sogenannten hybriden Krieg. Ein ums andere Mal fragt sich der kritische Beobachter, ob es zwei Realitäten gibt. Die westlichen Führungen hätten beschlossen, die Länder vor einer Bedrohung zu schützen, die es gar nicht gibt, schreibt Konstantin Kossatschow in der Regierungszeitung Rosiskaja Gazetta, das sei, wie einen Deich in der Wüste zu bauen. Der Mann ist nicht irgendein russischer Politiker, Konstantin Kossatschow ist Chef des Auswärtigen Ausschusses des Föderationsrates und war lange Zeit Leiter der russischen Delegation beim Europarat.

Russland kann eine militärische Konfrontation mit der NATO nicht riskieren, das scheint auch den Kremlstrategen klar zu sein. Darauf deuten auch die relativ zurückhaltenden Reaktionen auf den NATO-Gipfel hin. Stattdessen setzt Russlands Führung darauf, parallele Realitäten zu schaffen, gezielt Unwahrheiten zu streuen, sie setzt auf Cyberattacken und unterstützt radikale Strömungen in Europa.

Die Äußerungen der russischen Politiker richten sich natürlich auch an das eigene Publikum. Denn wie andere diktatorische Regierungen braucht auch das Regime von Wladimir Putin äußere Feinde. Und da ist es umso einfacher, der NATO und der EU die Schuld an der jetzigen Situation zu geben. NATO und EU gelten in der russischen Öffentlichkeit als aggressive, Russland bedrohende Gemeinschaften, die angeblich nichts anders im Sinn haben, als Russland zu vernichten. Gleichzeitig gilt die EU als schwach und wird bemitleidet. Ein Teil der russischen Bevölkerung ist mittlerweile so eingelullt und aufgehetzt, dass sie glauben, einen Krieg nicht nur führen zu können, sondern ähnlich dem Zweiten Weltkrieg gewinnen zu können.

Russland hat Sorgen. Ist aber auch der Verursacher dieser Sorgen. 2008 ist Russland vor die Hauptstadt Georgiens vorgerückt und hat abtrünnige Teile Georgiens anerkannt. Es hat die Krim annektiert und den Krieg in der Ostukraine entfacht. Ohne Russlands Verstöße gegen geltende Verträge und die Aggressionen, ohne zersetzende Propaganda in den Nachbarländern und die Unterstützung radikaler Strömungen gäbe es diese Angst nicht in dem Maß. Die NATO würde weiter vor sich hin dümpeln auf der Suche nach einer Aufgabe.

Es ist recht unwahrscheinlich, dass Russland die NATO militärisch angreift, auf anderen Gebieten führt Russland bereits Krieg und nennt es auch so. Das ist die Ausgangssituation für den NATO-Russland-Rat.

Zeichnung: Harm Bengen

Aus: Artikel „Einkreisungsängste und Großmacht-Nostalgie" von Thomas Franke am 11.7.2016 in: www.swr.de/swr2/kultur-info/vor-dem-nato-russland-rat/-/id=9597116/did=17762348/nid=9597116/4amunk/index.html (Abruf: 27.5.2017)

INFO

hybrid
gemischt, aus Verschiedenem zusammengesetzt

Europarat
1949 gegründet, befasst sich vorrangig mit Fragen der Harmonisierung des Rechts, dem Schutz der Menschenrechte und der Demokratie sowie der Erhaltung des kulturellen Erbes. Fast alle europäischen Staaten sind Mitglieder. Nicht zu verwechseln mit dem Europäischen Rat (Staats-und Regierungschefs der EU).

NATO-Russland-Rat
2002 gegründet, gilt er als wichtigstes Forum für Gespräche zwischen dem westlichen Verteidigungsbündnis und Russland. Um Vertrauen zwischen den ehemaligen Supermächten zu schaffen, sollen ihre Botschafter regelmäßig zusammenkommen und die aktuelle Lage besprechen.

MATERIAL 4 — NATO-Gipfel in Warschau: Die NATO rüstet auf

Mehr Truppen in Osteuropa, mehr Flugzeuge im Kampf gegen den IS, mehr Präsenz in Afghanistan: Die NATO rüstet auf gegen die globalen Sicherheitsrisiken. Die 28 Staats- und Regierungschefs der Bündnisstaaten fassten beim Gipfel in der polnischen Hauptstadt Warschau eine Reihe von Beschlüssen, mit denen sie neuen Bedrohungen wie zum Beispiel Russlands Expansionspolitik oder dem Vormarsch der Taliban in Afghanistan begegnen wollen. Der polnische Präsident Andrzej Duda, Gastgeber des Gipfels, zeigte sich begeistert. Er nannte die Entscheidungen „historisch".

Russland hingegen verurteilte den Gipfel. Die NATO-Staaten hatten bereits am Freitag beschlossen, vier multinationale Bataillone in Polen, Estland, Lettland und Litauen zu stationieren. Die Länder fühlen sich durch das russische Eingreifen in der Ukraine bedroht und hatten um mehr Unterstützung von der NATO gebeten. [...] Die wichtigsten Beschlüsse im Überblick:

- Die NATO verlegt wegen Russlands Aktivitäten in der Ukraine Tausende Soldaten nach Osteuropa. In Polen, Lettland, Litauen und Estland werden jeweils etwa 1000 Soldaten stationiert. Die Bundeswehr führt das Bataillon in Litauen mit mehreren Hundert Soldaten an.
- Die NATO beteiligt sich deutlich stärker als bisher am Kampf gegen die Terrororganisation „Islamischer Staat" (IS). Auf Bitten der USA werden laut Beschluss in Zukunft NATO-Staaten [mit] 16 AWACS-Aufklärungsflugzeuge[n] den Luftraum über Syrien und dem Irak überwachen. Die Bundeswehr stellt nach eigenen Angaben etwa ein Drittel der Besatzungsmitglieder.
- Der Afghanistan-Einsatz der NATO wird verlängert. Als Reaktion auf die prekäre Sicherheitslage am Hindukusch beschlossen die Regierungschefs, die NATO-Trainingsmission Resolute Support über 2016 hinaus fortzuführen sowie die Streitkräfte des Landes bis Ende 2020 finanziell zu unterstützen. Das kostet etwa 5 Milliarden Dollar jährlich, den größten Anteil davon tragen die USA.
- Irakische Militärs sollen nicht mehr nur im Ausland, sondern auch im Irak selbst für den Kampf gegen den IS trainiert werden. Eine NATO-Ausbildungsmission für irakische Truppen in dem Land selbst hatte es zuletzt zwischen 2004 und 2011 gegeben. Das ausgeweitete Trainingsprogramm soll laut Bündniskreisen Anfang kommenden Jahres starten können.
- Im Mittelmeer sollen NATO-Schiffe die EU-Operation Sophia vor der libyschen Küste unterstützen können, um gegen illegale Migration zu kämpfen. Auf dem Gipfel beschlossen die Staaten daher, dass der Aufgabenbereich für Einsätze im Mittelmeer erweitert werden soll. Bislang war lediglich die Überwachung des zivilen Seeverkehrs im Mittelmeer erlaubt.

Generalsekretär Stoltenberg sagte: „Wir haben heute beschlossen, unsere Partner zu stärken und Stabilität außerhalb unserer Grenzen zu gewährleisten." Insbesondere in Richtung Russland sagte er zudem, dass die NATO keine Bedrohung für irgendein Land darstelle. Die NATO sei auch nicht in einen neuen Kalten Krieg eingetreten. Trotzdem: Russland verhalte sich nicht mehr wie ein Partner.

Aus: Artikel „Die NATO rüstet auf" vom 9.7.2016 in: www.zeit.de/politik/ausland/2016-07/nato-gipfel-aufruesten-russland-osteuropa (Abruf: 27.5.2017)

MATERIAL 5 — Eskalation oder Kooperation?

Vor dem Treffen der NATO-Verteidigungsminister in Brüssel hat Exgeneralinspekteur Harald Kujat vor einer weiteren Konfrontation mit Russland gewarnt. Kujat sagte im SWR-Tagesgespräch, die Situation zwischen der NATO und Russland sei sehr angespannt.

Jede Maßnahme der einen Seite habe eine Maßnahme der anderen Seite zur Folge. Das sei eine Eskalationsspirale, die dringend unterbrochen werde müsse. Nicht, weil ein Krieg unmittelbar bevorstehe, sondern, weil das Risiko einer Fehleinschätzung bestehe. [...]

Mit Blick auf den internationalen Kampf gegen den IS und die NATO-Aufklärungshilfe mit AWACS-Flugzeugen sagte Kujat, es sehe im Augenblick tatsächlich nach Fortschritten aus: „Aber die Situation in Syrien insgesamt und auch im Irak kann ohne eine enge Zusammenarbeit zwischen Vereinigten Staaten und Russland nicht gelöst werden." [...]

Die Zukunft dieser beiden Länder und der gesamten Region hänge davon ab, dass Russland und die Vereinigten Staaten eine gemeinsame Strategie und ein gemeinsames Vorgehen entwickelten. Angesichts der AWACS-Aufklärungsflüge durch NATO-Maschinen warnte der Exgeneralinspekteur der Bundeswehr, Bundesregierung und die NATO müssten sehr vorsichtig sein, damit man nicht in eine Situation gerate, in die man nicht geraten wolle, nämlich in eine direkte Konfrontation mit Russland. [...]

Mit Blick auf die geplante Stationierung von NATO-Truppen im Baltikum, auch unter deutscher Führung, warnte Kujat, das russische Militär und die russischen Politiker wüssten natürlich, dass die 4000 Soldaten, die dort stationiert würden, keine Bedrohung für Russland seien. Aber, so der General a. D., „es ist natürlich in der derzeitigen Situation immer ein Eskalationsschritt und, wenn jetzt hinzukommt, dass im Süden, also in Syrien, auch noch die NATO sich engagiert, dann verstärkt sich natürlich auch in Russland der Eindruck, dass die NATO immer stärker in eine Konfrontation mit Russland hineingeht, ob das nun beabsichtigt ist oder nicht". [...]

Kujat, der früher Vorsitzender des NATO-Militärausschusses war, fordert, man müsse Vernunft auf beiden Seiten zeigen, „und im Augenblick erwarte ich mehr Vernunft, mehr Zurückhaltung von der NATO, weil die NATO im Augenblick diese Schritte beschließt".

Aus: SWR-Tagesgespräch vom 26.10.2016, www.swr.de/swr2/programm/sendungen/tagesgespraech/swr-tagesgespraech-mit-harald-kujat-eskalationsspirale-der-nato/-/id=660264/did=18162708/nid=660264/5k11vz/index.html (Abruf: 27.5.2017)

„Kalter Krieg" zwischen NATO und Russland

MATERIAL 6

Russland ist über die Expansion der NATO in Osteuropa und dem Baltikum alarmiert, so der Sprecher des Kremls Dmitri Peskow. Moskau wird alles tun, um seine Interessen und seine Sicherheit zu gewährleisten. Dies soll aber auf eine „berechenbare und systematische Art und Weise" geschehen.

Aus: Nachricht, 24.5.2016, in: https://deutsch.rt.com/europa/38497-dmitri-peskow-kalter-krieg-zwischen/ (Abruf: 27.5.2017)

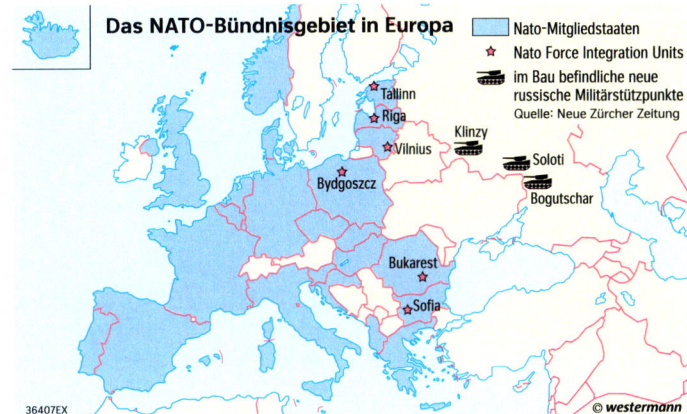

1   Erläutern Sie, ausgehend von M 3, M 4 und M 5, das Vorgehen der NATO.
2   Beurteilen Sie die in M 4 und M 6 geäußerten Positionen.
3   Erörtern Sie Vor- und Nachteile der NATO-Osterweiterung.

3. Deutsche Außen- und Sicherheitspolitik: zwischen „Selbstbehauptung" und „Selbstbeschränkung"

3.1 Grundlagen und Ziele deutscher Außenpolitik

MATERIAL 1   Deutschlands außenpolitisches Selbstverständnis

Die gezähmten Deutschen: von der Machtbesessenheit zur Machtvergessenheit

Zivilmacht Deutschland

Kultur der Zurückhaltung

Zeichnung: Kostas Koufogiorgos

Am deutschen Wesen mag die Welt genesen

Deutsche Außenpolitik ist Friedenspolitik

MATERIAL 2   Von der Last der Geschichte …

Am 24. März 1990 – vier Monate nach dem Fall der Berliner Mauer – versammelte die britische Premierministerin Margaret Thatcher eine Runde von Historikern auf ihrem Landsitz Chequers, um über die Zukunft Deutschlands nachzudenken. Der Inhalt der vertraulichen Diskussion fand den Weg in die Medien. Die Zitate aus dem Protokoll der Zusammenkunft waren starker Tobak: Zu den Fehlern des deutschen Nationalcharakters gehörten, so las man, „Angst, Aggressivität, Angeberei, Eigendünkel, Minderwertigkeitskomplexe und Sentimentalität". Einer der Anwesenden prägte die Formel, man habe die Deutschen entweder zu Füßen oder an der Kehle. Die Aussagen waren zwar aus dem Zusammenhang gerissen, doch bereits in der Einberufung der illustren Runde nach Chequers äußerte sich deutliches Misstrauen über die Entwicklung des größten EU-Partners. Nicht nur in Großbritannien fragten sich viele, ob ein wiedervereinigtes Deutschland die politische und wirtschaftliche Hegemonie in Europa anstreben werde.

Aus: Eric Gujer: Schluss mit der Heuchelei. Deutschland ist eine Großmacht, Hamburg 2007, S 12

... zum neuen Deutschlandbild im Ausland

MATERIAL 3

Der WM-Titel der DFB-Elf lässt ausländische Medien nicht nur über die Qualitäten der deutschen „Mannschaft" schwärmen. Manche Kommentatoren nehmen ihn gleich zum Anlass für ausgedehnte Jubelhymnen auf das ganze Land. „Willkommen im deutschen Jahrhundert", titelt die europäische Ausgabe des US-Nachrichtenmagazins „Newsweek" in Schwarz-Rot-Gold. Der WM-Sieg steht aus Sicht der Autorin für eine typisch deutsche Verhaltensweise: „Erkenne ein Problem, analysiere es, löse es." Nach dem frühen Ausscheiden der „Rumpelfüßler"-Elf bei der EM 2000 habe der DFB viel Geld in die Hand genommen und systematisch in die Ausbildung des Nachwuchses investiert, um 14 Jahre später den WM-Titel zu ernten. [D]ie Deutschen hätten ein außergewöhnliches Geschick, Probleme konsequent anzugehen. Nicht alle würden so weit gehen, deswegen gleich ein „deutsches Jahrhundert" auszurufen.

„Newsweek" ist aber in einem Punkt nicht allein: Viele internationale, insbesondere englischsprachige Medien nahmen den WM-Titel zum Anlass, Deutschland zum Vorbild zu ernennen.

So erklärte der – auch sonst sehr deutschfreundliche – britische „Guardian" seinen Lesern wenige Minuten nach dem Ende des WM-Finales, der Titelgewinn bestätige „Deutschlands Überlegenheit in fast allen Belangen". Der „kranke Mann Europas" des Jahres 2000 habe sich neu erfunden, und das zumindest in Bezug auf die Arbeitsmarktreformen auf eine sanfte Art und Weise, verglichen mit Großbritannien. [...] „Newsweek" listet noch eine Reihe weiterer bekannter Vorzüge auf: Die überragende Rolle des Mittelstands und damit verbunden die hohe Anzahl von Weltmarktführern in Hochtechnologischen. Nicht zuletzt das System der Berufsausbildung, das laut einem „Economist"-Artikel bereits von US-amerikanischen und chinesischen Firmen kopiert wird und an dessen Einführung Länder wie Südkorea, Iran oder Ägypten Interesse haben. Und natürlich die extreme Exportstärke der Bundesrepublik.

Immerhin: Der Exportboom dient „Newsweek" als Aufhänger, um auch ein paar Schattenseiten des deutschen Wirkens herauszustellen. Etwa eine gewisse Rücksichtslosigkeit gegenüber den Nachbarn, die unter den hohen deutschen Außenhandelsüberschüssen litten. Oder die unerbittliche und wachstumshemmende Sparpolitik, die Berlin den Krisenstaaten der Eurozone verordne. So vorbildlich und in positivem Sinne selbstbewusst Deutschland im Bereich der Wirtschaft agiere, so selbstbezogen und verantwortungslos verhalte es sich auf politischer Ebene. Eine außenpolitische Strategie, die der gestiegenen Bedeutung in der Welt angemessen wäre – Fehlanzeige. Die Bundesrepublik, allen voran Kanzlerin Merkel, gefalle sich im Lavieren.

Aus: Artikel am 21.7.2014 von Florian Diekmann: „Willkommen im deutschen Jahrhundert", in: www.spiegel.de/wirtschaft/soziales/nach-wm-titel-auslaendische-medien-loben-deutschland-a-982014.html (Zugriff am 7.6.2017)

1 Analysieren Sie die Karikatur und stellen Sie diese in einen Zusammenhang mit den einzelnen Schlagworten zur deutschen Außenpolitik (M 1).

2 Beschreiben und vergleichen Sie das jeweilige Deutschlandbild in M 2 und M 3. Erörtern Sie diesen Wandel für die deutsche Außenpolitik.

MATERIAL 4 — Deutsche Außenpolitik: „Ohne uns!" ist vorbei!

Frank-Walter Steinmeier, Außenminister der Bundesrepublik Deutschland (2005–2009, 2013–2017), Bundespräsident seit 19.3.2017

Welche Rolle soll Deutschland spielen in der Welt? [...] Deutschland wird geschätzt dafür, wie es sich weltweit für die friedliche Beilegung von Konflikten, für Rechtsstaatlichkeit und ein nachhaltiges Wirtschaftsmodell einsetzt. Gleichzeitig zeigt [sich], dass unsere Partner eine aktive deutsche Außenpolitik erwarten. [...] Am Ende obliegt es den Deutschen selbst, die schwierigen Fragen zu beantworten: Wo liegen unsere Interessen? Wie weit reicht unsere Verantwortung? Was ist, kurz gesagt, die „DNA" der deutschen Außenpolitik? Die Grundkoordinaten der deutschen Außenpolitik – engste Partnerschaft mit Frankreich innerhalb eines geeinten Europas und ein starkes transatlantisches Bündnis für Sicherheit und wirtschaftliche Verflechtung – haben sich bewährt und bleiben weiterhin der feste Rahmen unserer Politik. Darüber hinaus aber müssen wir uns künftig drei zentralen Aufgaben stärker zuwenden: dem Krisenmanagement, der sich dynamisch wandelnden internationalen Ordnung und unserer Rolle innerhalb Europas. [...]

Im Umgang mit Krisen muss deutsche Außenpolitik ihren Blick verstärkt auf Prävention, Ausgleich und Mediation richten, um zu verhindern, dass uns am Ende nur noch die Schadensbegrenzung bleibt. Deutschland ist bereit, hier international noch mehr zu tun. Früher, entschiedener und substanzieller wollen wir handeln – nicht nur in der akuten Krise, sondern verstärkt in der frühzeitigen Einhegung von Konflikten, aber auch in der Nachsorge in Postkonfliktsituationen. [...] Aber Außenpolitik darf nicht nur auf Krisen schauen. Sie muss auch das Langfristige im Blick halten. Deutschland ist wie kaum ein zweites Land mit der Welt vernetzt. Deshalb ist das Ringen um eine gerechte, friedliche und belastbare internationale Ordnung ureigenes Interesse deutscher Außenpolitik. [...] Die europäische Integration bleibt das Fundament der deutschen Außenpolitik. Doch auch hier verlangen neue Herausforderungen neue Antworten. Wir müssen alles tun, um ein strategisches Dilemma zu verhindern, in dem Deutschland sich gezwungen sieht, zwischen seiner Wettbewerbsfähigkeit in einer globalisierten Welt und der europäischen Integration zu entscheiden. Europa muss von Deutschlands Stärke profitieren, denn wir profitieren von Europas Stärke. [...] Zugleich müssen wir den Versuchungen widerstehen, die mit der gegenwärtigen starken Rolle Deutschlands einhergehen. [...] Festigkeit in den eigenen Überzeugungen und Prinzipien muss mit einer realistischen Einschätzung der Wirklichkeit einhergehen. Die globale Vernetzung unseres Landes erlaubt weder ein Selbstverständnis als Insel noch einen Anspruch als weltpolitischer Revolutionär.

Aus: Frank-Walter Steinmeier, „Dies sind Deutschlands neue Aufgaben", in: www.welt.de/debatte/kommentare/article137829526/Dies-sind-Deutschlands-neue-Aufgaben.html (Abruf: 27.5.2017)

MATERIAL 5 — Deutschland als Führungsmacht? Außenpolitische Ziel- und Handlungskonflikte

GLOSSAR

Entspannungspolitik

Die neuen Akzentsetzungen sind in doppelter Hinsicht bemerkenswert: Zum einen wird nunmehr auch regierungsamtlich ein europäischer Führungsanspruch für Deutschland formuliert, der noch vor wenigen Jahren als anmaßend empfunden worden wäre; zum anderen liegt dieser Führungsanspruch Schaltjahre von jenen Charakterisierungen deutscher Außenpolitik entfernt, die in den 1980er- und 1990er-Jahren den Deutschen „Machtvergessenheit", „Angst vor der Macht" oder einen „Führungsvermeidungsreflex" attestierten. [...] Die Rede von einer „neuen deutschen Außenpolitik" kehrt berechenbar immer wieder – besonders dann, wenn es nötig scheint, Deutschlands Rolle in Europa und der Welt zu überdenken, wie etwa Mitte der 1950er-Jahre (Stichwort: Wiederbewaffnung), zu Beginn der sozialliberalen Koalition unter Willy Brandt (Stichwort: Entspannungspolitik), nach der deutschen Vereinigung 1990 (Stichwort: Verantwortungspolitik) oder nach den Terroranschlägen des 11. September 2001 und dem anschließenden US-Feldzug gegen Saddam Husseins Irak 2003 (Stichwort: „deutscher Weg").

In dieses Muster fügten sich auch die bis ins Detail koordinierten Auftritte von Bundespräsident Joachim Gauck und Außenminister Frank-Walter Steinmeier bei der Münchner Sicherheitskonferenz 2014. In nahezu identischen Formulierungen proklamierten sie vor einem Fachpublikum und weltweiter medialer Aufmerksamkeit ein verändertes außenpolitisches Selbstverständnis Deutschlands: In „den Krisen ferner Weltregionen", so ihre Formulierung, müsse die Bundesrepublik sich fortan „bei der Prävention von Konflikten [...] als guter Partner früher, entschiedener und substanzieller einbringen". [...]

Aus diesem Grund tut jede Bundesregierung gut daran, das außenpolitische Selbstverständnis der Deutschen auch zukünftig wie zu „Bonner" Zeiten in erster Linie „zwischen Selbstbehauptung und Selbstbeschränkung" zu bestimmen. Im Kontrast zu früher werden „Macht" und „Verantwortung" aber immer seltener als Gegensätze erfahren [...]: Nur wer über Macht verfügt, kann verantwortlich gemacht werden. Aber umgekehrt gilt auch: Wer über Macht verfügt, muss Verantwortung übernehmen.

Aus: Gunther Hellmann: Zwischen Gestaltungsmacht und Hegemoniefalle. Zur neuesten Debatte über eine „neue deutsche Außenpolitik", in: APuZ 28–29/2016: Deutsche Außenpolitik, S. 4 ff.

Grundlinien der deutschen Außenpolitik

Für die Bundesrepublik Deutschland, die mit dem Zwei-plus-vier-Vertrag vom 12. September 1990 die volle Souveränität über ihre inneren und äußeren Angelegenheiten erhalten hat, ist es angesichts der Vergangenheit von zentraler Bedeutung, als verantwortungsvolle, kooperationsbereite Gestaltungsmacht in Europa und der Welt wahrgenommen zu werden. Zu den Grundlinien deutscher Außenpolitik zählen seit der Gründung der Bundesrepublik:

- die Aussöhnung mit *Frankreich*, die Orientierung an einem engen Bündnis mit den *USA*, die Mitgliedschaft in *internationalen Organisationen* (z. B. EU, UNO, NATO, OSZE), die Verständigung mit den Nachbarstaaten in Osteuropa, vor allem mit *Polen*, durch
- Verträge über die gemeinsame Grenze (1990) sowie über Freundschaft und gute Nachbarschaft (1991),
- der wegen des nationalsozialistischen Völkermords besondere Charakter der Beziehungen zu *Israel* sowie
- das seit der Wiedervereinigung äußerst wichtige Verhältnis zu *Russland*.

Im Grundgesetz wurden drei zentrale Leitlinien verankert, die bis heute den Kern der Außenpolitik jeder Bundesregierung bilden: „als gleichberechtigtes Glied in einem vereinten Europa dem Frieden der Welt zu dienen" (Präambel) und sich „zur Wahrung des Friedens einem System gegenseitiger kollektiver Sicherheit" einzuordnen (Art. 24 Abs. 2 GG). Neben der Verpflichtung zur europäischen Integration (Art. 23 GG) und der Orientierung der Außenpolitik am Völkerrecht weist das in Art. 26 Abs. 1 formulierte Friedenspostulat darauf hin, dass außenpolitische Sonderwege wie im Kaiserreich oder das Führen von Angriffskriegen für Deutschland künftig ausgeschlossen bleiben.

GLOSSAR

Zwei-plus-vier-Vertrag

INFO

Postulat
Forderung

Autortext

1 Beschreiben Sie anhand der Rede des früheren deutschen Außenministers grundlegende Ziele und Aufgaben der Außenpolitik Deutschlands. Erörtern Sie dabei die Frage, welche Rolle Deutschland heute in der Welt spielt bzw. in der Zukunft spielen soll (M 4).

2 Arbeiten Sie heraus, welche Aspekte die Diskussion um Deutschlands verändertes außenpolitisches Selbstverständnis und seine Rolle als „aktive Gestaltungsmacht" prägen (M 5).

3 Erläutern Sie die historisch gewachsenen Grundlinien der deutschen Außenpolitik und erörtern Sie ihre Bedeutung für die heutige Außenpolitik Deutschlands (Infobox).

3.2 Die Bundeswehr und ihre Auslandseinsätze als „Parlamentsarmee"

MATERIAL 1

Zivile Konfliktprävention als Leitlinie deutscher Außenpolitik

Wird über ein Mehr an deutscher Verantwortung für die internationale Politik gesprochen, so schließt dies – sowohl aufgrund unseres eigenen Interesses als auch unseres Werteverständnisses – vor allem ein proaktives und konstruktives Engagement Deutschlands hinsichtlich einer Stabilisierung und Verbesserung der globalen Sicherheits- und Welthandelsarchitektur ein. Dieses Engagement [...] muss stets eine kluge Mischung, ein „Dreiklang von Diplomatie, wirtschaftlicher Zusammenarbeit und Sicherheit" sein. [...] Der ressortübergreifende Bereich der zivilen Krisenprävention ist dabei von besonderer Bedeutung, da Entwicklungsländer besonders häufig von gewaltvollen Konflikten betroffen sind. [...] Dazu trägt Deutschland im Sinne einer „Zivilisierung" der internationalen Beziehungen mittels gewaltloser Durchsetzung von Regeln und sozial akzeptierter Normen bei.

Auslandseinsätze der Bundeswehr müssen diesem Rollenverständnis entsprechend „an feste Prinzipien und Bedingungen geknüpft bleiben (Parlamentsvorbehalt, Mandat des UNO-Sicherheitsrates, multilaterale Einbettung im UN-, NATO-, EU-Rahmen)". Diese traditionelle „Rolle" sollte Deutschland beibehalten. [...] Militäreinsätze sollten nur das „letzte Mittel" sein und – auch dem Willen der Öffentlichkeit entsprechend – ausschließlich zur Selbst- und Bündnisverteidigung sowie als kurzfristiges Nothilfeinstrument gegen akute und schwerwiegende Menschenrechtsverletzungen wie beispielsweise einem Genozid genutzt werden.

> **INFO**
> **multilateral**
> mehrseitig
>
> **Konflikt- / Krisenprävention**
> Handeln mit dem Ziel, einen Konflikt zu verhindern, bevor er ausbricht

Aus: Alexander Wolf und Christine Hegebart: Wie soll die deutsche Außen- und Sicherheitspolitik der Zukunft aussehen? in: Argumentation kompakt, 4/2014, S. 4 ff.

MATERIAL 2

Strategien und Zielkonflikte deutscher Sicherheitspolitik

Wichtigstes Kennzeichen ist die Herstellung und Gewährleistung internationaler Sicherheit durch *multilaterale Zusammenarbeit*. Bis heute ist es Überzeugung, dass die grundgesetzliche Werteordnung am besten über bewährte Bündnisse wie die Nordatlantische Allianz und die Europäische Union oder über globale und regionale Sicherheitsinstitutionen der Vereinten Nationen verwirklicht werden kann. Die An- und Einbindung in europäischen und internationalen Institutionen wird durch die Strategie der *vernetzten Sicherheit* ergänzt. Deutschlands Sicherheitspolitik ist umfassend angelegt, das heißt, Sicherheit wird nicht auf militärische Ziele verkürzt, sondern unter Berücksichtigung politischer, ökonomischer, ökologischer, gesellschaftlicher und kultureller Bedingungen betrachtet. Damit stützt sich Sicherheitspolitik – der klassischen Rolle einer „*Zivilmacht* Bundesrepublik" gemäß – auf ein breites Spektrum staatlicher Instrumente wie Diplomatie, Wirtschafts- und Handelspolitik sowie Entwicklungspolitik oder zivilpolitische Instrumente wie die Förderung internationaler Rechtsstandards.

Durch verstärkte *Krisenprävention* sollen das Risiko krisenhafter Entwicklungen und die Notwendigkeit insbesondere militärischer Reaktionen vermieden werden. Vorbeugendes Handeln umfasst heute sowohl internationales *Krisenmanagement* als auch *Stabilitätstransfer*, das heißt, bedrohte Werte und Güter auch jenseits deutscher Grenzen zu sichern. Mit dem Ziel, den Gefahren auch dort zu begegnen, wo sie entstehen, hat sich in den letzten Jahren ein Wandel der Bundeswehr von der Verteidigungsarmee im Kalten Krieg zu einer „Einsatzarmee" vollzogen, der die deutsche Politik dazu zwingt, zwischen sicherheitspolitischer Zurückhaltung und Beteiligung abzuwägen. Vor allem mit dem Engagement der Bundeswehr in Afghanistan erfuhr dieser Aspekt neue Dringlichkeit:

- Wie definiert die deutsche Politik Sicherheit und welche *Opfer* ist man bereit zu erbringen, wenn es gilt, diese zu gewährleisten?
- Ist die Bundesrepublik entschlossen, etwa Seewege oder den Zugang zu Rohstoffen auch unter Einsatz von *Waffengewalt* zu sichern?
- Das Grundgesetz verbietet der Bundesrepublik, *Angriffskriege* zu führen. Sind daher offensive Einsätze im Rahmen der NATO zulässig, zum Beispiel in Afghanistan?
- Welchem Wandel unterliegen das Selbstbild der Bundeswehr einerseits und das Leitbild des *„Bürgers in Uniform"* andererseits?

Die Bundeswehr untersteht als Teil der Exekutive einer zivilen Führung. Die oberste Befehlsgewalt liegt in Friedenszeiten beim Verteidigungsminister, im Verteidigungsfall beim Bundeskanzler (Art. 65a und Art. 115b). Das Grundgesetz verbietet in Art. 26 die Vorbereitung eines Angriffskrieges und stellt (in Art. 87a Abs. 2) sicher, dass der Einsatz von Streitkräften in der Regel nur für den Verteidigungsfall besteht. Im Landesinnern darf die Bundeswehr dagegen nur unter eng begrenzten Bedingungen eingesetzt werden wie zum Beispiel bei außergewöhnlichen Notständen (Art. 35) zur Unterstützung der Polizei oder im Verteidigungsfall auch zum Schutz ziviler Objekte (Art. 87a Abs. 3). Dem Bundestag werden dabei weitreichende Kompetenzen eingeräumt: Laut dem Parlamentsbeteiligungsgesetz von 2005 kann die Bundeswehr (als sogenannte Parlamentsarmee) im Ausland nur mit Zustimmung des Bundestags tätig werden.

Autorentext

Zeichnung: Heiko Sakurai

1. Charakterisieren Sie die in M1 beschriebenen Leitlinien deutscher Außenpolitik.
2. Recherchieren Sie arbeitsteilig die Auslandseinsätze deutscher Soldaten anhand der Grafik und erläutern Sie deren jeweiligen Hintergrund.
3. Nennen Sie die Strategien und Zielkonflikte deutscher Sicherheitspolitik und gestalten Sie unter Berücksichtigung der Karikatur eine Pro-und-Kontra-Diskussion zum „konstitutiven Parlamentsvorbehalt" und zum Begriff der „Parlamentsarmee".
4. Erörtern Sie, inwiefern sich Rolle und Bild der Bundeswehr infolge der Auslandseinsätze verändert haben.

INFO

Bürger in Uniform verweist auf die Bedeutung der politischen und gesellschaftlichen Situation der Soldaten bei der Erfüllung ihres militärischen Auftrags, vor allem zum Schutz und zur Wahrung der Grundrechte und Freiheitsprinzipien des demokratischen Rechtsstaats.

4. Europa als globaler Sicherheitsakteur?

4.1 Die neue Gemeinsame Sicherheits- und Verteidigungspolitik (GSVP)

MATERIAL 1 Einsätze und Instrumente der EU im Ausland

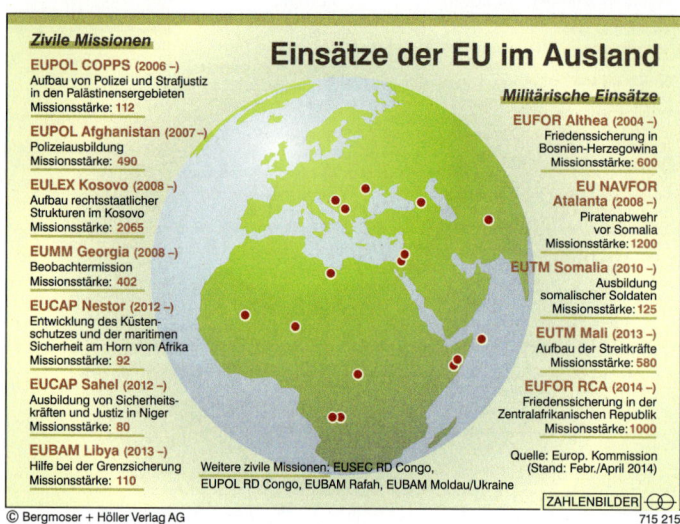

Instrumente der GSVP – Typen der Operationen und Missionen
- Beobachtermissionen, z. B. EUMM Georgia
- Grenzüberwachungsmissionen, z. B. EUBAM Moldawien/Ukraine
- Rechtsstaatsmissionen, z. B. EULEX Kosovo, EUJUST LEX
- Polizeimissionen, z. B. Proxima, EUPOL Kinshasa
- Missionen zur Sicherheitsreichsreform, z. B. EUSEC RD Congo
- Militärische Operationen, z. B. Atalanta, EOFOR Althea
- Militärische Ausbildungsmissionen, z. B. EUTM

MATERIAL 2 Die neue „Globale Strategie" der EU

Die Stiftung Wissenschaft und Politik kommentiert die „Globale Strategie für die Außen- und Sicherheitspolitik der EU":

Die Europäische Union hat am 28. Juni 2016 eine neue „Globale Strategie für die Außen- und Sicherheitspolitik der EU" willkommen geheißen und damit als normativen Rahmen für die zukünftige Ausrichtung ihrer Gemeinsamen Außen- und Sicherheitspolitik (GASP) angenommen. Das Autorenteam [...] erklärt den Aufbau von Resilienz, also die Erhöhung der Widerstandsfähigkeit der EU gegenüber inneren und äußeren Bedrohungen, zum übergeordneten Ziel. Das rechtlich unverbindliche Dokument löst die Europäische Sicherheitsstrategie von 2003 ab. [...]
Es werden fünf Prioritäten des auswärtigen Handelns der EU benannt [...]:
Die GASP soll *erstens* die Sicherheit der Union verbessern. Konkret werden Maßnahmen gegen den Terrorismus, gegen hybride Bedrohungen, gegen den Klimawandel und die Energieversorgungsunsicherheit formuliert. Neben ihrer Verteidigungsfähigkeit soll die EU zum Beispiel ihre Anstrengungen im Bereich Cybersicherheit und strategische Kommunikation erhöhen. *Zweitens* soll die GASP darauf gerichtet sein, die Widerstandsfähigkeit von Staat und Gesellschaft in der östlichen und südlichen Nachbarschaft zu stärken und fragile staatliche Strukturen in dieser Region zu stabilisieren. *Drittens* soll ein „umfassender Ansatz der EU für Konflikte und Krisen" erarbeitet werden, der „auf breiten, tiefen und dauerhaften regionalen und internationalen Partnerschaften" gründet. *Viertens* soll die EU ihre Erfahrung mit der friedenserhaltenden Wirkung des Integrationsprozesses nutzen, um regionale Ordnungen weltweit zu unterstützen. Und *fünftens* soll die EU im Rahmen der GASP die Reform der globalen Ordnungspolitik auf der Grundlage des Völkerrechts vorantrei-

INFO

Resilienz
ein Konzept aus der Evolutionsbiologie, das seit einigen Jahren in der Außen- und Sicherheitspolitik Anwendung findet, um das Potenzial der Widerstandsfähigkeit von Staaten zu beschreiben, Störungen, Schocks oder plötzliche Gefährdungen zu absorbieren, ohne Schaden zu überstehen und den ursprünglichen Zustand wiederherzustellen

ben, um die Achtung der Menschenrechte und der Prinzipien der nachhaltigen Entwicklung und des dauerhaften Zugangs zu den globalen Gemeingütern zu gewährleisten.

Mit der „Globalen Strategie" reagiert die EU auf grundlegende Veränderungen in der politischen Großwetterlage Europas: zerfallende Staaten im Nachbarschaftsraum, der internationale Terrorismus, die zunehmende Aggressivität Russlands in Osteuropa und die wachsenden diesbezüglichen Befürchtungen Polens und der baltischen Staaten, dass „hybride" Maßnahmen der Kriegsführung die Gesellschaften Europas destabilisieren. Hybride Bedrohungen zeichnen sich durch eine Mischung von Zwang und Unterwanderung und von konventionellen und unkonventionellen Methoden seitens staatlicher und nichtstaatlicher Akteure aus, ohne dass jedoch die Schwelle zu einem offiziell erklärten Krieg überschritten wird. Parallel zu diesen Trends wird die EU aus ihrem Innern heraus selbst als angemessene Ebene politischen Handelns zunehmend infrage gestellt. [...]

In der „Globalen Strategie" tauchen eine Reihe weiterer Begriffe auf [...]. So ist von einem nicht näher erläuterten „principled pragmatism" die Rede, von dem die Umsetzung der Strategie geleitet sein soll. Der EU wird die Aufgabe zugewiesen, „strategische Autonomie" zu erlangen. „Verteidigungszusammenarbeit" soll „die Norm" werden, ohne dass aber überzeugend dargelegt würde, wie dieses große Ziel unter den Bedingungen knapper Ressourcen, strategischer Uneinigkeit zwischen den Mitgliedstaaten und eines weiterhin geltenden Einstimmigkeitsprinzips erreicht werden soll.

Aus: Annegret Bendiek: Die Globale Strategie für die Außen- und Sicherheitspolitik der EU, in: www.swp-berlin.org/fileadmin/contents/products/aktuell/2016A44_bdk.pdf, S. 1–4 (Abruf: 27.5.2017)

Rechtliche Grundlagen: der Vertrag von Lissabon

MATERIAL 3

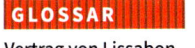

GLOSSAR

Vertrag von Lissabon

Artikel 42 (1): Die Gemeinsame Sicherheits- und Verteidigungspolitik [GSVP; ehem. ESVP] ist integraler Bestandteil der Gemeinsamen Außen- und Sicherheitspolitik. Sie sichert der Union eine auf zivile und militärische Mittel gestützte Operationsfähigkeit. Auf diese kann die Union bei Missionen außerhalb der Union zur Friedenssicherung, Konfliktverhütung und Stärkung der internationalen Sicherheit in Übereinstimmung mit den Grundsätzen der Charta der Vereinten Nationen zurückgreifen. Sie erfüllt diese Aufgaben mithilfe der Fähigkeiten, die von den Mitgliedstaaten bereitgestellt werden. [...]

Artikel 43 (1): Die in Artikel 42 Absatz 1 vorgesehenen Missionen, bei deren Durchführung die Union auf zivile und militärische Mittel zurückgreifen kann, umfassen gemeinsame Abrüstungsmaßnahmen, humanitäre Aufgaben und Rettungseinsätze, Aufgaben der militärischen Beratung und Unterstützung, Aufgaben der Konfliktverhütung und der Erhaltung des Friedens sowie Kampfeinsätze im Rahmen der Krisenbewältigung einschließlich Frieden schaffender Maßnahmen und Operationen zur Stabilisierung der Lage nach Konflikten. Mit allen diesen Missionen kann zur Bekämpfung des Terrorismus beigetragen werden, u. a. auch durch die Unterstützung für Drittländer bei der Bekämpfung des Terrorismus in ihrem Hoheitsgebiet. [...]

Aus: EU-Vertrag, in: https://dejure.org/gesetze/EU (Abruf 27.5.2017)

1 Informieren Sie sich über die aktuellen EU-Missionen und stellen Sie einzelne sicherheitspolitische Einsätze der EU dar (M 1).

2 Arbeiten Sie die Kernpunkte der neuen „Globalen Strategie" heraus und beurteilen Sie die Chancen ihrer Umsetzung (M 2).

3 Beschreiben Sie die Ziele und Aufgaben der GSVP im Sinn des Lissaboner Vertrags und analysieren Sie, welche sicherheits- und verteidigungspolitischen Herausforderungen sich für Europa mit Blick auf den Brexit, die Rolle der USA und Russlands sowie die Konflikte im Mittelmeerraum ergeben (M 3).

4.2 „Europa-Armee" und EU-Missionen: wie weiter?

MATERIAL 1 ### Die „Europa-Armee": Pro und Kontra

Gründe für eine Europa-Armee

- Das Konzept einer Europa-Armee [...] ergibt sich aus der Logik der europäischen Integration hin zu einer politischen Union. Eine Union, die sich auf eine gemeinsame Währung einigen konnte, kann nicht das Militär dauerhaft unter nationaler Kontrolle belassen.
- Damit würde man der europäischen Idee einen Schub verleihen. Auch könnte dies [...] ein kraftvolles Signal an Russland senden.
- Auch ergibt sich der Gedanke einer gemeinsamen Streitmacht [...] des „Pooling and Sharing" – also der Bündelung der vorhandenen militärischen Fähigkeiten [...]
- Evident ist ebenfalls, dass gemeinsame Streitkräfte effizienter wären als die nationalen Armeen, da Redundanzen auf allen Ebenen vermieden würden.
- Dadurch ließen sich die europäischen Verteidigungsausgaben weit effizienter verwenden. [...]
- Von einer effizienteren Nutzung der Verteidigungshaushalte würden auch die rüstungsindustriellen Fähigkeiten profitieren, da deutlich mehr Geld für militärische Investitionen zur Verfügung stünde.
- Eine auf diese Weise verstärkte Europäische Union würde in der künftigen multipolaren Welt einen ernst zu nehmenden „Pol" bilden, der neben wirtschaftlichem auch militärischen Einfluss geltend machen könnte.
- Je nach Ausgestaltung wäre eine Europa-Armee ohne Weiteres mit den Strukturen der NATO kompatibel und würde damit die transatlantischen Bindungen eher stärken als schwächen.
- Eine NATO-kompatible Europa-Armee wäre ein wichtiges Element transatlantischer Lastenteilung. [...]
- Schließlich würden gemeinsame Streitkräfte die EU-Mitglieder zwingen, ihre nationalen Entscheidungsprozesse zu harmonisieren, um so die Reaktionsfähigkeit zu erhöhen. [...]

Gründe gegen eine Europa-Armee

- Gegner einer Europa-Armee merken an, dass sie einen Grad der Integration und des Föderalismus voraussetzt, über den die EU nicht verfügt und den die meisten Mitglieder nicht akzeptieren werden. [...]
- Wenn eine Europa-Armee parallel zu den nationalen Streitkräften geschaffen würde, ginge dies zulasten der ohnehin unterfinanzierten nationalen Streitkräfte. Das Ergebnis wäre ein noch schwächeres europäisches Militär.
- Aus Osteuropa kommen warnende Stimmen, dass gerade angesichts der neuen Aggressivität Russlands die Bindungen zu den USA nicht geschwächt werden dürften. [...]
- Statt politische Energien auf das Fernziel einer Europa-Armee zu verschwenden, sollte versucht werden, die konkrete militärische Kooperation voranzutreiben. [...]
- Mit der NATO, der ja auch die große Mehrzahl der EU-Staaten angehört, gibt es bereits ein funktionierendes Beispiel integrierter militärischer Schlagfähigkeit. Sie deckt [...] sowohl Landesverteidigung [...] als auch Krisenmanagement ab. [...]
- Die aktuelle Russland-Krise hat gezeigt, dass die Arbeitsteilung zwischen dem militärischen Akteur NATO und dem [...] nicht militärischen Akteur EU gut funktioniert. Die NATO konzentriert sich auf die militärische Abschreckung Russlands, um eine Ausdehnung des Konfliktes auf NATO-Territorium zu vermeiden. Die EU versucht hingegen, mit ihrem breiten Spektrum an Handlungsmöglichkeiten die Krise zu entschärfen und Russland zu einem weniger aggressiven Verhalten zu bewegen. [...]
- Interveniert wird künftig bestenfalls von „Coalitions of the Willing". Damit verliert eine Streitkraft der EU, die ja [...] auf Kriseninterventionen gerichtet sein soll, einen Teil ihrer Berechtigung.

Aus: Karl-Heinz Kamp, Die Europa-Armee: Pro und Contra, in: Arbeitspapier Sicherheitspolitik, Nr. 4/2015, S. 2–4

INFO

Pooling
Ein oder mehrere Staaten stellen ihre nationalen Fähigkeiten anderen zur Verfügung, etwa zur gemeinsamen Anschaffung von Radarflugzeugen. So kann u. a. eine sicherheitspolitische Fähigkeit gemeinsam beschafft werden, die ein einzelner Staaten aufgrund hoher Kosten nicht allein bereitstellen könnte.

Die EU in Mali – eine schwierige Mission?

MATERIAL 2

Mali galt lange als Modell demokratischer Entwicklung in Subsahara-Afrika. [...] [Allerdings] steht Mali seit nunmehr einem Jahr auf der Kippe. Auf Ersuchen der Übergangsregierung und auf der Grundlage von UN-Resolution 2071 hat die EU im Dezember 2012 das Konzept für einen Kriseneinsatz in Mali beschlossen, das u. a. Ausbildungshilfe und logistische Unterstützung für die malische Armee vorsieht. Diese Unterstützung soll mit einer afrikanischen militärischen Mission verbunden werden, die am 20. Dezember [2012] in UN-Resolution 2085 autorisiert wurde. Soldaten der Wirtschaftsgemeinschaft Afrikanischer Staaten (ECOWAS) sollen der malischen Armee dabei helfen, Aufständische und Terrorgruppen im Norden zu bekämpfen. Ziel ist die Wiederherstellung der Einheit des Landes, wobei in der UN-Resolution großes Gewicht auf einen parallelen politischen Prozess gelegt wird, der zu einem stabileren und demokratischen Staat führen soll. Die Umsetzung dieser Ziele ist jedoch mit einer Reihe von Problemen konfrontiert. 1960 wurde Mali nach 67 Jahren französischer Kolonialherrschaft unabhängig. Trotz der von Frankreich durchgesetzten Einbeziehung des nach Unabhängigkeit strebenden, von nomadischen Tuareg bewohnten Nordens blieb Mali de facto ein durch starke ökonomische und soziale Diskrepanzen geteiltes Land. [...] Der aktuelle Konflikt begann im Januar 2012 mit Angriffen von Tuareg-Kämpfern [...] auf malische Polizeiposten. Die laizistische „Nationale Bewegung für die Befreiung Anzawads" (MNLA) verkündete die Abspaltung der drei Nordregionen, wurde dann aber durch die islamistische Tuareg-Gruppe „Ansar Dine" marginalisiert, die sich wiederum mit „al-Qaida im islamischen Maghreb" (AQIM) und einer Splittergruppe davon verbündet hat: Mehr als 400 000 Menschen flohen aus dem Norden. Im Süden putschte das Militär im März 2012 gegen eine Regierung, welche die Putschführer der Untätigkeit bezichtigten.

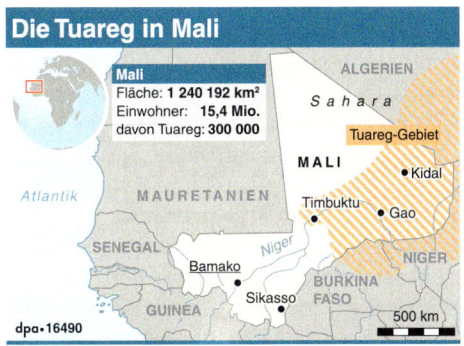

Ein Militäreinsatz ohne Veränderung in Mali wird erfolglos bleiben. Politisch geht es um die Alternative Kleptokratie oder Demokratie, wirtschaftlich um die Frage der Entwicklung des Nordens oder dessen weitere Marginalisierung, ideologisch um den Wettbewerb zwischen traditionellem gemäßigten Sufismus und importiertem radikalen Wahabismus. Hinzu kommen die divergierenden Interessen der afrikanischen Staaten. [...] Das Schreckgespenst eines „afrikanischen Afghanistans" vor der Haustür der EU soll mobilisieren. Gerade Afghanistan hat aber gelehrt, dass man schnell in einen Gewaltkonflikt hineinrutschen kann, aber nur schwer wieder herauskommt, wenn die scheinbar klaren Frontlinien sich bei genauerem Hinsehen als komplexe Gemengelage von Problemen erweisen.

INFO

Tuareg
ein zu den Berbern zählendes Volk, dessen Siedlungsgebiet sich in Afrika über die Staaten Algerien, Libyen, Mali, Niger und Burkina Faso erstreckt

marginalisieren
(politisch) ins Abseits schieben

Kleptokratie
persönliche Bereicherung durch Ausnutzen gesellschaftlicher Privilegien

Aus: Hans-Georg Ehrhart: Intervention in Mali?, in: http://www.ag-friedensforschung.de/regionen/Mali/ifsh.html vom 14.1.2013 (Abruf: 27.5.2017)

1. Ordnen Sie die Gründe für und gegen eine Europaarmee der Priorität nach und begründen Sie (M 1).
2. Beschreiben Sie M 2 thesenartig und erörtern Sie, welche Probleme und Herausforderungen sich der EU bei ihrer Mission in Mali stellen.
3. Beurteilen Sie die Erfolgsaussichten des EU-Einsatzes in Mali. Beziehen Sie in Ihre Überlegungen auch die Frage nach der Strategie und Handlungsfähigkeit der EU ein.
4. Bewerten Sie die Legitimität der Mali-Intervention.
5. Erörtern Sie Gründe für bzw. gegen humanitäre Interventionen allgemein.

QUERVERWEIS

METHODE
Pro-und-Kontra-Diskussion
S. 196

METHODE: Eine Rede halten

„Eine Rede ist, wie könnte es anders sein, ein Monolog. Weil doch nur einer spricht. Du brauchst auch nach vierzehn Jahren öffentlicher Rednerei noch nicht zu wissen, dass eine Rede nicht nur ein Dialog, sondern ein Orchesterstück ist: Eine stumme Masse spricht nämlich ununterbrochen mit […]"
(Kurt Tucholsky, Ratschläge für einen schlechten Redner)

1 Adressatenbezug
Eine gelungene Rede hat immer die Zuhörer vor Augen und Ohren. Eine gute Rede ist eben kein Monolog, sondern bezieht den Adressaten, das Publikum, immer mit ein.
- An wen richte ich die Rede?
- Was kann ich an Vorwissen bei den Zuhörerinnen und Zuhörern voraussetzen?
- Was möchte ich mit der Rede erreichen?
- Was ist der Anlass meiner Rede?

2 Sachinhalt und Argumentation
- Welche Sachverhalte muss ich ansprechen?
- Ist meine Rede sinnvoll gegliedert?
- Welche Kernaussagen stehen im Mittelpunkt?
- Ist der Gedankengang nachvollziehbar und ist ein roter Faden erkennbar?
- Stützen die Argumente überzeugend meine Thesen?
- Kann ich anschauliche Beispiele anführen?

3 Sprache, Syntax und Rhetorik
Eine Rede lebt vom gesprochenen Wort. Anders als bei einem schriftlichen Text, kann der Zuhörer nicht „zurückblättern", um eine Textstelle nochmals zu lesen und besser zu verstehen. Deshalb: keine langen Schachtelsätze! In der Kürze liegt die Würze jeder Rede. Sie soll so anschaulich wie möglich sein. Rhetorische Figuren sind dann einzusetzen, wenn sie zur Anschaulichkeit beitragen. Die rhetorische Frage spricht den Zuhörer an und bezieht ihn mit ein. Sie kann auch elegant Übergänge schaffen. Zahlen sollten nur äußerst sparsam verwendet werden. Besser ist es, Zahlen in einen bildhaften Rahmen zu stellen, also z. B. eine große abgeholzte Waldfläche nicht in der Hektargröße anzugeben, sondern in die Zahl von Fußballfeldern umzurechnen.

4 Authentizität
Als Redner oder Rednerin muss ich immer so sprechen und argumentieren, wie ich das in einem normalen Gespräch auch täte. Die Rede muss zu mir „passen". Nur wenn ich authentisch „rüberkomme", ist die Rede gut und kommt beim Publikum an.

5 Schluss der Rede
Der Schluss kann den Beginn inhaltlich wiederaufnehmen (z. B. ein Zitat, den Anlass der Rede oder Ähnliches) und so den Kreis schließen oder auch ein neues Feld, einen neuen Ausblick eröffnen. Es sollte aber immer ein Abschluss im Sinn eines Resümees oder einer Bilanz gefunden werden. Je nach Art der Rede kann auch ein Appell den Abschluss bilden.

---

1 Gestalten Sie eine Rede zur Rolle der UNO in einem aktuellen Konflikt, die vor einem politischen Bildungswerk gehalten wird.

GRUNDWISSEN

Deutsche Außenpolitik
Der enorme Zugewinn an außenpolitischem Handlungsspielraum, den die Bundesrepublik Deutschland seit der Wiedervereinigung erworben hat, verleiht dem Land den Status einer international mehr Verantwortung übernehmenden Gestaltungsmacht. Dieser Wandel der deutschen Außen- und Sicherheitspolitik wird zum einen am veränderten Deutschlandbild im Ausland, zum anderen an der jüngeren Debatte über Deutschlands Rolle als Führungsmacht und an seinen außen- und sicherheitspolitischen Ziel- und Handlungskonflikten deutlich. Kooperation in internationalen Organisationen, Krisenprävention durch politische, ökonomische oder soziale Instrumente (u. a. Diplomatie, Förderung internationaler Rechtsstandards, Entwicklungshilfe) oder aber Auslandseinsätze der Bundeswehr im Rahmen multilateraler Zusammenarbeit sind Elemente eines vielfältiger und breiter gewordenen Aufgaben- und Handlungsspektrums. Grundlage deutscher Außen- und Sicherheitspolitik bleiben allerdings nach wie vor die normativen Vorgaben im Grundgesetz und die seit Gründung der Bundesrepublik Deutschland wesentliche außenpolitische Grundorientierung wie u. a. die Verankerung in der Gemeinschaft westlicher Demokratien und die Überwindung des Nationalismus durch Souveränitätsverzicht und Integration.

EU als Sicherheitsakteur
Als globaler Akteur übernimmt die Europäische Union in wachsendem Maß auch außen- und sicherheitspolitische Aufgaben. Zahlreiche Auslandmissionen der EU, die im Zusammenhang mit dem Vertrag von Lissabon auf humanitäre und friedenserhaltende Aufgaben und Rettungseinsätze gerichtet sind, unterstreichen das Ziel, die internationale Ordnung des 21. Jahrhunderts mitzugestalten. Zivile Maßnahmen der Krisenbewältigung und militärische Operationen auf dem Balkan, in Libyen, Zentralafrika oder seit 2012 in Mali, die neue „Globale Strategie" der EU ebenso wie Diskussionen um eine künftige Europa-Armee betonen das Bemühen um eine sicherheits- und außenpolitisch größere Profilschärfe. Insgesamt kann die EU heute zugleich als Zivilmacht, Wirtschaftsmacht und, je nach Fähigkeit und Bereitschaft, auch als Militärmacht bezeichnet werden.

NATO
Nach dem Zweiten Weltkrieg wurde die NATO (North Atlantic Treaty Organization) 1949 gegründet. Ihr Ziel war von Anfang an die Gewährleistung von Frieden und Freiheit durch die Sicherung der Außengrenzen ihrer Mitgliedsländer. Zurzeit gehören der NATO 28 Staaten an, die Bundesrepublik wurde mit Gründung der Bundeswehr 1955 Mitglied. Die NATO ist ein reines Verteidigungsbündnis, das militärisch in Aktion tritt, wenn ein Mitglied angegriffen wird (Bündnisfall). Dies war 2001 mit dem Angriff auf die USA durch al-Qaida der Fall. Nach dem Zusammenbruch der UdSSR und damit verbunden auch des Warschauer Pakts traten der NATO zur Sicherung ihrer Freiheit unter anderen auch Polen und die baltischen Staaten bei. Mit dem islamistischen Terror und der neoimperialistischen Politik Russlands sind der NATO neue Herausforderungen erwachsen.

UNO
Die Vereinten Nationen wurden nach dem Zweiten Weltkrieg 1945 gegründet, ihr Hauptsitz ist New York (daneben auch Genf und Wien). Ihr gehören zurzeit 193 Nationen an. Gemäß ihrer Satzung, der UN-Charta, besteht ihre Hauptaufgabe in der Sicherung des Weltfriedens und der Zusammenarbeit der Völker. Wirtschaftliche, soziale und kulturelle Probleme sollen durch ein friedliches Miteinander gelöst werden, immer auf dem Grundsatz des Selbstbestimmungsrechts der Völker und ihrer territorialen Integrität. Einmal im Jahr findet eine Vollversammlung statt, in der jeder Staat eine Stimme hat. Der Sicherheitsrat besteht aus 15 Mitgliedsländern, wovon zehn Staaten für zwei Jahre gewählt sind und fünf Staaten zu den ständigen Mitgliedern zählen, die auch ein Vetorecht haben: USA, Russland, China, Großbritannien und Frankreich. Kritiker sehen hier eine veraltete Abbildung der Nachkriegsordnung, die nicht mehr ausreicht, um den Herausforderungen des 21. Jahrhunderts zu begegnen. Es fehlen zum Beispiel Vertreter des afrikanischen Kontinents. Um schlimmste Menschenrechtsverletzungen und einen systematischen Völkermord zu verhindern, hat die UNO die Maßnahme der „Responsibility to protect" eingeführt. Für ihre Friedensmissionen kann die UNO auch auf militärische Kräfte zugreifen, auf die sogenannten Blauhelmsoldaten, deren Einsatz vom Sicherheitsrat einstimmig genehmigt sein muss.

KOMPETENZEN PRÜFEN

Was legitimiert die NATO heute?

Was hält US-Präsident Donald Trump von der NATO? Während seines Wahlkampfs hat er sich zweimal sehr abfällig geäußert und die Organisation als „obsolet" bezeichnet. [...] Einige – allerdings wenige – Experten sind auch der Meinung, die NATO sei überflüssig. [...]

Der ehemalige US-Präsident George H. W. Bush war anderer Meinung: Er wünschte sich eine engere Anbindung der Sowjetunion an das Tagesgeschäft der NATO. Bill Clinton trieb wiederum die Erweiterung der NATO und die Eingliederung ehemaliger Sowjetstaaten voran. [...] Seine Nachfolger führten diesen Ansatz fort, bis hin zu Barack Obama, der Russland wie einen Stier mit einem roten Tuch provozierte, als er den NATO-Beitritt Georgiens und der Ukraine forderte.

Der Brite Lord Hastings Ismay, von 1952 bis 1957 erster Generalsekretär des Bündnisses, betrachtete es als Aufgabe der NATO, „die Russen draußen, die Amerikaner drinnen und die Deutschen klein zu halten". Bei den beiden letzten Punkten war die NATO sicherlich erfolgreich. Nach dem Fall der Berliner Mauer entdeckte die NATO in gewisser Hinsicht für sich eine Rolle. Sie führte 1995 die humanitären Interventionen in Bosnien und 1999 gegen Serbien an und schickte 2003 Truppen nach Afghanistan. [...] Trotzdem sehen manche darin nicht unbedingt große Erfolge. [...]

Trotz ihres Engagements im ehemaligen Jugoslawien und in Afghanistan kann man die NATO derzeit nicht wirklich als Bündnis gleichberechtigter Partner bezeichnen. Die Europäer selbst initiieren keine Militäroperationen (mit Ausnahme des Einsatzes in Libyen, der schließlich zum Sturz und zur Tötung von Muammar al-Gaddafi führte). Es sind die Amerikaner, die handeln, und die Europäer folgen ihnen zuverlässig, ungeachtet eigener Vorbehalte. Bei der Intervention der NATO im Kosovokrieg haben sich die Europäer den Amerikanern angeschlossen und gegen die eigene Überzeugung nicht auf ein Mandat des UN-Sicherheitsrats bestanden. [...]

Für die Probleme, mit denen es Europa heute zu tun hat, hat die NATO keine Relevanz mehr. Im Fall der Ukraine sind ihr die Hände gebunden und auch in der Flüchtlingskrise kann sie keinen Beitrag leisten. Sie kann nichts an aufkommenden Spannungen angesichts der knapp werdenden Wasservorräte im Nahen und Mittleren Osten ändern [...]

Auch im Kampf gegen den Terror kann die NATO als Militärverband nicht viel ausrichten. [...] Die Einsätze gegen al-Qaida und den „Islamischen Staat" in Syrien und im Irak führen die USA, Großbritannien, Frankreich und Russland auf eigene Faust.

In Afghanistan drängen die Taliban die NATO-Truppen Jahr für Jahr zurück. Derweil bringt der Mohnanbau immer mehr Heroin auf den europäischen und asiatischen Schwarzmarkt. Es fällt schwer, zu glauben, dass die sonst so vernünftigen Menschen in den NATO-Ländern von einer fortgesetzten Präsenz in Afghanistan überzeugt sind, nachdem das ursprüngliche Ziel erreicht ist: Al-Qaida [...] wurde empfindlich getroffen und aus dem Land vertrieben. [...]

Man hätte nie versuchen sollen, die Taliban auf diesem Weg besiegen zu wollen. Die NATO-Länder hätten sich darauf beschränken sollen, Schulen, Krankenhäuser, eine Wasserversorgung, Sanitäranlagen und Straßen zu bauen. Die EU sollte die Rolle der NATO zum Großteil übernehmen. Sie sollte auch in Zukunft auf das Gewicht ihrer „Soft Power" setzen – wie zuletzt in Georgien und bei der Stabilisierung des Balkans. Ja, Präsident Trump: Die NATO ist obsolet!

Aus: Jonathan Power: Trump hat recht: Die NATO ist obsolet, in: http://www.ipg-journal.de/rubriken/aussen-und-sicherheitspolitik/artikel/trump-hat-recht-die-nato-ist-obsolet-1871/ (Abruf: 27.5.2017)

Die UNO: hohe Erwartungen, geringe Möglichkeiten?

Johannes Varwick, Professor für Internationale Beziehungen und europäische Politik an der Uni Halle-Wittenberg, skizziert drei Szenarien zur Entwicklung der UNO:

Das erste Szenario geht von einer substanziellen Gefährdung bis hin zu einem mittel- bis längerfristigen Untergang der UNO aus. Wichtige Staaten engagieren sich nicht mehr im

UN-Rahmen, sondern bevorzugen andere Problemlösungsforen, sei es auf Ad-hoc-Basis, in wechselnden „Koalitionen der Willigen" oder im Rahmen neuer Organisationen. Weitere Staaten folgen diesem Beispiel und es wird ein schleichender Zerfall der UNO eingeleitet, ohne dass es zwangsläufig zu einem formalen Auflösungsbeschluss kommen muss. Ausgangspunkt für eine solche Entwicklung können spektakuläre Fehlschläge bei der Friedenssicherung sein oder die systematische Umgehung des Sicherheitsrats durch wichtige Staaten. [...] In den Bereichen Wirtschaft, Entwicklung und Umwelt entstehen [...] problemspezifische Gremien und Organisationen jenseits der UNO. Dies kann eine aufgewertete Gruppe der wichtigsten Industrienationen (G 8) oder ein „informeller Staatenklub" wie die G 20 sein. Die Vereinten Nationen spielen dann in der internationalen Politik keine Rolle mehr. [...]

Zeichnung: Silvan Wegmann

Das zweite Szenario beruht auf der Annahme, dass sich die Vereinten Nationen längerfristig als eine Art Weltregierung etablieren können. Als zentraler Akteur einer subsidiären und föderalen Weltrepublik erhalten sie Koordinations- und Sanktionsbefugnisse, die fallweise durch zivile, polizeiliche oder militärische Maßnahmen auszuüben sind. Die Organisation ist zunächst zentrale Koordinierungsstelle im „Global-Governance-Prozess" und wird dann schrittweise ihre Kompetenzen zulasten der Mitgliedstaaten ausweiten. Vorstellbar sind etwa das Recht zur Erhebung von Steuern oder die Entwicklung und Durchsetzung einer weltweiten Rechts-, Finanz- und Friedensordnung [...]. Beim Menschenrechtsschutz werden gemäß diesem Szenario zahlreiche Abkommen und Konventionen nicht nur kodifiziert, sondern auch mit einem wirksamen Durchsetzungsmechanismus versehen. Bei der Friedenssicherung üben die Vereinten Nationen das Gewaltmonopol aus und ein funktionsfähiges System kollektiver Sicherheit entsteht. In den Bereichen Wirtschaft, Entwicklung und Umwelt wird die UNO das institutionelle Zentrum einer globalen Strukturpolitik. [...]

Das dritte Szenario geht davon aus, dass die Vereinten Nationen im Großen und Ganzen bleiben, was sie bisher sind: eine unvollkommene, reformbedürftige, aber doch in vielen Bereichen eminent wichtige internationale Organisation. Innerhalb dieses Szenarios bleibt offen, ob sich die UNO vorwiegend in Richtung eines Instruments der mitgliedstaatlichen Diplomatie mit geringer Eigenständigkeit entwickelt, ob sie zur Arena wird für Politikfelder auf unterschiedlichen Kooperationsniveaus oder ob sie fallweise sogar als eigenständiger Akteur auftritt. In der Friedenssicherung werden die Vereinten Nationen in manchen Fällen übergangen, in anderen aber einbezogen. Wenn sie ihre Handlungsfähigkeit beweisen und es die Interessen der Mitgliedstaaten zulassen, können sie eine wichtige Rolle spielen. [...]

In den Bereichen Wirtschaft, Entwicklung und Umwelt ist sie ein Akteur unter vielen und nicht ausreichend in der Lage, ambitionierte Ziele zu erreichen. Die Mitgliedstaaten [...] setzen vielmehr verstärkt auf bilaterale Maßnahmen.

Aus: Johannes Varwick: Hohe Erwartungen, geringe Möglichkeiten, in: Rheinischer Merkur, 38/2009, S. 7

1 Arbeiten Sie die zentralen Aussagen aus dem Text von Jonathan Power heraus und erläutern Sie, wie er die Legitimität der NATO beurteilt.
2 Erläutern Sie die von Varwick beschriebenen Szenarien zur Zukunft der UNO. Begründen Sie, welches Szenario Sie für das wahrscheinlichste halten.
3 Analysieren Sie die Karikatur zur Rolle der UNO in Syrien. Gehen Sie dabei auf die Rolle des Salzstreuers in der Hand Russlands ein.
4 Gestalten Sie eine kurze Rede, in der Sie Vorschläge zur Reform der UNO unterbreiten.

QUERVERWEIS
METHODE
Eine Rede halten
S. 160

V. Auf dem Weg zum Weltstaat?

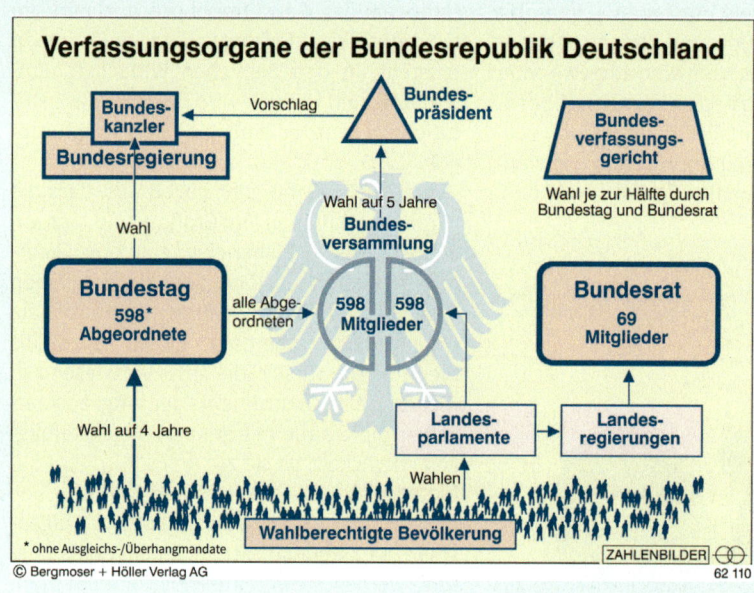

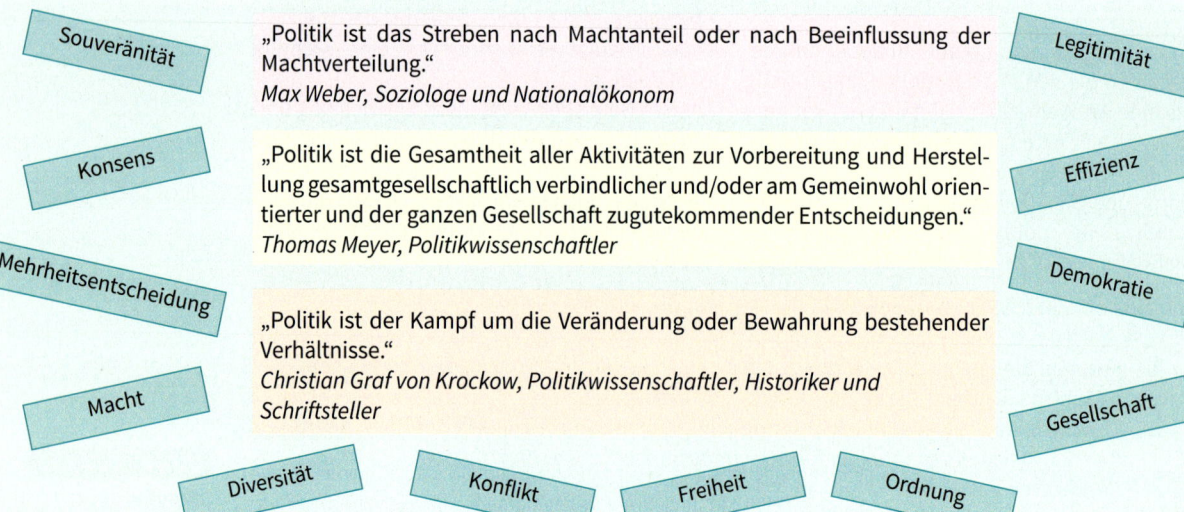

Souveränität

Legitimität

Konsens

Effizienz

„Politik ist das Streben nach Machtanteil oder nach Beeinflussung der Machtverteilung."
Max Weber, Soziologe und Nationalökonom

„Politik ist die Gesamtheit aller Aktivitäten zur Vorbereitung und Herstellung gesamtgesellschaftlich verbindlicher und/oder am Gemeinwohl orientierter und der ganzen Gesellschaft zugutekommender Entscheidungen."
Thomas Meyer, Politikwissenschaftler

„Politik ist der Kampf um die Veränderung oder Bewahrung bestehender Verhältnisse."
Christian Graf von Krockow, Politikwissenschaftler, Historiker und Schriftsteller

Mehrheitsentscheidung

Demokratie

Macht

Gesellschaft

Diversität

Konflikt

Freiheit

Ordnung

In diesem inhaltlichen Schwerpunkt befassen Sie sich mit folgenden Themen und Problemen

Im demokratischen Verfassungsstaat sind die Aufgaben der Gesetzgebung, Regierung und Rechtsprechung auf verschiedene Institutionen aufgeteilt. Die Bürgerinnen und Bürger haben durch Wahlen die Möglichkeit, Personen für diese Aufgaben direkt oder indirekt zu bestimmen. Aber wie sieht es auf globaler Ebene aus? Wie bedeutsam ist internationales Recht und wie unterscheidet es sich von nationalem Recht? Wer ist für die Durchsetzung und Aufrechterhaltung dieses Rechts zuständig? Und kann es sogar so etwas wie eine „Weltregierung" geben?

In **Kapitel 1** werden anhand der Simulation einer UN-Klimakonferenz Möglichkeiten und Grenzen von Global Governance erörtert. Im Anschluss geht es in **Kapitel 2** um die Frage, ob es ein universal gültiges globales Recht geben kann und wie dieses weltweit durchgesetzt werden könnte.

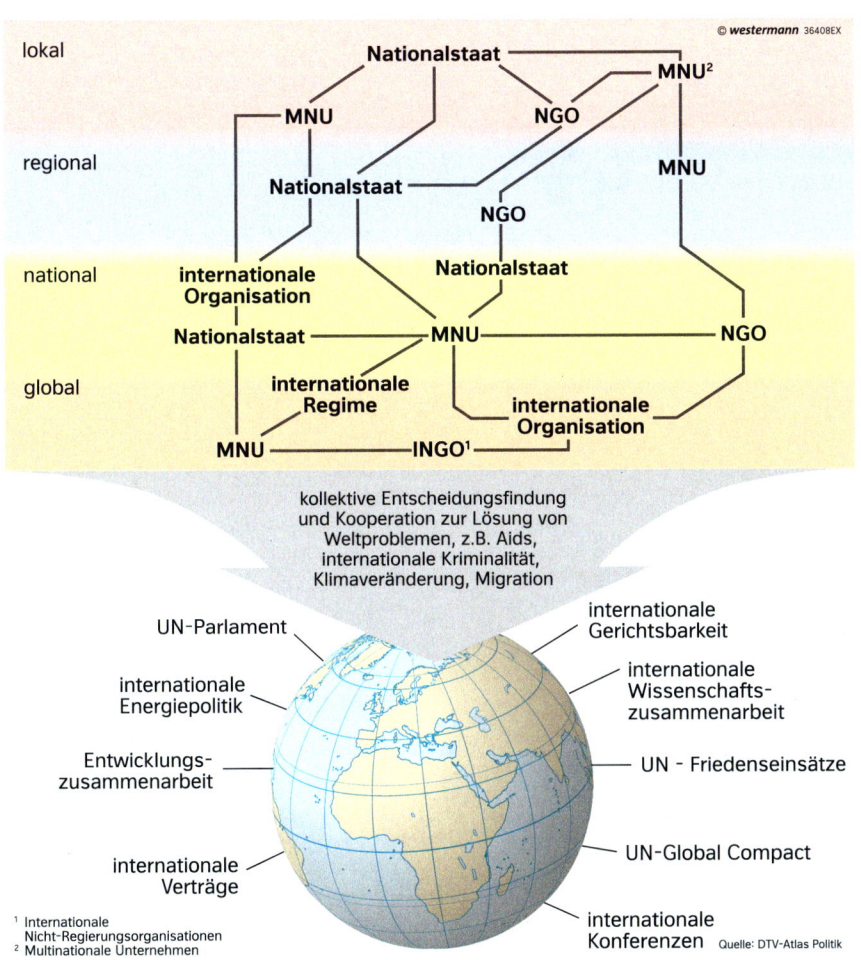

[1] Internationale Nicht-Regierungsorganisationen
[2] Multinationale Unternehmen

Quelle: DTV-Atlas Politik

1 Erläutern Sie Ihr Verständnis von Politik.
2 Vergleichen Sie Ihre Ergebnisse mit den drei Definitionen auf dieser Seite.
3 Charakterisieren Sie die Unterschiede zwischen nationalstaatlicher und internationaler Politik. Verwenden Sie dazu die Schaubilder und Begriffe dieser Doppelseite.

1. Globales Regieren – das Beispiel Klimawandel

1.1 Der Klimawandel – ein globales Problem

MATERIAL 1 Ursachen des Klimawandels

Vor allem für die Erwärmung in der zweiten Hälfte des 20. Jahrhunderts gilt mittlerweile der menschgemachte Anstieg der Treibhausgasemissionen mit 90 bis 99-prozentiger Wahrscheinlichkeit als Hauptursache. Die Menschheit setzt heute durch eine Vielzahl von Prozessen große Mengen an Treibhausgasen frei und stellt somit selbst einen Klimafaktor im System dar: Eine große Bedeutung haben in diesem Zusammenhang insbesondere die Verbrennung fossiler Energieträger (Braun- und Steinkohle, Erdöl, Erdgas), die großflächige Änderung der Landnutzung (z. B. Rodung von Wäldern), landwirtschaftliche Tätigkeiten (v. a. Viehwirtschaft und Reisanbau) und industrielle Prozesse sowie Verkehr. Dieser menschliche Einfluss ist verantwortlich für den signifikanten Konzentrationsanstieg von Treibhausgasen in der Atmosphäre seit Beginn der Industrialisierung [...] und die dadurch ausgelöste Verstärkung des Treibhauseffektes. Daher bezeichnet man den Anteil am gesamten Treibhauseffekt, den der Mensch durch sein Handeln verursacht, als menschgemachten oder anthropogenen Treibhauseffekt.

Die drei Hauptverursacher des menschgemachten Treibhauseffektes sind Kohlendioxid, Methan und Distickstoffoxid. Das Treibhausgas CO_2 ist dabei der Hauptfaktor menschlicher Treibhausgasemissionen und trägt mit ca. 63,5 Prozent zum menschgemachten Anteil am Treibhauseffekt bei. Der Beitrag von Methan (CH_4) liegt bei etwa 18,2 Prozent [...]. Distickstoffoxid (N_2O, Lachgas) hat einen Anteil von 6,2 Prozent. Neben diesen Gasen gehören auch industriell erzeugte Gase wie Fluorkohlenwasserstoffe (FKWs) zu den wichtigsten anthropogenen Treibhausgasen.

Aus: Boris Schinke et al.: Globaler Klimawandel, https://germanwatch.org/klima/gkw11.pdf, S.21/22

Klimasünder

CO_2-Emissionen aus der Verbrennung fossiler Brennstoffe (2015)

Land	je Einwohner in Tonnen CO_2	Gesamtausstoß in Milliarden Tonnen CO_2
Saudi-Arabien	19,0 t	0,60
USA	16,8	5,41
Australien	16,7	0,40
Kanada	15,5	0,56
Südkorea	11,8	0,59
Russland	11,3	1,62
Deutschland	9,9	0,80
Japan	9,8	1,24
Südafrika	8,5	0,46
Iran	8,2	0,65
Polen	8,2	0,32
China	7,5	10,36
Großbritannien	6,4	0,42
Italien	6,0	0,36
Frankreich	5,3	0,34
Türkei	4,9	0,39
Mexiko	3,7	0,47
Brasilien	2,5	0,52
Indonesien	2,1	0,54
Indien	1,7	2,27

dpa·24938 — Quelle: Global Carbon Project

MATERIAL 2 Kiribati – bedrohtes Paradies

Aus der Luft betrachtet, ist Tarawa ein Paradies, aber seine Bewohner kämpfen gegen den Untergang. Hier, auf dem Hauptatoll der Inselrepublik Kiribati, spüren sie die Auswirkungen des Klimawandels schon lange. Weltweit lässt er den Meeresspiegel steigen, doch in der tropischen Südsee erhöht sich der Pegel besonders schnell. Die Erosion frisst an den Korallenriffen, das Grundwasser versalzt, Krankheiten breiten sich aus, Sturmfluten wüten immer heftiger. Der größte Teil Kiribatis ist nicht einmal zwei Meter hoch. Stünde *Dirk Nowitzki* am Strand von Tarawa, er könnte problemlos über das Atoll hinwegschauen – noch. Denn schon in wenigen Jahrzehnten könnte Kiribati zerstört sein. Moralisch ist die Sache klar. Die Industriestaaten haben die Misere verursacht, also müssten sie die Verantwortung dafür übernehmen. Sie müssten alles tun, um Kiribati und die benachbarten Inseln zu retten. Vor allem müssten die Industrie- und Schwellenländer aufhören, das Treibhaus Erde weiter anzuheizen. Kiribatis Beispiel zeigt eindrucksvoll, wie sehr der Klimawandel die Menschen gerade in armen Ländern bedroht. Wer ernst nimmt, dass jeder mit unveräußerlichen Menschenrechten ausgestattet ist, etwa dem Recht auf Leben, Gesundheit und Nahrung, kann sich nur empören, dass die Abkehr von der fossilen Wirtschaft so langsam vonstattengeht. […] Kiribatis Präsident Anote Tong […] hat bereits Land auf den Fidschi-Inseln gekauft. […] Falls nichts Kiribati rettet, müssten seine rund 100 000 Bewohner nach Fidschi umsiedeln. Mit ihnen zöge der ganze Staat um. Wie das allerdings funktionieren soll, weiß noch niemand.

INFO

Dirk Nowitzki
2,13 m großer deutscher Basketballspieler, der seit 1998 bei den Dallas Mavericks in den USA spielt

Aus: Alexandra Endres: Vor dem Untergang, in: www.zeit.de/2014/49/klimawandel-treibhauseffekt-suedsee, 30.11.2014 (Abruf: 30.5.2017)

Klimaopfer

MATERIAL **3**

1 Arbeiten Sie aus den Materialien dieser Doppelseite Ursachen und Folgen des globalen Klimawandels heraus.
2 Gestalten Sie einen Forderungskatalog zur Bekämpfung des globalen Klimawandels und seiner Auswirkungen.
3 Erörtern Sie, wer der Adressat eines solchen Forderungskataloges sein könnte und mit wessen Widerstand bei dessen Durchsetzung zu rechnen ist.

1.2 Kann der Klimawandel gestoppt werden? – Die UN-Klimakonferenz

MATERIAL 1 Ausgewählte UN-Klimakonferenzen seit 1992

Zeichnung: Burkhard Mohr

Rio 1992: Im Juni 1992 wird auf der Konferenz der Vereinten Nationen über Umwelt und Entwicklung in Rio de Janeiro die Klimarahmenkonvention (UNFCCC) verabschiedet. Die Konvention verankert völkerrechtlich das Ziel, einen gefährlichen und vom Menschen verursachten Eingriff in das Klimasystem zu verhindern.
Kyoto 1997: [...] Die 3. Vertragsstaatenkonferenz im Dezember 1997 im japanischen Kyoto [beschließt] das Zusatzprotokoll zur Ausgestaltung der Klimarahmenkonvention. Das am 16. Februar 2005 in Kraft getretene Kyoto-Protokoll legt erstmals völkerrechtlich verbindliche Zielwerte für den Ausstoß von Treibhausgasen in den Industrieländern fest. Die USA treten ihm jedoch nie bei. Das Protokoll sieht vor, den jährlichen Treibhausgasausstoß der Industrieländer innerhalb einer ersten Verpflichtungsperiode (2008–2012) um durchschnittlich 5,2 Prozent gegenüber dem Stand von 1990 zu reduzieren. Für Schwellen- und Entwicklungsländer werden keine Reduktionsziele beziffert. [...]
Bali 2007: Die 13. Konferenz in Bali im Dezember 2007 droht an der kompromisslosen Haltung der USA zu scheitern, die in den Verhandlungen isoliert sind. Beschlossen wird, dass Ende 2009 in Kopenhagen ein Nachfolgevertrag für das Kyoto-Abkommen unterzeichnet werden soll. Ärmere Länder werden Hilfen versprochen, damit sie sich auf die Auswirkungen des Klimawandels einstellen können. [...]
Kopenhagen 2009: Auf der 15. UN-Klimakonferenz wird das vereinbarte Ziel, einen Nachfolgevertrag für das Kyoto-Abkommen zu unterzeichnen, nicht erreicht. Es wird lediglich die unverbindliche „Kopenhagener Vereinbarung" auf den Weg gebracht, in der eine Begrenzung des globalen Temperaturanstiegs um zwei Grad Celsius angestrebt wird. 140 Staaten bekennen sich inzwischen zu dieser Vereinbarung. [...]
Doha 2012: Auf der 17. Klimakonferenz Ende 2012 wird das Kyoto-Abkommen bis 2020 verlängert. Für die Zeit danach soll ein verbindlicher Weltklimavertrag vereinbart werden. Die Entwicklungsländer sollen ab 2020 finanzielle Hilfen für den Klimaschutz und die Bewältigung der Folgen des Klimawandels bekommen. [...]
Paris 2015: Auf der 21. Klimakonferenz vom 30. November bis 11. Dezember 2015 in Paris soll als Nachfolger des Kyoto-Abkommens ein Vertrag mit verbindlichen Klimazielen für alle 196 Mitgliedstaaten der UN-Klimarahmenkonvention vereinbart werden.

Aus: Alexander Weinlein: UN-Klimakonferenzen, in: www.das-parlament.de/2015/31_32/themenausgaben/-/384232 (Abruf: 30.5.2017)

1 Vergleichen Sie die Aussage der Karikatur mit der in Material 1 dargestellten Entwicklung der UN-Klimakonferenzen.
2 Erläutern Sie auf der Grundlage einer Recherche den aktuellen Stand der UN-Klimaverhandlungen.

Planspiel

METHODE

Simulation einer UN-Klimakonferenz
In einem Planspiel simulieren Sie eine Situation, die sich so oder so ähnlich in der Realität zutragen könnte. Das Planspiel verlangt Ihnen Handlungsentscheidungen ab, deren Auswirkungen Sie anschließend überprüfen sollen. Jeder Teilnehmende übernimmt dazu eine ihm zugewiesene Rolle, in der er versucht, seine spezifischen Interessen zu vertreten. Bei einem Planspiel handeln Sie in der Regel als Kleingruppen und werden feststellen, dass Sie dabei ein Gruppen- bzw. Rollenprofil entwickeln, aus dem Sie Informationen über den Ablauf des Planspiels sowie die konkreten Interessen und Positionen hinsichtlich des zu bearbeitenden Konfliktes ableiten können.

1. Zielformulierung
- Erreicht werden soll das auf der UN-Klimakonferenz in Kopenhagen erstmals erwähnte Zwei-Grad-Ziel, also die Begrenzung der Erderwärmung auf maximal zwei Grad. Dazu soll der CO_2-Ausstoß bis zum Jahr 2050 um 50 % gesenkt werden.
- Die Konferenzteilnehmer können sich darauf verpflichten, ihre CO_2-Emissionen zu senken (Angabe des Anteils und des Zeitraums).
- Die Konferenzteilnehmer können sich dazu verpflichten, andere Länder finanziell beim Klimaschutz oder bei der Anpassung an den Klimawandel zu unterstützen (Angabe der Summe in Dollar und als Anteil am eigenen Bruttoinlandsprodukt).
- Die Konferenzteilnehmer können weitere Selbstverpflichtungen formulieren.

2. Vorbereitung
- Die Schülerinnen und Schüler werden in Gruppen aufgeteilt, die jeweils die Rolle der Delegation eines Konferenzteilnehmers übernehmen. Auf jeden Fall vertreten sein sollten die auf der Folgeseite knapp vorgestellten Teilnehmer: Europäische Union, USA, China sowie Kiribati (siehe S. 166 f.), eine klimaschutzskeptische NGO und eine NGO, die sich für den Klimaschutz einsetzt. Darüber hinaus bieten sich weitere BRICS-Staaten und afrikanische Entwicklungsländer an. Ein Schüler bzw. eine Schülerin übernimmt die Rolle der Konferenzleitung, deren Aufgabe es ist, das Wort zu erteilen und die Ergebnisse am Ende zusammenzutragen.
- Die Delegationen recherchieren ihre Verhandlungspositionen. Welche Konferenzziele werden verfolgt, welche Forderungen werden gestellt, welche Selbstverpflichtungen sind realistisch?

3. Simulation
- Die Konferenz wird durch die Konferenzleitung eröffnet.
- Jede Delegation stellt in einer kurzen Stellungnahme seine Position vor.
- Die Delegationen der Länder beraten, wie und mit wem die eigenen Konferenzziele erreicht werden können.
- Alle Konferenzteilnehmer diskutieren im Plenum die vorgestellten Positionen.
- In gemischten Gruppen – je ein Vertreter bzw. eine Vertreterin pro Delegation – werden konkrete Maßnahmen diskutiert und im Anschluss innerhalb der Delegationen beraten.
- Jede Delegation stellt erneut ihre Position vor, ihre Forderungen an die anderen Konferenzteilnehmer und das, wozu sie sich selbst verpflichten wollen.
- In der Abschlussdiskussion werden die Ergebnisse zusammengetragen und die Möglichkeit einer Einigung wird erörtert. Die Diskussion kann für kurze Beratungen innerhalb und zwischen Delegationen unterbrochen werden.

4. Auswertung
- Jeder Konferenzteilnehmer erarbeitet eine Pressemitteilung für die eigene nationale Presse, in der zu den Konferenzergebnissen und zu der eigenen Rolle bei der Klimakonferenz Stellung genommen wird.
- Die Schülerinnen und Schüler legen die Rolle der Konferenzteilnehmer wieder ab und bewerten das Konferenzergebnis.

METHODE

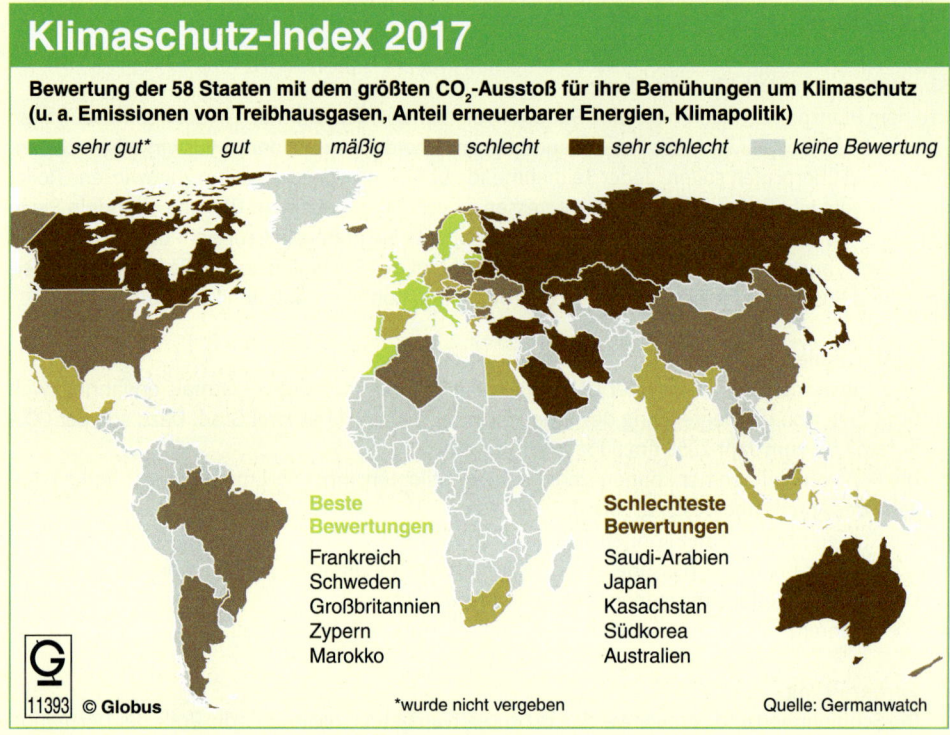

Teilnehmer 1   Die EU – Klima schützen, Industrie schonen

Seit dem Sommer vergangenen Jahres läuft die europäische Industrie Sturm gegen die damals vorgelegten Vorschläge der Europäischen Kommission zur Reform des EU-Emissionshandels. Nun hat sie einen richtungsweisenden Erfolg erzielt. Der Umweltausschuss im Europäischen Parlament hat am Donnerstag in Brüssel mit deutlicher Mehrheit dafür gestimmt, den Anteil der kostenlosen Emissionsrechte für die energieintensiven Branchen im Handelszeitraum 2021 bis 2030 stark zu erhöhen. Im Gegenzug soll allerdings die Gesamtmenge der Emissionsrechte Jahr für Jahr stärker sinken, als von der Kommission vorgeschlagen. Die Abgeordneten wollen ihre Zahl von 2021 an um jährlich 2,4 Prozent statt 2,2 Prozent verringern. Auch wollen sie 800 Millionen überschüssige Zertifikate endgültig vom Markt nehmen, um den Preis für die Emissionsrechte in die Höhe zu treiben. Der Emissionshandel ist das entscheidende Instrument der EU zur Verringerung des CO_2-Ausstoßes. In den Handel sind sowohl Stromerzeuger als auch Industrie einbezogen, nicht aber der Verkehr oder die Landwirtschaft. Der Handel deckt rund 45 Prozent der gesamten CO_2-Emissionen der EU ab. Die von dem Emissionshandel betroffenen Betriebe müssen für jede Tonne CO_2, die sie ausstoßen, Zertifikate vorlegen. Die Menge der Emissionsrechte wird dabei von vornherein so begrenzt, dass die EU ihre Klimaziele erreicht. […] Stößt ein Unternehmen mehr CO_2 aus, als es Emissionsrechte hat, kann es Rechte von anderen Unternehmen kaufen oder aber die Emissionen durch Investitionen in neue Technik senken. Letztlich wird es sich für den günstigeren Weg entscheiden. Damit ist nicht nur sichergestellt, dass die Emissionen gesenkt werden, sondern dass das auch zu möglichst geringen Kosten geschieht. […] Die EU hatte aber eine kostenlose Zuteilung für die Unternehmen eingeführt, die ansonsten Nachteile im internationalen Wettbewerb gehabt hätten. Klimaschützer hatten ihr dabei stets vorgeworfen, der Industrie zu weit entgegenzukommen.

Aus: Hendrik Kafsack: Klima schützen, Industrie schonen, in: www.faz.net/aktuell/wirtschaft/energie-politik/votum-des-eu-umweltausschusses-weichere-klimaschutzziele-fuer-die-industrie-14576202.html (Abruf: 6.6.2017)

METHODE

Teilnehmer 2 USA – Klimaschutz mit Donald Trump?

8. Dezember 2016, von: ZEIT ONLINE, Reuters, AFP, dpa, mp – Der designierte US-Präsident Donald Trump will einen erklärten Gegner der Klimaschutzpolitik seines Vorgängers Barack Obama zum neuen Chef der Umweltbehörde EPA ernennen. Trump habe den Chefankläger des Bundesstaats Oklahoma, Scott Pruitt, für diesen Posten ausgewählt, teilte sein Beraterteam mit.

Der 48-Jährige gilt als Freund der Öl- und Kohle-Industrie und lautstarker Kritiker der bisherigen Politik der Umweltschutzbehörde, der er eine „aktivistische Agenda" vorwarf. Seit seinem Amtsantritt in Oklahoma im Jahr 2011 hatte er in zahlreichen Gerichtsverfahren Auflagen der Umweltbehörde angefochten. Im Rahmen einer noch anhängigen Klage mehrerer Bundesstaaten setzte er sich dafür ein, Obamas Programm zur Reduzierung des Kohlendioxidausstoßes aus Kraftwerken aufzuhalten. Pruitt hat auch den menschengemachten Klimawandel in Zweifel gezogen. In einer Zeitungskolumne schrieb er, die Debatte darüber sei „noch lange nicht vorbei". [...]

Seine Nominierung für die Leitung der Behörde, die auch federführend bei den US-Ermittlungen im Abgasskandal um Volkswagen ist, deutet darauf hin, dass Trump einen großen Teil von Obamas Umweltschutzpolitik rückgängig machen könnte.

Trump hatte im Wahlkampf den Klimawandel als eine Erfindung zum Schaden der US-Industrie bezeichnet und zunächst einen Ausstieg der USA aus dem Welt-Klimaabkommen von Paris gefordert. Er kündigte zudem eine Abkehr von Obamas Energiewende und eine Rückkehr zur Förderung fossiler Energieträger an. Damit wolle er „viele Millionen gut bezahlter Jobs schaffen".

[...] Die Umweltorganisation Sierra Club kritisierte, die Nominierung Pruitts sei vergleichbar damit, „dass man einen Brandstifter mit der Brandbekämpfung beauftragt".

Aus: www.zeit.de/politik/ausland/2016-12/scott-pruitt-donald-trump-umwelbehoerde (Abruf: 12.9.2017)

QUERVERWEIS

NGOs
S. 48, M2

Teilnehmer 3 China – Smog als Anreiz zum Umdenken

Teilnehmer 4 NGOs – gegen die Ursachen des Klimawandels

Umweltschuetzer und Umweltaktivisten demonstrieren am 14. Mai 2016 in der Stadt Welzow gegen neue Tagebaue und für den Kohleausstieg.

1.3 Modelle globalen Regierens

MATERIAL 1 — Club-Governance – ein Modell globalen Regierens?

GLOSSAR
Club-Governance

Staatenclubs wie die G20 [...] streben an, neue Regeln für ausgewählte Politikfelder zu setzen, in denen sie Regulierungsdefizite ausmachen. [...]
Die 1976 entstandene G7 besteht aus den damals größten demokratischen Industriestaaten (USA, Kanada, Japan, Deutschland, Großbritannien, Italien, Frankreich). Zunächst zur informellen Abstimmung der Wirtschafts- und Währungspolitik gedacht, umfasst ihre Agenda inzwischen eine Vielzahl von Themen mit globaler Relevanz. 1998 stieß Russland dazu und begründete die G8. Im Frühjahr 2014 wurde Russland aufgrund der Ukraine-Krise und der Annektierung der Krim faktisch ausgeschlossen. [...]
Die G20 umfasst neben den G7/8-Staaten wichtige nichtwestliche Ökonomien wie Brasilien, China und Indien sowie die EU. Ursprünglich zur besseren Koordinierung der globalisierten Wirtschafts- und Finanzpolitik gegründet, bearbeitet sie heute auch umwelt-, entwicklungs- und gesundheitspolitische Themen. [...]
Brasilien, Russland, Indien, China und Südafrika sind die Mitglieder der BRICS, des wichtigsten Schwellenländerklubs, der seit 2010 ein Gegengewicht zu den etablierten Industriestaaten bildet. Ziel der BRICS ist unter anderem ein ihrem ökonomischen Gewicht entsprechender Einfluss bei Finanzinstitutionen wie der Weltbank und dem Internationalen Währungsfonds. Sie verstehen sich als Repräsentanten der Entwicklungsländer und haben 2014 eine eigene Entwicklungsbank gegründet.

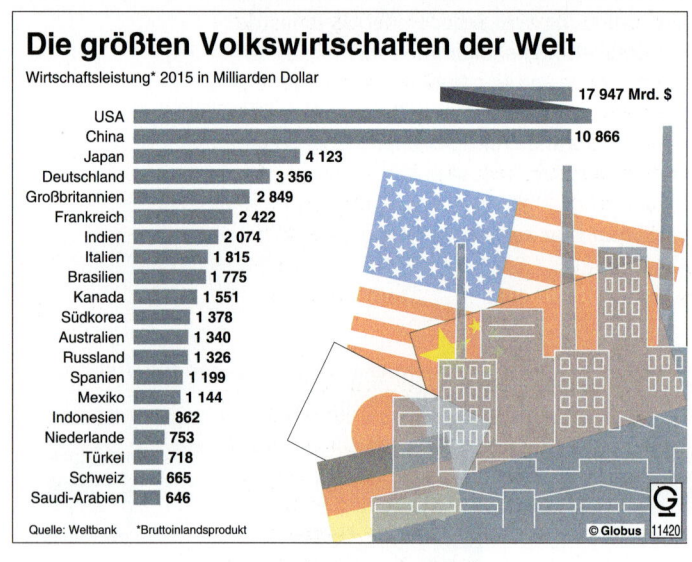

Die größten Volkswirtschaften der Welt
Wirtschaftsleistung* 2015 in Milliarden Dollar

Land	Mrd. $
USA	17 947
China	10 866
Japan	4 123
Deutschland	3 356
Großbritannien	2 849
Frankreich	2 422
Indien	2 074
Italien	1 815
Brasilien	1 775
Kanada	1 551
Südkorea	1 378
Australien	1 340
Russland	1 326
Spanien	1 199
Mexiko	1 144
Indonesien	862
Niederlande	753
Türkei	718
Schweiz	665
Saudi-Arabien	646

Quelle: Weltbank *Bruttoinlandsprodukt © Globus 11420

Aus: Marianne Beisheim und Lars Brozus: Neue Formen des globalen Regierens, in: www.bpb.de/izpb/204674/neue-formen-des-globalen-regierens (Abruf: 30.5.2017)

MATERIAL 2 — Etwas Weltregierung muss schon sein

INFO
Ronald Reagan
US-Präsident
1981–1989

Margaret Thatcher
britische Premierministerin 1979–1990

Die ökonomische Globalisierung hatte die Grenzen der nationalstaatlichen Steuerung der Weltwirtschaft deutlich gemacht [...]. In den Reagan-Thatcher-Jahren ging es eher um die politische Absicherung eines zunehmend deregulierten globalen Wirtschaftssystems. Der Staatengipfel erschien immer mehr wie eine Kapitulation des Politischen vor dem Ökonomischen und provozierte damit weltweiten Protest von Globalisierungskritikern. Seit den Terroranschlägen von 9/11 führen die G-7/8-Gipfel ein Paradox vor: Sie sollen demonstrieren, dass sich Politiker gemeinsam um die Lösung globaler Probleme bemühen, also etwas für die Völker tun. Doch zugleich halten sie die daran interessierte Weltgesellschaft und ihre Bürgerinnen und Bürger auf Distanz. Dabei ist es gut, wenn sich Staats- und Regierungschefs persönlich und vertraulich austauschen [...] Wer miteinander redet, schießt nicht aufeinander. Insofern ist der Selbstausschluss Russlands 2014 durch die Annexion der Krim kein gutes Omen. Die Kriege im Mittleren Osten und in der Ukraine erfordern dringend Kommunikation und Kooperation [...].
Nach dem Ende des Kalten Krieges 1990 ist es versäumt worden, eine neue politische

Ordnung zu gestalten. Die G7/8 hätte das Rückgrat einer demokratischen Industriegesellschaft von Seattle bis Wladiwostok bilden können, die sich als „Wertegemeinschaft" ohne Selbstgerechtigkeit den Problemen des globalen Südens zuwendet. Denn die Oligarchie der westlichen Industrienationen ist zum Anachronismus geworden, seit sich mit China ein veritabler Gigant der Weltwirtschaft und eine Supermacht in spe gezeigt hat und sich Schwellenländer wie Indien, Brasilien, Indonesien, Südafrika und andere Nationen aus der „armen Welt" hervorgehoben haben. Der Aufstieg der Gruppe der 20 (G20), in der Industrie- und Schwellenländer zusammenwirken, war insofern folgerichtig. Allerdings hat diese Entwicklung nicht die Machtverschiebung in Richtung der aufsteigenden Mächte erzeugt, die man sich im globalen Süden erhofft hatte. [...]

Nicht nur die Zahl der Mitwirkenden ist gestiegen, auch die Themen gingen im Verlauf der 1990er-Jahre wieder über die neoliberale Verengung der Thatcher-Reagan-Ära hinaus. [...] Probleme wie Armutsbekämpfung, Entschuldung [...] und die Umwelt- und Klimakrise [sind] immer wieder zum Thema gemacht worden, womit der Primat der Ökonomie relativiert wurde. Weil die Themen infolge des hohen Pensums nur noch im Minutentakt gestreift werden können, erzeugen G-7-Gipfel eine kognitive Diskrepanz: Die geballte Macht ihrer Regierungen und die Ankündigung, sich den Weltproblemen ernsthaft zuzuwenden, erzeugen eine überzogene Erwartungshaltung auf „Durchbrüche". Komplexe Probleme lassen sich aber nicht wie ein gordischer Knoten mit einem Schlag durchhauen. Deswegen sind die Vor- und Nacharbeiten der Sherpas und Sous-Sherpas so wichtig. Diese Regierungsbeamten betreiben eine kontinuierliche Gipfeldiplomatie. [...] Deswegen sind Gipfel mehr als symbolische Politik, sie sind ein Gesprächsfaden des Multilateralismus neben anderen – den G20, den Vereinten Nationen, den regionalen Zusammenschlüssen von EU bis ASEAN, den Städteallianzen wie der C40, die sich um Klimaschutz kümmern. Gemeinsam ist ihnen der verzweifelte Versuch, den Primat der Politik gegenüber einer sich zunehmend verselbstständigenden kapitalistischen Gesellschaft und Wirtschaft zu behaupten und die Steuerungsdefizite auf nationaler Ebene wenigstens ansatzweise auszugleichen.

Klubs zu bilden, die ihren Mitgliedern Vorteile bieten, ist in dieser Lage eine diskutable Idee. Während die schwerfällige Konsensmechanik der UN jedem Staat die Möglichkeit gibt, den Geister- oder Trittbrettfahrer zu spielen, können thematische (Energiewende) oder regionale (Insel- und Küstenstaaten) „Koalitionen der Willigen" als Vorreiter fungieren. Die Gefahren des Klimawandels [...] sind sicher nur auf diese Art einzudämmen. Gewiss mangelt es der G7 an direkter demokratischer Legitimation, doch wird sie umrankt von global und regional tätigen Nichtregierungsorganisationen, die Regierungen unter Rechtfertigungsdruck setzen und ihnen zentimeterweise Schuldenerlasse, Fortschritte im Klimaschutz und ein humanitäres Flüchtlingsregime abtrotzen können. [...]

Die Dynamik der Weltgesellschaft droht derzeit auf G0 hinauszulaufen – eine Anarchie der Staaten, getrieben von anachronistischen nationalen Partikularinteressen, während dringend an gemeinsamen Weltinteressen gearbeitet werden müsste. Genau dies zu leisten, hat die Gruppe der sieben einmal versprochen und genau in diese Richtung muss sie sich reformieren, wenn sie zukünftig Bestand haben will. Für die G7 heißt das: Sie müssen sich der Weltzivilgesellschaft öffnen, bescheidener auftreten, was die Kosten betrifft, und unbescheidener, was die Regulierung der Finanzmärkte, die Lösung der Klimakrise und den Primat des Politischen angeht. Und sie sollten sich um die wichtigsten, wirklich nur global zu lösenden Probleme kümmern.

Aus: Claus Leggewie und Dirk Messner: Ein Lob dem G-7-Gipfel, in: www.zeit.de/2015/23/g7-gipfeltreffen-protest-schloss-elmau/komplettansicht, 6.6.2015 (Abruf: 30.5.2017)

> **INFO**
> **Sherpa**
> Chefunterhändler einer Regierung

1 Erklären Sie, inwiefern die Informationen aus M1 für den Einfluss auf Entscheidungen auf globaler Ebene von Bedeutung sind.
2 Vergleichen Sie die Fähigkeit von UN-Klimakonferenz, G20 und G7, globale Probleme wie den Klimawandel zu bekämpfen (M1 und M2).
3 Gestalten Sie einen eigenen Vorschlag für ein Modell globalen Regierens, das den Anforderungen der Legitimität und Effizienz genügt.

2 Ein Recht für alle?

2.1 Die universellen Menschenrechte: überall gültig?

MATERIAL 1 Journalisten weltweit unter Druck

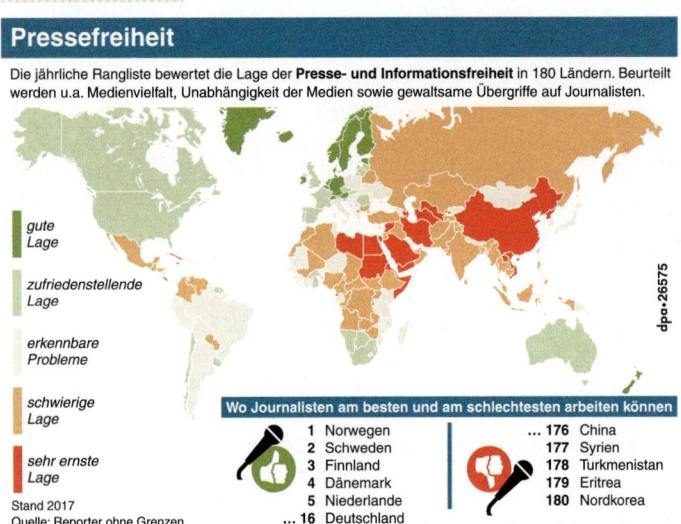

Die jährliche Rangliste von Reporter ohne Grenzen bewertet die Lage der Presse- und Informationsfreiheit in 180 Ländern. Grundlage ist ein Fragebogen zu allen Aspekten unabhängiger journalistischer Arbeit. [...] Die insgesamt 87 qualitativen Fragen sind in sechs Kategorien unterteilt: Medienvielfalt, Unabhängigkeit der Medien, journalistisches Arbeitsumfeld und Selbstzensur, rechtliche Rahmenbedingungen, institutionelle Transparenz sowie Produktionsinfrastruktur.

Aus: www.reporter-ohne-grenzen.de/fileadmin/Redaktion/Presse/Downloads/Ranglisten/Rangliste_2016/Rangliste_der_Pressefreiheit_2016.pdf (Abruf: 31.5.2017)

MATERIAL 2 Menschenrechte in Bedrängnis

Karikatur vom 8. März 2015 anlässlich des Besuchs von Wirtschaftsminister Sigmar Gabriel in Saudi-Arabien; Zeichnung: Jürgen Janson

Verschiedene Menschenrechtsorganisationen stellen einhellig fest, dass die zentralen bürgerlichen und politischen Menschenrechte, die sich in der Allgemeinen Erklärung der Menschenrechte finden, derzeit wieder in stärkerem Umfang bedroht sind. Gemeint sind vor allem die Meinungs- und Pressefreiheit (Artikel 19), die Versammlungs- und Vereinigungsfreiheit (Artikel 20), das Recht auf freie und faire Wahlen (Artikel 21) und das Recht auf Leben (Verbot der Todesstrafe) (Artikel 3). [...] Den Analysen von Amnesty International, Reporter ohne Grenzen und der US-amerikanischen Menschenrechtsorganisation Freedom House zufolge gerät die Meinungs- und Pressefreiheit dabei von verschiedenen Seiten unter Druck. Autoritäre Staaten wie Russland, Ägypten oder China und Staaten mit zunehmend autoritären Tendenzen wie die Türkei schüchtern Journalisten ein, verfolgen sie juristisch bis hin zur Inhaftierung und zensieren die Medien, um ihre Herrschaft zu sichern. Ein weiteres Instrument zur Kontrolle der Presse, das beispielsweise in Hongkong von der chinesischen Regierung eingesetzt wird, ist der Aufkauf regierungskritischer Medien durch Unternehmer, die der Regierung nahestehen. [...] Teilweise werden Medien auch direkt beschlagnahmt wie die größte türkische Tageszeitung *Zaman*, die von der Regierung zunächst unter Aufsicht gestellt und dann an einen regierungstreuen Unternehmer weitergegeben wurde. Zudem versuchen selbst Regierungen in EU-Mitgliedstaaten wie in Polen oder Ungarn die Medien stärker zu kontrollieren, indem sie loyale Redakteure in den staatseigenen Medien platzieren.

Staatliche Akteure sind allerdings nicht die einzigen, die Journalisten in ihrer Arbeit einschränken. Drogenbanden oder paramilitärische Gruppen, die wie in Mexiko, Kolumbien oder Honduras gegen Journalisten gewalttätig werden, beschränken die freie Presse ebenfalls. [...] Eine weitere Bedrohung geht von Terroristen aus, die gezielt Journalisten töten, weil diese aus ihrer Sicht verbotene Meinungen verbreiten (z. B. im Fall *Charlie Hebdo* in Frankreich).

Aus: Frédéric Krumbein: Menschenrechte in Bedrängnis, in: www.swp-berlin.org/fileadmin/contents/products/aktuell/2016A47_krb.pdf (Abruf: 30.5.2017), S. 1–3

Menschenrechte – unveräußerlich, universell, unteilbar MATERIAL 3

Menschenrechte sind *besondere*, grundlegende Rechte, die in ihrer Gesamtheit darauf abzielen, die Würde jedes einzelnen Menschen zu schützen und einem jeden Menschen ein freies, selbstbestimmtes Leben in Gemeinschaft mit anderen zu ermöglichen. Ohne Vorbedingung stehen sie jedem Menschen aufgrund seines *„Menschseins"* zu und sind ihm als *unveräußerliche* Rechte eigen.

Die Menschenrechte sind mit dem Anspruch verbunden, ausnahmslos für jeden Menschen, also *universell* zu gelten. [...] Dabei stehen die Menschenrechte allen Menschen gleichermaßen zu. Ihrer *egalitären* Natur nach lassen die Menschenrechte keinerlei Diskriminierungen zu, beispielsweise aufgrund rassistisch konstruierter Unterschiede, des Geschlechts, der sexuellen Orientierung, der nationalen oder sozialen Herkunft, der Sprache, der Religion, des Vermögens, der politischen oder sonstigen Anschauung sowie anderer Diskriminierungsmerkmale.

Die Menschenrechte sind *unteilbar*: [...] Bürgerliche, politische, wirtschaftliche, soziale und kulturelle Menschenrechte bedingen sich gegenseitig. Sie gehören daher untrennbar zusammen [...].

Menschenrechte sind *komplexe* Rechte. Auf eine Kurzformel gebracht, stellen sie moralisch begründbare Ansprüche dar, die mittels politischer Entscheidungsprozesse als „positive" Rechte verankert, inhaltlich ausgestaltet und umgesetzt werden.

[...] Die gegenwärtigen Menschenrechtskataloge, wie sie in der Allgemeinen Erklärung der Menschenrechte (AEMR) von 1948 und den darauf aufbauenden internationalen Menschenrechtsabkommen zu finden sind, wurden im Rahmen der Vereinten Nationen erarbeitet und zwischen Staaten abgeschlossen [...]. Die allermeisten Rechte der AEMR wurden später in zwei völkerrechtlich verbindliche Verträge überführt, den Internationalen Pakt über bürgerliche und politische Rechte sowie den Internationalen Pakt über wirtschaftliche, soziale und kulturelle Rechte, die beide 1966 verabschiedet wurden und 1976 in Kraft traten. Sie wurden im Laufe der Zeit durch eine Reihe internationaler Abkommen ergänzt.

Aus: Gertrud Gandenberger und Michael Krennerich: Menschenrechte, in: www.politikundunterricht.de/3_4_14/menschenrechte.pdf, S. 2 f. (Abruf: 30.5.2017)

---

1 Analysieren Sie die Grafik in M 1 und erläutern Sie die Probleme, mit der die Pressefreiheit als grundlegendes Menschenrecht konfrontiert ist.

2 Beschreiben Sie die Ursachen, die Menschenrechte in Bedrängnis bringen. Erörtern Sie, was das für die Durchsetzung der internationalen Menschenrechte weltweit bedeutet. Berücksichtigen Sie dazu die Karikatur auf S. 174 (M 2).

3 Nennen Sie die zentralen Elemente, auf die sich Menschenrechte beziehen, und erörtern Sie, welche Wirkung die Menschenrechte bis heute weltweit entfalten (M 3).

4 Aus Sicht der allein herrschenden Kommunistischen Partei Chinas unterscheiden sich die Menschenrechte in China von der „westlichen" Sichtweise. Informieren Sie sich darüber und bewerten Sie diese Einschätzung.

MATERIAL 4 — Wie sicher sind die Menschenrechte?

Menschenrechte, glauben wir, sind universell gültig. Doch stimmt das überhaupt? Auch die Menschenrechte seien nur eine Idee und nicht neutral, sagt der Theologe Hans-Georg
5 Ziebertz. Es gebe zu ihnen aber keine Alternative. Die Menschenrechte, wie sie die Allgemeine Erklärung der Menschenrechte der Vereinten Nationen von 1948 festschreibt, erheben den Anspruch, überall auf der Welt,
10 zu jeder Zeit und für alle Menschen gleichermaßen gültig zu sein. Dieser Anspruch wird damit begründet, dass sie nicht einer bestimmten Kultur oder Religion entspringen, nicht weltanschaulich gebunden und keiner
15 partikularen Moral zugeordnet sind. Doch Kultur und Religion umgeben den Menschen, bestimmen seine Sicht auf das Leben und prägen seine Vorstellung von sich selbst und der Gesellschaft. Kann der universelle An-
20 spruch der Menschenrechte in der Wirklichkeit eingelöst werden? Neben Kritikern aus asiatischen und afrikanischen Staaten waren und sind es vor allem Muslime, die die Allgemeingültigkeit der Erklärung infrage
25 stellten. Mit der „Allgemeinen Erklärung der Menschenrechte im Islam", herausgegeben 1981 vom Islamrat für Europa, und der „Kairoer Erklärung der Menschenrechte im Islam", 1990 veröffentlicht von der Organisation der Islamischen Konferenz, wurden zwei
30 islamische Gegenentwürfe zur UN-Deklaration vorgelegt. [...] Die islamischen Erklärungen stellen die Scharia, das islamische Recht, in den Mittelpunkt und über alle anderen Rechte. [...] Im Zweifelsfall steht das Wohl
35 der Gemeinschaft über dem Wohl des Einzelnen. [...] Zieberts sieht in den islamischen Erklärungen keine echte Alternative zu der UN-Deklaration. Natürlich seien die Menschenrechte nicht einfach gesetzt und neut-
40 ral [...]. Hinter ihnen ständen Werte und Ideen. Nur gebe es weltweit derzeit keine andere Idee, die von so vielen Staaten akzeptiert worden sei, wie die der Menschenrechte. Was nicht heiße, dass es über einzelne
45 Fragen keinen Streit mehr gebe – es sei aber zumindest der Versuch, über alle Kulturen und Ideologien hinaus „etwas Weltumspannendes zu schaffen, für das es keine echte Alternative gibt", betonte Zieberts.
50

Aus: „Wir brauchen Sicherheiten, die überall gelten", Hans-Georg Zieberts im Gespräch mit Marianne Allweiss und Andre Hatting, 20.6.2016, in: www.deutschlandradiokultur.de/allgemeine-gueltigkeit-der-menschenrechte-wir-brauchen.1008.de.html?dram:article_id=357707 (Abruf: 31.5.2017)

Internationaler Pakt über bürgerliche und politische Rechte	
Diskriminierungsverbot	Schutz vor Eingriffen in die Privatsphäre
Recht auf Leben	Recht auf Gedanken-, Gewissens- und Religionsfreiheit
Verbot der Folter und grausamer, unmenschlicher oder erniedrigender Behandlung oder Strafe	Recht auf unbehinderte Meinungsfreiheit und freie Meinungsäußerung
Verbot der Sklaverei, Leibeigenschaft, Zwangsarbeit	Recht auf Versammlungsfreiheit
Recht auf persönliche Freiheit und Sicherheit	Recht auf Vereinigungsfreiheit
Gleichheit vor dem Gesetz, Unschuldsvermutung, faires Gerichtsverfahren, verfahrensrechtliche Mindestgarantien, Doppelstrafverbot	Recht von Staatsbürgern auf Mitwirkung an Gestaltung öffentlicher Angelegenheit, auf freie Wahlen und auf Zugang zu öffentlichen Ämtern
Recht auf Freizügigkeit	Rechte von Kindern auf Schutz
Rückwirkungsverbot	Recht auf Heirat und Familiengründung; Schutz der Familie
Anerkennung als Rechtsperson	

Aus: Menschenrechte, in: www.politikundunterricht.de/3_4_14/menschenrechte.pdf, S. 5 (Abruf: 31.5.2017)

1. Stellen Sie auf der Basis einer Recherche am Beispiel der Diskriminierung die menschenrechtliche Bedeutung und Wirkung des sogenannten Diskriminierungsverbots dar (M 4).
2. Erörtern Sie, warum Menschenrechte oftmals nicht als neutral empfunden oder als universell gültig anerkannt werden (M 4).

2.2 Der Internationale Strafgerichtshof und das Völkerrecht – ein stumpfes Schwert?

Das Recht steckt in der Krise

MATERIAL 1

Kürzlich war in verschiedenen Medien zu lesen: „Russland verlässt den Internationalen Strafgerichtshof!". Die Nachricht von diesem „Rückzug" Russlands aus dem Projekt eines permanenten internationalen Strafgerichts wurde wieder einmal begleitet von generellen Fragen nach dessen Legitimität und Effektivität. „Verlassen" kann den Internationalen Strafgerichtshof (IStGH) allerdings nur, wer sich ihm einmal angeschlossen hat. Doch das Römische Statut, das die vertragliche Grundlage des IStGH bildet, wurde von Russland im Jahr 2000 zwar unterzeichnet, aber – ebenso wie von den USA – nie ratifiziert. Russland ist also nie Mitglied des Gerichts gewesen. Dass sich daran etwas ändern würde, hatte am IStGH auch kaum jemand ernsthaft angenommen. [...]

Dennoch: Auch wenn Russlands Abkehr für den IStGH ohne Folgen ist, befindet sich das Gericht derzeit in keiner einfachen Lage: Die Philippinen, Kenia und Namibia erwägen ihren Ausstieg aus dem Statut. Burundi, Gambia und Südafrika haben ihren Rücktritt bereits beim UN-Generalsekretär erklärt. Diese Länder sind für den IStGH wichtig, weil sie Vertragsstaaten sind. Vor allem Gambia und die Philippinen haben das Gericht bislang aktiv unterstützt: Die Philippinen stellen mit Raul Pangalangan momentan einen Richter der Hauptverfahrenskammer. Und den Posten des Chefanklägers – die wohl exponierteste Stellung am IStGH – bekleidet die aus Gambia stammende Juristin Fatou Bensouda. [...] Warum also die Abkehr dieser Staaten vom IStGH? Über die politischen Hintergründe kann man nur spekulieren. [...] Man macht es sich jedoch zu einfach, führt man Austritte aus dem Römischen Statut allein auf sinistre nationale Machtinteressen zurück. Um das beschädigte Vertrauen zurückzugewinnen, muss sich der IStGH mit seinen Kritikern auseinandersetzen. [...] Der IStGH hat den Blick auf schwere Menschenrechtsverletzungen verändert: Bürgerkriege und ethnische Säuberungen erscheinen nicht mehr als regionale Probleme, sondern als Angriff auf die Staatengemeinschaft. [...] Deutlich schwerer [...] wiegt der von Burundi erhobene Vorwurf, der IStGH sei ein „Werkzeug des Westens", das „allein gegen afrikanische Regierungen" eingesetzt werde. Auch in der Afrikanischen Union wird dem IStGH immer wieder rassistische und imperialistische Politik unterstellt. [...] Statistisch betrachtet ist dieser Vorwurf nicht abwegig. Sämtliche der bislang acht verurteilten Täter stammten aus Afrika. Von den zehn möglichen Großverbrechen, die derzeit vom IStGH untersucht werden, betreffen neun afrikanische Staaten. [...]

Nichtsdestotrotz ist die fehlende Unterstützung des Gerichtshofs durch die globalen Großmächte eine empfindliche Schwäche der internationalen Strafgerichtsbarkeit. Ohne ihren Beitritt kann der IStGH die Erwartung nicht erfüllen, schwerste internationale Verbrechen universell zu ahnden. Dieses Defizit ist keine Besonderheit des Internationalen Strafgerichtshofs, sondern liegt in der Natur des Völkerrechts. Dieses beruht auf dem Einverständnis der Staaten und ist damit auch politisches Recht, das seine Grenzen in der Durchsetzung seiner Normen findet. [...] Doch auch wenn das Gericht nur selektiv Gerechtigkeit schaffen kann – so schafft es doch Gerechtigkeit. Die Möglichkeit, staatliche Machthaber für schwerste Verbrechen zur Verantwortung zu ziehen, ist eine der größten völkerrechtlichen Errungenschaften der letzten Jahrzehnte.

Aus: Elisa Hoven: Geschwächte Richter, in: www.zeit.de/2017/02/internationaler-strafgerichtshof-laender-verfolgung-westliche-werte, 19.1.2017 (Abruf: 30.5.2017)

INFO

ratifizieren
als gesetzgebende Körperschaft einen völkerrechtlichen Vertrag in Kraft setzen

1 Erörtern Sie die Schwierigkeiten für den Internationalen Strafgerichtshof und beurteilen Sie, inwieweit das Recht international in der Krise steckt. Beziehen Sie auch die Grafiken auf S. 178 mit in ihre Überlegungen ein (M 1, M 2).

MATERIAL 2 — Ein einseitiges Afrikatribunal?

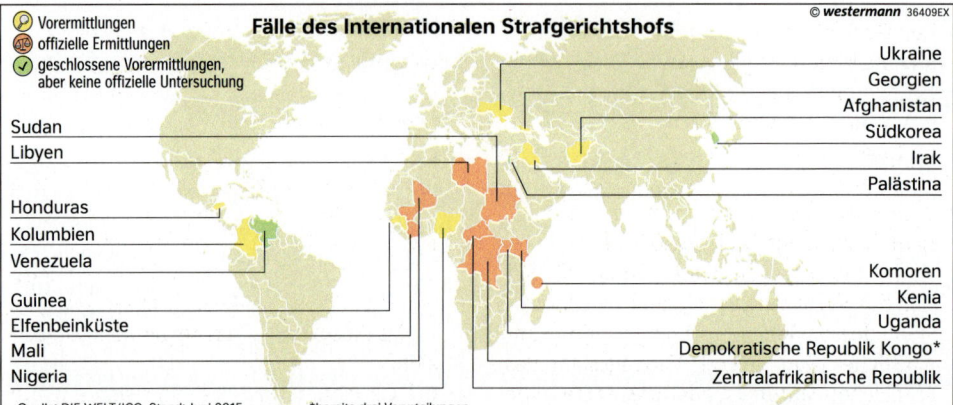

INFO
Tribunal
Dem ursprünglichen Begriff nach ein öffentliches Forum, umschreibt es in jüngeren Jahren eine Form von international tätigen Gerichtshöfen, die schwere Rechtsverstöße und Verbrechen gegen die Menschlichkeit wie z. B. im früheren Jugoslawien oder in Ruanda, verfolgen und völkerstrafrechtlich aufarbeiten.

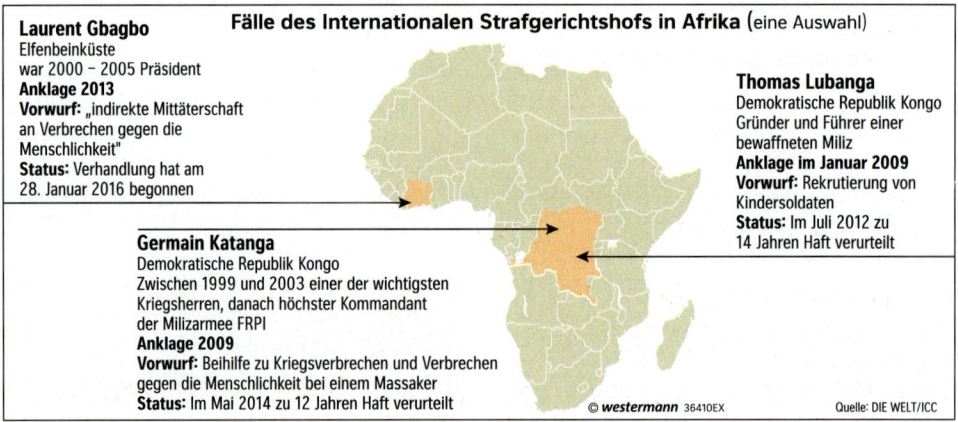

MATERIAL 3 — Der Internationale Strafgerichtshof (IStGH)

Seit dem 1. Juli 2002 verfügt die Weltgemeinschaft über ein wichtiges Instrument zur Bekämpfung schwerster Menschenrechtsverletzungen: den Internationalen Strafge-
5 richtshof (IStGH, englisch: International Criminal Court, ICC) mit Sitz in Den Haag/ Niederlande. Er wurde damals von 120 Staaten auf der Grundlage des Rom-Statuts beschlossen und als unabhängiger, permanen-
10 ter Strafgerichtshof errichtet. Trotz der überwältigenden und stetig wachsenden Zustimmung durch die Staatengemeinschaft gibt es bis heute weiterhin Länder, die die Zuständigkeit des IStGH nicht anerkennen
15 oder den Gerichtshof verlassen; darunter sind so mächtige Staaten wie die Vereinigten Staaten von Amerika, Russland und China, außerdem unter anderem Länder wie Indien, Irak, Saudi-Arabien, Iran, Israel, Nordkorea, Pakistan, Türkei und Syrien. 20
Den Internationalen Strafgerichtshof sollte man nicht mit dem Internationalen Gerichtshof verwechseln: Der wichtigste Unterschied besteht in der Zuständigkeit. Während der Internationale Gerichtshof über Streitigkei- 25 ten zwischen verschiedenen Staaten (nicht zwischen Einzelpersonen) entscheidet, verhandelt der Internationale Strafgerichtshof Akte des Völkermordes, Verbrechen gegen die Menschlichkeit und Kriegsverbrechen 30 oder andere schwerwiegende Menschenrechtsverletzungen, die Individuen, also einzelnen Personen, zur Last gelegt werden.

Autorentext

Wann wird der Internationale Strafgerichtshof aktiv?

MATERIAL 4

- Der Gerichtshof kann nur dann strafverfolgend tätig werden, wenn Staaten nicht willens oder nicht in der Lage sind, eine bestimmte schwere Straftat ernsthaft zu verfolgen (Grundsatz der Komplementarität, Artikel 17);
- Voraussetzung für die Ausübung der Gerichtsbarkeit des Gerichtshofs ist, dass entweder der Staat, in dessen Hoheitsgebiet sich das Verbrechen ereignet hat, oder der Staat, dessen Staatsangehörigkeit der mutmaßliche Täter besitzt, Vertragsstaat des Römischen Statuts ist oder dieser Staat die Gerichtsbarkeit des Gerichtshofs anerkannt hat;
- der Gerichtshof wird entweder aufgrund der Unterbreitung einer Situation an den Gerichtshof durch einen Vertragsstaat, einer Verweisung durch den Sicherheitsrat der Vereinten Nationen oder aufgrund eigener Initiative des Anklägers („proprio motu") tätig;
- die Gerichtsbarkeit ist auf vier besonders schwere Verbrechen beschränkt, welche die internationale Gemeinschaft als Ganzes berühren: Völkermord, Verbrechen gegen die Menschlichkeit, Kriegsverbrechen und zukünftig das Verbrechen der Aggression;
- die Gerichtsbarkeit erstreckt sich nur auf Verbrechen, welche nach dem Inkrafttreten des Römischen Statuts (1.7.2002) begangen wurden.

Aus: Internationaler Strafgerichtshof, in: www.auswaertiges-amt.de/DE/Aussenpolitik/InternatRecht/IStGH/Hintergrund_node.html (Abruf: 30.5.2017)

Das Urteil gegen Charles Taylor

MATERIAL 5

Wie ein schnieker Staatsmann erschien Charles Taylor gestern, am Tag der Entscheidung im Den Haager Gerichtssaal. In dunkelblauem Maßanzug mit bordeauxroter Krawatte und dezenter Brille lauschte der 64-Jährige konzentriert und ernst der Urteilsverlesung von Richter Richard Lussick. Die Frage lautete: Ist der liberianische Expräsident ein Monster, ein unbarmherziger Warlord, der im Nachbarland Sierra Leone maßgeblich zum blutigen Bürgerkrieg mit 120 000 Toten beigetragen hat? Ist er ein Mörder, ein Vergewaltiger, ein Rekrutierer von Kindersoldaten, ein Kriegstreiber, der sich mit Blutdiamanten bezahlen ließ? Oder ist er unschuldig? Ein netter Politiker und Familienvater, wie er selbst immer beteuert hat? Überraschenderweise fiel die Antwort der Richter nicht ganz so eindeutig aus, wie viele gehofft hatten. Trotzdem: Mit dem Urteil wird Geschichte geschrieben. Taylor habe „geholfen" und „angestiftet", befanden die Zuständigen. Aber dass er der Befehlshaber war, der Gräueltaten kommandierte, dass er gar der Drahtzieher des Konfliktes war – das habe die Staatsanwaltschaft nicht zweifelsfrei beweisen können. [...] Dennoch: Charles

Charles Taylor vor dem UN-Sondergericht für Sierra Leone

INFO

Warlord
militärischer Akteur bzw. „Kriegsherr" in Bürgerkriegen oder bürgerkriegsähnlichen Konflikten

Blutdiamanten
auch sogenannte Konfliktdiamanten, deren Handel hauptsächlich in Ländern Zentral- und Westafrikas von Rebellen- oder Terrorgruppen betrieben wird, um bewaffnete Konflikte und Aufstände gegen legitime Regierungen zu finanzieren

Taylor ist mitschuldig an den Kriegsverbrechen in Sierra Leone, unter denen vor allem die Zivilbevölkerung zu leiden hatte, bevor Friedenstruppen das Gemetzel 1999 beendeten. Damit ist er das erste ehemalige Staatsoberhaupt, das seit den Nürnberger Prozessen von einem internationalen Gericht zur

Rechenschaft gezogen wird. „Die Tage, an denen Tyrannen und Massenmörder [...] sich in einem anderen Land in ein Luxusleben zurückziehen konnten, sind vorbei", sagte UN-Menschenrechtskommissarin Navi Pillay [...] und bezeichnete das Urteil des Tribunals als „historischen Moment". Die Entscheidung sei „eine Warnung für andere Staatschefs, die ähnliche Verbrechen begehen oder im Begriff sind, dies zu tun".

Aus: Carola Frentzen (dpa): Historisches Urteil in Den Haag, in: Mittelbayerische Zeitung vom 27.4.2012

MATERIAL 6 Welt ohne Gericht

Ob der aktuelle Konflikt um die Krim oder der Völkermord in Ruanda vor 20 Jahren oder die unzähligen Kriege seit 1989: Alle diese Ereignisse zeigen, wie wenig von einer echten Völkerrechtsgemeinschaft bis heute die Rede sein kann. Zwar gibt es seit 2002 einen Internationalen Strafgerichtshof (IStGH) in Den Haag. Er aber versinnbildlicht vor allem eines – wie die internationalen Beziehungen dem demokratischen Anspruch einer Weltgemeinschaft als *civitas maxima* zuwiderlaufen. Denn seine Praxis konstituiert eine „selektive internationale Gerechtigkeitssphäre", die mit echter Gerechtigkeit zwischen gleichberechtigten Staaten wenig zu tun hat.

Was bis heute fehlt, ist die Ausgestaltung des internationalen Systems mit obligatorischer und zwingender Jurisdiktion. [...] Statt der Völkerrechtsordnung herrschen nach wie vor „internationale Beziehungen"; während das Völkerrecht die Staaten gleichstellt (wie in der UN-Charta prinzipiell statuiert), bevorzugen die internationalen Beziehungen und auch die Praxis der Vereinten Nationen aber einige wenige Großmächte. [...]

Seit der Jahrtausendwende gibt es mit dem Internationalen Strafgerichtshof, der Delikte des Völkerstrafrechts ahndet, einen weiteren Meilenstein auf dem Weg der Völkerrechtsrevolution – allerdings nur seinem Potenzial nach. Denn das Problem des IStGH liegt exakt in der unvollendet gebliebenen Völkerrechtsgemeinschaft: Er ist kein für alle zwischenstaatlichen Konflikte zuständiges Gericht mit zwingender Jurisdiktion, sondern soll (bloß) in den schlimmsten Fällen – wie Völkermord und Kriegsverbrechen – über Einzeltäter urteilen und somit deren Opfern Gerechtigkeit widerfahren lassen. [...] Den Vereinten Nationen fehlt somit nach wie vor die Gerichtsgemeinschaft; stattdessen kooperieren sie mit dem IStGH in einer Gerechtigkeitsgemeinschaft. Dauerhafter Friede ist jedoch [...] nur durch die Unterordnung staatlicher Souveränität unter eine supranationale Rechts- und damit einhergehend Rechtsprechungsgemeinschaft zu erreichen.

Aus: Tamara Ehs: Welt ohne Gericht. Die stets vertagte Völkerrechtsrevolution, in: Blätter für deutsche und internationale Politik 4/2014, S. 65–72

INFO
Ruanda
ostafrikanischer Staat, der bis heute die Folgen eines durch ethnischen Bürgerkrieg verursachten schweren Völkermordes politisch und juristisch aufarbeitet, dem 1994 ca. 800 000 Tutsi und ca. 200 000 gemäßigte Hutu zum Opfer fielen

1. Arbeiten Sie Reichweite und Grenzen der Zuständigkeiten des Internationalen Strafgerichtshofes heraus und bewerten Sie sein Gewicht für die internationale Rechtsprechung (M 3, M 4).
2. Beschreiben Sie den Hintergrund und die Bedeutung des Urteils gegen Charles Taylor. Erläutern Sie die Folgen, die das Urteil des UN-Sondergerichts haben kann (M 5).
3. Charakterisieren Sie die aktuelle Bedeutung der internationalen Gerichtsbarkeit am Verhältnis zwischen Völkerrecht und Politik (M 6).

GRUNDWISSEN

Nationalstaatliche und internationale Politik

Diese unterscheiden sich grundsätzlich. Während nationalstaatliche Politik auf der klaren Aufgabenverteilung zwischen Parlamenten, Regierungen und Gerichten beruht, zeichnet sich die sogenannte Global Governance gerade dadurch aus, dass es unterschiedliche Arten der Kooperationen und Koordination zwischen unterschiedlichen politischen Akteuren auf unterschiedlichen Ebenen (regional, global) gibt. Global Governance ist dabei auch als Versuch zu verstehen, den zunehmenden Handlungseinschränkungen des Nationalstaats (siehe Kapitel 1) zu entgegnen. Ein Bereich, in dem globale Kooperation und Koordination notwendig erscheint, ist die Bekämpfung des Klimawandels. Die Staaten der Welt sind dabei in unterschiedlichem Maß für den Erwärmungsprozess verantwortlich, v. a. durch den Ausstoß von CO_2-Emissionen, und je nach Lage auf unterschiedliche Weise betroffen, etwa durch Unwetter, Überflutungen oder Dürren. Die Klimarahmenkonvention der Vereinten Nationen wurde 1992 in Rio de Janeiro mit dem Ziel verabschiedet, den menschlichen Einfluss auf das Klimasystem wenn nicht zu verhindern, so doch zumindest zu begrenzen, später wurde dies mit dem sogenannten Zwei-Grad-Ziel konkretisiert. Bei regelmäßigen Klimagipfeln verhandeln inzwischen ca. 150 Staaten über Verpflichtungen zum Umweltschutz und v. a. zur CO_2-Vermeidung. Aufgrund der schwierigen Entscheidungsfindung bei multilateralen Verhandlungen mit über hundert Staaten in den Institutionen der Vereinten Nationen – in der Klimarahmenkonvention, aber auch in der Welthandelsorganisation (siehe Kapitel 2) – finden auch andere Modelle globalen Regierens zunehmend an Bedeutung. Dabei wurden die G 7 (bestehend aus den USA, Kanada, Japan, Deutschland, Großbritannien, Italien und Frankreich) bereits in den 1970er-Jahren gegründet. Inzwischen hat sich neben der G 8 (G 7 plus Russland) auch die G 20 mit den großen Schwellenländern wie China, Brasilien oder Indien etabliert. Diese Verhandlungsformen sind aber im Gegensatz zur Konferenzdiplomatie der UNO weniger formalisiert und inklusiv.

Menschenrechte und internationale Politik

Die Verletzung der Menschenrechte als besondere, grundlegende Rechte, etwa durch Völkermord, Folter, politisch motivierte Inhaftierung und die Diskriminierung von benachteiligten Gruppen, ist in vielen Teilen der Welt besorgniserregend. Zur Verhinderung von Verbrechen gegen die Menschlichkeit versucht die internationale Staatengemeinschaft deshalb, Formen der internationalen Zusammenarbeit zu fördern, die z. B. im Rahmen der Vereinten Nationen, durch Institutionen der internationalen Gerichtsbarkeit oder mittels internationaler Menschenrechtsabkommen den Kernbestand an unveräußerlichen, universellen und unteilbaren Menschenrechten gewährleisten sollen. Die UN-Menschrechtscharta von 1948, völkerrechtliche Verträge über politische und soziale Rechte und die Einrichtung eines Internationalen Strafgerichtshofs (IStGH) zur strafrechtlichen Verfolgung von schwersten Menschenrechtsverletzungen zeugen auf der einen Seite von einem schrittweise erfolgenden Durchbruch beim Menschenrechtsschutz. Die Kluft zwischen Normsetzung und Normdurchsetzung klafft auf der anderen Seite weit auseinander und ist – wie sich an zahlreichen Menschenrechtsverletzungen oder aktuellen Behinderungen und Einschränkungen der Presse- und Informationsfreiheit zeigt – vom politischen Willen oder der Willkür der Regierenden bei der Einhaltung verbindlicher internationaler Rechtsstandards abhängig.

Internationaler Strafgerichtshof

Dass Machthaber und Regierungspotentaten für ihre Straftaten und Menschenrechtsverstöße zunehmend verantwortlich gemacht werden, deutete sich nach den Nürnberger Prozessen (1945–1949) erstmals im April 2012 an, als mit dem liberianischen Expräsidenten Charles Taylor (1997–2003) ein ehemaliger Staatschef wegen schwerer Kriegsverbrechen von einem internationalen Gericht zu einer Haftstrafe von 50 Jahren verurteilt wurde. Der dafür zuständige Internationale Strafgerichtshof steht exemplarisch für das Bemühen um eine global verbindliche Rechtsgemeinschaft. Einer stabilen, weltweit durchsetzbaren Völkerrechtsordnung steht jedoch die Tatsache entgegen, dass fehlender politischer Wille bei der Einhaltung von Menschenrechten, kontinuierliche Verstöße gegen das Völkerrecht oder Kriegsverbrechen die Entwicklung zu einer globalen oder supranationalen Rechts- und Rechtssprechungsgemeinschaft immer wieder gefährden.

KOMPETENZEN PRÜFEN

Sind Klimagipfel sinnvoll?

Professor Hartmut Graßl, bis 2005 Direktor am Max-Planck-Institut für Meteorologie in Hamburg, einer der Herausgeber des Onlinemagazins klimaretter.info, spricht im Interview über
5 *Klimagipfel – und warum man sie braucht, auch wenn sie nervig sind.*

Frankfurter Rundschau: Herr Professor, Sie haben am Rio-Erdgipfel und den ersten Klimakonferenzen in den 1990er-Jahren teilgenommen.
10 Was hat sich seither verändert?
Hartmut Graßl: Es gab damals eine viel größere Aufbruchsstimmung und viel mehr Bereitschaft, das Problem anzupacken. Inzwischen ist alles ziemlich eingefahren. Die
15 Verhandlungen sind ungemein komplex geworden, im Grunde ist ein Klimagipfel fünf verschiedene Konferenzen. Es geht um CO_2-Ziele, Waldschutz, um Finanzhilfen, um „Loss and Damage", um Anpassung. Und alles hängt mit
20 allem zusammen.
FR: Sind Klimagipfel denn noch das geeignete Forum, Klimaschutz voranzubringen?
Graßl: Auf jeden Fall! Stellen sie sich vor, wir hätten diese Arena nicht, in der alle Länder
25 mit den gleichen Rechten zusammenkommen. Ohne die Klimakonferenzen hätten wir überhaupt noch keinen Klimaschutz. Wir hätten weltweit noch fast keine erneuerbaren Energien. Wir hätten noch nicht einmal Re-
30 geln, wie die Treibhausgasemissionen der einzelnen Länder vergleichbar zu messen sind.

Natürlich sind das immer zähe Verhandlungen. Und natürlich muss man dem Prozess vorwerfen, dass er langsam ist. Dass manch-
35 mal – wie 2009 beim Kopenhagen-Gipfel – etwas nicht klappt, berührt mich aber nicht so sehr. Es ist entscheidend, dass durch die Klimakonferenzen ein weltweites Bewusstsein für das Problem entwickelt wurde.
40 **FR:** Die Wissenschaft mahnt aber zu mehr Eile.
Graßl: Dass Politiker nicht immer so handeln, wie wir Wissenschaftler das wollen, ist für mich klar. Meine Erfahrung ist aber, dass die Wissenschaft in die Politik durchtröpfelt. Es
45 dauert einige Jahre, bis die Politiker verinnerlicht haben, was ihnen die Wissenschaft sagt. […]
FR: […] Müsste sich die deutsche Zivilgesellschaft stärker für Klimaschutz aussprechen?
50 **Graßl:** Absolut. Es ist die Allgemeinheit, die die politische Agenda bestimmt. […] Es ist […] nicht ganz einfach, Klimaschutz politisch zu verorten, weshalb ein politischer Druck der Wähler für eine echte Mobilisierung nur
55 schwer hinzubekommen ist.
[…]
FR: Wird das Paris-Abkommen das Problem Erderwärmung lösen?
Graßl: Nein, das kann man jetzt schon sagen.
60 Aber es wird ein wichtiger Schritt in diese Richtung sein. Der Vertrag wird uns eine minimale Chance lassen, das Zwei-Grad-Ziel noch zu erreichen.

Aus: www.fr.de/wissen/klimawandel/klimawandel/klimaschutz-noch-eine-minimale-chance-a-521053, 28.11.2014 (Abruf: 31.5.2017)

Think global – act local

1 Ein wichtiges Motto für ein neues Modell der Globalisierung ist „think global, act local" geworden. Auf Deutsch heißt es „global denken, lokal handeln" und bedeutet, dass man zwar
5 immer auf das weltweite Wohl achten soll, aber schon im eigenen Umfeld sehr viel bewirken kann. Jede Entscheidung […] hat einen Einfluss auf die Welt: Auch du kannst die Globalisierung mitgestalten!

Aus: www.demokratiewebstatt.at/thema/thema-globalisierung/schattenseiten/think-global-act-local/ (Abruf: 31.5.2017)

Was ist EMAS?

Die Abkürzung EMAS kommt von Eco-Management and Audit Scheme und steht für die „Verordnung (EG) Nr. 1221/2009 über die freiwillige Teilnahme von Organisationen an einem Ge-
5 meinschaftssystem für Umweltmanagement und Umweltbetriebsprüfung" – auch als Öko-Audit bekannt.

Ein Umweltmanagementsystem nach EMAS können alle Unternehmen, Behörden, Vereine – kurz: alle Organisationen einrichten, die ihre Umweltleistung verbessern möchten, unab- 10
hängig von ihrer Größe oder Branche in der sie tätig sind.

Aus: www.emas.de/fileadmin/user_upload/06_service/PDF-Dateien/UGA_Infoblatt_EMAS.pdf2014 (Abruf. 4.1.2017)

INFO

EMAS
weitere Informationen im Internet unter:
www.emas.de

Intoleranz hat noch nie Probleme gelöst

Die Menschenrechte sind das Fundament einer demokratischen Gesellschaft. Hierzu gehört der Gedanke, in jedem Einzelnen den Menschen zu sehen, die Unterschiede zwi-
5 schen uns zu respektieren und wertzuschätzen und anderen Menschen mit dem Respekt zu begegnen, den wir wiederum von anderen erwarten. Nie waren diese Werte während der letzten Jahrzehnte so bedroht wie heute.
10 In Europa [...] sprechen Staatschefs wie Viktor Orbán in Ungarn oder Jarosław Kaczyński in Polen offen über einen Weg in die „illiberale" Demokratie, eine Demokratie ohne klare Gewaltenteilung und ohne Schutz für die Men-
15 schenrechte. In immer mehr europäischen Ländern spekulieren Parteien der Rechten und sogar der Mitte mit Intoleranz, Fremdenfeindlichkeit und Panikmache. Das ist nicht nur ein europäisches Problem. Amerikanische Demagogen nutzen unsere primitivsten Ins- 20
tinkte zu ihrem politischen Vorteil. China und Russland propagieren autoritäre Regime als die bessere Regierungsform. Afrikanische Staatschefs missachten internationales Recht. Weltweit versuchen Regierungen, ihre Bürger 25
davon abzuhalten, sich zusammenzuschließen und sich so Gehör zu verschaffen. Am dramatischsten ist vielleicht das Verhalten der syrischen Regierung, die die Genfer Konvention mit Füßen getreten hat, als sie bewusst und 30
gewollt Zivilisten in Gebieten angriff, die von der Opposition kontrolliert werden.

Aus: Kenneth Roth: Intoleranz hat noch nie Probleme gelöst, in: www.zeit.de/politik/ausland/2016-06/menschenrechte-demokratie-europa-fluechtlinge-rechtspopulismus, 8.6.2016 (Abruf: 31.5.2017)

---

1 Fassen Sie die Einschätzung Professor Graßls hinsichtlich der Wirksamkeit der Klimagipfel zusammen.
2 Gestalten Sie eine Internetrecherche auf der Seite von EMAS nach Umwelterklärungen aus Ihrer Region.
3 Gestalten Sie einen Forderungskatalog zur Bekämpfung des globalen Klimawandels und seiner Auswirkungen in Ihrer Gemeinde.
4 Arbeiten Sie aus dem Text von Kenneth Roth die dort benannten Bedrohungen der Menschenrechte heraus und bewerten Sie vor diesem Hintergrund die Möglichkeiten der internationalen Gemeinschaft zur Abwehr dieser Bedrohungen.

Die Präsentationsprüfung im Abitur

Neben vier schriftlichen Prüfungen legen Abiturientinnen und Abiturienten in Baden-Württemberg auch eine mündliche Präsentationsprüfung ab. Da innerhalb der fünf Prüfungen des Abiturs auch der gesellschaftswissenschaftliche Fächerbereich abgedeckt werden muss, wird Gemeinschaftskunde häufig als Präsentationsprüfung gewählt. Wie man sich auf eine solche Prüfung vorbereiten kann, wird im Folgenden erläutert.

1. Wie läuft die Prüfung ab?

Die Schülerinnen und Schüler reichen einige Wochen vor der Präsentationsprüfung vier mögliche Prüfungsthemen ein. Dabei kann der Fachlehrer und spätere Prüfer zwar beraten, die Themen sind aber von den Schülerinnen und Schülern selbst zu formulieren. Eine Woche vor dem Prüfungstermin erhalten sie dann Bescheid, welches der vier Themen vom Prüfungsvorsitzenden - einem Lehrer oder einer Lehrerin von einer anderen Schule – ausgewählt wurde.

Die Prüfung dauert dann insgesamt zwanzig Minuten. Zunächst wird das Thema zehn Minuten präsentiert, anschließend folgt ein zehnminütiges Prüfungsgespräch mit dem Prüfer und dem Prüfungsvorsitzenden. Außerdem ist ein Protokollant/ eine Protokollantin im Prüfungsraum. Im Anschluss daran beraten Prüfer, Prüfungsvorsitzende und Protokollant über die Note. Dann wird dem Schüler/der Schülerin, der während der Beratung vor dem Prüfungsraum warten muss, das Ergebnis auf Wunsch mitgeteilt und begründet.

2. Welche Themen kommen in Frage?

Die Themen sollten einen klaren Bezug zum Bildungsplan haben, idealerweise gibt es auch aktuelle Anlässe, auf die man eingehen kann. Innerhalb der vier einzureichenden Themen müssen auch unterschiedliche Lehrplaneinheiten aus unterschiedlichen Halbjahren vorkommen. Es darf also nicht nur nationale oder nur internationale Politik behandelt werden.

Die Themen sollten so gewählt sein, dass Hintergrundwissen vorhanden ist oder zumindest so viel Interesse daran besteht, dass eine eingehende Beschäftigung möglich ist. Die Themen sollte nicht zu einfach, aber auch nicht zu komplex gewählt werden, so dass sie in zehn Minuten präsentiert werden können. Eine bereits gehaltene GFS kann übrigens nicht verwendet werden.

3. Wie formuliere ich das Thema?

Die Themen sollten problemorientiert formuliert werden, idealerweise als Frage oder These, zu der man Stellung beziehen kann. Also besser „Sollte …?" als „Was ist …?". In der Prüfung geht es nämlich nicht nur darum etwas darzustellen, sondern auch um eine Bewertung eines Sachverhalts. Dabei ist auch wichtig, dass die Kriterien der eigenen Bewertung offen gelegt werden.

4. Wie bereite ich mich auf die Prüfung vor?

- Überlegen Sie sich Themen, die Sie interessieren und die gleichzeitig den oben genannten Kriterien entsprechen. Lassen Sie sich von Themen aus dem Unterricht inspirieren, die vielleicht nur knapp angesprochen wurden – oder von einem Blick in die Zeitung oder Fernsehnachrichten.

- Formulieren Sie problemorientierte Fragen und prüfen Sie, welches fachspezifische Wissen oder welche fachspezifischen Theorien bei der Beantwortung notwendig sind.

- Recherchieren Sie zu diesen Themen und prüfen Sie, ob Sie ausreichend Material für eine Präsentation von angemessener Komplexität finden können. Denken Sie daran, die Quellen Ihrer Informationen in Ihrer Präsentationsprüfung anzugeben.

QUERVERWEIS

METHODE
Urteilsbildung – Sach- und Werturteile
S. 194f.

- Entwickeln Sie Gliederungen für Ihre Themen, die auch einen Einstiegsimpuls und ein Fazit beinhalten.

- Überlegen Sie sich, wie Sie Ihr Thema medial präsentieren wollen.

- Nach Bekanntgabe des Prüfungsthemas beginnen Sie mit der Detailplanung Ihrer Präsentationsprüfung. Wählen Sie aus, welche Aspekte unbedingt ausführlich erläutert werden müssen und was weggelassen werden kann. Stellen Sie sicher, dass Sie mehr zu Ihrem Thema wissen als das, was Sie in der Präsentationsprüfung vorstellen; evtl. können Sie sogar bewusst Leerstellen lassen, um später im Prüfungsgespräch darauf einzugehen.

- Proben Sie Ihre Präsentation in den Tagen vor der Prüfung vor Freunden und Bekannten. So können Sie überprüfen, ob Sie mit den zehn Minuten auskommen und ob wirklich alle Argumentationsschritte auch für Laien nachvollziehbar sind. Lassen Sie sich auch Rückmeldungen zu Ihrer Körpersprache und Ihrem allgemeinen Auftreten geben.

- Schließen Sie die Vorbereitung Ihrer Prüfung rechtzeitig ab, so dass Sie nicht kurz davor noch in Zeitnot geraten.

Allgemeine Hinweise und Empfehlungen

- Kleiden Sie sich am Prüfungstag der Situation angemessen, aber ebenfalls so, dass sie sich wohlfühlen.

- Nehmen Sie eine Uhr mit. Wenn Sie keine Armbanduhr tragen möchten, dann dürfen Sie auch eine etwas größere Uhr mitnehmen, die Sie auf Ihren Tisch stellen können, um so die Zeit während der Prüfung im Auge zu behalten.

- Wenn Sie den Prüfungsraum betreten und Ihre Kommission sehen, begrüßen Sie die anwesenden Personen durch ein allgemeines Grüßen.

- Wenn Sie Ihren Vortrag im ersten Prüfungsteil beginnen, nennen Sie zu Beginn das Themengebiet der Prüfung und verlesen Sie zur besseren Übersicht auch jeweils die Aufgabe, die Sie gerade in Ihrem Vortragsteil behandeln.

- Achten Sie auf Ihre Sprechgeschwindigkeit. Reden Sie nicht zu schnell und betonen Sie wichtige Aspekte.

> Überprüfen Sie, ob die unten stehenden Themen für die Präsentationsprüfung im Fach Gemeinschaftskunde geeignet sind.
>
> Begründen Sie Ihre Zustimmung und arbeiten Sie die Themen, die Ihnen nicht zusagen, so um, dass sie für eine Präsentationsprüfung geeignet wären.

„Der Bundeskanzler"

„Sollten wir in Deutschland ein Wahlrecht für Kinder einführen?"

„Was ist die UNO?"

„Ist Frieden auf der Welt möglich?"

Glossar

Aktie: Mit der Ausgabe von A. finanzieren sich große Unternehmen unmittelbar beim Sparer, d. h. nicht über Bankkredite. Der Aktionär ist Anteilseigner am Unternehmen.

Arabischer Frühling: Eine Reihe von Protesten, Aufständen und Rebellionen, die im Dezember 2010 in Tunesien begannen; die Proteste gegen die autokratischen → Regime in der Region breiteten sich in vielen Ländern des Nahen Ostens und Nordafrikas aus. In einigen Ländern führte die Rebellion zum Sturz der Herrscher (Ägypten, Tunesien, Jemen, Libyen); in Libyen, Jemen und Syrien brachen (Bürger-)Kriege aus.

Armut: Begriff, der nur relativ zur Entwicklung des gesellschaftlichen Reichtums zu bestimmen ist. A. ist nicht nur eine Frage finanzieller Mittel (definiert durch ein Mindesteinkommen), sondern betrifft weitere Dimensionen der Unterversorgung (wie Gesundheit, Bildung, Erwerbsstatus) und auch die Verfügbarkeit von Handlungsspielräumen in Abhängigkeit von gesellschaftlichen Rahmenbedingungen.

Blauhelm-Soldaten: Bezeichnung für Angehörige der Friedenstruppen der → Vereinten Nationen. Ihre friedenserhaltenden Maßnahmen (Peacekeeping) sind teilweise sehr erfolgreich verlaufen, jedoch nicht immer. Für die Entsendung der B. ist die Zustimmung des UN-Sicherheitsrates und aller am Konflikt beteiligten Parteien notwendig. Von den beteiligten Truppenverbänden wird strikte Neutralität erwartet. Sie dürfen, außer zur Selbstverteidigung, keine Gewalt anwenden. 1988 wurde den UN-Friedenstruppen der Friedensnobelpreis verliehen.

Börse: Eine → staatlich genehmigte Marktveranstaltung, auf der sich Kaufleute treffen, um → Aktien, Waren oder Devisen, die nicht im Börsenraum körperlich vorhanden sind, zu standardisierten Börsen- und Vertragsbedingungen zu handeln.

Bretton-Woods-System: Noch während des Zweiten Weltkriegs (1944) beschlossenes, stabiles Währungssystem. Dabei waren die Währungen der Teilnehmer an den US-Dollar gekoppelt. Ziel war die reibungslose und von Handelsbarrieren befreite Abwicklung des Welthandels bei festen Wechselkursen. Zur Kontrolle und Durchsetzung des Abkommens wurden in der Folge die Bretton-Woods-Organisationen bzw. -Institutionen → Weltbank und → Internationaler Währungsfonds geschaffen. Das System hatte bis zu seinem Zusammenbruch 1973 Bestand; die Institutionen existieren bis heute.

Bruttoinlandsprodukt (BIP): Siehe → Sozialprodukt.

Bruttosozialprodukt (BSP): Siehe → Sozialprodukt.

Club Governance: Clubs regieren nicht durch die Verabschiedung von Gesetzen oder ähnlichen Regelungen. Sie ermöglichen es ihren Mitgliedern, ihre Interessen zu formulieren und aufeinander abzustimmen. Das geschieht bei den regelmäßig stattfindenden Gipfeltreffen auf Ebene der Staats- und Regierungschefs, die einen direkten Austausch im kleinen Rahmen ermöglichen. Im Vorfeld der Gipfel bereiten Arbeitsgruppen die zu behandelnden Themen wie auch mögliche Maßnahmen vor. Club Governance basiert auf Abstimmung und Kooperation mächtiger Staaten untereinander. Diese Art des Regierens gelingt nur, wenn sich die Club-Staaten über die Probleme und Maßnahmen zu deren Lösung einig sind.

Derivate: Sie berechtigen zum Kauf oder Verkauf der zugrunde gelegten Werte (Waren, → Aktien, Devisen usw.) an einem in der Zukunft liegenden Termin zu einem im Voraus vereinbarten Preis. D. lassen sich daher sowohl zur Absicherung gegen den Wertverlust als auch zur Spekulation auf Kursgewinne des Basiswertes verwenden.

Devisenmarkt: Markt für den Handel mit ausländischen Währungen (Devisen). Hier bildet sich der Devisenkurs (Wechselkurs) als Preis (Gegenwert) einer ausländischen Währung im Verhältnis zur inländischen. Handelsobjekte sind Guthaben in frei konvertiblen Währungen. Handelspartner sind Notenbanken, Geschäftsbanken und große Unternehmen.

Doha-Runde, auch Doha-Entwicklungsagenda (Doha Development Agenda; DDA): Bündel von Aufträgen zu Fragen des Welthandels, die von den Wirtschafts- und Handelsministern der → WTO-Mitgliedstaaten 2001 auf ihrer vierten Konferenz in Doha bearbeitet und bis 2005 abgeschlossen werden sollten. Bisher kam es zu keinem Abschluss der Verhandlungen, da die Ansichten der WTO-Mitglieder zu weit auseinandergehen.

Dritte Welt: Der Begriff wird verwendet für die ehemals koloniale Welt, d.h. die wenig oder überhaupt nicht industrialisierten Länder in den tropischen und subtropischen Gebieten der südlichen Erdhalbkugel, deren Wohlstand erheblich unter dem der Industrieländer liegt, die sich lange Zeit als „Erste Welt" bezeichnet haben. Als „Zweite Welt" galten die industrialisierten sozialistischen Staaten zur Zeit des → Kalten Krieges. Das Ende des Ost-West-Konflikts hat die starre Dreiteilung der Welt in „Erste", „Zweite" und „Dritte Welt" aufgebrochen. Der Begriff wird heute meist durch den Begriff der → Entwicklungsländer ersetzt.

Dschihad (arab. „sich bemühen"): Verteidigung und Verbreitung des islamischen Glaubens mit geistigen und bisweilen auch militärischen Mitteln. Meist einseitig als „Heiliger Krieg" übersetzt, bezeichnet der D. das „Sichbemühen auf dem Wege Gottes", d. h. vor allem die persönliche Anstrengung, ein Gott wohlgefälliges Leben zu führen.

Entspannungspolitik: eine auf diplomatische Mittel und politische Aktionen setzende Politik zur Verringerung von Spannungen und Konflikten, vor allem zur Entschärfung des Ost-West-Konfliktes. Zentrales Element der deutschen Entspannungspolitik war die unter der Regierung Willy Brandt begonnene und unter der Regierung Helmut Schmidt fortgesetzte Ostpolitik als Bemühen, mittels eines „Wandels durch Annäherung" zur Versöhnung und Normalisierung der Beziehungen Westdeutschlands zu den Staaten Osteuropas beizutragen.

Entwicklungsländer: → Staaten, die im Vergleich zu den Industrieländern u. a. ein deutlich geringeres → Sozialprodukt pro Kopf, eine geringe Arbeitsproduktivität, hohe Analphabetenquoten und einen hohen Anteil landwirtschaftlicher Erwerbstätigkeit aufweisen.

Ethnie: Betrifft die Volkszugehörigkeit. Menschen mit gleichen sprachlichen und kulturellen Eigenschaften oder Merkmalen gehören einer E. an.

Euro: Europäische Währungseinheit, die im Rahmen der → Europäischen Wirtschafts- und Währungsunion nach dem Vertrag von Maastricht seit dem 1. Januar 1999 in Europa in Ländern, die die festgelegten Kriterien erfüllen, eingeführt wurde. Die Gemeinschaftswährung gilt in 19 Mitgliedsstaaten (2017).

Europäische Sicherheits- und Verteidigungspolitik (ESVP): Militärischer Arm der → Gemeinsamen Außen- und Sicherheitspolitik (GASP) der → EU; vom Europäischen Rat im Dezember 1999 gebilligte Übertragung der Fähigkeiten zur zivilmilitärischen Konfliktprävention und Krisenbewältigung von der (ehemaligen) Westeuropäischen Union (WEU) auf die EU. Diese soll damit in die Lage versetzt werden, autonom Beschlüsse zu fassen und in den Fällen, in denen die → NATO als Ganzes nicht involviert ist, eigene Militäreinsätze in Reaktion auf internationale Krisen einzuleiten und durchzuführen. Mit dem → Vertrag von Lissabon wurde die ESVP in „Gemeinsame Sicherheits- und Verteidigungspolitik" (GSVP) umbenannt.

Europäische Union (EU): 1993 von den 12 EG-Mitgliedern (Belgien, Dänemark, Deutschland, Frankreich, Griechenland, Großbritannien, Irland, Italien, Luxemburg, Niederlande, Portugal, Spanien) gegründete → supranationale Organisation. Sie baut auf der Europäischen Gemeinschaft (EG) auf, deren Anfänge bis in das Jahr 1951 zurückreichen. Seit 2013 zählt die EU 28 Mitgliedsstaaten. Die zentralen Organe der EU sind:
1. der Europäische Rat,
2. der Ministerrat (Rat der Europäischen Union),
3. das Europäische Parlament,
4. die Kommission der EU,
5. der Europäische Gerichtshof,
6. der Europäische Rechnungshof.
Die EU wurde im Lauf ihrer Geschichte immer wieder reformiert, zuletzt durch den am 1. Dezember 2009 in Kraft getretenen → Vertrag von Lissabon.

Europäische Währungsunion (EWU): Währungsvereinheitlichung auf dem Gebiet der → Europäischen Union (bzw. Teilen davon). Die EWU bildet einen Kernpunkt in den Bestrebungen zur Errichtung eines in Form einer Wirtschafts- und Währungsunion (WWU) geeinten Europas.

Europäische Zentralbank (EZB): Unabhängige Zentralnotenbank der Mitgliedsländer der Eurozone mit Sitz in Frankfurt am Main, die das exklusive Recht zur Ausgabe von Banknoten und Geldmünzen (→ Euro/Cent) hat und die Geld- und Währungspolitik der → Europäischen Union durchführt. Geleitet wird die EZB von sechs Direktoren aus verschiedenen Euro-Ländern, denen die Präsidenten der nationalen Zentralbanken aller → Staaten der Eurozone beratend zur Seite stehen.

Financial Stability Board (FSB): Ein globales Gremium, das hochrangig besetzt ist: Ihm gehören u. a. Vertreter von Finanzministerien, Zentralbanken und Aufsichtsbehörden der G20-Staaten, Repräsentanten Spaniens und der Europäischen Kommission sowie Vertreter bedeutender Finanzinstitutionen (unter anderem IWF, Weltbank, BIZ, EZB) an. Im FSB werden Themen von grundlegender systemischer Bedeutung für die weltweite Finanzstabilität diskutiert.

Finanzmarkt: Oberbegriff für die drei Teilmärkte → Kredit-, → Devisen- und → Wertpapiermarkt. Über den F. werden dem → Staat, privaten Unternehmen und privaten Haushalten Mittel zur Finanzierung von Investitionen bereitgestellt (Fremdfinanzierung). In der Regel muss ein Investor neben Fremd- auch noch Eigenmittel einsetzen. Das internationale Finanzsystem dient der monetären Abwicklung von grenzüberschreitendem Handel und grenzüberschreitender Dienstleistungen.

Gruppe der Acht (G8): Entstanden 1997 aus der Gruppe der sieben führenden Wirtschaftsnationen (G7: Deutschland, Frankreich, Großbritannien, Italien, Japan, Kanada und USA) nach Umwandlung des Beobachterstatus' Russlands in eine Vollmitgliedschaft. An den Gipfeltreffen der G8 nimmt neben den Staats- und Regierungschefs auch der Präsident der EU-Kommission teil.

Gruppe der 20 (G20): Die Gruppe der zwanzig wichtigsten Industrie- und → Schwellenländer. Ein seit 1999 bestehender, informeller Zusammenschluss aus 19 Staaten und der → Europäischen Union. Die Gruppe soll als Forum für die Kooperation und Konsultation in Fragen des internationalen Finanzsystems dienen. Mitglieder: Vereinigte Staaten von Amerika, Japan, Deutschland, China, Vereinigtes Königreich, Frankreich, Italien, Kanada, Brasilien, Russland, Indien, Südkorea, Australien, Mexiko, Türkei, Indonesien, Saudi-Arabien, Südafrika, Argentinien, EU.

Gemeinsame Außen- und Sicherheitspolitik (GASP): In Weiterentwicklung der Europäischen Politischen Zusammenarbeit (EPZ) die → intergouvernementale Säule der → Europäischen Union: Verpflichtung des Maastrichter Vertrags, entsprechend den Leitlinien des Europäischen Rates eine gemeinsame Außen- und Sicherheitspolitik zu „erarbeiten" und zu „verwirklichen". Entscheidungen werden einstimmig getroffen.

Global Compact („Globaler Pakt der Vereinten Nationen"): Kooperation von Unternehmen mit den → Vereinten Nationen mit dem Ziel, die Globalisierung ökologischer und sozialer zu gestalten; 1999 initiiert vom ehemaligen UN-Generalsekretär Kofi Annan. Zur Teilnahme müssen Unternehmen zehn Prinzipien unterschreiben, die unter den Schwerpunkten Menschenrechte, Arbeitsbedingungen, Umweltschutz und Anti-Korruption zusammengefasst wurden.

Globalisierung: Der Begriff bezeichnet eine Zunahme der Staatsgrenzen überschreitenden sozialen Beziehungen v.a. ab den 1990er-Jahren. Insbesondere werden zu den Merkmalen der G. eine starke Zunahme internationaler Wirtschafts- und Finanztransaktionen, die Ausdehnung der Kommunikationstechnologien (Internet usw.) sowie eine weltweite Ausdehnung der westlichen Kultur verstanden. Ursachen sind neben der technischen Entwicklung vor allem der Abbau von wirtschaftlichen Schranken durch die wichtigsten Industriestaaten. Eine genaue historische Abgrenzung der G. von der früheren Entwicklung z.B. des Weltmarktes ist umstritten.

Handelsbarrieren: Als direkte, „tarifäre" Hemmnisse gelten vor allem Zölle (engl. tariff = Zoll). Wichtiger sind heute indirekte, „nicht-tarifäre" Handelsbarrieren, wie z.B. Exportsubventionen, Ein- und Ausfuhrquoten. Umstritten sind hierbei technische Vorschriften und Produktstandards – was in der Freihandelstheorie negativ als „Hemmnis" bezeichnet wird, kann eine sinnvolle nationale Maßnahme zum Umwelt- und Verbraucherschutz sein.

Hedgefonds: Investmentfonds, die mithilfe von Fremdkapital bzw. Kreditfinanzierung ein Vielfaches ihres Eigenkapitals z.B. in Devisen, festverzinslichen Wertpapieren, → Aktien, Rohstoffen oder → Derivaten anlegen, eine hochspekulative Anlagepolitik betreiben, auch Leerverkäufe betreiben und Verlustrisiken zu begrenzen versuchen. H. sind wegen ihrer kurzfristig renditeorientierten und spekulativen Geschäftspolitik, die als Gefahr für die internationalen → Finanzmärkte gesehen wird und bereits zur Zerschlagung ganzer Unternehmen geführt hat, an denen sich solche Fonds beteiligten, stark in die Kritik geraten.

Hegemonie: Vormachtstellung eines → Staates gegenüber anderen. H. ergibt sich durch ein tatsächliches militärisches, kulturelles oder wirtschaftliches Übergewicht und ist häufig durch Verträge abgesichert.

Intergouvernemental: Zwischen Regierungen stattfindende Zusammenarbeit. Sie bedarf im Unterschied zur → supranationalen Integration der Einstimmigkeit unter den teilnehmenden Ländern.

Internationale Arbeitsorganisation (International Labour Organization; ILO): Die ILO (mit Sitz in Genf) wurde 1919 mit dem Ziel gegründet, weltweite → Armut und Arbeitslosigkeit zu bekämpfen, zu sozialem Ausgleich und sozialer Gerechtigkeit beizutragen sowie die Verbesserung der Lebens- und Arbeitsbedingungen zu unterstützen. Seit 1946 ist die ILO eine Sonderorganisation der → Vereinten Nationen mit 182 Mitgliedstaaten (2010). Alle Organe der ILO sind dem Prinzip der Dreigliedrigkeit verpflichtet, d.h. sie sind jeweils mit Vertretern der Regierungen, der Arbeitgeber und der Arbeitnehmer besetzt.

Internationaler Strafgerichtshof (International Criminal Court): 1998 beschlossener internationaler Gerichtshof (mit Sitz in Den Haag) zur strafrechtlichen Verfolgung von Völkermord, Verbrechen gegen die Menschlichkeit und Kriegsverbrechen; dies betrifft auch interne Konflikte. Das Gericht kann sich eines Falles annehmen, wenn er vom Sicherheitsrat der → Vereinten Nationen überwiesen worden ist oder wenn das Land, in dem das Verbrechen stattgefunden hat, oder das Land, dessen Staatsangehöriger verdächtigt wird, seine Jurisdiktion anerkannt hat. Der Ankläger arbeitet unabhängig. Künftig soll der I. auch den Vorwurf des Angriffskriegs („Aggression") verhandeln können.

Internationaler Währungsfonds (IWF): 1944 als Sonderorganisation der → Vereinten Nationen gegründet, um das Weltwirtschaftssystem nach dem Zweiten Weltkrieg neu aufzubauen. 187 →Staaten sind Mitglied des IWF (2010); ihr Stimmrecht orientiert sich an ihrem Kapitalanteil. Da die Beschlüsse im IWF mit einer Mehrheit von 85 Prozent getroffen werden, verfügen die USA und die 28 EU-Staaten de facto jeweils über eine Sperrminorität. 2011 tritt die Reform des IWF in Kraft, nach der → Schwellenländer wie China, Indien oder Brasilien künftig mehr Einfluss erhalten. Der IWF verfolgt die Ziele, den Welthandel auszuweiten, die internationale Zusammenarbeit in der Währungspolitik zu fördern, die internationalen Finanzmärkte zu stabilisieren und kurzfristige Kredite zum Ausgleich von Zahlungsbilanzdefiziten zu vergeben. Für die Regulierung der Weltwirtschaft hat er damit eine zentrale Bedeutung. Eine globale Finanzmarktkrise, wie sie im Herbst 2008 ihren Ausgang nahm, konnte aber auch er nicht vermeiden.

Investmentbank: Spezialbank für Investmentgeschäfte. Die Geschäftstätigkeit besteht im Wesentlichen aus der Vermögensverwaltung ihrer Kunden, der Emission und dem Handel von Wertpapieren für Kunden sowie der Beratung beim Erwerb und Verkauf von Unternehmensbeteiligungen („Mergers & Acquisitions").

Kalter Krieg: Bezeichnung für die feindselige Auseinandersetzung zwischen → Staaten unterhalb der Schwelle offener kriegerischer Handlungen. Der K. bezeichnete vor allem die besondere Form der Beziehungen zwischen den USA und der UdSSR und ihren Verbündeten während des Ost-West-Konflikts zwischen 1946 und 1989. Kennzeichen waren neben der Rüstungsspirale die „psychologische Kriegsführung" sowie wirtschaftlicher und militärischer Druck und eine entsprechende Bündnispolitik.

Kapitalismus: Besonders durch Karl Marx (1818—1883) und Friedrich Engels (1820—1895) geprägter Begriff für das System der Wirtschaft, in dem wir leben. Es zeichnet sich durch Privateigentum an den Produktionsmitteln und Gewinnstreben aus, wobei Letzteres durch das Wirtschaftssystem selbst erzeugt wird (Marktsteuerung, Konkurrenz). K. geht von der Freiheit der einzelnen Wirtschaftssubjekte aus sowie von der Annahme, dass deren Austausch auf dem Markt nicht nur ihrem eigenen Gewinn, sondern letztlich dem Wohle aller diene. Marx kritisierte am K. demgegenüber besonders die „Ausbeutung der Arbeiterklasse", seine Krisenhaftigkeit sowie seine Neigung zur Verschwendung (durch Konkurse, Krisen usw.) und zur Hervorbringung von → Armut. Versuche, eine Wirtschaft statt über den Markt zentral durch den → Staat zu steuern, sind in der jüngeren Geschichte mehrfach gescheitert.

Klimawandel: In den vergangenen Jahrzehnten hat sich die Durchschnittstemperatur der Erdatmosphäre und der Meere erhöht, eine weitere Erwärmung wird erwartet. Die meisten Naturwissenschaftler führen dies auf den vom Menschen verstärkten Treibhauseffekt zurück, besonders seit Beginn der Industriellen Revolution. Das Verbrennen fossiler Energieträger und die großflächige Rodung von Wäldern reichern den Anteil von Kohlendioxid (CO_2) in der Luft an. Hinzu kommt der erhöhte Ausstoß von Methangas durch eine intensive Viehwirtschaft. Der Treibhauseffekt wird auf Wasserdampf, Kohlenstoffdioxid, Methan, Stickstoffoxid und fluorierte Verbindungen, z.B. FCKW, zurückgeführt. Verdoppelt sich der CO_2-Anteil in der Erdatmosphäre, rechnet die Klimaforschung mit einer Erhöhung der Erdmitteltemperatur um einen Wert von zwischen 1,5 bis 4,5 Grad Celsius. Folgen der globalen Erderwärmung sind schon heute erkennbar: verringerte Schneebedeckung, Gletscherschmelze, ein steigender Meeresspiegel, Überschwemmungen und Wetterveränderungen. Der K. war 1992 erstmals Gegenstand einer UN-Konferenz. Im Jahr 1997 entstand mit dem → Kyoto-Protokoll das erste völkerrechtlich verbindliche Abkommen mit konkreten Gegenmaßnahmen.

Kreditmarkt: Zusammentreffen von Angebot und Nachfrage nach kurz- und langfristigen Kreditverträgen; er umfasst den Geldmarkt (kurzfristig) und den Kapitalmarkt (langfristig).

Kyoto-Protokoll: Ein 1997 geschlossenes Abkommen der → Vereinten Nationen zum Schutz des Klimas. Es schreibt verbindliche Zielwerte für den Ausstoß von Treibhausgasen fest, die die Hauptursache der globalen Erwärmung sind.

Liberalismus: Politische Anschauung, in deren Mittelpunkt die ungehinderte Entfaltung des Einzelnen und einzelner Gruppen unter Zurückdrängen der Ansprüche des → Staates steht.

Macht: Verhältnis der Über- und Unterordnung zwischen Personen, Gruppen, Organisationen oder → Staaten, das — im Unterschied zu Herrschaft und Autorität — nicht der Anerkennung der von ihr Betroffenen bedarf. Max Weber (1864—1920) definierte M. als „die Chance, innerhalb einer sozialen Beziehung den eigenen Willen auch gegen Widerstreben durchzusetzen, gleichviel, worauf diese Chance beruht".

Marktwirtschaft: Wirtschaftssystem des Wettbewerbs, in dem die Wirtschaftsprozesse dezentral geplant und über die Preisbildung auf den Märkten gelenkt werden. Gewerbe- und Vertragsfreiheit sowie die freie Wahl des Berufs bzw. des Arbeitsplatzes sind Grundvoraussetzungen der M. (→ Kapitalismus).

Migration (lat. migratio = Wanderung): Mit diesem Ausdruck werden verschiedene Formen der Ein- und Auswanderung zusammengefasst (Asylsuche, Arbeitsmigration, Flucht vor Krieg usw.). Das trägt der Tatsache Rechnung, dass alle diese Formen Gemeinsamkeiten aufweisen: Einen Migrationsgrund, der in fast allen Fällen irgendeine Art von Zwang beinhaltet, und soziale Probleme, die aus der Situation im Aufnahmeland folgen.

Multilateralismus: Prozess oder Zustand in der internationalen Politik, bei dem mehrere oder viele → Staaten kooperativ und prinzipiell gleichberechtigt Diplomatie betreiben und gemeinsam handeln. Dabei werden die Interessen aller Partner berücksichtigt. Oft existieren schriftliche, in Form von Verträgen vereinbarte Regelungen oder → Regime, die alle Beteiligten binden.

Multipolarität: Mehr- oder Vielpoligkeit. Sie geht davon aus, dass das internationale System nicht wie in der Bipolarität durch zwei, sondern durch mehrere oder viele → Staaten bestimmt wird, die in etwa gleich mächtig eingeschätzt werden.

Nachhaltige Entwicklung: Bezeichnung für das Prinzip, nach dem die wirtschaftliche Entwicklung so zu beeinflussen ist, dass der Umweltverbrauch zunehmend geringer wird und das ökologische System sich erholen kann.

Nationbuilding: (deutsch: Nationenbildung) ein Prozess soziopolitischer Entwicklung, der aus lose verbundenen Gemeinschaften eine gemeinsame Gesellschaft mit einem ihr entsprechenden Staat werden lässt. Dazu gehört die Etablierung gemeinsamer kultureller und oft sprachlicher Standards und die Integration immer größerer Teile der Bevölkerung in soziokulturelle und politische Einrichtungen wie z.B. das Gerichtswesen, das Schulsystem oder das Wahlrecht. Nationbuilding ist zu unterscheiden vom Statebuilding, bei dem der Aufbau staatlicher Institutionen im Mittelpunkt steht.

NGOs: Abkürzung von engl. „non-governmental organizations" → Nichtregierungsorganisationen

Nichtregierungsorganisation: Nicht staatliche Organisation, die sich für bestimmte Belange des Gemeinwohls einsetzt; das Regionale Informationszentrum der Vereinten Nationen für Westeuropa (UNRIC) bestimmt eine NGO als „nicht gewinnorientierte Organisation von Bürgern, die lokal, national oder international tätig sein kann. Auf ein bestimmtes Ziel hin ausgerichtet, versuchen NGOs, eine Vielzahl von Leistungen und humanitären Aufgaben wahrzunehmen, Bürgeranliegen bei Regierungen vorzubringen und die politische Landschaft zu beobachten. NGOs stellen Analysen und Sachverstand zur Verfügung und helfen, internationale Übereinkünfte zu beobachten und umzusetzen. Manche NGOs wurden für ganz bestimmte Aufgaben gegründet, so zum Beispiel für → Menschenrechte, Umwelt oder Gesundheit."

North Atlantic Treaty Organization (NATO): Während des Ost-West-Konflikts war die Allianz unter Führung der USA in Europa das Gegengewicht zur militärischen Präsenz der Sowjetunion und des Warschauer Paktes. Das Militärbündnis wurde 1949 in Washington geschlossen; 1955 trat die Bundesrepublik bei. Sitz der NATO ist Brüssel. Im Jahr 2017 zählt sie 29 Mitgliedstaaten, darunter viele ehemalige Mitglieder des Warschauer Paktes. Nach dem Ende des Ost-West-Konflikts wandelte sich die Allianz von einem defensiven Verteidigungsbündnis zu einer auch global agierenden Sicherheitsorganisation. Während sich die N. in den 1990er-Jahren zunächst auf die Konfliktprävention und das Krisenmanagement auf dem Balkan konzentrierte, bestimmen heute vor allem Abwehr und Bekämpfung des transnationalen Terrorismus ihre Ausrichtung.

Neokonservatismus: Eine politische Strömung in den USA, die während des Vietnamkriegs (1965—1975) in Abgrenzung zur 68er- und zur Bürgerrechtsbewegung Martin Luther Kings (1929—1968) entstand. Das Hauptaugenmerk des N. liegt — neben den herkömmlichen konservativen Bezugspunkten Familie, Heimat, Religion und Nation — auf dem Abbau wohlfahrtsstaatlicher Elemente sowie dem Glaube, das westliche Demokratiemodell sei der Endpunkt aller politischen Entwicklung. Die Vorsilbe „Neo" verweist darauf, dass die intellektuellen Vorreiter dieser Strömung ursprünglich liberale und sogar sozialistische Überzeugungen vertreten hatten, die sich jedoch in einen umso konservativeren Politikstil verkehrten. Ein bekannter Vertreter des N. ist der ehemalige US-Präsident George W. Bush (2001—2009).

Neoliberalismus: Denkrichtung des → Liberalismus, die eine freiheitliche, → marktwirtschaftliche Wirtschaftsordnung mit den entsprechenden Gestaltungsmerkmalen (z. B. Privateigentum an Produktionsmitteln, freie Preisbildung, Wettbewerbsfreiheit) anstrebt, → staatliche Eingriffe in die Wirtschaft jedoch auf ein Minimum beschränken will. Die Ideen des N., dessen führender Vertreter in Deutschland Walter Eucken (1891—1950) war, basieren auf den negativen Erfahrungen mit dem ungezügelten Liberalismus des Laissezfaire im 19. Jahrhundert. Die deutsche Variante des N., in der staatliche Eingriffe in die Wirtschaft dann gerechtfertigt sind, wenn sie z.B. die Bildung von Monopolen verhindern oder dem sozialen Ausgleich dienen, wird auch als Ordoliberalismus bezeichnet. Die angelsächsische Variante mit ihrem Hauptvertreter Friedrich August von Hayek (1899—1992) setzt stärker auf die Selbststeuerung der Marktwirtschaft. Seit den 1990er-Jahren steht der Begriff häufig für die alles beherrschende Kraft eines freien Marktes, der in einer Gesellschaft ohne staatliche Reglementierungen zu enormen Reichtum einerseits und verstärkter Armut andererseits führt.

Organization for Economic Cooperation and Development (OECD): Als Nachfolgeorganisation der Organisation für europäische wirtschaftliche Zusammenarbeit (OEEC) 1961 gegründet; Sitz: Paris; Hauptaufgaben: Sicherung der Währungsstabilität, Förderung des Welthandels, Planung und Förderung des wirtschaftlichen Wachstums in Europa und Koordination der Wirtschaftshilfe für die → Entwicklungsländer.

Organization of Petroleum Exporting Countries (OPEC): Die Organisation Erdöl exportierender Länder; das 1960 in Bagdad entstandene Kartell versucht, die Ölförderpolitik seiner Mitgliedstaaten zu koordinieren, die Förderquoten festzulegen und so die Weltmarktpreise stabil zu halten. Mittlerweile gehören zwölf Länder zur OPEC (2010): Algerien, Angola, Ecuador, Iran, Irak, Kuwait, Libyen, Nigeria, Katar, Saudi-Arabien, die Vereinigten Arabischen Emirate und Venezuela. Ihre Mitglieder fördern etwa 40 Prozent der weltweiten Erdölproduktion und verfügen über rund drei Viertel der weltweiten Erdölreserven. Seit 1965 hat das Kartell seinen Sitz in Wien.

Regime, internationales: Bezeichnet in der internationalen Politik ein von internationalen Akteuren (z. B. → Staaten) akzeptiertes Regel- und Normensystem (einschließlich notwendiger Entscheidungsverfahren), um bestimmte Problemfelder und Spannungssituationen dauerhaft zu steuern.

Ricardo-Modell: Der britische Ökonom David Ricardo (1772-1832) zeigte in einem einfachen „Zwei Länder / Zwei Güter"-Modell, dass jedes Land sich auf Produktion und Export des Gutes spezialisieren soll, das es mit dem geringsten Kostennachteil produzieren kann. Außenhandel lohnt sich nach Ricardo selbst dann, wenn ein Land bei der Produktion beider Güter im Vergleich zum Ausland absolute Kostennachteile hat (also nicht „wettbewerbsfähig" ist). Es muss sich auf die Produktion jenes Gutes konzentrieren, das es relativ zum anderen Gut im eigenen Land kostengünstiger herstellen kann, und dieses exportieren. Damit lenkt es seine Arbeitskräfte in die produktivste Verwendung. Der Handel mit dem anderen Land sichert dann die Versorgung mit dem selbst nicht mehr produzierten Gut. Handel ist demnach kein Nullsummenspiel, bei dem die einen gewinnen und die anderen verlieren. Allerdings setzt das Modell voraus, dass Arbeitskräfte, die in der Branche mit komparativen Nachteilen entlassen werden, sofort Arbeit in dem Sektor mit komparativen Vorteilen finden. Ebenso wird kritisiert, dass das Modell Ricardos zu simpel ist, um die Komplexität internationalen Handels erfassen zu können.

Scharia: Das islamische Recht. Es basiert hauptsächlich auf dem Koran und der „Sunna", einer umfassenden Sammlung überlieferter Äußerungen und Handlungen des Propheten Mohammed (570—632) unterschiedlicher Herkunft. Ferner umfasst die S. sämtliche Vorschriften und Empfehlungen für das private und öffentliche Leben, von den religiösen Pflichten über das Familien- und Handelsrecht bis hin zur Kriegsführung.

Schiedsgerichte: Schiedsgerichte sind nicht staatliche Privatgerichte, die aus einem oder mehreren Schiedsrichtern bestehen und denen kraft einer entsprechenden Vereinbarung (Schiedsabrede) oder in Form einer Vertragsklausel (Schiedsklausel) die Entscheidung anstelle von staatlichen Gerichte übertragen worden ist. Der Schiedsspruch ist für die Parteien in der Regel rechtlich bindend und kann vor staatlichen Gerichten für vollstreckbar erklärt werden.

Schuldverschreibungen: Anleihen öffentlicher oder privater Schuldner, die als Industrie- oder Kommunalobligationen, als Pfandbriefe (bei Hypothekendarlehen) oder als Schatzanweisungen von Bund und Ländern emittiert werden.

Schwellenländer: Länder, die aufgrund ihrer fortgeschrittenen Wirtschaftskraft, ihrem (mittleren) Volkseinkommen und ihrer infrastrukturellen Entwicklung aus dem Status von → Entwicklungsländern herausgewachsen sind und damit von der wirtschaftlichen Entwicklung her an der Schwelle zu den Industrieländern stehen. Vor allem die NIC-Länder oder NIE-Länder („newly industrialized countries" bzw. „economies") gehören hierzu.

Souveränität: Der Begriff ist ein Produkt des modernen → Staates und seiner Theorie und bezeichnet die höchste, nicht abgeleitete, umfassende und nach innen wie nach außen unbeschränkte Hoheitsgewalt — im Staatsinneren als staatliches Gewalt- und Rechtsetzungsmonopol, nach außen als „Völkerrechtsunmittelbarkeit", d.h. Hoheit über ein bestimmtes Staatsgebiet (Prinzip der Selbstregierung) und rechtliche Unabhängigkeit nach außen.

Sozialprodukt: Verkürzende Bezeichnung für die wirtschaftliche Leistung einer Volkswirtschaft. Im Bruttosozialprodukt ist die gesamte Wertschöpfung einer Volkswirtschaft in einer Periode zusammengefasst, einschließlich der Investitionen. Wird diese Größe um die Abschreibungen vermindert, so spricht man vom Nettosozialprodukt. Wird der gesamte von Inländern erwirtschaftete Produktionswert berechnet, so spricht man vom Inlandsprodukt. Das Nettoinlandsprodukt entspricht dabei dem Volkseinkommen.

Staat: Erstmals seit der Renaissance für den obersten Herrschaftsverband verwendeter Begriff, der seit dem 19. Jahrhundert zunehmend Eingang in den Sprachgebrauch fand. Der Begriff umfasst das Staatsvolk, das Staatsgebiet und die Staatsgewalt. Als rechtlich verfasste Gemeinschaft ist der S. mit dem Gewaltmonopol ausgestattet, um Rechtsfrieden und Sicherheit zu gewährleisten.

supranational (lat. übernational, überstaatlich): Mit dem Adjektiv werden Organisationen, Zusammenschlüsse oder Vereinbarungen versehen, die durch völkerrechtliche Verträge begründet und deren Entscheidungen und Regelungen für die einzelnen Mitglieder (→ Staaten, Nationen) übergeordnet und verbindlich sind. So steht etwa das Recht der → Europäischen Union als s. Recht über dem der einzelnen Mitgliedstaaten; bestimmte Entscheidungen s. Institutionen der EU sind für alle EU-Staaten und die gesamte EU-Bevölkerung bindend. Im Gegensatz dazu haben z. B. Entscheidungen internationaler Organisationen nur dann bindende Wirkung, wenn sie von den Mitgliedern ausdrücklich anerkannt werden.

Taliban (dt. Koranschüler): Islamistische Gruppierung beiderseits der afghanisch-pakistanischen Grenze. Die Bewegung ist einem radikalen sunnitischen Islam verpflichtet, den sie mit aller Gewalt durchzusetzen bereit ist. T.-Milizen beteiligten sich seit 1994 mit Unterstützung Pakistans und Saudi-Arabiens (z. T. auch der USA) am afghanischen Bürgerkrieg und beherrschten bald den größten Teil des Landes. 1996 wurde Kabul eingenommen. Die T. setzten eine fundamentalistische islamische Ordnung durch, in der besonders Frauen unter strenger Kontrolle standen. Führer der T. wurde Mullah Mohammed Omar. Die Zusammenarbeit der T. mit dem islamischen Extremisten Osama Bin Laden führte nach den Anschlägen auf das World Trade Center und das Pentagon 2001 zum militärischen Eingreifen der USA in Afghanistan; Ende der Herrschaft der T. 2001. Auch durch die Unterstützung der paschtunischen Landbevölkerung konnten die T. in der Folgezeit an Schlagkraft zurückgewinnen und seit 2003 wieder militärische und terroristische Aktionen durchführen. Sie gefährden damit den → staatlichen Wiederaufbau Afghanistans.

Triple A, AAA: Rating-Agenturen bewerten die Bonität, also die Kreditwürdigkeit und Zuverlässigkeit von Unternehmen, Staaten und Finanzprodukten. Unterschiedliche Bewertungssysteme kommen dabei zum Einsatz. Gängig ist eine Klassifizierung von A bis D, wobei AAA (triple A) für die beste Bonität steht. Plus und Minus dienen ebenso wie die Anzahl der Buchstaben der Abstufung.

Vereinte Nationen (United Nations Organization; UNO): Die UNO wurde 1945 in San Francisco gegründet, ihr Hauptsitz ist New York (daneben: Genf und Wien). 193 Staaten sind Mitglied der UNO (Stand: 2017). Laut UN-Charta bestehen ihre Hauptaufgaben in der Sicherung des Friedens und in der Beseitigung von Friedensbedrohungen, der Verständigung der Völker untereinander, der internationalen Zusammenarbeit zur Lösung wirtschaftlicher, kultureller, sozialer und humanitärer Probleme u. a. m. — dies alles auf der Grundlage der Gleichberechtigung der Staaten und der Selbstbestimmung der Völker (Art. 1). Die wichtigsten Organe der UNO sind:
1. die jährlich stattfindende Vollversammlung (jeder Mitgliedstaat hat eine Stimme) und deren Ausschüsse;
2. der Sicherheitsrat mit fünf ständigen Mitgliedern (die USA, China, Frankreich, Großbritannien und Russland, die über ein Vetorecht verfügen; Deutschland bemüht sich um Aufnahme) und zehn jeweils für zwei Jahre gewählten Mitgliedern;
3. das Generalsekretariat mit einem Generalsekretär an der Spitze (auf fünf Jahre von der Vollversammlung gewählt);
4. der Wirtschafts- und Sozialrat mit 54 Mitgliedern (jährlich werden 18 Mitglieder für drei Jahre gewählt) und den fünf regionalen Kommissionen;
5. der Internationale Gerichtshof (15 Richter, die von der Vollversammlung und dem Sicherheitsrat für neun Jahre gewählt werden).
In jüngster Zeit wurden verstärkt Forderungen laut, durch eine Reform der UNO den ärmeren → Staaten größere Einflussmöglichkeiten zu geben.

Vertrag von Lissabon: Völkerrechtlicher Vertrag zwischen den damals 27 Mitgliedstaaten der → Europäischen Union, der am 13. Dezember 2007 unter portugiesischer Ratspräsidentschaft in Lissabon unterzeichnet wurde und am 1. Dezember 2009 in Kraft trat. Der V. übernimmt wesentliche Inhalte der abgelehnten Europäischen Verfassung und gilt als wichtigster Reformschritt seit dem Vertrag von Nizza (2001).

Weltbank: 1944 als eine Sonderorganisation der → Vereinten Nationen gegründet. Ihr Ziel ist es derzeit, meist durch Kreditvergabe → Armut in → Entwicklungsländern zu bekämpfen.

Wertpapiermarkt: Dem W. kommt im internationalen Finanzsystem die größte Bedeutung zu, denn der Handel mit Wertpapieren (→ Aktien, → Schuldverschreibungen und → Derivate) macht der Großteil der Kapitalbewegungen aus. Wertpapiere sind handelsfähige Urkunden, die einen Vermögenswert verbriefen.

Wertschöpfungskette: Ablauf von Produktionsschritten von Roh- und Zwischenprodukten bis hin zum fertigen Erzeugnis. Je nachdem, wie arbeits-, kapital- und technologieintensiv die Fertigungsschritte jeweils sind, wählen Unternehmen die Standorte (z. B. bei der Produktion von Smartphones) weltweit. Dass gut ein Drittel des Welthandels ein Intra-Konzern-Handel mit Zwischenprodukten ist, geht auf diese transnationalen Produktionsnetzwerke und Lieferketten zurück.

Westfälisches System: die politische Ordnung, die sich in Europa nach dem Westfälischen Frieden des Jahres 1648 entwickelt hat. Es beinhaltet drei wesentliche Prinzipien:
das Souveränitätsprinzip: Jeder → Staat ist souverän.
das Territorialprinzip: Die → Staaten haben klare territoriale Grenzen, in denen sie das Gewaltmonopol besitzen.
das Legalitätsprinzip: Die → Staaten sind untereinander gleichberechtigt, dabei ist Krieg als Mittel zur Durchsetzung der Interessen eines Staates legitim.

World Trade Organization (WTO): 1995 gegründet; Sitz: Genf; Sonderorganisation der → Vereinten Nationen mit derzeit 153 Mitgliedern (2010); neben dem → Internationalen Währungsfonds und der → Weltbank die wichtigste Institution zur Behandlung internationaler Wirtschaftsprobleme; zu den wichtigsten Aufgaben der WTO zählen die Liberalisierung des Welthandels, die Senkung von Zöllen und die Überwachung internationaler Handels- und Dienstleistungsregelungen.

Zwei-plus-vier-Vertrag: (offiziell: Vertrag über die abschließende Regelung in Bezug auf Deutschland) Der am 12.9.1990 in Moskau unterzeichnete und am 15.3.1991 in Kraft getretene Staatsvertrag zwischen den beiden deutschen Staaten und den vier Siegermächten des Zweiten Weltkrieges – USA, Sowjetunion, Frankreich und Großbritannien – stellte die endgültige innere und äußere → Souveränität des vereinten Deutschlands her. Er enthält u. a. die Festlegung der endgültigen mitteleuropäischen Grenzen und damit des Staatsgebietes des vereinten Deutschlands mit der Erklärung, dass Deutschland keine Gebietsansprüche an andere → Staaten stellt, und markiert damit das Ende der Nachkriegszeit.

METHODE — Methodenkompendium

Umgang mit Statistiken

„Statistik ist für mich das Informationsmittel der Mündigen. Wer mit ihr umgehen kann, kann weniger leicht manipuliert werden."

(Elisabeth Noelle-Neumann, 1916–2010)

Statistische Daten helfen, Entwicklungen und Fakten in einen Gesamtzusammenhang einzuordnen oder Annahmen und Aussagen zu belegen. Statistiken erwecken den Eindruck objektiver Tatsachen, spiegeln oft aber nur einen begrenzten Teil der Realität wieder und können den Betrachter somit auch „falsch informieren" bzw. manipulieren.

Um Tabellen, Diagramme oder auch Karten zu erstellen, sind oft umfangreiche Vorarbeiten nötig. Zudem kann man Daten auch in die jeweils gewünschten Zusammenhänge stellen und somit „vordeuten". So lassen sich z. B. bei der Präsentation von Zahlen in einem Diagramm schon durch die Wahl des Maßstabs oder der Bezugspunkte Unterschiede besonders betonen oder einebnen. Deshalb ist bei der Interpretation ein kritischer Blick nicht nur auf die Zahlen und auf die grafische Gestaltung, sondern auch auf die verwendeten Begriffe nötig.

Außerdem ist zu bedenken, dass viele statistische Daten Durchschnittswerte ausdrücken oder aus Teilgrößen zusammengesetzt sind. Beispiel: Wenn die Arbeitnehmer in Deutschland im Durchschnitt einen Jahresverdienst von X Euro haben, sagt das noch nichts über den Jahreslohn einer bestimmten Person im Jahr Y aus. Diese Person kann als Minijobber weniger Lohn beziehen, exakt den Jahresverdienst erhalten oder weit höhere Bezüge haben. Auch über die Verteilung der Einkommen innerhalb einer Gesellschaft drückt der Durchschnittswert des Einkommens erst einmal nichts aus.

Trotzdem sind Durchschnittswerte aussagekräftig. Man kann daraus z. B. schließen, welches Lohn- oder Einkommensniveau in einem Staat oder einer Region im Vergleich zu anderen Staaten/Regionen erreicht ist oder – wenn man die Entwicklung über mehrere Jahre vergleicht –, ob die Menschen im Durchschnitt mehr oder weniger verdienen. So kann man begründet einschätzen, ob sich das Wohlstandsniveau erhöht oder gesenkt hat.

Bezogen auf die Art der Darstellung, lassen sich Statistiken in Tabellen und Diagramme unterscheiden.

1. Diagramm und Tabelle

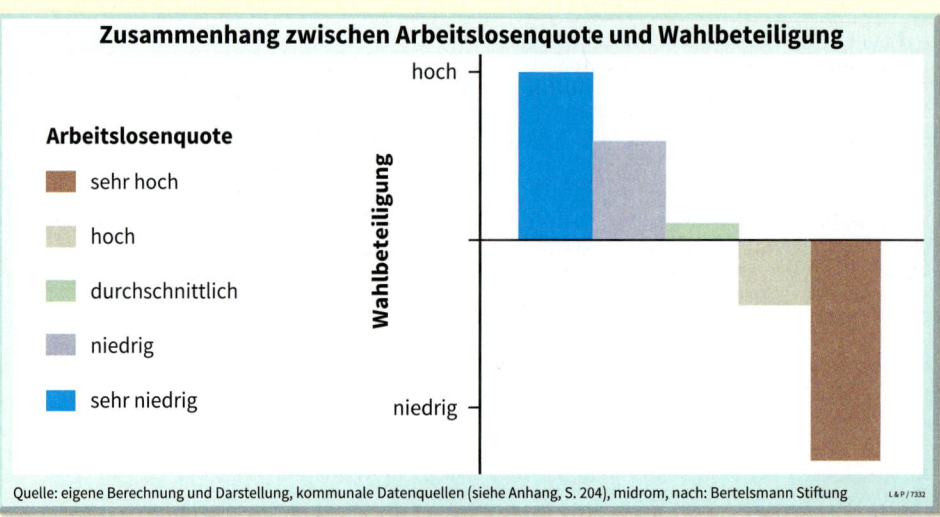

Quelle: eigene Berechnung und Darstellung, kommunale Datenquellen (siehe Anhang, S. 204), midrom, nach: Bertelsmann Stiftung

METHODE

Tabellarische Übersicht aller Stadtbezirke Stuttgarts mit ausgewählten Indikatoren (Angaben in Prozent)						
Stadtbezirk	Wahlbeteiligung	Ökonomisch stärkere Milieus*	Ökonomisch schwächere Milieus**	Arbeitslosigkeit	Haushalte mit (Fach-) Abitur	Haushalte ohne Schulabschluss
Zuffenhausen	68,8	11,1	59,0	9,0	24,3	10,0
Mühlhausen	69,7	13,4	50,5	8,0	26,7	9,1
Münster	71,1	15,2	45,8	8,0	24,9	9,1
Wangen	71,2	16,7	54,1	11,0	24,2	10,2
Bad Cannstatt	71,3	18,3	48,4	9,0	25,5	10,8
Ost	74,1	21,3	45,4	7,0	27,9	9,6
Mitte	74,7	21,3	19,6	9,0	33,5	8,2
Weilimdorf	75,5	23,1	40,0	6,0	30,7	8,8
Stammheim	76,0	22,0	43,0	5,0	28,5	8,7
Untertürkheim	76,0	24,5	38,9	7,0	29,6	9,0
Hedelfingen	76,7	29,4	30,6	8,0	31,7	8,0
Feuerbach	77,3	31,4	34,5	6,0	33,0	8,2
Obertürkheim	77,3	31,8	31,3	6,0	30,8	8,6
Nord	78,3	40,6	26,0	7,0	35,4	9,1
Süd	78,6	24,3	33,4	7,0	30,1	9,3
Birkach	79,2	59,2	14,2	5,0	40,6	7,7
Möhringen	79,7	47,8	22,1	5,0	37,3	7,8
West	79,8	27,2	22,0	5,0	32,7	7,9
Plieningen	80,3	51,8	8,9	5,0	39,5	7,3
Botnang	80,6	51,7	20,1	7,0	39,7	7,6
Vaihingen	81,1	46,7	13,7	5,0	37,7	7,9
Sillenbuch	83,4	60,8	8,4	6,0	42,6	7,2
Degerloch	83,8	59,0	9,0	3,0	43,2	7,1

*Konservativ-Etablierte, Liberal-Intellektuelle und Performer, **Hedonisten, Prekäre und Traditionelle [Sinus-Milieus]
Quelle: kommunale Wahl-, Arbeitslosen- und Geodaten, micronom, eigene Berechnungen

Daten im Diagramm und in der Tabelle nach: Armin Schäfer/Robert Vehrkamp/Jérémie Felix Gagné, Prekäre Wahlen. Milieus und soziale Selektivität der Wahlbeteiligung bei der Bundestagswahl 2013, Gütersloh: Bertelsmann Stiftung, 2013, S. 12, 187

1 Erläutern Sie die Vorteile der jeweiligen Darstellungsweise als Säulendiagramm und als Tabelle.

METHODE

2. Die wichtigsten Diagrammtypen

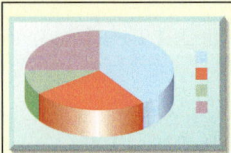	Wenn Anteile einer 100-prozentigen Menge im Verhältnis zueinander dargestellt werden sollen (z. B. Wahlergebnisse, Marktanteile), dann eignet sich v. a. das Kreis- oder Tortendiagramm. Die wichtigste Teilmenge beginnt dabei i. d. R. mit der 12-Uhr-Position. Visualisiert werden meist Strukturvergleiche und Mengenverhältnisse (z. B. prozentuale Anteile, Zusammensetzungen).
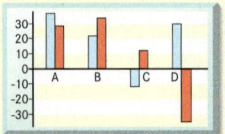	Mit dem Säulendiagramm lassen sich Vergleiche, Unterschiede und auch Trends über einen bestimmten Zeitraum darstellen (z. B. die Entwicklung des Ölpreises im Verhältnis zum Gaspreis). Teilmengen können anschaulich miteinander verglichen werden. Von Vorteil ist diese Darstellungsform zudem, weil sich auch negative Daten darstellen lassen. Im Gegensatz zum Balkendiagramm können mit dem Säulendiagramm Mengen in einer zeitlichen Abfolge dargestellt werden (Zeitreihe), die x-Achse dient dabei als Zeitachse.
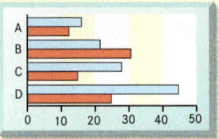	Sollen verschiedene Mengen miteinander verglichen werden (z. B. die Anzahl der Schulformen in den verschiedenen Bundesländern), dann eignet sich dazu das Balkendiagramm. Dieser Diagrammtyp betont das Verhältnis der Teilmengen untereinander. Oft werden Balkendiagramme dazu verwendet, um eine Rangfolge oder einen Vergleich zu visualisieren; es werden dabei entweder prozentuale Werte oder absolute Zahlen angegeben.
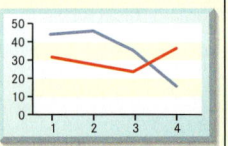	Das Linien- oder Kurvendiagramm findet v. a. Verwendung zur Darstellung einer Entwicklung, eines Verlaufs oder einer Zeitreihe (z. B. bei Wahlergebnissen oder Preisentwicklungen). In einem Liniendiagramm können aber auch Abhängigkeiten und Brüche (z. B. der Pillenknick bei der demografischen Entwicklung) dargestellt werden. Dieser Diagrammtyp eignet sich ideal, um Extremata (Höchstwerte/Tiefstwerte) miteinander zu vergleichen.
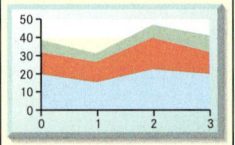	Das Flächendiagramm zeigt an, wie sich Daten im Lauf der Zeit verändern (z. B. die Entwicklung der Wirtschaftssektoren zueinander). Auch lässt sich die Beziehung von Teilen zum Ganzen darstellen.

3. Auswertung einer Statistik

Beschreibung
- Was ist das Thema der Tabelle oder des Diagramms?
- Von wem und von wann stammt die Statistik?
- Wo ist die Statistik erschienen (Zeitung, Internet, Statistisches Bundesamt etc.)?
- Welche Darstellungsform ist gewählt, Tabelle oder Diagramm (Diagrammart)?
- Welche Bezugsgrößen sind genannt (z. B. „Beschäftigte pro Jahr")?
- Wie sind die Begriffe, zu denen Aussagen gemacht werden, definiert?
- Welche Zahlenarten (absolute Zahlen, Prozentzahlen) werden verwendet?

Inhalt
- Was ist die Hauptaussage (Trend)? Welche Teilaussagen (Einzelaspekte) lassen sich ableiten? (Verbalisierung der statistischen Aussage)
- Auf welche Fragen antwortet das Material, auf welche nicht?
- Welche Entwicklungen sind erkennbar? Welche Auffälligkeiten zeigen sich?
- Welche Thesen werden gestützt oder infrage gestellt?

Kritische Bewertung
- Wie aktuell ist das Datenmaterial?
- Welcher Maßstab/welche Proportionen sind verwendet (Einteilungen, Verhältnis der Maßstäbe der beiden Achsen)?
- Wie wurden die Daten gewonnen bzw. von wem wurden sie bezogen? Welche mögliche Intention hatte der Verfasser?
- Stellungnahme zu der Aussageabsicht der Statistik!

4. Achtung Manipulation

Dramatischer Wählerrückgang? Zwei Säulendiagramme zur Wahlbeteiligung bei Bundestagswahlen

METHODE

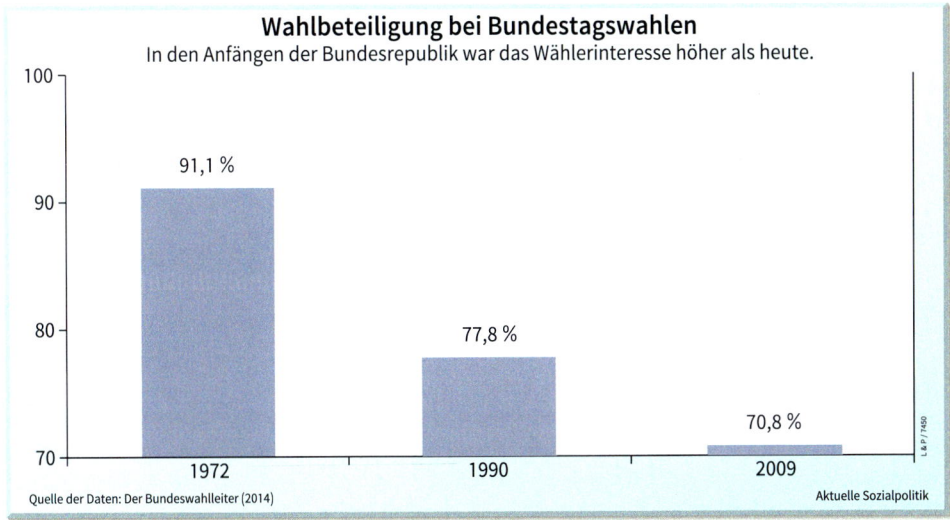

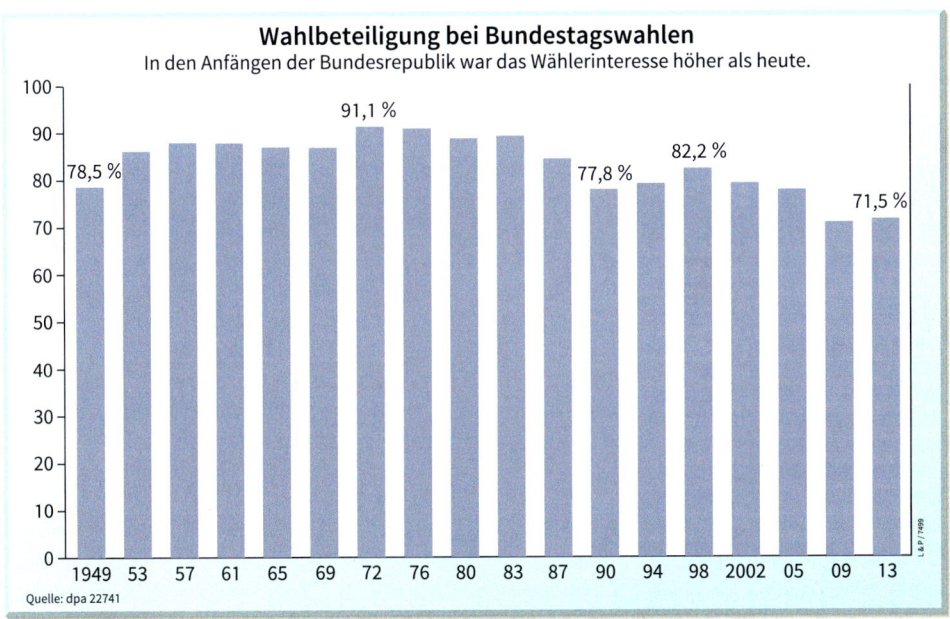

1 Vergleichen Sie die beiden Säulendiagramme auf dieser Seite miteinander.

METHODE: Urteilsbildung – Sach- und Werturteile

- „In Deutschland lebende Ausländer sollten sich an allen Wahlen beteiligen dürfen."
- „Alle wahlberechtigten Bürger sollten zur Wahl gehen müssen."
- „Auch Jugendliche sollten wählen dürfen."

Diesen Forderungen aus den Texten in Kapitel I.3.3 kann man zustimmen oder sie ablehnen. Bei so gut wie allen politischen Entscheidungen gibt es unterschiedliche Vorstellungen darüber, was gut oder schlecht ist, was getan und was gelassen werden sollte, um das Zusammenleben in einer Gesellschaft zu verbessern. Und diese Vorstellungen bauen auf Urteilen auf, die wir alle – bewusst oder unbewusst – tagtäglich fällen, nicht nur wenn es um Politik geht. Es lassen sich zunächst zwei Arten von Urteilen unterscheiden: Sachurteile und Werturteile.

In einem **Sachurteil** werden Gegebenheiten z. B. beschrieben oder verglichen:
- „Das Mindestwahlalter auf Bundesebene ist höher als das Mindestwahlalter auf kommunaler Ebene in Baden-Württemberg."
- „Junge Menschen neigen besonders stark zu extremen Parteien." (siehe S. 44 f., M 3)

Diese Sachurteile sind Aussagen über die Wirklichkeit und lassen sich als richtig oder falsch bezeichnen, sie sind nachprüfbar, z. B. anhand von Gesetzen oder Statistiken. Sachurteile sind damit auch eine Voraussetzung für Werturteile, denn zunächst muss Einigkeit über den Sachverhalt bestehen, bevor man ihn angemessen beurteilen kann. Wenn ich z. B. davon ausgehe, dass die zweite Aussage stimmt, denke ich vielleicht anders über eine Wahlrechtsreform als wenn ich davon ausgehe, dass diese Aussage falsch ist.

In einem **Werturteil** gibt es kein objektives „richtig" oder „falsch", sondern subjektive Bewertungen, z. B. darüber ob wir einen Sachverhalt oder eine Entscheidung einfach ausgedrückt für „gut" oder „schlecht" halten. Diesen Werturteilen kann man zustimmen oder sie ablehnen, z. B. ...

... bei Stellungnahmen:
- „Ein allgemeines Wahlrecht für alle in Deutschland lebenden Ausländer ist gut, weil sie genau wie die Inländer über die Gestaltung der Gesellschaft mitentscheiden sollten."

... bei Handlungsaufforderungen (Entscheidungsurteile):
- „Damit Jugendliche sich für Politik interessieren, sollte das Wahlalter herabgesetzt werden."

... bei detaillierten Problemlösungen (Gestaltungsurteile):
- „Zunächst soll für Kommunalwahlen Wahlpflicht bestehen. Die Bürger erhalten zwei Monate vor dem offiziellen Wahltermin eine Aufforderung zur Wahl und können ab diesem Zeitpunkt jederzeit per Brief oder am Wahltermin selbst persönlich abstimmen. Wer nicht abstimmt, zahlt eine Strafe von 50 Euro."

Aber woran orientieren wir uns, wenn wir Stellung beziehen, Handlungen einfordern oder Problemlösungen vorschlagen? Das kann von ganz unterschiedlichen Faktoren abhängen wie dem Alter, der Herkunft, allgemeinen politischen Einstellungen oder der Parteizugehörigkeit bei einem Politiker. Wenn wir andere allerdings von unserer Position überzeugen wollen, ist es wichtig, dass wir unser subjektives Urteil sachlich mit guten Argumenten begründen können.

Zwei mögliche Wertmaßstäbe sind die der **Effizienz** und der **Legitimität**: Eine (politische) Maßnahme ist effizient, wenn sie sachangemessen, wirksam, ergiebig und kostengünstig ist. Sie ist legitim, wenn sie wichtige Grundwerte des demokratischen Gemeinwesens wie Menschenwürde, Freiheit, Gleichheit, Gerechtigkeit und politische Beteiligung respektiert:

- „Die Absenkung des Wahlalters ist als effizient zu bewerten, da sie zum Erreichen des Ziels, einem steigenden Interesse der Jugendlichen an Politik, führt."
- „Die Einführung einer Wahlpflicht ist nicht legitim, da der Bürger in seiner Wahl frei sein sollte."

Urteilsfähigkeit trainieren

Kategorien politischer Urteilsbildung

Beurteilungsmaßstab	Sichtweise der politischen Akteure	Sichtweise der politisch Betroffenen	Perspektive des demokratischen Systems
Kategorie Effizienz	■ Handlungsmöglichkeiten ■ Handlungsrestriktionen ■ Entscheidungskompetenzen ■ Macht ■ Aufwand ■ Kosten ■ etc.	■ individueller Nutzen ■ individuelle Kosten ■ individuelle Interessen	■ Funktionsfähigkeit ■ Leistungsfähigkeit ■ Stabilität
Kategorie Legitimität	■ Humanverträglichkeit: – Menschenrechte – Grundrechte – demokratische Prinzipien ■ Sozialverträglichkeit: – Zumutbarkeit – Interessenberücksichtigung ■ Gemeinwohlorientierung: – Akzeptanz – Transparenz – Partizipation ■ Umweltverträglichkeit: – Berücksichtigung der ökologischen Dimension – Nachhaltigkeit	■ Selbstbestimmung ■ Mitbestimmung ■ Identität ■ verallgemeinerbare Interessen ■ verallgemeinerbare Werte	■ Grund- und Menschenrechte ■ Demokratie ■ Rechtsstaat ■ Sozialstaat ■ Alternativen

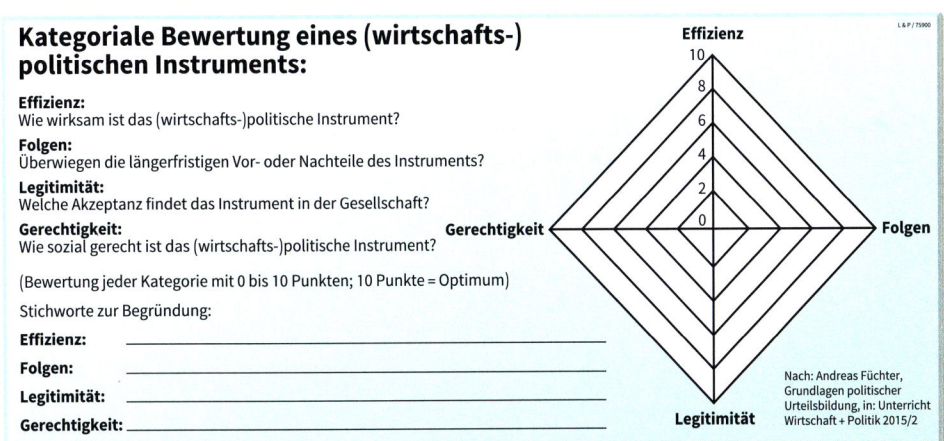

Kategoriale Bewertung eines (wirtschafts-)politischen Instruments:

Effizienz: Wie wirksam ist das (wirtschafts-)politische Instrument?
Folgen: Überwiegen die längerfristigen Vor- oder Nachteile des Instruments?
Legitimität: Welche Akzeptanz findet das Instrument in der Gesellschaft?
Gerechtigkeit: Wie sozial gerecht ist das (wirtschafts-)politische Instrument?

(Bewertung jeder Kategorie mit 0 bis 10 Punkten; 10 Punkte = Optimum)

Stichworte zur Begründung:
Effizienz: _____
Folgen: _____
Legitimität: _____
Gerechtigkeit: _____

Nach: Andreas Füchter, Grundlagen politischer Urteilsbildung, in: Unterricht Wirtschaft + Politik 2015/2

Nach: Andreas Füchter, Grundlagen politischer Urteilsbildung, in: Unterricht Wirtschaft + Politik 2015/2, S. 1–11

1 Überprüfen Sie, ob es sich bei den folgenden Aussagen um Sachurteile oder Werturteile handelt:
– „In allen Staaten der Europäischen Union herrscht Wahlpflicht."
– „Eine Ausgrenzung der Ausländer aus dem Wahlprozess ist ungerecht."
– „Die Einführung der Wahlpflicht wird von 63 Prozent der Bevölkerung abgelehnt."
– „Der Staat hat das Recht, von seinen Bürgern Beteiligung an Wahlen einzufordern."
– „Jugendlichen fehlt die Reife, um politische Entscheidungen zu treffen."

METHODE

Die Pro-Kontra-Diskussion – Trainingslager der Argumente

Der Wettstreit der Argumente ist ein wichtiger Bestandteil demokratischer Gesellschaften. Dabei sollte sich nicht der durchsetzen, der sich am besten ausdrücken kann, sondern derjenige, der durch gute Argumente inhaltlich zu überzeugen weiß.

Die Pro-Kontra-Diskussion ist dafür das perfekte Trainingslager. Sie kann auf alle Entscheidungsfragen, also Fragen, die man mit „Ja" oder „Nein" beantworten kann, angewendet werden.

Eine Besonderheit der Pro-Kontra-Diskussion ist, dass man mitunter nicht seine eigene Position vertreten muss, sondern, weil das Los so entschieden hat, die Gegenseite. Aber ist das sinnvoll? Auf jeden Fall, denn so lernt man, dass es nicht nur Argumente für die eigene Meinung gibt und diese natürlich die „richtige" ist. Man muss sich in eine andere Perspektive hineinversetzen können. Und diese Fähigkeit ist ein weiterer wichtiger Bestandteil einer demokratischen Gesellschaft.

Vorgehen

1. Zu Beginn muss die Fragestellung genau geklärt werden.

2. Eine erste Abstimmung wird durchgeführt, bevor Argumente besprochen wurden.

3. Eine Pro- und eine Kontra-Gruppe werden gebildet, am besten nach dem Zufallsprinzip.
(Alternative Variante A: Eine dritte Gruppe wird gebildet, die der Diskussion lediglich als Beobachter beiwohnt.)

4. Die Gruppen beschäftigen sich nun anhand von Materialien mit den Argumenten ihrer Seite und der Gegenseite. Dies kann in den Gruppen auch arbeitsteilig geschehen.

5. Es werden Gruppensprecher bestimmt.

6. Eine geeignete Sitzordnung wird gewählt. Vorne sitzt ein Gesprächsleiter, die Gruppen sitzen sich gegenüber.
(Alternative Variante B: Bei erfahrenen Diskussionsgruppen kann die Rolle des Gesprächsleiters wegfallen.)

7. Der Gesprächsleiter eröffnet die Diskussion, nennt das Thema und erläutert die Regeln sowie Dauer der Diskussion.
(Fällt in der alternativen Variante B weg.)

8. Die Gruppensprecher halten jeweils ein knappes Eingangsstatement.

9. Anschließend erfolgen Rede und Gegenrede, wobei sich die Teilnehmer jeweils auf die Argumente der Gegenseite beziehen sollen, bevor sie neue Argumente in die Diskussion einbringen.

10. Nach dem Ende der Diskussion erfolgt die Auswertung der Diskussion. Dafür können die Diskussionsteilnehmer unabhängig von ihrer Gruppenzugehörigkeit (und Beobachter in der Variante A) die Argumente nennen, die sie überzeugt haben, und welche Diskussionsbeiträge ihnen besonders gefielen oder missfielen.

11. Zum Abschluss erfolgt nochmals eine Abstimmung. Das Ergebnis wird mit der ersten Abstimmung verglichen und es werden Ursachen für evtl. Veränderungen diskutiert.

Nach: Lothar Scholz, Methodenkiste, 7. Aufl., Bonn: bpb 2016, S. 30 f.

Parteienerkundung und Programmanalyse

METHODE

Parteienerkundung vor Ort
Erkunden Sie – arbeitsteilig – die Aktivitäten der verschiedenen Parteien in Ihrer Gemeinde. Entwickeln Sie dazu Fragen für Interviews mit Vorstandsmitgliedern der jeweiligen Ortsverbände, Ratsmitgliedern und „einfachen" Parteimitgliedern.

Folgende Fragen könnten sinnvoll sein:
- Welche Motive geben die Parteimitglieder für ihr Engagement an?
- Wie ist die Partei vor Ort organisiert?
- Existiert ein Jugendverband der Partei im Ort?
- Wie wird die örtliche Parteiarbeit finanziert?
- Wie viele Mitglieder hat der Ortsverband der Partei? Wie ist die Berufs- und die Altersstruktur, wie der Frauenanteil beschaffen?
- Wie hat sich die Mitgliederzahl in den letzten zehn Jahren entwickelt?
- Welche Gremien in der Gemeinde werden mit Personen aus der Partei besetzt?
- Worin werden die Unterschiede zu den anderen Parteien in der Gemeinde gesehen?

Ergänzen können Sie die Ergebnisse Ihrer Interviews durch folgende Aktivitäten:
- Besuchen Sie öffentliche Veranstaltungen der Partei.
- Sammeln Sie aktuelle Pressemitteilungen über Aktivitäten der Ortspartei.
- Beachten Sie die Präsentation der Ortspartei im Internet.

Überlegen Sie, wie Sie Ihre **Ergebnisse** zusammenfassend auf Schautafeln oder in einer kleinen „Parteienzeitung" präsentieren können. Erfahrungsgemäß sind Ihre Gesprächspartner, aber auch die Lokalpresse an den Ergebnissen Ihrer Recherchen interessiert.

Analyse von Partei- und Wahlprogrammen
Partei- und Wahlprogramme beschreiben den politischen Standort der Parteien und enthalten in zusammenhängender, ausführlicher Darstellung die Ziele, für die sie in der Öffentlichkeit eintreten. Parteiprogramme kommen in der Regel erst nach einem längeren Diskussionsprozess zustande und sind notwendigerweise recht allgemein gehalten. Wahlprogramme beschreiben demgegenüber konkreter das politische Programm für die kommende Legislaturperiode.

Eine kriteriengeleitete Analyse der Programmaussagen der wichtigsten Parteien kann Ihnen Aufschluss über deren ideologisches Selbstverständnis und politische Gestaltungsabsicht geben. Nachdem Sie die Aussagen in Stichwortsätzen herausgearbeitet haben, können Sie sie z. B. auf einer Wandzeitung oder auf Folien gegenüberstellen. Dies erlaubt Ihnen einen Vergleich der Profile der Parteien.

Was viele nicht wissen: Gemäß § 6 Absatz 3 des Parteiengesetzes können Sie sich kostenlos alle oder einzelne Programme der Parteien vom Bundeswahlleiter schicken lassen. Im Gesetz heißt es zunächst, dass der Vorstand jeder Partei dem Bundeswahlleiter Satzung und Programm der Partei mitzuteilen hat und Änderungen anzeigen muss. Dann heißt es weiter: „Die Unterlagen können beim Bundeswahlleiter von jedermann eingesehen werden. Abschriften dieser Unterlagen sind auf Anforderung gebührenfrei zu erteilen."

Es bieten sich folgende Analyse- und Vergleichskriterien an.
- Menschenbild
- Grundwerte
- Demokratievorstellung
- Aufgaben des Staates
- Wirtschaftsordnung und -politik
- Familienbild
- Steuer- und Sozialpolitik
- Bildungspolitik

Titelseiten der Grundsatzprogramme einiger Parteien

Beim Vergleichen sollte darauf geachtet werden, wie ausführlich die Programme die einzelnen Punkte behandeln und welchen Gruppen sich die Parteien jeweils besonders verpflichtet fühlen. Im **Abschlussgespräch** können Sie die Überzeugungskraft der Programme kritisch erörtern.

METHODE — Einen Kommentar verfassen

Kurzdefinition der Textsorte Kommentar

Der Kommentar gehört innerhalb der journalistischen Textsorten zu den meinungsbetonten Darstellungsformen wie auch die Glosse. Der Leitartikel und die Kolumne sind die speziellen Textformen des Kommentars. Der Leitartikel sagt etwas aus über die politische Richtung einer Zeitung aus.

Welche Merkmale hat der Kommentar?

- Im Kommentar steht die subjektive Meinung des Autors/der Autorin zu einem Thema bzw. Ereignis im Mittelpunkt.
- Der Autor/die Autorin bezieht offen Stellung, nachdem er/sie sich einen Überblick über das Thema verschafft und alle vorliegenden Informationen analysiert hat.
- Er/sie interpretiert das Gelesene und gibt dieses Wissen weiter. Er/sie zeigt mögliche und unvermeidliche Folgen auf und sagt unmissverständlich seine/ihre Meinung zum Thema.

Wofür brauchen wir den Kommentar?

Anlässe, einen Kommentar zu schreiben, sind aktuelle Ereignisse, zum Beispiel aus Politik, Wissenschaft, Kultur und Sport. Alles, was eine Nachricht wert ist, kann Basis für einen Kommentar sein. Maßgeblich ist, dass das Ereignis eine Meinungsäußerung notwendig macht und öffentliches Interesse vorhanden ist. Kennzeichen aller Kommentare ist, dass die Autoren/Autorinnen die Leser/Leserinnen dazu bewegen wollen, ein Ereignis aus einem bestimmten Blickwinkel zu betrachten.

Übersicht über den Aufbau eines Kommentars

- Schon die **Überschrift** sollte gut überlegt sein, sie muss die Leser/Leserinnen einfangen, sie provozieren und zum Lesen animieren.

  Dann folgen:

- **Die Kontaktaufnahme mit den Lesern/Leserinnen**
  Das kann zum Beispiel eine These sein: Stell Dir vor, es ist Krieg und keiner geht hin. Die These ist umso effektiver, je mehr Widerstand zu erwarten ist.

- **Die Darstellung der Lage**
  Die Zusammenfassung einer Nachricht gehört in jeden Kommentar. Ein bis zwei Zeilen reichen vollkommen aus, um die Situation kompakt wiederzugeben.

- **Die Folgerungen daraus**
  Ist die Kontaktaufnahme formuliert und die Nachricht dargestellt, muss die Meinung des Autors folgen. Der Hauptteil des Kommentars sollte aus der Argumentation dieser persönlichen Sichtweise bestehen. Sie zeigt den Standpunkt des Autors/der Autorin und beweist seinen/ihren Durch- und Überblick.

- **Die Widerlegung gegnerischer Argumente**

- **Die Schlussfolgerung**
  In der Schlussfolgerung nimmt der Autor/die Autorin die These wieder auf und schließt mit den Konsequenzen der Überlegungen.

METHODE

Welche Darstellungsformen der Textsorte Kommentar gibt es?

Der polemische Kommentar
Diese am häufigsten angewandte Form eignet sich am besten für Themen, die kontrovers diskutiert werden, aber in der Öffentlichkeit sehr wohl bekannt sind. Hier werden Argumente gesammelt, die sowohl dafür als auch dagegen sprechen. Am Ende muss der Leser/die Leserin entscheiden, welcher Argumentationsschiene er/sie folgen will, da dieser Kommentartyp ohne Fazit endet.

Der vergleichende Kommentar
Er wird angewandt, wenn erwartet werden muss, dass der Leser/die Leserin nicht in der Lage sein wird, Zusammenhänge zu erkennen. Am Ende steht eine klare Schlussfolgerung.

Der analytische Kommentar
Diese Form arbeitet hauptsächlich mit dem erhobenen Zeigefinger: Das musste ja so kommen!

Der konstruktive Kommentar
Hier beschreibt der Autor/die Autorin eine mögliche Entwicklung in der Zukunft anstatt einer aktuellen Meldung.

Der windelweiche und der ratlose Kommentar
Beide sind streng genommen keine Kommentare, da sie dem Grundmuster des Kommentars nicht folgen.

Typische Beratungsanfragen im Zusammenhang mit der Textsorte Kommentar:

Auf welche Informationen aus der Meldung, auf die ich mich mit dem Kommentar beziehen möchte, muss ich direkt eingehen?
... nur auf die Informationen, auf die sich deine Meinungsäußerung direkt bezieht. Da die Meldung in der Zeitung direkt „neben" dem Kommentar erscheint, geht man davon aus, dass die Leser/Leserinnen sich in der Meldung weiter informieren, wenn sie an den Details interessiert sind.

Wie lang darf ein Kommentar sein?
Das kommt auf den Platz in der Zeitung an. Aber keinesfalls sollte der Kern der eigenen Meinung „zerredet" werden.

Aus: Schreibzentrum der Pädagogischen Hochschule Freiburg, Schreiben im Zentrum. Journalistische Werkstatt: Textsorte Kommentar, www.ph-freiburg.de/fileadmin/dateien/zentral/schreibzentrum/typo-3content/Lehre_WS12_13/A5_Heft_Kommentar.pdf (Zugriff: 5.1.2017)

METHODE   ## Schwierige Texte verstehen: die 5-Schritt-Lesemethode

1. Im ersten Schritt verschaffen Sie sich einen groben Überblick über den Text. Die Überschrift, die Anfänge der einzelnen Abschnitte, Schlüsselwörter oder bekannte Begriffe können Ihnen dabei eine Vorstellung von dem Textinhalt vermitteln. Der Text wird überflogen.
2. Sie überlegen, um welche Fragen oder Probleme es in dem Text geht.
3. Jetzt wird der Text gründlich gelesen. Unterstreichen und markieren Sie dabei die wichtigsten Aussagen oder Schlüsselbegriffe. Unbekannte Begriffe schreiben Sie heraus und klären sie mithilfe eines Lexikons.
4. Fassen Sie die einzelnen Abschnitte in eigenen Worten zusammen und formulieren Sie Überschriften.
5. Wiederholen Sie die wichtigsten Informationen des Textes.

Nach: Lothar Scholz, Methodenkiste. Methoden für Schule und Bildungsarbeit, 4., überarb. Auflage, Bonn: bpb, 2010

Textverstehen (Hermeneutik)

METHODE

Texte über politische Ideen befassen sich mit Gegenständen, die sehr weit von der Lebenswirklichkeit der Menschen entfernt sind. Ihre Argumentationsweise ist oft nicht leicht zu verstehen. Die Erschließung solcher Texte erfordert ein sorgfältiges, aus mehreren Phasen bestehendes Lesen, für das die Hermeneutik, die **Lehre des Verstehens oder Auslegens**, die Instrumente bereithält.

Der hermeneutische Prozess beginnt mit dem Bewusstwerden des **Vorverständnisses** der betreffenden Sache. Dieses gewinnt man aus der bisherigen Beschäftigung mit der Sache, insbesondere aus der Lektüre von Texten und dem gemeinsamen Gespräch über den Gegenstand. Es empfiehlt sich, das Vorverständnis in einigen Sätzen schriftlich festzuhalten.

Dann folgt das Gewinnen eines **vorläufigen Textverständnisses**. Dieses ergibt sich aus einem intensiven Lesen des zugrunde liegenden Textes. Dabei sollte das Lesen grundsätzlich „mit dem Bleistift bzw. Markierer" vorgenommen werden. Denn so lässt sich Auffälliges unterstreichen, Fragliches mit Zeichen markieren und können Eindrücke sofort notiert werden. Hilfreich ist die Beachtung einiger Tipps für diese Phase der Texterschließung.

Unterstreichungen im Text	Rot = deskriptive Kernaussagen
	Blau = normative Kernaussagen
Markierungen am Rand	! = Zustimmung
	?! = Zweifel
	? = Unklarheit
	D = Definition
	N = Nachlesen und Klären

Bei schwierigen Texten muss man notfalls **Satz für Satz** lesen. Das kostet Zeit, ist aber unerlässlich. Ob man einen Satz verstanden hat, lässt sich daran ersehen, dass man in der Lage ist, ihn **mit eigenen Worten wiederzugeben**. Gegebenenfalls sollte dieser Test auf Absätze angewendet werden, die man zusätzlich mit **Überschriften** versieht.

Verbessert wird das vorläufige Textverständnis, wenn man verstandene Zusammenhänge durch **einfache Grafiken** darstellt. Empfehlenswert ist es weiterhin, seine Ergebnisse **mit anderen auszutauschen**. Auf diese Weise lassen sich eventuell Verstehensschwierigkeiten beheben und ergeben sich möglicherweise neue und besser begründete Sichtweisen. Eine Ursache für diese Ausdehnung des Verstehenshorizontes liegt darin, dass in das vorläufige Textverständnis der anderen Vorverständnisse eingegangen sind, die sich vom eigenen unterscheiden.

Zu einem **vertieften Textverständnis** gelangt man, wenn man den Umstand berücksichtigt, dass jeder Text in einen **Handlungszusammenhang** eingebettet ist und insofern die Antwort des Autors auf eine Frage oder ein Problem darstellt. Falls der Autor seine Problemstellung nicht selbst klar ausspricht, muss man sie rekonstruieren. Die Ermittlung der **Frage-Antwort-Relation** führt auch zum Erfassen der **Intention des Autors**. Sinnvoll ist ebenso die Frage, an welche **Adressaten** der Autor wohl gedacht hat und zu welchen Einsichten und Einstellungen er sie vermutlich bringen will. Erweitert wird das Textverständnis schließlich durch Einbeziehung der **Biografie des Autors**, der **zeitgeschichtlichen Situation**, in der er schrieb, und der **Wirkungsgeschichte** des Textes von seiner Erstveröffentlichung bis zur Gegenwart.

Zu einer Art **Gesamtverständnis** gelangt der hermeneutische Prozess, wenn der Leser den Text abschließend **auf sich selbst bezieht** und sich fragt, welche Bedeutung der Text für das eigene politische Denken hat und ob er gegebenenfalls eine Antwort auf eine als wichtig angesehene Frage darstellt.

METHODE — Textanalyse

In einer Textanalyse werden die **Intention** und **Argumentation** eines Textes detailliert untersucht. Sie besteht aus Einleitung, Hauptteil und Schluss.

a) Einleitung:
- Angabe des Titels und der Textsorte *(Rede, Kommentar, Essay, Studie …)*
- Angaben über den Verfasser, das Erscheinungsdatum und den Erscheinungsort
- Nennen des Themas, der zentralen These *(Es geht dem Autor um …)*

b) Hauptteil:
- Beschreibung des Argumentationsganges *(Zuerst …, dann …, schließlich …)*
- Analyse der wichtigsten Argumente *(These, Begründung, Belege, illustrierende Beispiele, stillschweigend vorausgesetzte Regeln/Gesetzmäßigkeiten, eventuell Konzessionen [Zugeständnisse], Schlussfolgerung)*
- Analyse der Argumentationsweise *(bestimmender oder zweifelnder Ton, Aufgreifen oder Ignorieren gegenteiliger Auffassungen, Trennung oder Verwischung deskriptiver [= beschreibender, den Ist-Zustand wertfrei darstellender] und präskriptiver [= vorschreibender, bestimmte Normen festlegender und auf einen Soll-Zustand gerichteter] Aussagen)*
- Analyse des Argumentationsstils *(nüchterne oder bilderreiche Sprache, Wiederholungen, rhetorische Fragen, Übertreibungen, Ironie …)*
- Erschließen der Verfasserintention *(Beschreibung von Sachverhalten, Bemängelung von Zuständen, Kritik herrschender Auffassungen, Präsentation neuer Ideen, Appell zur Änderung der Verhältnisse …)*

c) Schluss
- knappe Zusammenfassung der Ergebnisse
- keine eigene Stellungnahme dazu, ob man dem Text zustimmt oder nicht

Bei der sprachlichen Gestaltung einer Textanalyse ist Folgendes zu berücksichtigen:

- Es muss streng zwischen der **Wiedergabe von Aussagen des Autors** und **eigenen Aussagen** unterschieden werden. Für Aussagen des Autors benutzt man die indirekte Rede (Konjunktiv I, ersatzweise Konjunktiv II). Eigene Aussagen kleidet man in den Indikativ.
- Eine Textanalyse wird im **Präsens** verfasst, selbst wenn der Text schon vor Jahrhunderten geschrieben wurde.
- Da bei einer Textanalyse die Aussagen eines Autors im Mittelpunkt stehen, muss man **Verben des Sagens** treffend einsetzen. Also: Der Autor legt dar, behauptet, erklärt, unterstreicht, kritisiert, bemängelt, lobt, widerspricht, hält es für erwiesen, bestreitet, zweifelt, beweist …

Karikaturenanalyse

1. Was sind Karikaturen?

Karikaturen sind satirische Darstellungen von Menschen, gesellschaftlichen Zuständen oder politischen Problemen. Sie streben eine inhaltlich verdichtete, auf das Wesentliche konzentrierte Aussage an. Sie überzeichnen, übertreiben und deformieren die Wirklichkeit. Durch die so bewirkte Veränderung des gewohnten Wirklichkeitsbildes schaffen sie Distanz und eröffnen neue Sichtweisen. Karikaturen wollen schockieren und provozieren. Sie verstehen sich als ein kritisches Medium, das die Unvollkommenheiten der Welt aufdeckt, ohne jedoch Lösungen anzubieten.

2. Karikaturenanalyse

Karikaturen sind subjektive politische Kommentare. Sie sind folglich parteilich. Sie fordern deshalb zu einer Stellungnahme des Betrachters heraus.

Eine solche Stellungnahme verlangt indes, dass der Betrachter die Karikatur zuvor genau analysiert hat, um ihre Aussage zu verstehen. Die Analyse ist nicht immer einfach, weil Karikaturen kontextgebunden sind. Der Betrachter muss ein Vorwissen über den dargestellten Sachverhalt besitzen, wenn er die Botschaft der Karikatur verstehen will.

Die Analyse folgt einem Dreischritt: **Beschreiben – Interpretieren – Werten**.

3. Analysekriterien

a) Beschreiben
- Name des Karikaturisten, Veröffentlichungsdatum;
- Akteure (Politiker, Prominente, typisierte Personen, gegebenenfalls Tiere);
- Körpersprache (Haltung, Aussehen, Gestik, Mimik der Personen/Tiere);
- räumliche Umgebung;
- zeichnerische Stilmittel (Übertreibung, Verzerrung, Symbolisierung konkreter und abstrakter Gegebenheiten);
- Text (Sprechblasen, Unterschrift).

b) Interpretieren
- Deutung der Stilmittel;
- Einschätzung des Übertreibungs- und Verzerrungsgrades der Wirklichkeit;
- Formulierung der zentralen Botschaft der Karikatur;
- vermutete Wirkungsabsicht beim Betrachter.

c) Werten
- Qualität der Karikatur (Verständlichkeit, angemessenes Verhältnis zwischen der Wirklichkeit und der von der Karikatur gezeichneten Wirklichkeit);
- Zustimmung zur/Ablehnung der von der Karikatur vermittelten Botschaft;
- Formulieren einer eigenen Meinung zur dargestellten Problematik.

METHODE Präsentation

Tipps für die Struktur Ihres Vortrages

- **Einleitung:** Stellen Sie am Anfang das Thema Ihres Referats vor. Dies sollte möglichst spannend mit einigen Sätzen erfolgen, denn gerade der Beginn ist entscheidend für den Eindruck der Zuhörer. Steigen Sie also mit einer Anekdote, einem Zitat oder allgemein mit einem inhaltlichen Punkt aus der Lebenswirklichkeit Ihres Publikums ein; kündigen Sie Ihr Vortragsziel an (Relevanz des Themas; Fragestellung).
- **Hauptteil:** Er kann einem chronologischen Muster folgen oder nach einzelnen Argumenten gegliedert sein. Begründen Sie dabei deren Anordnung und vermeiden Sie auf jeden Fall eine langweilige Faktensammlung. Es ist durchaus sinnvoll, zu Beginn des Hauptteils eine kurze Übersicht über das Gesamtreferat zu geben. Die Übersicht soll der „rote Faden" des Vortrags sein. Nehmen Sie im Folgenden immer wieder Bezug darauf.
- **Schluss:** Sie können am Schluss Ihre wichtigsten Inhaltspunkte noch einmal zusammenfassen oder Thesen für eine anschließende Diskussion formulieren: Seien Sie stets auch auf kritische Fragen gefasst!
- Wenn Sie Ihren Vortrag inhaltlich und medial vorbereitet haben, sollten Sie ihn unbedingt mehrfach **proben**.
- Bei einem Vortrag dürfen Sie Ihr Publikum nicht überfordern. Klären Sie mit Ihrer Lehrkraft daher die genaue **Vortragsdauer** ab.
- Idealerweise halten Sie Ihre Rede völlig **frei**. Keinesfalls sollten Sie DIN-A4-Papier als Stichwortzettel verwenden. Echte und zugleich unauffällige Hilfe bieten z. B. **Karteikarten**, die Sie nur auf einer Seite, mit wenig Text und in großer Schrift beschriften sollten.
- Die Verwendung eines **Thesenpapiers** oder **Handouts** kann sinnvoll sein. Es gibt den Zuhörern eine Stütze, um dem Vortrag besser folgen zu können. Entscheidend ist aber der mündliche Vortrag. Daher ist es sicher sinnvoll, das Thesenpapier erst nach dem Vortrag zu verteilen. Zwei Faktoren sind für die Form eines Thesenpapiers zentral: Einheitlichkeit und Logik.

Tipps zur Visualisierung Ihres Vortrags

Visuelle Hilfsmittel können Ihren Vortrag bereichern. Eine gelungene Visualisierung verdeutlicht wesentliche Aussagen, dient Ihrem Publikum als Orientierungshilfe und trägt dazu bei, die dargebotenen Informationen besser verarbeiten und erinnern zu können. Beachten Sie dabei den Grundsatz: Nicht das Medium, sondern Sie selbst stehen mit Ihrer Rhetorik im Mittelpunkt.

- **Tafel/Flipchart:** Achten Sie darauf, jedes Tafelbild/Plakat mit einer Überschrift zu versehen. Verwenden Sie bis zu drei unterschiedliche Farben, die gut lesbar sind. Gestalten Sie grafische Elemente möglichst einfach. Schreiben Sie groß und gut leserlich.
- **Overheadprojektoren:** Halten Sie Blickkontakt zum Publikum. Nummerieren Sie die Folien, um nicht durcheinanderzukommen. Legen Sie Ihre Folien nicht zu schnell nacheinander auf.
- **Computergestützte Präsentationen:** Die Informationen auf einer Folie sollten auf einen Blick erfasst werden können. Es sollten keinesfalls mehr als 60 Prozent jeder einzelnen Folie beschriftet werden. Textinformationen sollten gut gegliedert sein (z. B. Spiegelstriche). Die richtige Wahl für die Schriftgröße ist 20 +. Gestalten Sie die Folie nicht zu farbenfroh, da bunte Folien vom Wesentlichen ablenken. Gehen Sie mit Bilddateien sparsam um und geben Sie stets die Quelle an.

Zukunftswerkstatt

METHODE

Die Zukunftswerkstatt ist eine von dem Philosophen Robert Jungk entwickelte Methode der politischen Bildung. Hier sollen Bürgerinnen und Bürger zu Wort kommen; alle Akteure gelten als Experten und sollen mit ihrem Wissen, ihren Wünschen und Ideen zu Demokratisierungsprozessen beitragen. Zukunftswerkstätten können zu vielen Themen durchgeführt werden – von technischen und sozialen Problemen bis hin zu ökologischen oder städtebaulichen Fragestellungen.

Die Methode „Zukunftswerkstatt" geht davon aus, dass die Menschen über häufig ungenutzte kreative Fähigkeiten sowie Problemlösungspotenziale verfügen. Mithilfe der Methode werden diese Ressourcen mit dem Ziel mobilisiert, Perspektiven für die individuelle und/oder gemeinsame Zukunft zu entwickeln und konkrete Schritte zur Erreichung dieser Ziele zu planen. Zukunftswerkstätten finden in Gruppen statt, denen eine Moderatorin oder ein Moderator zur Seite gestellt wird.

Es werden in der Regel drei Phasen durchlaufen: Kritikphase, Fantasie- und Utopiephase sowie Umsetzungsphase. Ergänzt werden diese oft durch eine Einstiegs- und eine Ausstiegsphase.

1. Einstiegsphase

Sie soll der Gruppe das Ankommen und Orientieren am Anfang der Zukunftswerkstatt erleichtern. Wichtig sind aktivierende Methoden, bei denen die Teilnehmerinnen und Teilnehmer selbst tätig werden, miteinander ins Gespräch kommen und langsam in das Thema einsteigen.

Geeignete Methoden: z. B. Kennlernspiele, Metaphern und Satzanfänge auf Wandzeitungen. Außerdem sollten eine Vorstellungsrunde, eine kurze Einführung in die Zukunftswerkstatt und die Klärung des Organisatorischen erfolgen.

2. Kritikphase

In der Kritikphase wird unter einer (oder mehreren) Fragestellung(en) ordentlich „Dampf abgelassen". Diese Phase dient eher dazu, Kritik zu sammeln, nicht der detaillierten Analyse der Kritik. Ziel ist es, den Kopf für Neues frei zu bekommen und die Grundlage für Assoziationen bei der kreativen Ideenentwicklung in der Fantasiephase zu legen. Alles darf gesagt, geschrieben und kritisiert werden.

Geeignete Methoden: z. B. Kritiksammlung auf Moderationskarten, Klagemauer, Kritikcollage, Kritikzeichnungen, Matrix-Bewertung: Sauerei des Monats, Jugend-TÜV.

3. Fantasie- und Utopiephase

Hier geht es darum, die Gegenwelt zur Kritik zu schaffen, Problemlösungen und neue Ideen zu entwickeln. „Wie wäre es ideal?", „Was wünsche/erträume ich mir?", „Wie könnten wir es besser machen?", sind die Fragen in dieser Phase. Alles kann erträumt werden, nichts ist unmöglich.

Geeignete Methoden: z. B. Planungssprint, Erfindungsspiel, Brainstorming, Modellbau.

4. Umsetzungsphase

Nach den Höhenflügen in der Fantasie- und Utopiephase geht's nun „auf den Boden der Tatsachen" zurück. In dieser Phase wird geschaut, welche Ideen, Wünsche weiterbearbeitet werden sollen und für die Gruppe am wichtigsten sind. Danach steht die Frage im Vordergrund, wie die Umsetzung dieser Ideen angegangen werden kann. Nach Möglichkeit sollte diese Phase mit einem Handlungsplan („Was müssen wir erledigen?" und „Wer macht was?") enden. Ziel ist es, die Teilnehmenden auch über die Zukunftswerkstatt hinaus zum aktiven Handeln zu motivieren.

Geeignete Methoden: z. B. Handlungsplan, Wandzeitungssammlung mit Zuruffrage, Mehrpunktentscheidung.

5. Ausstiegsphase („Abschiedsphase")

Mit dieser Phase endet die Zukunftswerkstatt. Es findet vor allem ein Gesamtfeedback statt.

Geeignete Methoden: z. B. Einpunktentscheidung, Beantwortung von Auswertungsfragen auf Moderationskärtchen.

Stichwortverzeichnis

A

Afghanistan 86, 88, 93f., 96, 107, 117f., 124, 133f., 136, 146, 148, 154f., 159, 162, 178
Afrika 20, 22, 43, 45ff., 61, 87f., 91, 96, 110, 113, 115f., 118, 121, 133, 142ff., 155, 159, 161, 172f., 176ff., 182
Al Qaida 102f., 124f. 133, 159, 161f.
Anarchie 88, 107, 173
Arbeitsteilung, internationale 21, 36f., 41, 52, 55, 59, 158
Armut 46, 49, 79, 87f.,94, 110, 113, 116f., 138, 142, 173, 183
Asien 22, 26f., 43, 45ff., 55, 62, 88, 90, 111, 115, 129, 143, 147, 171

B

Baden-Württemberg 28
Banken 24, 70, 72ff., 78f., 83, 129, 132
Bedrohung, atomare 120ff., 133, 135
Bildung 11, 34, 41, 45, 94, 107, 122, 138, 142ff., 151
Boko Haram 86ff.
Brasilien 24, 42, 45, 115, 121, 166, 172f., 181
Brexit 42, 157
Bundesrepublik Deutschland 8, 10ff., 15, 18, 23ff., 27, 29ff., 35, 37ff., 43ff., 47, 49, 51, 53, 67ff. 76f., 84, 88, 100, 111, 115, 117ff., 126, 130, 141, 146, 151, 166f., 172, 174, 181
• Außenpolitik der 150ff., 161, 137
• Sicherheitspolitik der 91, 137, 148f., 154f.
Bundeswehr 101, 136f., 154f., 161

C

CETA 50, 61
China 13, 18, 23f., 27, 31, 38, 40ff., 49, 53ff., 58f., 61f., 65, 67, 89ff., 100, 107, 109, 111, 115, 120f., 129ff., 133ff., 139, 142, 161, 166, 169, 171ff., 178, 181f.
Club-Governance 172f.
Cyberwar 87, 128ff.

D

Darfur 86, 155
Demokratie 7ff., 49, 61, 94, 98, 102f., 106, 111, 129, 133f., 145, 161, 164, 182
Direktinvestitionen, ausländische 16, 21f., 30, 33
Drogen 86, 125ff., 175

E

11. September 2001 96ff., 117, 124f., 133, 145, 153
Emissionshandel 170
Entwicklungshilfe 46, 107, 161
• Kritik an der 61
Entwicklungsländer 12, 31, 45ff., 60f., 63f., 67, 72, 79, 107, 109f., 113, 133, 138, 142ff., 154, 168f., 172
Entwicklungspolitik 154

ESVP 157
EUFOR 156
Euro 24, 66ff., 83
Europa 10f., 14f., 18, 22, 27, 31f., 34f., 41, 43ff., 51, 54, 58, 61, 76f., 81, 83f., 87f., 90, 97, 104, 107, 110f., 114, 116ff., 122f., 126, 133f., 137, 140, 146f., 151ff., 156ff., 161f., 170, 176, 182
Europäische Union 32, 45, 64, 79, 137, 146, 154, 156, 158, 161, 169
Europäische Zentralbank (EZB) 83

F

Finanzkrise 24, 31, 37, 43, 67, 74ff., 112
Finanzmärkte 21, 37, 48, 51, 68ff., 77f., 82f., 173
Frankreich 24, 29, 38, 47, 79, 100f., 110f., 115, 120, 124, 133, 139, 141, 152f. 159, 161f., 166, 170, 172, 175, 181
Freihandel 23f., 50f., 56, 60f., 67, 84f.
Frieden 87, 89f., 93ff., 104, 107, 108ff., 120f., 133, 135, 136ff., 153, 157, 161
Friedensbegriffe 87
Friedenssicherung 137ff., 157, 163

G

G 7/G 8 21, 92, 172f., 180
G 20 92, 172, 180
GASP 156f.
Gewaltmonopol 11, 88, 99, 127, 163
Global Compact 16f., 33, 165
Global Governance 21, 163, 164ff., 181
Global Player 16f.
Globalisierung 6ff., 20ff., 30ff., 36ff., 49, 51ff., 62, 64, 80, 84f., 89, 133f., 172, 183
• Kritik an der 48f., 51
Google 14f., 18, 53, 112
Großbritannien 24, 38, 43, 47, 101, 120, 126, 133, 138f., 141, 147, 151, 161f., 166, 170, 172, 181
Griechenland 77, 79, 88, 94, 110f., 116f.
GSVP 156f.

H

Handelskrieg 54f.
Hegemon 88f., 107, 151

I

Indien 18, 24, 40ff., 45, 47, 89f., 96, 111, 115, 120f., 133, 166, 172f., 178, 181
Internationale Beziehungen, Theorien der 180
Internationaler Strafgerichtshof 177, 179, 181
Internationaler Währungsfonds (IWF) 56
Internet 10, 19, 21, 25, 29, 34, 74, 98, 104f., 109, 115, 121, 124, 128ff., 144, 155
Intervention 48, 87f., 96, 99f., 127, 138, 144, 158, 162
Irak-Krieg 88, 94, 96, 99, 103, 153
Iran 100, 102, 110f., 120ff., 129f., 132f., 151, 166, 178
IS (Islamischer Staat) 96, 98, 100ff., 105, 126, 133, 148

Islam 90, 122, 124, 134, 176
Islamismus 10, 86, 88, 93, 101ff., 117, 124ff., 127ff., 140, 159, 161
Israel 100f., 104, 120ff., 126, 130, 133, 153, 178

J

Jemen 86, 88, 115, 123

K

Kalter Krieg 24, 130, 145ff.,149, 155f
Klimapolitik 170
Klimawandel 8, 21, 25, 33, 88, 109f., 113, 156, 166ff., 181ff.
Konfliktanalyse 87, 106
Konflikttypen 87, 96f., 107
Kosovo 117f., 146, 156
Krieg 52, 64f., 78, 86ff., 92ff., 100ff., 107, 112ff., 120ff., 128ff., 133ff., 138ff., 145ff., 161, 172, 178ff.
Kriege, neue 87, 92, 96ff., 99, 107
Kriminalität 10, 21, 92, 115f., 135, 165
Krisenmanagement 99, 107, 152, 154, 158
Krisenprävention 154, 161
Kultur 9, 11, 21, 28f., 32f., 49, 84f., 90, 93, 124, 146f., 150, 154, 161, 175f.
Kyoto-Protokoll 168

M

Massenvernichtungswaffen 89, 92, 96, 120ff., 133, 135
Medien 9, 28f., 34, 66, 98, 103, 105f., 124f., 128, 131ff., 150f., 174f.,
Menschenrechte 17, 48, 62, 93f., 111, 138, 140, 147, 157, 167, 174ff., 181f.
Menschenrechtsverletzung 138, 154, 161, 177f., 181, 183
Migration 8, 21, 49, 87, 116ff., 133, 148, 165, 183
Multilateralismus 67, 173
Multipolarität 89
Muslime 124, 176

N

Nachkriegsordnung 137ff., 161
Nationalstaat 6ff., 18, 32f., 90, 103, 107, 165, 172, 181
NATO 92f., 101, 121, 137, 145ff., 153ff., 158, 161ff.,
Nichtregierungsorganisation (NGO) 9, 48f., 59, 63, 112, 121, 165, 169, 171, 173
Nordkorea 95f., 120f., 129f., 133, 174, 178

O

OECD 17, 41
Ordnung, westfälische 90, 97, 107
Organisationen, internationale 7ff., 17, 21, 32, 49, 58, 91, 101f., 137, 139, 153, 161, 163; 174
Osteuropa 22, 24, 44, 96, 111, 129, 148f., 153, 157f.

P

Parlamentsvorbehalt   154f.
Protektionismus   46, 50f., 53, 60, 67, 84f.

R

Rohstoffe   17, 46, 48, 50, 58f., 61, 70ff., 83, 88, 91, 112ff., 127, 133, 155
Russland   18, 22ff., 45, 89ff., 100ff., 107, 110f., 115, 120f., 130ff., 137, 139, 141, 146ff., 153, 157f., 161f., 166, 171f., 174, 177f., 181f.

S

Schwellenländer   30, 40, 42f., 45, 49, 60, 63f., 67, 80, 115, 121, 167, 172f. 181
Sicherheit   10, 62, 70, 76, 87, 91f., 94, 104f., 107f., 112ff., 117, 120ff., 126, 130, 132, 134f., 137, 145, 147ff., 152f., 156f., 176
Sicherheitsbegriff, erweiterter   91
Sicherheitspolitik   87, 98ff., 111, 136ff., 146, 150f., 161ff.
Souveränität   18, 58f., 67, 90, 92, 107, 138, 153, 161, 164, 180
Sowjetunion   24, 96, 121, 145, 147, 162

Sozialstandards   16, 37, 48f., 62f.
Staatszerfall   87f., 96, 100, 116

T

Taliban   86, 93, 148, 162
Terrorismus, transnationaler   8, 33, 48, 87, 92, 96f., 107, 115, 124ff., 133, 135, 140, 157f.
Terrorismusbekämpfung   156
Treibhauseffekt   166f.
Transnationale Unternehmen (TNU)   7, 12ff., 16f., 21f., 33, 46, 51
TTIP   50, 56, 61, 67

U

UN → Vereinte Nationen
UN-Blauhelme   136, 138f.
UN-Charta   138, 157, 161, 180f.
UN-Millenniumsziele   142ff.
UN-Sicherheitsrat   58, 91, 99ff., 121f., 126, 136, 138ff., 154, 161f., 179
Unipolarität   89, 107
USA   13, 18, 24, 34, 40f., 43f., 49f., 52ff., 58ff., 64ff., 67, 74ff., 83ff., 89f., 97, 100ff., 107, 109, 111, 115, 117, 120ff., 126, 129, 131ff., 138f. 141, 145f., 148, 153, 157f., 161f., 166, 168ff., 171f., 177, 181

V

Vereinte Nationen   8, 16f., 56, 60, 79, 91ff., 99ff., 123, 137ff., 142ff., 146, 153f., 157, 160ff., 168, 173ff., 179ff.
Völkermord   8, 138, 153, 161, 178ff.
Völkerrecht   11, 59, 63, 120f., 131, 135, 141, 153, 156, 168, 175, 177ff.

W

Weltbank   8f., 12, 25, 46, 56, 61, 65, 72, 116, 172
Welthandelsorganisation (WTO)   8, 24, 44, 56ff., 61ff., 67
Weltordnungsmodelle   89
Welthandel   8, 22ff., 24, 37, 46, 48ff., 60f., 64f., 67, 154, 181
Wirtschaftskrise   77, 79

Z

Zivilmacht   90, 150ff., 161
Zivilgesellschaft   17, 123, 173, 182

Bildquellenverzeichnis

akg-images GmbH, Berlin: 36 re.
alamy images, Abingdon/Oxfordshire: L.Linwei 20 Mi.li.; Moviestore collection Ltd 28 o.re.
APA-PictureDesk GmbH, Wien: APA-Grafik 101 li.
Auswärtiges Amt, Berlin, Berlin: 136 u.li.
Baaske Cartoons, Müllheim: B.Mohr 34; G.Mester 57 u.re., 139; Mohr, Burkhard 119; R.Schwalme 88; T.Plaßmann 79 o.
Bengen, Harm, Norden: 147.
Bergmoser + Höller Verlag AG, Aachen: 27, 56, 80, 156, 164; Zahlenbilder 113.
BÜNDNIS 90/DIE GRÜNEN, Berlin: 197.
Calleri, Paolo, Ulm: 122.
Caro Fotoagentur, Berlin: Hechtenberg 20 u.li.
CDU Deutschlands, Berlin: 197.
Daimler AG, Stuttgart: 37 li.
DIE LINKE, Berlin: 197.
Europäische Union, Berlin: 35 u.re.
FDP Freie Demokratische Partei, Berlin: 197.
fotolia.com, New York: _panya_ 13; adamgolabek 13; B.Wylezich 20 mi. re.; Franck Boston Titel li.; Jim Vallee 182; mkos83 36 li.; moonrun 13, 13; Pekchar 13.
Getty Images, München: CBS Photo Archive 28 u.re.
Globe Cartoon/www.globecartoon.com, Geneva: Chappatte 57 Mi.li.
Glücklicher Montag - AGM Leipzig GmbH, Leipzig: Schwarwel 120.
Haitzinger, Horst, München: 57 o.li.
Horsch, Wolfgang, Niedernhall: 57 Mi.re.
Imago, Berlin: ITAR-TASS 96 u. re.; stock&people 124.
Institut der deutschen Wirtschaft Köln, Köln: 39 3, 39 u.(2).
Institut für Finanzdienstleistungen e.V.(IFF), Hamburg: Jan Greune 82.
Janson, Jürgen, Landau: 174 u.
kittihawk, Christiane Lokar, Berlin: 50 li.
Koufogiorgos, Kostas, Stuttgart: 150.
laif, Köln: UPI/B.Greenblatt 50 re.
Langner & Partner Werbeagentur GmbH, Hemmingen: 19, 48, 89, 92, 95, 145, 190, 192, 192, 192, 192, 192, 193, 195.
mauritius images GmbH, Mittenwald: nature picture library/S.Kazlowski 21 o.li.
mimikama - Verein zur Aufklärung über Internetmissbrauch, Wien: www.mimikama.at/allgemein/der-mll-der-flchtlinge/ 25 re.
Mohr, Burkhard, Königswinter: 168.
Murschetz, Luis, München: 57 u.li., 60, 63.
Newsweek, New York: 55.
one laptop per child, Florida: 20 o.re.
Pfannenschmidt, Dirk, Hannover: 106.
Picture-Alliance GmbH, Frankfurt/M.: AA/Aydemir, Dursun 90 o.; AA/Chowdhury, Zakir Hossain 47 re.; AA/Leyla, Salih Mahmud 141; AFP/Desmazes 16; ANP/Koen van Weel 179; AP 97 o.li.; AP/Das, Saurabh 90 u.; AP/Hossaini, Massoud 93; AP/Kilpatrick, Sean 21 o.re.; AP/Minchillo, John 90 2.v.o.; blickwinkel/Blinkcatcher 136 u.re.; dieKLEINERT.de/Koufogiorgos, Kostas 14; dpa / Klimentyev, Mikhail 90 2.v.u.; dpa-infografik 10, 22 o.(2), 23, 47 li., 86 o., 101 li., 118, 155 o., 159, 166, 167, 170, 171 li., 172, 174, 193; dpa-infografik 2218 140 1; dpa/Berg, Oliver 96 u.li.; dpa/Deck, Uli 20 o.li.; dpa/G.Greenwald/L.Poitras 128; dpa/Görlich, Stephan 113 o.; dpa/Kappeler, Michael 143; dpa/Thomsen, Heiko 35 o.; EPA/Foley Titel re.; Franke, Aandreas 171 re.; GTRESONLINE/G3online 28 u.li.; Imaginechina/Dongping, He 62; JOKER/Timo Vog/est&ost 136 o.re.; landov/Brinton, Monty B 28 o.Mi.; Photoshot 136 o.li.; REUTERS/Hartmann, Christian 98; REUTERS/McCarten, Phil 28; ROPI/Tersigni/eidon 20 u.re.; Sodapix AG/Krein, Ralf 70.
Plaßmann, Thomas, Essen: 103.
REUTERS, Berlin: Moir, David 90 Mi.; Stringer Shanghai 58.
Richter-Publizistik, Bonn: 108 (2), 108 1, 115, 127.
Sakurai, Heiko, Köln: 57 o.re., 85, 98 li., 155 u.
Schmidt, Roger – Karikatur-Cartoon.de, Brunsbüttel: 77.
Schopf, Oliver, Wien: 54, 76.
SPD-Parteivorstand, Berlin: 197.
Stuttmann, Klaus, Berlin: 64, 109.
The Sun, London: News Syndication 35 2.
twitter.com: 25 li.
ullstein bild, Berlin: Granger Collection 52.
Visum Foto GmbH, Hannover: Panos Pictures 37 re.
Wegmann, Silvan, Baden/Suisse: 163.

Operatoren und ihre Anforderungsbereiche

Operatoren sind Formulierungen, die für die Aufgabenstellung in Klausuren und Abiturprüfungen verwendet werden. Hinter allen Operatoren steckt ein **konkreter Arbeitsauftrag**, den es zu bearbeiten gilt. Die folgende Übersicht soll Ihnen dabei helfen, die jeweilie Aufgabenstellung zu verstehen, die Operatoren zu unterscheiden und richtig zu bearbeiten.

Die Operatoren gliedern sich in insgesamt **drei Anforderungsbereiche**, die sich vom Schwierigkeitsgrad unterscheiden. Grundsätzlich gilt, dass die Aufgabenstellung in der Abiturprüfung Anforderungen aus allen drei Bereichen enthält und dass sich der unterschiedliche Schwierigkeitsgrad der Bereiche bei der Punktevergabe zu den Einzelaufgaben widerspiegelt.

Anforderungsbereich I (AFB I) verlangt in der Regel das Wiedergeben und Beschreiben von Sachverhalten aus einem abgegrenzten Gebiet und im gelernten Zusammenhang sowie die Anwendung gelernter und geübter Arbeitstechniken und Methoden **(Reproduktion)**.

Operatoren des AFB I	Beschreibung laut Basisoperatorenkatalog für das schriftliche Abitur in den gesellschaftswissenschaftlichen Fächern in Baden-Württemberg, 29. Juni 2005
nennen	entweder Informationen aus vorgegebenem Material entnehmen oder Kenntnisse ohne Materialvorgabe anführen
herausarbeiten	Informationen und Sachverhalte unter bestimmten Gesichtspunkten aus vorgegebenem Material entnehmen, wiedergeben und/ oder gegebenenfalls berechnen
beschreiben	wesentliche Informationen aus vorgegebenem Material oder aus Kenntnissen zusammenhängend und schlüssig wiedergeben
charakterisieren	Sachverhalte und Vorgänge mit ihren typischen Merkmalen beschreiben und in ihren Grundzügen bestimmen

Anforderungsbereich II (AFB II) umfasst das selbstständige Erklären, Bearbeiten und Ordnen bekannter Inhalte und das angemessene Anwenden gelernter Inhalte und Methoden auf andere Sachverhalte **(Reorganisation und Transfer)**. Auf diesem AFB liegt in der Abiturprüfung der Schwerpunkt bei der Punktevergabe.

Operatoren des AFB II	Beschreibung laut Basisoperatorenkatalog für das schriftliche Abitur in den gesellschaftswissenschaftlichen Fächern in Baden-Württemberg, 29. Juni 2005
erstellen	Sachverhalte inhaltlich und methodisch angemessen grafisch darstellen und mit fachsprachlichen Begriffen beschriften (z. B. Fließschema, Diagramm, Mindmap, Wirkungsgefüge)
darstellen	Strukturen und Zusammenhänge beschreiben und verdeutlichen
analysieren	Materialien oder Sachverhalte systematisch und gezielt untersuchen und auswerten